KB218344

범망경보살계본휘해

범망경보살계본휘해

梵網經菩薩戒本彙解

| 천태지자 · 운서주굉 · 영봉우익의 주석서들을 종합한 주해 |

이원정 編 · 목정배 譯

운주사

발간사

미천 목정배 대법사는 한 생을 다하여 학교와 대중들이 모이는 현장에서 '현대의 원효'로 불리며 특유의 미소와 해박한 지식으로 불타 지혜의 가르침을 펼쳐 왔다.

대학의 강단에서는 계율학을 전공으로 한국불교문화 전반에 대한 폭넓은 주제를 가지고 많은 후학을 지도하였으며, 대중과 함께 하는 (사)대한불교법사회를 창립하여 세제불교의 이념을 구현하였다.

이러한 미천 목정배 대법사가 학문의 근간이 되는 계율학의 기초를 정립하고자 탐독한 여러 관련 서책 가운데 중심이 되는 것은 『범망경』이다. 그중에서도 대승불교 계경으로 잘 알려진 『범망경보살계본』의 경문과 주석을 망라하여 엮은 『범망경보살계본휘해』를 번역한 원고를 정리하여 오늘 책으로 상재하게 되었다. 본인이 평생의 서원으로 삼은 '세제불교'의 구현을 위한 이론과 실천의 토대로서 그 빛을 발하게 된 것이다.

30여 년 된 원고뭉치를 책보에 싸서 간직해 오다가, 세제불교의 계맥을 구체화한 지난 2013년 가을 출판의 뜻을 보였다. 이에 여러 후학이 동참하여 컴퓨터 작업을 하였고, 불교계의 대표적 출판사인 운주사에서 흔쾌히 출판을 약속하여, 2월 8일 미천 선생의 입적 1주기를 맞이하여 여러 대중들 앞에 선보이게 되었다.

출판이 되기까지 노력해 준 모든 이들, 특히 예스러운 문장을 다듬어 오늘의 글로 엮는 노고를 감내해 준 운주사 관계자 분들께 감사의 마음을 표한다.

녹색의 칠판에 흰 분필로 삼천대천세계를 무대로 삼시를 넘나드는 사자후를 광방廣放하는 미천 대법사를 기리며, 이 책을 세제불교 구현의 이정표로 삼고자 한다.

납월 팔일(1월 27일) 성도일에

(사)대한불교법사회 회원과 후학 일동 합장

범망경 보살계본 종합주해 서문梵網經菩薩戒本彙解序

근세에 이원정李圓淨 거사가 지자대사의 『범망경』 주석본(義疏), 연지蓮池대사의 설명(發隱), 그리고 우익蕅益대사의 주해(合註)를 종합하여 범망경 보살계본을 다시 편집하고, 번잡한 죄상罪相을 표로 모아 정리하였다. 따라서 나는 기쁜 마음으로 서문을 쓴다.

어떤 사람이 나에게 "『범망경』은 부처님이 말한 것이 아니라 여러 학자들의 주관적인 견해로부터 나온 작품이라는데 사실입니까?"라고 묻기에 이렇게 대답하였다.

"금강광명보계金剛光明寶戒는 부처님들의 마음으로부터 나타난 것이니, 만약 다른 학자들이 자신이 이해하는 대로 설명하더라도 계법의 본체는 훼손되지 않는다. 요즘 학생들은 올바른 견해를 가지지 못하고 의심이 많으며 역사와 서적을 가볍게 여기는 경향이 있다. 또한 삼황오제三皇五帝가 존재하지 않았다고 주장하는 사람도 있지만, 은나라 유적지에서 갑골(殷墟甲骨)이 발견되어 이들의 주장이 틀렸음을 증명하였다. 본래 자신이 많이 알고 있음을 자랑하려던 사람들이 오히려 바보처럼 보이게 되는 것이다.

불교서적을 포함한 모든 서적들을 취급하는 태도도 마찬가지일 것인데, 어떤 사람이 능엄楞嚴은 방융房融이 번역한 것이고, 기신起信은 현수賢首가 작성했다고 주장하며, 『범망경』은 학자의 견해라고 말한다. 이런 사람들은 모두 티벳과 일본에서 들은 소문의 영향을 받았기 때문이다.

학문에는 근본이 중요하고, 도리에는 진실됨이 중요하다. '수신제가치국평천하修身齊家治國平天下' 사상은 공자孔子가 말했다는 것이 중요한 것이 아니라, 그 안에 포함되어 있는 의미가 중요하다. 나라를 다스리기 전에 집안을 잘 안정시켜야 하듯 지식을 명확히 하고자 하면 사물의 이치를 근거로 해야 한다.

다른 말로 표현하면 새로운 것을 배움에는 시작하기도 전에 그 대상을 의심하거나 비판하면 안 된다. '나'를 낮추고 남의 의견을 수렴하면 보다 더 많은 이익을 얻을 수 있다. 『범망경』을 배우는 데에 특히 마음의 결심이 중요하다. 우선 계법을 만든 사람의 마음과 통해야 하는데 이것의 전제는 바로 내가 내 마음을 통제하기 위해 계법이 필요하다고 스스로 인정하는 것이다."

옛날에 『능엄경』의 진실성을 확인하기 위해 연지대사한테 질문을 한 사람이 있었다.

그러자 연지대사가 이렇게 대답하였다.

"이 도리를 설명할 수 있는 사람은 내가 다 부처님이라고 본다. 『범망경』도 마찬가지다. 저 금강광명보계는 부처님 또는 보살님의 마음으로부터 일어난 것인지가 중요하지, 부처님이 직접 말한 것인지 다른 학자들이 말한 것인지는 중요하지 않다. 천여 년 동안 인간 세상에 남산종南山宗 성문계법聲聞戒法은 대승불교계법大乘佛教戒法보다 상세히 구비되고 있다. 대승불교계법은 여러 경문에 흩어져 있고 책으로 편집된 적이 없었다. 이제 오직 『범망경』에 의해 보살행을 새로 수행하는 사람에게 삼단대계를 가르쳐 부처님의 마음을 전파시킬 수 있게 되었다. 소문 또는 잘못된 견해 탓에 배우고 싶은 마음을 태만하면 안 된다."

이 설명을 듣고 질문한 사람은 편안하게 받아들였다.

내가 서문을 쓴 계기는 다음과 같다.

"이원정 거사가 편집한 이 책은 전통적 설명을 준수하는 동시에 새로운 표를 첨부하였다. 설명은 너무 복잡하지도 너무 간략하지도 않아 적절하며, 구조가 분명하고 모든 내용이 다 포함되어 있어 배우는 사람한테 완벽한 참고자료가 될 수 있다. 이 자료를 가지고 자습하면 마음의 계품이 그대로 드러날 것이라 믿는다. 이 책은 귀한 법문을 칭찬하고 수행자를 존중하는 이득이 많다고 생각해서 서문을 작성하였다."

민국 27년(1938)

사장사문師奬沙門 밀림(密林, 持松法師)은 쓰다

범망경보살계본휘해梵網經菩薩戒本彙解 **상편**上篇

Ⅰ. 방광하여 발기하는 분(放光發起分)

Ⅱ. 법문을 바로 보이는 분(正示法門分)

가. 사나가 심지법을 설하다(舍那說心地法)

나. 석가가 보살계를 널리 펴다(釋迦宣菩薩戒)

범례凡例

◉ 덕행 높은 옛 승려들은 『범망경』을 다음과 같이 해석하였다. 연지蓮池대사는 지자智者대사의 주석본(義疏)에 의해 설명(發隱)하고 우익蕅益대사는 추가로 주해(合註)를 달아 부족한 부분을 보완하였다. 이들은 상세하게 기록된 부분과 간략하게 쓰여진 것이 있으니 배우는 사람들은 모두 이를 기준으로 삼아야 한다. 이제 이 경전을 해석하는 데 위 세 분의 학설을 함께 취할 것이다.

◉ 글쓴이는 계법戒法을 경중으로 구분하며, 나아가 다음과 같이 열 단계로 풀어서 설명하였다(例以十門明義).

첫째, 문장을 읽고 뜻을 해석한다〔隨文釋義〕.

둘째, 계법은 외상外相에 의해 성죄(性罪: 본성으로부터 나타나는 악)와 차죄(遮罪: 시간, 장소, 상황이 허용하지 않아서 계법을 지키지 못하는 것)로 구분해서 그의 경중을 결정한다〔性遮重輕〕.

셋째, 7중의 불자(佛子: 비구, 비구니, 식차마나, 사미, 사미니, 우바새, 우바이, 출가와 출가하지 않은 대중들)에게 각각 맞는 계법이 있다고 주장한다〔七衆料簡〕.

넷째, 대승불교를 수행하는 보살菩薩들과 소승불교를 수행하는 성문聲聞을 대상으로 하여 공통으로 적용되는 계법이 있고 다르게 적용되는 부분이 있다고 주장한다〔大小同異〕.

다섯째, 상황에 따라서 계법을 지켜야 할 것인지 지키지 않아도 될 것인지를 스스로 판단하도록 한다〔善識開遮〕.

여섯째, 업業을 지을 때마다 과보果報가 나타날 거라고 설명한다. '인因'이 선과 악으로 구분될지 모르지만, '과果'는 선인지 악인지 내 생각에 따라 달라진다〔異熟果報〕.

일곱째, 내 마음을 관찰하는 방법을 통해 계법을 이해하도록 한다〔觀心理解〕.

여덟째, 내 생각과 내 말, 내 행동을 알아차리면서 내 마음을 잘 지켜본다〔懺悔行法〕.

아홉째, 나와 남을 차별하는 마음이 생기면 바로 없애도록 한다〔修證差別〕.

열째, 보살행은 사악한 마음을 바로잡기 위한 법문이라고 깨닫는다〔性惡法門〕.

글쓴이가 경문의 뜻을 읽고 해석하고, 주석(義疏)과 설명(發隱)을 가지고 주해(合註) 규범에 맞게 조목별로 나열하였다〔分別條例〕.

◉ 우익대사가 일찍이 다음과 같이 말한 적이 있었다.

상相을 굳이 계戒로 차별시키는 목적은 죄의 경중을 스스로 정의하게 하고자 함이다. 계상戒相 하나하나는 크고 작은 경율經律을 깊이 검토한 끝에 문자로 기록한 것이다. 경율을 검토하는 과정은 객관적이다. 문장은 간략하게 정리되어 있지만 깊은 의미가 있다. 다만 글쓴이는 죄상罪相을 글로 표현하면 너무 많고 복잡하다고 생각하여 율을 처음 배우는 사람을 위해서 참고자료에 나와 있는 내용을 표로 정리하였다. 앞의 2번에서 언급한 둘째와 넷째, 여섯째 단계는 경문 해석 내용 뒷부분에 차례대로 나열하였다. 나머지는 나중에 쉽게 복습할 수 있도록 표로 정리하였다.

◉ 글쓴이가 이 책 내용의 틀을 크게 설정하였다. 계상을 통해 마음을 다스리는 과정에서 보다 더 세세한 내용이 요구된다 싶으면 그때 틀을 좁히거나 추가 설명을 할 것이다. 참고자료에 있는 내용과 다르게 기록된 부분이 있으면 별도로 표시해 놓았다.

◉『범망경』을 해석하는 계기는 다음과 같다.

지자대사는 이 계법을 주석할 때 깊은 뜻을 간단한 문장으로 표현하였다. 율을 통찰하는 일이 옛 사람들에게는 쉬웠을지 모르나 현대인에게는 어렵게 느껴진다. 지자대사의 주석은 천여 년 동안 잘 보존되어 왔고 신비스러워 보인다. 연지대사가 지자대사의 주석을 바탕으로 해설을 하였으나 읽는 사람들은 의문점이 많았다.

우익대사는 율을 완벽하게 이해하기 위해서 자기가 배우는 동안 주변 사람들에게도 가르쳤다. 뿐만 아니라 계율 경전을 세 번이나 읽어보고 그중에 『범망경』을 일일 과제로 지정하였다. 결국 『범망경』의 설명을 이해하는 데에 막힘이 없었다. 우익대사가 보기에 『범망경』 상권은 문장이 고풍스럽고 의미가 오묘하다고 여겼다. 문장의 흐름을 따라 읽어보면 통찰력이 바로 드러난다. 따라서 지자대사와 연지대사의 해석에 덧붙어 주해를 작성하였다. 편찬자(이원정 거사)는 특히 우익대사의 작품을 학술적인 정수라고 느끼며, 처음 배우는 사람을 위하여 모든 내용을 통합시키고 다시 정리하였다.

편집자 일러두기

본문에 삽입된 약호〔 〕의 저자와 의미는 다음과 같다.

〔義疏〕 : 지자대사의 『菩薩戒義疏』

〔發隱〕 : 연지대사의 『梵網經心地品菩薩戒義疏發隱』

〔合註〕 : 우익대사의 『梵網經合註』

〔小發〕 : 원문에서 〔發隱〕을 작게 적은 것

〔小合〕 : 원문에서 〔合註〕를 작게 적은 것

〔解曰〕 : 원문에 대한 편집자(이원정)의 해설

○범망경 보살계본 서문

모든 불자들은 합장하고 지극한 마음으로 들어라.
내가 이제 여러 부처님께서 설하신
대계大戒의 서문을 설하려 한다.
대중은 고요히 듣고,
자신에게 죄가 있는 줄을 알면 마땅히 참회하여라.
참회하면 곧 안락하여 지려니와
참회하지 아니하면 죄는 더욱 깊어지게 된다.
죄가 없으면 잠자코 묵연하라. 잠잠하면
이 대중이 깨끗한 줄 알겠다.
여러 스님들과 우바이는 자세히 들어라.
부처님께서 열반하신 뒤 상법像法시대에는
마땅히 바라제목차를 존경하여야 한다.
바라제목차는 곧 이 계戒이니,
이 계를 지니면 어두운 곳에서 불빛을 만남과 같고,
가난한 이가 보배를 얻음과 같고, 병난 이가 쾌차함과 같고,
갇혔던 죄수가 풀려남과 같고, 멀리 집 떠난 이가 돌아옴과 같나니,
마땅히 알라.
이 계는 여러분의 스승이다.

만약 부처님께서 이 세상에 계신다 하여도 이와 다를 것이 없다.
죄를 두려워하는 마음을 내기는 어렵고
착한 일 하려는 마음을 내기는 더욱 어렵다.
그러기 때문에 경에 말씀하시기를,
"작은 죄라고 가벼이 여겨 아무런 재앙이 없다고 하지 말라.
물방울은 적지만 끝내는 큰 그릇에 찬다"라고 하였다.
잠깐 동안 지은 죄라도 무간지옥에 떨어지게 되나니,
사람의 몸을 한번 잃으면 1만 겁을 지나도 회복하기 어렵다.
젊은 시절이 멈추지 않음은 마치 달리는 말과 같아 빨리 사라지고,
사람의 목숨이 무상함은 산 위에서 내려 붓는 폭포수보다 빠르다.
오늘은 살았다 하나, 내일은 보증할 수가 없지 않느냐.
모든 대중은 한결 같은 마음으로 부지런히 정진할 것이며,
게으름을 삼갈 것이며,
해태하거나 나태하거나 잠만을 자면서 방종하지 말라.
밤이면 마음을 다잡아 삼보三寶를 생각하고,
헛되이 보내지 말 것이니,
고달프게 지내어 뒤에 크게 후회하는 일이 없게 해야 한다.
대중은 제각기 한결같은 마음으로 이 계에 의하여 법답게 수행하고
마땅히 배워야 한다.

범망경보살계본梵網經菩薩戒本

요진삼장 구마라집 역

그때 석가모니 부처님께서는 처음에 나타내신 연화대장세계로부터 동방으로 오시어 천왕궁에 드시어 '마를 항복받아 교화하는 경(魔受化經)'을 설하셨다. 말씀을 마치시고 남섬부주 가비라국에 내려와 탄생하셨다.

"나의 어머니 이름은 마야이고, 아버지 이름은 정반왕이시며, 나의 이름은 실달타이다. 7세에 출가하여 30세에 성도成道하니, 나를 부르기를 석가모니 부처님이라 한다. 적멸도량에서 금강화광왕좌金剛花光王座에 앉음으로부터 마혜수라천왕궁摩醯首羅天王宮에 이르기까지 그 가운데서 차례로 열 군데 머무시는 곳에서 설하였다."

그때에 부처님께서 모든 대범천왕의 그물로 된 깃발(網羅幢)을 관찰하시고 말씀하셨다.

"한량없는 세계가 저 그물구멍과 같아서 낱낱의 세계가 각각 같지 아니하여 서로 다르기 한량없다. 부처의 교문敎門도 또한 이와 같다. 내가 이제 이 세계에 오기를 8천 번이나 거듭하여 이 사바세계를 위해 금강화광왕좌로부터 마혜수라왕궁에 이르기까지 이 가운데 온갖 대중을 위한 심지법문心地法門을 간략하게 열어 보이어 마쳤느니라."

그리고 다시 천왕궁으로부터 내려와서 남섬부주의 보리수 아래에 이르러, 이 땅의 일체중생과 어리석은 범부를 위해, 나의 본불本佛이신 노사나 부처님의 마음자리 가운데 처음 발심할 때에 항상 외웠던 한 가지 계인 광명금강보계光明金剛寶戒를 설하노니, 이는 여러 부처님의 본원本源이며 일체보살의 본원이며 불성의 종자이다. 일체중생이 다 불성佛性이 있으니 일체의 뜻과 알음알이·물질과 마음, 감정과 마음이 다 불성계佛性戒 가운데 들어 있나니, 마땅히 결정된 인因이 항상 있으므로 마땅히 법신法身이 항상 머문다. 이와 같이 열 가지 바라제목차가 세계에 나오니, 이 진리의 계(法戒)를 삼세의 일체중생이 머리에 받쳐 이고 받들어 행할 바이다. 내가 이제 대중을 위해 십무진장계품十無盡藏戒品을 거듭 설하니, 이것은 일체중생의 계로서 본원인 자성의 청정한 도리이니라.

내 이제 노사나 부처님 되어
연화대에 바르게 앉아
둘러싸인 천 꽃잎 위에 다시
1천 석가 부처님 나투니
한 꽃잎 위에 백억의 세계,
한 세계마다 한 석가 부처님일세.

보리수나무 아래에서
일시에 불도를 이루었나니
이와 같은 천백억 부처님도
노사나 부처님 분신일세.

천백억 석가 부처님이
중생을 각각 이끌고
노사나 부처님 처소에 이르러
불계를 청하노니
감로의 문 크게 열리었네.

그때에 천백억 부처님이
본 도량에 돌아가서
보리수나무 아래 앉아 본사의 십중대계
48경계 차례로 외우시니
계는 해와 달 같이 밝고
영락 보배구슬 같이 찬란하여서
수많은 보살대중 이로 인해
정각을 성취하였네.

노사나 부처님 외우신 계
나 또한 그리 외우나니
너희들 새로 배우는 보살들아,
머리에 이고 받들어 깨끗하게 지닌 뒤에
온 누리에 널리 전하라.

분명히 듣고 바르게 외우는 이 계는
불법 중의 계율장戒律藏으로서

바라제목차이니
대중은 정성으로 믿고
마음에 간직하라.

너희는 장차 성불할 것이며
나는 이미 성불했다.
항상 이같이 믿으면
계품戒品이 구족하리라.

마음이 있는 모든 중생은
마땅히 다 불계佛戒에 들었으니
중생이 불계에 들면
모든 부처의 지위에 들리라.
대각大覺하신 부처님과 같은 지위에 들면
참된 불자라 하리라.
대중아, 모두 다 공경하여
지심至心으로 나의 계법을 들으라.

그때 석가모니 부처님께서 보리수나무 아래 앉으셔서 위없는 깨달음을 이루시고 보살의 바라제목차를 처음으로 정하시니 이는 부모와 스승과 삼보三寶에 효순孝順하는 것이며, 바른 도에 효순하는 법이다. 순順을 이름하여 계戒라 하고 또한 제지制止라고도 한다. 부처님이 입으로 한량없는 광명을 내놓으시니, 이때 백만억의 대중들인 모든 보살과 19범천과 육욕천자와 16대국의 왕이 합장하고 부처님께서 외우시는 부처님의 대승계大乘戒를 지심으로 들었다.

부처님께서 모든 보살에게 말씀하셨다.

"내가 이제 보름마다 여러 부처님의 법계法戒를 외울 것이니 처음으로 보리심을 일으킨 모든 초심자들도 또한 외우라. 그리고 십발취十發趣 보살·십장양十長養 보살·십금강十金剛 보살·십지十地의 모든 보살들도 또한 외우라. 계의 광명이 입에서 나왔으므로 연緣만 있고 인因은 없는 것이 아니다. 이 광명은 푸르고 누르고 붉고 희고 검은빛이 아니며, 물질도 마음도 아니고, 인과의 법도 아니니, 이것은 모든 부처님의 근원이고 보살이 근본이며 대승의 모든 불자들의 근본이다.

그러므로 대중아, 모든 불자들아, 마땅히 받아 지니며 마땅히 읽고 외우고 마땅히 잘 배워야 한다. 불자들아, 자세히 들으라. 이 계를 받는 이는 국왕이나 왕자나 백관이나 재상이나 비구·비구니나 18범천이나 육욕천자六欲天子나 서민이거나 병신이거나 내시이거나 음란한 남자·음란한 여자나 종이나 팔부귀신이나 금강신이나 축생이나 내지 화신인 사람(變化人)을 막론하고 법사의 말을 알아들을 수 있는 자는 누구나 다 이 계를 받아 가질 것이니, 이 계를 받으면 모두를 가장 깨끗한 이라 이름하리라."

또 부처님께서는 모든 불자에게 말씀하셨다.

"열 가지 무거운 바라제목차가 있으니 만일 보살계를 받고 이 계를 외우지 않는 자는 보살이 아니며 불종자가 아니므로 나도 또한 이와 같이 외운다. 여러 보살들은 이미 배웠으며, 또 마땅히 배울 것이며, 여러 보살이 지금 배우고 있다. 이미 보살의 바라제목차의 모습을 간략히 말하였으니 마땅히 배워서 공경하는 마음으로 받아 지녀야 한다."

○보살계본

◎열 가지 큰 계율(十重大戒)

1. **살생하지 말라.**

부처님께서 말씀하셨다.

"스스로 죽이거나 다른 사람을 시켜서 죽이거나 방편을 써서 죽이거나 칭찬을 해서 죽이게 하거나 죽이는 것을 따라 기뻐하거나 내지 주문을 외어서 죽여, 죽이는 원인이나 죽이는 반연이나 죽이는 방법이나 죽이는 업을 지어서 생명 있는 온갖 것을 짐짓 죽이지 말아야 한다.

보살은 항상 자비로운 마음과 효순하는 마음을 내어 일체중생을 방편을 다해서 구원해야 할 것인데 도리어 방자한 마음과 거침없는 마음으로 살생하는 것은 보살의 바라이죄가 된다.

2. **주지 않는 것을 훔치지 말라.**

너희 불자들아, 스스로 훔치거나 다른 사람을 시켜서 훔치거나 방편을 써서 훔치거나 주문을 외워서 훔쳐서, 훔치는 원인이나 훔치는 반연이나 훔치는 방법이나 훔치는 업을 짓겠는가. 귀신의 것이거나 주인이 있는 것이거나 도둑이 훔친 것이거나 바늘 한 개, 풀 한 포기에 이르기까지 모든 재물을 짐짓 훔치지 말아야 한다.

보살은 항상 불성에 효순하는 마음과 자비로운 마음을 내어 일체중생이 복되고 즐겁도록 도와야 할 것인데 도리어 남의 재물을 훔치면 보살의 큰 죄가 된다.

3. **음행하지 말라.**

너희 불자들아, 스스로 음행하거나 다른 사람을 시켜 음행하게 하거나 내지 일체 여인들과 음행하지 말지니라. 음행하는 원인이나 음행하는 반연이나 음행하는 방법이나 음행하는 업을 짓겠는가. 내지 짐승의 암컷이나 하늘계집(天女)이나 여자귀신이나 및 비도非道로 음행을 하겠는가.

보살은 항상 불성에 효순하는 마음을 내어 일체중생을 구원하고 제도하여 깨끗한 법을 일러주어야 하는 것인데 도리어 일체중생에게 음행할 마음을 내어 짐승이나 어미나 딸이나 자매나 육친을 가리지 않고 음행을 하여 자비로운 마음이 없으면 보살의 큰 죄가 된다.

4. **거짓말을 하지 말라.**

스스로 거짓말을 하거나 다른 사람을 시켜서 거짓말을 하게 하거나 방편으로라도 거짓말을 하여서, 거짓말을 할 원인이나 거짓말을 할 반연이나 거짓말을 하는 방법이나 거짓말을 하는 업을 짓겠는가. 내지 보지 못한 것을 보았다고 하거나 본 것을 보지 못하였다고 해서 몸이나 마음으로 거짓말을 하겠는가.

보살은 바른 말을 하고 바른 소견을 가져야 하며, 일체중생들로 하여금 바른 말을 하게 하고, 바른 소견을 갖게 해야 하는데 도리어 일체중생에게 삿된 말과 삿된 소견과 삿된 업을 짓게 하는 것은 보살의 큰 죄가 된다.

5. **술을 팔지 말라.**

너희 불자들아, 스스로 술을 팔거나 다른 사람을 시켜 술을 팔아서, 술을 파는 원인이나 술을 파는 반연이나 술을 파는 방법이나 술을 파는 업을 짓겠느냐. 어떠한 술이라도 팔지 말지니, 술은 죄를 저지르는 인연이 된다.

보살은 마땅히 일체중생으로 하여금 밝게 아는 지혜를 내도록 해야 함에도 도리어 일체중생으로 하여금 전도된 마음을 내게 하면 보살의 큰 죄가 된다.

6. **사부대중의 허물을 말하지 말라.**

너희 불자들아, 출가한 보살이나 집에 있는 보살이나 비구나 비구니의 허물을 자기 입으로 말하거나 다른 사람을 시켜서 말하여, 허물을 말하는 원인이나 허물을 말하는 반연이나 허물을 말하는 방법이나 허물을 말하는 업을 짓겠느냐.

보살은 외도나 나쁜 사람들이 불법에 대하여 법답지 못한 일과 계율을 어기는 일을 말하면 항상 자비로운 마음으로 이 나쁜 사람들을 교화하여 대승에 대한 신심을 내도록 해야 함에도 보살이 도리어 스스로 불법에 대한 죄과를 말하면 보살의 큰 죄가 된다.

7. **자기를 칭찬하고 남을 비방하지 말라.**

너희 불자들아, 스스로를 칭찬하고 남을 비방하며 또한 다른 사람을 시켜서 자기를 칭찬하고 남을 비방하여서, 남을 비방하는 원인이나 비방하는 반연이나 비방하는 업을 짓겠느냐.

보살은 마땅히 일체중생을 대신하여 남의 비방을 받고 나쁜 일은 자기에게 돌리고 좋은 일은 남에게 돌려야 함에도 도리어 자기의 공덕을 드러내고 남의 착한 일을 숨겨 다른 사람으로 하여금 비방을 받게 하면 보살의 큰 죄가 된다.

8. **자기 것을 아끼려고 남을 욕하지 말라.**

너희 불자들아, 스스로 아끼고 남에게 아끼도록 가르쳐서, 아끼는 원인이나 아끼는 반연이나 아끼는 방법이나 아끼는 업을 짓겠느냐.

보살은 모든 가난한 사람이 와서 구걸하면 그가 요구하는 모든 것을 주어야 함에도 불구하고 보살이 나쁜 마음과 성내는 마음으로 한 푼의 돈과 한 개의 바늘과 한 줄기의 풀도 주지 아니하고, 법을 구하는 이에게 한 구절의 법문과 한 마디의 말로 약간의 법도 일러주지 아니하고 도리어 나쁘게 욕을 하는 것은 보살의 큰 죄가 된다.

9. **성내지 말고, 참회하면 잘 받아 주어라.**

너희 불자들아, 스스로 성내거나 남에게 성내도록 가르쳐, 성내는 원인이나 성내는 반연이나 성내는 방법이나 성내는 업을 짓겠느냐.

보살은 마땅히 중생을 착하게 대하여 다투지 말며, 항상 자비로운 마음과 효순하는 마음을 내야 할 것임에도 불구하고 도리어 일체중생과 중생 아닌 것 것에 대해서까지 나쁜 욕설을 하고, 주먹과 몽둥이와 칼로 때리고, 그래도 성이 풀리지 않고 그가 좋은 말로 참회함에도 성낸 마음을 풀지 않으면 보살의 큰 죄가 된다.

10. **삼보를 비방하지 말라**.

너희 불자들아, 스스로 삼보를 비방하거나 다른 사람을 시켜서 삼보를 비방하여서, 비방하는 원인이나 비방하는 반연이나 비방하는 방법이나 비방하는 업을 짓겠느냐.

보살은 외도나 나쁜 사람들이 삼보를 비방하면 그 한 마디 말에도 3백 자루의 창으로 가슴을 찔린 듯한 것이거늘, 하물며 자기의 입으로 비방하겠느냐. 믿는 마음과 효순하는 마음을 내지 않고서 도리어 악인과 사견을 가진 자를 도와서 비방하는 것은 보살의 큰 죄가 된다.

◎열 가지 큰 계율의 총결

배우기를 좋아하는 어진 이들아, 이것이 보살의 열 가지 바라제목차이니, 마땅히 배워서 이 중의 한 가지라도 티끌만큼이라도 범하지 말아야 할 것이거늘 어찌 열 가지를 모두 범하겠느냐.

만약 이를 범하면 현재의 몸으로 보리의 마음을 내지 못할 것이며, 임금의 지위와 전륜왕의 지위에 있다 하더라도 그 지위를 잃을 것이며, 비구·비구니의 신분을 잃을 것이며, 십발취와 십장양과 십금강과 십지와 불성이 항상 머무는 묘한 과위果位를 잃을 것이니라. 모든 것을 다 잃어버리고서 삼악도에 떨어져 두 겁, 세 겁 동안을 지내도 부모의 이름이나 삼보의 이름을 듣지 못할 것이니, 한 가지라도 범하지 말아야 한다.

너희 모든 보살들은 지금 배우고 있고, 장차도 배울 것이며, 이미 배웠으므로 이 열 가지 계를 마땅히 익혀서 공경하는 마음으로 받들어 지녀야 한다.

팔만위의품에서 마땅히 널리 밝혔느니라."

◎보살계본 48가지 가벼운 계율(四十八輕戒)

부처님께서 말씀하셨다.

"이미 열 가지 바라제목차를 말하였으니, 이제는 마흔여덟 가지 가벼운 계를 말하리라.

1. **스승과 벗을 공경하라**.

너희 불자들아, 너희가 왕위를 받을 때나 전륜왕의 자리를 받을 때나 벼슬자리에 나아갈 때는 마땅히 먼저 보살계를 받아야 한다. 그러면 온갖 귀신들은 임금의 몸과 벼슬아치의 몸을 수호할 것이며, 부처님들도 기뻐할 것이니라. 이미 계를 받았으면 효순하는 마음과 공경하는 마음을 내어 상좌와 화상과 아사리와 큰스님과 함께 공부하는 이와 지견이 같은 이와 수행이 같은 이를 보면 일어서서 맞이하고 예배하고 문안을 사뢰어야 한다. 그럼에도 보살이 도리어 교만한 마음과 게으른 마음과 어리석고 성내는 마음으로 일어서서 맞지 아니하고 예배하지 아니하고 또 법답게 공양하지 않으랴. 자신의 몸이나 나라와 도시나

아들이나 딸이나 칠보나 백 가지 물건을 팔아서라도 공양할지니, 만약 그렇지 않으면 가벼운 죄가 된다.

2. **술을 마시지 말라.**
너희 불자들아, 고의로 술을 마시지 말라. 술이란 한량없는 허물을 짓게 하느니라. 자기 손으로 술잔을 들어 다른 이에게 주어 마시게 하는 자는 5백 세 동안 손이 없는 과보를 받을 것인데 하물며 스스로 마시겠느냐. 모든 사람들이 술을 마시지 않도록 가르쳐야 할 것이며 모든 중생들에게 술을 마시지 않도록 해야 함에도 불구하고 스스로 마셔서야 되겠느냐. 일체의 술을 마시지 말지니, 만일 짐짓 마시거나 남으로 하여금 마시게 하면 가벼운 죄가 된다.

3. **고기를 먹지 말라.**
너희 불자들아, 고의로 고기를 먹지 말라. 어떠한 중생의 고기도 먹지 말아야 한다. 무릇 고기를 먹으면 대자비의 불성종자가 끊어져 모든 중생들이 보고서 도망을 간다. 그러므로 모든 보살들은 일체의 고기를 먹지 말아야 한다. 고기를 먹으면 한없는 죄를 짓나니, 짐짓 먹는다면 가벼운 죄가 된다.

4. **오신채를 먹지 말라.**
너희 불자들아, 너희는 다섯 가지 맵고 나쁜 채소를 먹지 말아야 한다. 마늘, 부추, 파, 달래, 홍거, 이 다섯 가지는 어떠한 음식에도 넣어 먹지 말지니, 만약 짐짓 먹으면 가벼운 죄가 된다.

5. 계를 범한 이는 참회하게 하라.

너희 불자들아, 모든 중생들이 팔계를 범하거나 오계와 십계를 범하거나 금계를 훼손하거나 일곱 가지 역적의 죄를 짓거나 팔난八難에 태어날 죄를 짓거나 온갖 계를 범한 사람을 보면 마땅히 참회하도록 가르쳐야 한다. 보살이 이 같은 사람을 참회시키지 아니하고 함께 있으면서 이양利養을 같이 받으면서 함께 포살布薩하여 대중 가운데서 계를 말하여 주어 그 허물을 지적해서 참회하도록 가르치지 않는 자는 가벼운 죄가 된다.

6. 법사에게 공양을 올리면서 법을 청하라.

너희 불자들아, 대승의 법사와 대승을 공부하는 이와 지견이 같은 이와 수행이 같은 이가 백 리나 천 리를 걸어 절이나 마을 집에 오는 것을 보면 곧 일어서서 맞이하여 예배하고 공양하여야 한다. 매일 같이 세 때를 공양하되 하루에 금 석 냥 값어치의 맛있는 온갖 음식을 차려 공양하고, 앉는 상과 먹는 약 등을 법사에게 공양하며, 그 밖에 필요한 물건은 무엇이든 다 제공해야 하며, 법사에게 날마다 세 차례 설법을 청하며, 날마다 세 차례 예배하되 성내거나 괴로워하지 말며, 법을 위해서는 몸도 잊고서 부지런히 법을 청해야 하나니, 만약 그렇지 않으면 가벼운 죄가 된다.

7. 법문하는 곳에 가서 들어라.

너희 불자들아, 어느 곳이든지 경법經法과 계율을 강설하는 곳이 있거나, 큰 저택에서 불법을 강설하는 곳이 있으면, 새로 배우기 시작한 보살은 마땅히 경이나 계율의 책을 가지고 법사에게 가서 듣고 물어야 한다. 만약 숲과 나무 아래와 절 등 불법을 설하는 모든 곳을 다 찾아가 들어야 한다. 만약 가서 듣지 않고 묻지 않으면 가벼운 죄가 된다.

8. **대승경과 율을 잘못 알지 말라.**

너희 불자들아, 마음으로 항상 머무르고 있는 대승의 경과 율을 등지고 부처님의 말씀이 아니라 말하고, 이승二乘과 성문의 경과 율, 그리고 외도의 나쁜 소견으로 지은 금계와 삿된 소견에서 나온 주장을 받아 지니면 가벼운 죄가 된다.

9. **병든 사람을 잘 간호하라.**

너희 불자들아, 모든 병든 이를 보거든 항상 마땅히 공경하되 부처님과 다를 바 없이 해야 하나니, 여덟 가지 복전福田 가운데 병든 사람을 간호하는 복전이 첫째가는 복전이다. 만약 부모와 스님과 제자가 병들어 팔다리와 육근이 온전치 못하고, 여러 가지 병으로 고생하는 이들을 다 공양하여 낫게 해야 함에도 불구하고 보살이 성내고 한스러운 마음으로 간호하지 아니하고, 절·도시·들·산·숲·길가에서 병든 사람을 보고도 구원하지 아니하면 가벼운 죄가 된다.

10. **살생도구를 비축해 두지 말라.**

너희 불자들아, 일체의 칼과 몽둥이와 활과 창과 도끼 등 싸움에 필요한 온갖 기구를 비축해 두지 말며, 그물·올가미와 덫 등 산 것을 잡거나 죽이는 기구는 무엇이나 비축해 두지 말아야 한다. 보살은 설사 부모를 죽인 사람에게도 원수를 갚지 아니하거늘 하물며 중생을 죽여서야 되겠느냐. 그러므로 중생을 죽이는 도구를 준비해 두지 말지니, 만약 짐짓 준비해 두면 가벼운 죄가 된다. 이 열 가지 계를 마땅히 배우고 공경하는 마음으로 받들어 하나니, 아래 육도품 가운데서 널리 밝혔다.

11. **나라의 군사 사절이 되지 말라.**

너희 불자들아, 이양을 구하는 나쁜 마음으로 나라를 왕래하며 명을 행하거나 군사 사절이 되어 싸움터에서 회의를 하거나 전쟁을 일으켜 많은 중생을 죽이지 말아야 한다. 보살은 군중軍中에 들어가 왕래하지도 않아야 하거늘 하물며 나라를 해롭게 하는 일을 해서야 되겠느냐. 만약 짐짓 그러한 일을 하면 가벼운 죄가 된다.

12. **나쁜 마음으로 장사하지 말라.**

너희 불자들아, 짐짓 양민이나 노비나 여섯 가지 짐승을 사고팔거나, 관棺과 관을 만드는 판자와 시체를 담는 도구를 팔지 말지니라. 오히려 스스로 하지 말 것이거늘 하물며 남을 가르쳐 하도록 해서야 되겠느냐. 만약 짐짓 자기가 팔거나 남을 시켜서 팔면 가벼운 죄가 된다.

13. **비방하지 말라.**

너희 불자들아, 짐짓 나쁜 마음으로 양민이나 착한 사람·법사·스님·임금을 이유 없이 비방하여 그가 일곱 가지 역죄나 열 가지 큰 죄를 지었다 말하지 말라. 부모와 형제와 육친에 대해서도 효순하는 마음과 자비로운 생각을 가져야 할 것임에도 도리어 해롭게 하는 일을 해서 뜻과 같지 않는 곳에 떨어지게 하는 자는 가벼운 죄가 된다.

14. **불을 놓지 말라.**

너희 불자들아, 나쁜 마음으로 큰불을 놓아 산과 들을 태우거나, 4월부터 9월 사이에 땅 위에 불을 놓거나, 남의 집과 도시와 절과 전답과 숲과 귀신의 물건과 공공의 재물을 불태우겠느냐. 온갖 산 것을 짐짓 불태우지 말지니, 만약 짐짓 불태우면 가벼운 죄가 된다.

15. **삿된 법으로 교화하지 말라.**

너희 불자들아, 스스로 부처님 제자에게나 외도나 나쁜 사람에게나 육친에게나 모든 선지식들에게 마땅히 대승의 경과 율을 하나하나 가르쳐 받아 지니게 해서 마땅히 글의 뜻과 이치를 일러주어서 그 뜻을 알게 하고, 보리심과 십발취심·십장양심·십금강심을 내게 하며, 이 서른 가지 마음에 대해 그 차례와 법의 작용을 낱낱이 알게 해야 할 것이거늘, 보살이 나쁜 마음과 성내는 마음으로 방자하게 이승二乘·성문의 경율을 가르치거나 외도의 삿된 소견과 학설 등을 가르치면 가벼운 죄가 된다.

16. **이양을 위해 뒤바뀌게 말하지 말라**

너희 불자들아, 마땅히 좋은 마음으로 대승의 위의와 경과 율을 먼저 배우고 널리 그 뜻을 이해할 것이며, 새로 발심한 보살이 백 리나 천 리를 와서 대승의 경과 율을 배우려 하거든 법대로 온갖 고행苦行을 말하되 몸이나 팔·손가락을 태우는 것을 일러줄 것이니, 만약 몸이나 팔·손가락을 태워 부처님께 공양하지 아니하면 출가한 보살이 아니다. 또 굶주린 범이나 이리·사자·아귀에게까지 몸·살·손·발을 던져 주어 공양할 것을 말해 주고, 그 다음에 올바른 법을 차례로 말하여 마음이 열리고 뜻이 통하게 해야 한다. 그러나 보살이 이양을 위하여 대답할 것을 대답하지 않거나 경과 율을 뒤바뀌게 설해서 앞뒤가 틀려 삼보를 비방하게 하면 가벼운 죄가 된다.

17. **권력을 믿고서 요구하지 말라.**

너희 불자들아, 스스로 음식이나 재물과 이양과 명예를 위하여 임금과 아들과 대신과 벼슬아치들을 가까이 사귀고는, 그 힘을 믿고 때리고 협박하면서 돈이나 재물을 강요하며 이익을 구하겠느냐. 일체의 이익을 구함에 있어 나쁘게 구하거나 많이 구하거나 남을 시켜서 구할 때도 도무지 자비로운 마음과 효순하는 마음이 없으면 가벼운 죄가 된다.

18. **아는 것 없이 스승이 되지 말라.**

너희 불자들아, 마땅히 열두 가지 경전을 배워야 하며, 계를 외는 사람은 날마다 여섯 번을 때맞추어 보살계를 외야 하고, 그 뜻과 불성의 성품까지를 잘 알아야 한다. 그러나 보살이 한 구절과 한 마디의 게송조차 알지 못할 뿐 아니라, 계율의 인연도 알지 못하면서 거짓으로 이해하는 척하는 것은 자기를 속이는 것뿐 아니라 남도 속이는 짓이다. 일체법 가운데 그 하나도 모르면서 남의 스승이 되어 계를 일러주는 것은 가벼운 죄가 된다.

19. **두 가지로 말하여 이간하지 말라.**
너희 불자들아, 악한 마음으로 계를 지키는 비구가 손에 향로를 들고 보살행을 하는 것을 보고는 나쁜 생각으로 이간질을 해서 싸우게 하겠느냐. 어진 이를 비방하고 속여서 끝없이 나쁜 짓을 짓는 자는 가벼운 죄가 된다.

20. **산 것을 놓아주고, 죽게 된 것을 구제하라.**
너희 불자들아, 자비로운 마음으로 산 것을 놓아주어야 한다. 온온갖 남성은 모두가 나의 아버지이고, 온갖 여성은 모두가 나의 어머니이니, 내가 날 때마다 그들을 의지하지 않음이 없다. 그러므로 육도의 중생은 모두 나의 부모인 것이다. 그들을 잡아먹는 것은 곧 나의 부모를 죽이는 것이며, 나의 옛 몸을 먹는 것이다. 온갖 지地·수水·화火·풍風의 사대四大는 모두가 나의 본래 몸이니, 그러므로 항상 산 것을 놓아주어야 한다. 세세생생에 몸을 받아 나는 것은 항상 머무는 법이니 남을 가르쳐서 산 것을 놓아주게 할 것이며, 사람들이 짐승을 죽이려는 것을 보면 방편을 다해서 구하여 액난을 면하게 해 줄 것이며, 항상 보살계를 일러주어 교화해서 중생을 제도해야 한다. 만일 부모와 형제의 제삿날이면 법사를 청하여 보살계와 경전을 강의하게 하여 죽은 이의 내생의 복을 빌어 부처님을 뵙고 인간과 천상에 나게 해야 한다. 만약 이와 같이 하지 않으면 가벼운 죄가 된다. 이와 같이 열 가지 계를 마땅히 배우고 마음으로 받들어 지녀야 하나니, 멸죄품 가운데 하나하나의 계상戒相을 널리 밝혔다.

21. **성내지 말고 때리지 말며 원수를 갚지 말라.**

너희 불자들아, 마구 성냄으로써 성냄을 갚지 말고 때림으로써 때리는 것을 갚지 말라. 만일 부모나 형제 육친을 죽였다 해도 원수를 갚지 말 것이며, 임금을 남이 죽였더라도 원수를 갚지 말아야 하나니, 산 사람을 죽여서 원수를 갚는 것은 효도에 따르는 일이 아니다. 노비를 길러 꾸짖고 때려 날마다 세 가지 업을 일으켜서 한량없는 죄를 짓지 말 것이거늘 하물며 짐짓 일곱 가지 역죄를 지어서야 되겠느냐. 출가한 보살로서 자비한 마음이 없이 복수하되 육친의 원수에 이르기까지 원수를 갚으면 가벼운 죄가 된다.

22. **교만한 생각을 버리고 법문을 청하라.**

너희 불자들아, 처음 출가하여 아직 이해를 못하면서 스스로 지혜가 총명하다고 믿거나 지위가 높고 나이가 많은 것을 믿거나 문벌이 훌륭한 것을 믿거나 복이 많고 재물이 넉넉한 것을 믿고서 교만한 생각으로 먼저 배운 법사에게 경과 계율을 배우기를 꺼려하지 말아야 한다. 그 법사가 비록 나이가 젊고 문벌이 보잘 것 없고 가난하고 감관이 온전하지 못하더라도 진실로 도덕이 있고 경과 율을 잘 알면 처음 배우는 보살은 이런 법사를 찾아가 그의 문벌 등을 보지 말아야 한다. 그런데 와서 이런 법사에게 제일의제를 배우지 않으면 가벼운 죄가 된다.

23. **새로 배우는 이를 경멸하지 말라.**

너희 불자들아, 부처님께서 열반하신 뒤에 좋은 마음으로 보살계를 받들려면 불보살의 형상 앞에서 서원을 세우고 계를 받되 7일 동안 불보살께 참회하여 좋은 징조가 보이면 계를 얻을 것이니라. 만약 좋은 징조가 보이지 않으면 14일, 21일, 1년이라도 좋은 징조가 보일 때까지 참회하여야 한다. 그리하여 좋은 징조가 보이면 불보살의 형상 앞에서 계를 받을 것이며, 좋은 징조가 보이지 않으면 불상 앞에서 계를 아무리 받아도 계를 얻은 것이 아니다. 그러나 만약 먼저 보살계를 받은 법사에게 계를 받게 되면 좋은 징조가 필요 없다. 이 법사에게서 법사에게로 서로 전하여 받은 것이므로 좋은 징조가 필요치 않다. 그러므로 법사에게서 계를 받으면 계가 얻어지며, 계를 소중하게 여기는 마음을 내기 때문에 계가 얻어진다. 만약 천 리 안에 계를 일러줄 법사가 없으면 불보살의 형상 앞에서 서원을 세우고 계를 받되 좋은 징조를 보아야 한다. 만약 법사가 경과 율과 대승법을 잘 알고 임금이나 태자와 벼슬아치와 사귀고 있는 것을 빙자하여 새로 배우는 보살이 경과 율을 묻는데 업신여기는 생각과 나쁜 생각과 교만한 생각으로 낱낱이 잘 일러주지 아니하면 가벼운 죄가 된다.

24. **불법을 잘 배워라.**

너희 불자들아, 부처님의 경과 율과 대승법과 바른 지견과 바른 성품과 바른 법신이 있음에도 불구하고 부지런히 배우지 아니하여 칠보七寶를 버리고 도리어 삿된 소견으로 이승과 외도의 속전과 아비담과 잡론 등 일체의 여러 글들을 배우겠는가. 이 같은 일은 불성을 끊는 것이며 도에 장애가 되는 인연으로 보살도를 행하는 것이 아니니, 만약 짐짓 그러한 일을 하면 가벼운 죄가 된다.

25. **대중과 잘 화합하라.**

너희 불자들아, 부처님께서 열반하신 뒤에 법을 말하는 주인이 되거나 법을 행하는 주인이 되거나 절의 주인이 되거나 교화하는 주인이 되거나 참선하는 주인이 되거나 나다니는 일을 맡게 되거든, 마땅히 자비로운 마음으로 다투는 것을 화해시키고 삼보三寶의 물건을 잘 수호하여 자기의 물건과 같이 함부로 쓰지 말아야 한다. 만약 대중의 질서를 문란하게 하고 다투게 하며 삼보의 물건을 함부로 쓰면 가벼운 죄가 된다.

26. **객승을 정성으로 대접하라.**

너희 불자들아, 먼저 와서 승방僧房에 머물러 있을 때 보살이나 비구나 손님으로 오거나 집이나 도시, 임금이 지은 절과 안거安居하는 곳에나 큰 법회 중에 오는 것을 보거든, 먼저 와 있는 대중은 일어나 마중하고 배웅해야 하며, 음식으로 공양하고 방과 이부자리와 평상과 좌복 등 필요한 것을 주어야 한다. 만약 줄 물건이 없거든 자기의 몸이나 아들딸의 몸이나 자기의 살을 베어 팔아서라도 필요한 것을 공급하고 주어야 한다. 만약 신도가 와서 대중을 청하면 손님으로 온 스님도 공양을 받을 자격이 있으므로, 손님으로 온 스님도 공양을 받도록 해야 한다. 만약 먼저 있던 사람들이 초청을 받고 손님으로 온 스님이 초청을 받지 못하게 되면 절을 맡은 스님은 한량없는 죄를 얻을 것이며 짐승과 다를 것이 없고 사문沙門이 아니며 불제자가 아니니, 그렇게 하면 가벼운 죄가 된다.

27. **자기만 따로 초청받지 말라**

너희 불자들아, 자기만을 따로 청하는 초청을 받아 자기만의 이양을 취하지 말라. 이런 이양은 시방의 스님들과 함께 받아야 할 것이니, 혼자만의 초청을 받으면 시방의 스님들 몫을 자기 혼자서 차지하는 것이며, 여덟 가지 복전 가운데 부처님과 성인과 여러 스님들과 아버지와 병든 이 등의 물건을 혼자서 수용하는 것이므로 이는 가벼운 죄가 된다.

28. **스님들을 따로 초청하지 말라.**

너희 불자들아, 출가한 보살이나 집에 있는 보살이나 여러 신도들이 복전인 스님들을 초청하여 소원을 이루고자 할 때 마땅히 승방에 들어가서 소임을 가진 이에게 물을 것이니 '저는 지금 스님들을 초청하여 소원을 이루고자 합니다' 하거든, 소임을 가진 이는 '차례대로 스님을 초청하여야 시방의 거룩한 스님을 얻습니다'라고 대답해야 한다. 그런데 세상 사람들이 오백나한이나 보살을 따로 청하는 것은 차례에 따라 한 사람의 범부 스님을 초청하는 것만 못하다. 만약 따로 스님을 청한다면 이는 외도들이 하는 법이다. 과거칠불過去七佛은 따로 청하는 법이 없으며 효순하는 도가 아니니, 짐짓 스님들을 따로 초청하면 가벼운 죄가 된다.

29. **나쁜 직업을 갖지 말라.**

너희 불자들아, 나쁜 마음으로 이양利養을 위하여 남색男色과 여색女色을 팔거나 자기 손으로 음식을 만들거나, 맷돌에 갈고 방아를 찧거나,

남녀의 상을 보고 점을 치고 길흉을 해몽하거나, 아들딸을 예언하며 주문과 교묘한 술법을 쓰거나, 매를 길들이거나, 여러 가지 독약과 금은의 독과 벌레의 독을 만들겠느냐. 이것은 자비로운 마음과 효순하는 마음이 없는 것이니, 짐짓 범하면 가벼운 죄가 된다.

30. **속인들과 세속의 일을 도모하지 말라**

너희 불자들아, 나쁜 마음으로 삼보를 비방하면서도 좋아하는 척하며, 입으로는 공空하다고 말하면서 행은 유有에 있고, 속인들과 세속의 일을 도모하고, 속인을 위하여 남녀를 모아서 음란한 짓을 하게 되며, 온갖 속박을 짓고, 육재일六齋日과 삼장재월三長齋月에 산 것을 죽이며, 도둑질 등을 해서 재를 깨뜨리고 계를 범하면 죄가 된다. 이와 같은 열 가지 계를 마땅히 배우고 공경하는 마음으로 받들어 지녀야 한다. 재계품 가운데에서 널리 밝혔다.

31. **값을 치르고 구해내라**.

부처님께서 말씀하셨다. 너희 불자들아, 부처님께서 열반하신 뒤의 나쁜 세상에서 만약 외도와 온갖 나쁜 사람들과 도둑들이 부처님과 보살과 부모의 형상을 팔거나 경전과 율문律文을 팔고, 비구와 비구니를 팔며, 또한 발심한 보살과 도인을 팔아서 관청의 하인이 되게 하거나 여러 사람의 종이 되게 하는 것을 보면, 보살은 이 일을 보고는 마땅히 자비로운 마음을 내어 방편을 다해 구원하되 가는 곳마다 교화하여 재물을 구해서 부처님의 형상과 보살과 비구와 비구니와 발심한 보살과 온갖 경전과 율문을 구해내야 한다. 만약 그렇지 않으면 가벼운 죄가 된다.

32. **중생을 해롭게 하지 말라.**

너희 불자들아, 칼과 몽둥이와 활과 살을 팔지 말며, (속이기 위해) 가벼운 저울과 작은 말(斗)을 두지 말며, 관청의 세도를 믿고 남의 것을 빼앗거나 해롭게 할 생각으로 결박하거나 남의 성공을 깨뜨리지 말며, 고양이·살쾡이·돼지·개 따위를 기르지 말아야 한다. 만약 짐짓 그러한 일을 하면 가벼운 죄가 된다.

33. **나쁜 것을 보지도 말라.**

너희 불자들아, 너희는 나쁜 마음을 가지고 남녀가 싸우는 것과 군대가 진을 치고 싸우는 것과 도둑들이 싸우는 것을 보지 말라. 또 소라를 불고 북치고 거문고를 타며 비파를 뜯고 피리를 불고 공후를 튕기면서 노래하고 춤추고 음악 하는 것을 듣거나 구경하지 말라. 또 저포놀이·바둑·장기·공놀이·주사위놀이·제기차기·돌팔매·화살 던져 넣기·말놀이·팔도행성 등을 하지 말라. 또 거울·갈대·버들가지·발우·해골 등으로 점을 치지 말며, 도둑의 심부름을 하지 말라. 이러한 것들을 하나도 하지 말아야 하나니, 만약 짐짓 하면 가벼운 죄가 된다.

34. **잠깐이라도 소승을 생각지 말라.**

너희 불자들아, 계율을 잘 보호하고 지니되 걷거나 섰거나 앉거나 눕거나 밤낮 여섯 때에 금강과 같이 계를 독송해야 한다. 마치 구명대를 타고 바다를 건너는 것과 같이 해야 하며, 풀에 묶였던 비구와 같이

하여 항상 대승에 대한 신심을 낼 것이며, '나는 아직 이루지 못한 부처이며, 부처님은 이미 이루신 부처님'이라고 알아 보리의 마음을 내어 잠깐이라도 마음에서 여의지 말아야 한다. 만약 잠깐이라도 이승이나 외도의 마음을 내면 가벼운 죄가 된다.

35. **큰 원을 세우라.**

너희 불자들아, 항상 마땅히 온갖 원을 일으켜 부모와 스승에게 효순하기를 원하고, 좋은 스승과 함께 공부하는 좋은 도반을 만나 항상 나에게 대승의 경전과 계율과 십발취와 십장양과 십금강과 십지를 가르쳐 주어 나로 하여금 환히 알게 하고, 법대로 수행하게 하고, 부처님의 계를 굳게 지니어 차라리 몸과 목숨을 버릴지언정 잠깐 동안이라도 마음속에서 사라지지 않기를 원해야 하나니, 만약 보살이 이러한 원을 세우지 아니하면 가벼운 죄가 된다.

36. **서원을 세우라.**

너희 불자들아, 이미 열 가지 큰 원을 내고 나서는 부처님의 금계를 지니고 이러한 서원을 세우되 '차라리 이 몸을 사나운 불 속이나 깊은 함정이나 날카로운 칼날 위에 던질지언정 결코 삼세 부처님의 계를 어기어 온갖 여인들과 부정한 행위를 하지 않으리라'고 서원을 세워라.

또 '차라리 이 몸을 뜨거운 무쇠의 그물로 천 겹을 얽을지언정 결코 파계한 몸으로는 신심이 있는 신도가 보시하는 옷을 입지 않으리라'고 서원을 세워라. 또 '차라리 이 입으로 빨갛게 타는 철환과 불덩이를 백 천 겁 동안 삼킬지언정 파계한 입으로는 신심이 있는 신도의 모든 음식을 결코 먹지 않으리라'고 서원을 세워라.

또 '차라리 이 몸을 맹렬한 불의 그물로 둘러싸인 뜨거운 쇠판 위에 눕힐지언정 파계한 몸으로는 신심이 있는 신도의 온갖 의자와 좌복을 결코 받지 않으리라'고 서원을 세워라.

또 '차라리 이 몸이 한 겁이나 두 겁 동안 3백 자루의 창에 찔리는 고통을 받을지언정 파계한 몸으로는 신심이 있는 신도의 여러 가지 약을 결코 받지 않으리라'고 서원을 세워라.

또 '차라리 이 몸이 끓는 가마솥에 들어가서 백천 겁을 지낼지언정 파계한 몸으로는 신심이 있는 신도가 제공하는 방과 집과 절과 숲과 땅 등 일체를 결코 받지 않으리라'고 서원을 세워라.

또 '차라리 쇠망치로 이 몸을 깨뜨려 머리에서 발끝까지 가루를 만들지언정 파계한 몸으로는 신심이 있는 신도의 예배를 결코 받지 않으리라'고 서원을 세워라.

또 '차라리 백천 자루의 뜨거운 칼이나 창으로 나의 두 눈을 뽑을지언정 파계한 마음으로는 예쁜 모양을 결코 보지 않으리라'고 서원을 세워라.

또 '차라리 백천 자루의 송곳으로 귀를 찌르면서 한 겁이나 두 겁을 지낼지언정 파계한 마음으로는 아름다운 소리를 결코 듣지 않으리라'고 서원을 세워라.

또 '차라리 백천 자루의 칼로 코를 벨지언정 파계한 마음으로는 좋은 냄새를 결코 맡지 않으리라'고 서원을 세워라.

또 '차라리 백천 자루의 칼로 혀를 끊을지언정 파계한 마음으로는 결코 맛있는 음식을 탐하지 않으리라'고 서원을 세워라.

또 '차라리 날카로운 도끼로 나의 몸을 찍을지언정 파계한 마음으로는 결코 부드러운 감촉을 탐하지 않으리라'고 서원을 세워라. 또 모든 중생이 다 같이 부처가 되기를 서원해야 하나니, 만약 보살이 이러한 서원을 세우지 않으면 가벼운 죄가 된다.

37. **위험한 곳에 가지 말라.**

너희 불자들아, 항상 마땅히 두 때에 두타를 해야 하나니, 봄·가을의 두타행頭陀行을 할 때나 여름·겨울의 참선을 할 때나 여름 안거를 할 때는 언제나 버들가지·비누·가사·물병·발우·좌구·석장·향로·거르는 주머니·수건·칼·부싯돌·족집게·노끈으로 된 평상·경전·율문·불상·보살상을 지녀야 한다. 보살은 두타행을 할 때나 백리나 천리가 떨어진 여러 곳을 가더라도 이 열 여덟 가지 물건을 지니고 다녀야 한다. 두타행을 하는 때는 정월 15일로부터 3월 30일까지와 8월 15일로부터 10월 15일 사이이니, 이 두 철 동안 열여덟 가지 물건을 몸에서 떠나지 않게 하되 마치 새의 두 날개와 같게 해야 한다. 포살하는 날은 새로 발심한 보살에게 보름마다 포살하되 불보살의 형상 앞에서 열 가지 큰 계와 마흔여덟 가지 가벼운 계를 외워야 하나니, 계를 외울 때는 반드시 불보살의 형상 앞에서 해야 하고, 한 사람이 포살하여도 한 사람이 외우고, 두 사람, 세 사람, 백 사람, 천 사람이 포살하여도 한 사람이 외워야 하며, 외우는 이는 높은 자리에 앉고 듣는 이는 낮은 자리에 앉아야 하며, 저마다 지위에 따라 구조·칠조·오조의 가사를 입어야 하며, 여름 안거 때도 하나하나 법대로 해야 한다. 두타행을 할 때는 험난한 곳에 들어가지 말아야 하나니, 나쁜 임금이 통치하는 나라의 국경이나 나쁜 임금이 통치하는 나라와 땅바닥이 고르지 않은 곳과 초목이 무성한 곳과 사자와 호랑이가 있는 곳과 물과 불과 바람의 재난이 있는 곳과 도둑이 나오는 외딴 길과 독사가 많은 곳 등 온갖 위험한 곳에는 가지 않아야 한다. 두타행을 할 때만이 아니고, 여름 안거를 할 때도 이와 같이 위험한 곳에는 들어가지 말아야 하니, 만약 짐짓 들어가면 가벼운 죄가 된다.

38. **차례대로 앉으라.**

너희 불자들아, 마땅히 법답게 높고 낮은 차례를 찾아 앉되 먼저 계 받은 이가 앞에 앉고, 뒤에 계 받은 이는 아래에 앉아야 하느니라. 나이가 많고 적은 것을 가리지 말고, 비구·비구니·임금·임금의 아들·내시·종 등은 저희끼리 모여 앉되 저마다 먼저 계 받은 이가 앞에 앉고 뒤에 받은 이는 차례를 따라 앉아야 한다. 어리석은 외도들과 같이 나이가 많은 사람이나 나이 적은 사람 할 것 없이 서로 선후를 가리지 않고 차례를 마치 병졸이나 종들이 하는 것과 같이 하지 말라. 우리 불법에는 앞사람이 앞에 앉고 뒷사람이 뒤에 앉는 것이니, 만약 보살이 법답게 낱낱이 차례를 찾아 앉지 아니하면 가벼운 죄가 된다.

39. **복과 지혜를 닦으라.**

너희 불자들아, 항상 마땅히 일체중생을 교화하되 승방을 짓고 산과 숲과 토지를 마련하고 탑을 쌓고 겨울과 여름 안거에 참선할 곳과 도 닦을 도량을 마련해야 한다. 또 보살은 마땅히 일체중생을 위하여 대승경전과 대승 계율을 설해야 하며, 병이 유행할 때, 재난이 일어날 때, 도둑이 번성할 때, 부모·형제·화상·아사리가 죽은 날과 죽은 지 7일, 14일 내지 49일에도 대승경전과 율을 읽고 설해야 한다. 또 여러 가지 재를 차리고 복을 구할 때나 일상생활을 위해서나 화재를 만나고 수재를 만나 물에 떠내려 갈 때나 배가 폭풍을 만났을 때나 강이나 바다에서 나찰의 난을 만났을 때에도 경과 율을 읽고 설해야 하며, 그 밖에 온갖 죄보를 받거나 세 가지 나쁜 세계에 나고 여덟 가지 액난을 만나고 일곱 가지 역적의 죄를 짓고 수갑과 쇠고랑과 칼과 오랏줄에 묶이었을 때에도 경과 율을 읽고 설해야 한다. 또 음란한 마음과 성내는 마음과 어리석은 마음이 치성하고 병이 들었을 때에도 이 경과 율을 읽어야 한다. 하물며 새로 배우는 보살이 그렇게 하지 않으면 가벼운 죄가 된다. 이 아홉 가지 계를 마땅히 배우고 공경하는 마음으로 받들어 지녀야 한다. 범단품에서 마땅히 널리 밝혔느니라.

40. **가려서 계를 일러주지 말라.**

너희 불자들아, 다른 이에게 계를 일러줄 때는 사람을 가리지 말아야 한다. 임금·임금의 아들·대신·벼슬아치·비구·비구니·남자신도·여자신도·음란한 남자·음란한 여자·18범천·육욕계천의 사람·뿌리(根)를 갖지 않은 이·뿌리를 둘 가진 이(二根者: 兩性者)·내시·종·귀신에 이르기까지 모두가 계를 받도록 해야 한다. 몸에 입은 가사는 모든 빛깔을 합하여 본래의 빛깔을 잃게 해서 법답게 해야 하며, 푸른빛·누른빛·붉은빛·검은빛·검붉은 빛으로 물들일 것이며, 일체의 의복과 이부자리에 이르기까지 빛깔을 없앨 것이며, 옷은 모두 물을 들이되 여러 나라의 속인이 입는 옷과 비구의 옷이 다르게 하여야 한다. 보살이 계를 받고자 할 때는 법사는 마땅히 계 받는 사람에게 '그대는 현재의 몸으로 일곱 가지 역죄를 짓지 아니 하였는가?'라고 물어야 하며, 보살계를 주는 법사는 일곱 가지 역죄를 지은 사람에게는 계를 일러주지 않아야 한다.

일곱 가지 역죄란 것은, 부처님 몸에 피를 내게 한 것과 아버지를 죽인 것과 어머니를 죽인 것과 화상을 죽인 것과 아사리를 죽인 것과 승단의 화합을 깨뜨린 것과 성인을 죽인 것이다. 이 일곱 가지 역죄를 지은 사람은 현재의 몸으로 계를 받을 수 없으나 그 밖의 사람은 누구나 계를 받을 수 있다. 출가한 사람은 임금에게 절하지 아니하며, 부모에게 절하지 아니하며, 육친에게 절하지 아니하며, 귀신에게 절하지 아니해야 한다. 법사의 말을 알아들을 수 있는 사람이 백 리나 천 리를 걸어와서 계법을 구하는데, 법사가 나쁜 마음으로 모든 중생이 받을 수 있는 계를 일러주지 아니하면 가벼운 죄가 된다.

41. **이익을 위하여 스승이 되지 말라**.

너희 불자들아, 사람을 교화하여 신심을 내게 하고자 할 때 보살이 계를 일러주는 법사가 되었으면 계를 받고자 하는 사람에게 화상과 아사리를 청하도록 해야 하며, 이 두 계사는 반드시 '그대는 계를 받을 수 없는 일곱 가지 역죄를 짓지 않았는가'라고 물어야 한다. 만약 일곱 가지 역죄를 지었으면 계를 일러주지 않아야 하며, 일곱 가지 역죄를 짓지 않았으면 계를 일러주어야 한다. 만약 열 가지 큰 계를 범하였으면 불보살의 형상 앞에서 참회하게 하되 밤과 낮의 여섯때에 큰 계와 마흔여덟 가지 가벼운 계를 외우게 하며, 삼세의 천 부처님께 정성을 다해 예배하여 좋은 상서를 보아야 하느니, 1·7일이나 2·7일 3·7일 내지 1년이라도 좋은 상서를 보아야 하느니라.

좋은 상서란 부처님께서 정수리를 만져 주시거나 광명이나 연꽃 등의 기이한 일이 나타나는 것으로 이러한 일이 나타나면 죄가 소멸한 것임을 알아야 한다. 그러나 그러한 좋은 상서가 없으면 참회하여도 소용이 없으며, 그러한 사람은 현재의 몸으로는 계를 얻지 못하지만 내생에는 계를 받을 이익을 얻게 된다. 만약 마흔여덟 가지 가벼운 계를 범하였으면 법사에게 참회하여도 죄가 없어지나니, 계를 아주 받을 수 없는 일곱 가지 역죄와는 다르다.

계를 일러주려고 하는 법사는 이러한 법을 일일이 잘 알아야 하나니, 만약 대승의 경과 율 가운데서 가볍고 크고 옳고 그른 것을 잘 알지 못하거나 제일의제를 알지 못하거나 습종성習種性·장양성長養性·성종성性種性·불가괴성不可壞性·도종성道種性·정법성正法性과 그 가운데 들고 나는 여러 가지 관행觀行과 십선지十禪支와 온갖 수행의 법을 알지 못하고, 이러한 법들의 참뜻을 하나도 알지 못하면서 보살이 이양과 명예를 위하여 굳이 구하고 탐욕스럽게 구하며, 제자를 탐내어 모든 경과 율을 아는 척하면 이는 공양을 받기 위하여 자기와 남을 속이는 것이니, 짐짓 계를 일러주면 가벼운 죄가 된다.

42. **나쁜 사람에게 계를 설하지 말라.**

너희 불자들아, 이양을 위하여 보살계를 받지 아니한 사람과 외도와 나쁜 사람들에게는 천 부처님께서 설하신 큰 계를 설하지 말라. 이삿된 견해를 가진 사람들에게도 설하지 말 것이니, 국왕을 제외하고는 나머지 모든 사람들에게 설하지 말아야 한다. 이들 악한 무리들은 부처님의 계를 받지 않았으므로 축생이라 하나니, 세세생생에 삼보를 보지 못하며, 나무와 돌같이 마음이 없으므로 외도라 하고, 삿된 소견을 가진 사람들이라 하며 나무토막과 다를 것이 없다. 그러므로 보살이 이러한 사람들 앞에서 과거칠불께서 가르치신 계를 설하면 가벼운 죄가 된다.

43. **계를 범할 생각을 일으키지 말라.**

너희 불자들아, 믿는 마음으로 출가하여 부처님의 바른 계를 받고서 짐짓 생각을 내어 계를 파괴한 이는 모든 신도의 공양을 받지 못하며, 불법을 부촉 받은 임금의 국토에 다니지 못하며, 그 나라의 물도 마시지 못한다. 5천의 큰 귀신들이 항상 앞을 가로막고 큰 도둑이라고 말할 것이며, 만약 시골의 집에 들어가거나 도시의 집에 들어가면 귀신이 다시 그 발자국을 쓸어버리고, 세상 사람들은 불법을 도둑질하는 사람이라고 꾸짖으며, 모든 중생들은 계를 깨뜨린 이 사람을 보지도 않을 것이다. 계를 범한 사람은 축생과 다를 것이 없고 나무토막과 다를 것이 없나니, 만약 바른 계를 짐짓 깨뜨리면 가벼운 죄가 된다.

44. **경전에 공경하라.**

너희 불자들아, 항상 한결같은 마음으로 대승의 경과 율을 받아 지니고 읽고 외우며, 가죽을 벗겨서 종이를 삼고, 피를 뽑아 먹을 삼고, 뼛속의 기름으로 벼루의 물을 삼고, 뼈를 쪼개어 붓을 삼아서 부처님의 계를 써야 하며, 나무껍질과 종이와 비단과 흰 천과 대에 써서 지니되 칠보와 좋은 향과 온갖 보배로 주머니나 함을 만들어 경전과 율문을 담아야 한다. 만약 이같이 법답게 공양하지 아니하면 가벼운 죄가 된다.

45. **중생을 교화하라.**

너희 불자들아, 항상 자비로운 마음을 일으켜 도시나 시골의 집에 들어가 온갖 중생들을 보면 마땅히 부르며 말하되 '너희는 마땅히 삼보에 귀의하여 열 가지 큰 계를 받으라'고 할 것이며, 만약 소·말·돼지·양과 같은 모든 축생들을 보면 마땅히 마음으로 생각하고 입으로 말하여 '너희들 축생은 보리의 마음을 내라'고 해야 한다. 보살은 산과 숲과 강과 들을 갈 때 그곳에서 여러 중생을 만나면 그들로 하여금 보리의 마음을 내도록 해야 할 것이니, 보살이 만약 중생을 교화할 마음을 내지 않으면 가벼운 죄가 된다.

46. **법을 설할 때는 위의를 지키라.**

너희 불자들아, 항상 마땅히 사람을 교화하며 대비심을 일으켜야 한다. 귀한 신도의 집이나 모든 대중 가운데 들어가거든 재가자를 위하여 서서 법을 설하지 말고 마땅히 재가 대중들 앞에 높은 자리에 앉아서 법을 설해야 하느니라. 법사인 비구는 땅에 서서 사부대중에게 법을 설해서는 안 된다. 법을 설할 때 법사는 반드시 높은 자리에 앉고 향과 꽃으로 공양하도록 해야 하며, 듣는 대중은 아래에 앉되 부모에게 효순하듯 하며 스승의 가르침을 공경하기를 불을 섬기는 바라문 같이 해야 한다. 그 법을 설하는 자가 만약 법답지 않게 설하면 가벼운 죄가 된다.

47. **옳지 못한 법으로 제재하지 말라**.

너희 불자들아, 신심으로 계를 받은 이가 만약 임금의 아들과 벼슬아치와 사부제자四部弟子들이 자기가 고귀하다고 스스로 믿고 불법과 계를 없애기 위하여 제재를 가하고 법을 만들어 자신의 사부제자를 제한하되 출가하여 도 닦는 것을 막거나 불상과 탑과 경과 절을 짓지 못하게 하고, 통제하는 관리를 두어 중이 되는 것을 제한하고, 승적을 만들어 스님들의 이름과 행적을 기록하고, 비구는 땅에 서고 속인은 높은 자리에 앉도록 하는 그러한 불법을 자행하거나 또는 병졸과 종처럼 다루지 말아야 한다. 보살은 마땅히 모든 사람의 공양을 받을 것이거늘 도리어 벼슬아치의 부림을 당하면 그릇된 법이며 그릇된 율이니라. 만약 임금이나 벼슬아치들이 좋은 마음으로 부처님의 계를 받았으면 삼보를 파괴하는 죄를 범하지 말아야 하느니, 만약 짐짓 불법을 파괴하면 가벼운 죄가 된다.

48. **불법을 파괴하지 말라**.

너희 불자들아, 좋은 마음으로 출가하였음에도 명예와 이익을 위하여 임금과 벼슬아치들 앞에서 부처님의 계를 설하면서 방자하게도 비구와 비구니와 보살계를 받은 사람을 구속하고 징계하되 감옥에 죄인을 가두듯이 하고 병졸과 종을 다루듯이 해서야 되겠느냐. 마치 이것은 사자의 몸에서 생긴 벌레가 사자의 살을 먹는 것이지 다른 벌레가 먹지 못하는 것과 같으니, 불제자 스스로가 불법을 파괴하는 것이지 외도나 마군이 불법을 파괴하는 것이 아니다. 만약 부처님의 계를 받았으면 마땅히 부처님 계를 보호하되 외아들을 생각하듯이, 부모를 섬기듯이 하여 파괴되지 않도록 해야 한다.

보살은 외도와 나쁜 사람들이 부처님의 계를 모욕하는 것을 들으면 마치 3백 자루의 창이 심장을 찌르는 듯이 여겨야 하며, 수천 개의 칼과 몽둥이로 몸을 찌르고 때리는 것과 같이 여겨 '차라리 내 몸이 지옥에 들어가 백 겁 동안을 지낼지언정 나쁜 말로 부처님의 계를 비방하는 소리를 한 번이라도 듣지 않음이 좋다'고 해야 할 것이거늘 하물며 스스로 부처님의 계를 깨뜨리고 사람을 시켜 그로 하여금 불법을 깨뜨리는 인연을 지어 효순하는 마음이 없도록 하겠느냐. 만약 짐짓 이 같은 일을 하면 가벼운 죄가 된다. 이 아홉 가지 계를 마땅히 배우고 공경하는 마음으로 받들어 지녀야 한다.

○범망경 보살계본 총결

너희 불자들아, 이 마흔여덟 가지 가벼운 계를 너희는 받아 지녀야 한다. 과거의 보살들이 이미 배웠고, 미래의 보살들도 마땅히 배울 것이며, 현재의 보살들이 지금 배우고 있다. 여러 불자들은 자세히 들으라. 이 열 가지 큰 계와 마흔여덟 가지 가벼운 계는 삼세三世의 모든 부처님께서 이미 외우셨고, 마땅히 외우실 것이며, 지금도 외우시고, 나도 이같이 외우나니, 너희 모든 대중과 임금과 임금의 아들과 벼슬아치와 비구와 비구니와 믿음이 있는 남자와 믿음이 있는 여자 등 이 보살계를 받은 모든 사람은 불성이 항상 머무는 이 계를 마땅히 받아 지니고 읽고 외우고 해석하여 설하고, 붓으로 써서 삼세의 모든 중생들에게 펼치어 교화하는 일이 끊이지 않게 해야 한다. 그리하여 천 부처님을 뵙고 수기授記를 받고 세세생생에 세 가지 나쁜 세계와 여덟 가지 액난 속에 떨어지지 말며 항상 인간이나 천상에 나도록 하여라. 내가 지금 이 보리나무 아래서 7불의 계를 대략 설하였나니, 너희 대중은 한결같은 마음으로 이 바라제목차를 배우고 기쁘게 받들어 행해야 한다. 무상천왕품無相天王品의 권학勸學 가운데 하나하나 널리 밝힌 것과 같다.

이때 모였던 삼천대천세계의 보살계를 받은 무리와 앉아 있던 청중들은 부처님의 말씀을 듣고 마음으로부터 공경하면서 받들어 기쁘게 받아 지녔다.

○부처님의 당부○

이때 석가모니 부처님께서 위와 같이 연화대장세계의 노사나불께서 설하신 심지법문품心地法門品 중의 열 가지 다함이 없이 계법戒法을 설하여 마치시고, 천 백억의 석가모니 부처님께서도 당신의 회상에서 또한 이같이 설하시되 마혜수라천왕궁으로부터 보리나무 아래 이르기까지 십주처十住處에서 설하신 법문을 설하셨으며, 여러 보살들과 많은 대중이 받들어 지니고 읽고 외우게 하기 위하여 그 뜻을 해석하여 설하심도 이와 같이 하셨다.

또 천백억의 세계와 연화장세계의 티끌같이 많은 세계에서도 모든 부처님의 심장心藏·지장地藏·계장戒藏·무량행원장無量行願藏·인과불성상주장因果佛性常住藏 등 모든 부처님께서 설하신 한량없는 법장法藏을 설하여 마치시니, 천백억 세계에 있는 모든 중생들도 받아 지니고 기쁘게 받들어 행하였다. 만약 심지의 온갖 모습들을 널리 열고자 한다면 불화광칠행품 가운데 설한 것과 같으니라.

밝은 이는 지혜 많아
이런 법문 지니오니
부처 되기 전에라도
다섯 이익 얻나니라.

첫째로는 시방불이
항상 수호하시옵고,
둘째로는 죽을 때에
바른 소견 기뻐하고,

셋째로는 세세생생 날 때마다
보살들과 더불어 벗이 되고,
넷째로는 공덕이 산더미처럼 모여서
지계바라밀을 성취하고,

다섯째는 다음 세상에
성계로 복과 지혜 가득하니
이를 일러 불자라 하나니

지혜로운 이는 잘 생각하라.
나라고 하는 상相에 집착한 이
이러한 법을 믿을 수 없고,
고요함만을 취하는 이

보리의 종자도 심지 못하리.

보리의 싹이 자라나서
밝은 빛으로 세간을 비추려면
마땅히 고요하게
관찰해야 하네.

모든 법의 참된 모양
나지 않고 죽지도 않으며
항상한 것도 끊어진 것도 아니고
같지도 다르지도 아니하며
오지도 가지도 아니하네.

한결같은 한 마음으로
방편을 다해 장엄하고
보살들이 해야 할 일 차례로 따라 배우며
유학과 무학을
분별하는 생각 내지 말라.

이를 일러 제일의 도라 하고
마하연이라 하네.
일체의 나쁜 희론
여기서는 모두 없어지고

부처님의 반야지혜가
이로부터 생겨나네.

그러므로 불자들아,
큰 용맹 어서 내어
부처님의 청정한 계율
밝은 구슬같이 보호하세.

지난 세상 보살들도
이것으로 공부했고,
현재·미래 모든 보살
여기에서 배우나니,
이것이 부처님 행하시는 곳이니,
세존께서 찬탄하셨고
나도 이미 따라서 설하였네.

한량없는 이 복덕의 산더미를
중생에게 돌려보내
일체지혜로 향하나니
이 법문 듣는 이는
모두 속히 성불하여지이다.

범망경보살계본휘해梵網經菩薩戒本彙解

상편上篇

李圓淨 和南謹編

이원정이 합장하며 삼가 엮음

『불설범망경보살심지품합주佛說梵網經菩薩心地品合註』의 과판科判

『불설범망경보살심지품보합주佛說梵網經菩薩心地品菩合註』의 과판科判은 전체를 둘로 나누어 첫 부분이 현의玄義요, 다음이 입문入文이다.

『불설범망경보살심지품보합주佛說梵網經菩薩心地品菩合註』의 과판科判은 전체를 둘로 나누어 첫 부분이 현의玄義요, 다음이 입문入文이다.

입문을 삼분三分하니 Ⅰ은 방광하여 발기하는 분(放光發起分), Ⅱ는 법문을 바로 보이는 분(正示法門分), Ⅲ은 유통으로 세간을 이익 되게 하는 분(流通益世分)이다.

Ⅱ. 정시법문분正示法問分을 이분하니 가)는 사나가 심지법을 설하다(舍那說心地法), 나)는 석가가 보살계를 널리 펴다(釋迦宣菩薩戒)이다. [지금의 이 『범망경보살계본』은 곧 나)석가선보살계에 속한다.(『梵網經菩薩戒本』 下卷에 해당)]

나)석가선보살계釋迦宣菩薩戒를 삼분하니 1은 계를 설한 원래 연유를 펴다(敍說戒原由), 2는 중계와 경계의 모습을 열거하다(例重輕戒相), 3은 대중이 봉행함을 권하다(勸大衆奉行)이다.

1. 서설계원유敍說戒原由를 이분하니 1)은 전법傳法을 드리운 자취를 거듭 펴다(覆敍垂迹傳法), 2)는 수하樹下에서 권발勸發을 바로 밝히다(正明樹下勸發)이다.

1)복서수적전법覆敍垂迹傳法을 이분하니 (1)은 줄글(長行), (2)는 게송이다.

(1)줄글을 이분하니 ①은 부처님이 홍법한 자취를 바로 서술하다(正述迹佛弘

法), ②는 계로써 섭생함을 바야흐로 밝히다(方明以戒攝生)이다.

一. 현의玄義

二. 입문入文

I. 방광하여 발기하는 분(放光發起分)

II. 법문을 바로 보이는 분(正示法門分)

가. 사나가 심지법을 설하다(舍那說心地法) - 여기까지는 『범망경』 상권에 해당하며, 본서의 내용에 속하지 않는다.

나. 석가가 보살계를 널리 펴다(釋迦宣菩薩戒) - **지금의 이 『범망경보살계본』은 여기에 속함**

1. 계를 설한 원래 연유를 펴다(敍說戒原由)

1) 전법을 드리운 자취를 거듭 펴다(覆敍垂迹傳法)

① 줄글(長行)

② 게송

2) 수하에서 권발을 바로 밝히다

2. 중계와 경계의 상을 나열하다

3. 대중이 봉행할 것을 권하다

Ⅲ. 유통하여 세간을 이롭게 하는 분分

석가가 보살계를 널리 펴다(釋迦宣菩薩戒)

1. 계를 설한 원래 연유를 펴다(敍說戒原由)

1) 전법을 드리운 자취를 거듭 펴다(覆敍垂迹傳法)

(1) 줄글(長行)

①부처님이 홍법한 자취를 바로 서술하다(正述迹佛弘法)*

爾時釋迦牟尼佛. 從初現蓮華臺藏世界. 東方來入天王宮中. 說魔受化經已. 下生南閻浮提. 迦夷羅國. 母名摩耶. 父字自淨. 吾名悉達. 七歲出家. 三十成道. 號吾爲釋迦牟尼佛. 於寂滅道場. 坐金剛華光王座. 乃至摩醯首羅天王宮. 其中次第十住處所說. 時佛觀諸大梵天王網羅幢. 因爲說無量世界. 猶如網孔. 一一世界. 各各不同. 別異無量. 佛教門亦復如是. 吾今來此世界八千返. 爲此娑婆世界. 坐金剛華光王座. 乃至摩醯首羅天王宮. 爲是中一切大衆. 略開心地法門竟.

그때 석가모니 부처님께서는 처음에 나타내신 연화대장세계로부터 동방으로 오시어 천왕궁에 드시어 '마를 항복받아 교화하는 경(魔受化經)'을 설하셨다. 말씀을 마치시고 남섬부주 가비라국에 내려와 탄생하셨다.

---

* 여기서부터 『범망경』 하권의 시작이다.

"나의 어머니 이름은 마야이고, 아버지 이름은 정반왕이시며, 나의 이름은 실달타이다. 7세에 출가하여 30세에 성도成道하니, 나를 부르기를 석가모니 부처님이라 한다. 적멸도량에서 금강화광왕좌金剛花光王座에 앉음으로부터 마혜수라천왕궁摩醯首羅天王宮에 이르기까지 그 가운데서 차례로 열 군데 머무시는 곳에서 설하였다."

그때에 부처님께서 모든 대범천왕의 그물로 된 깃발(網羅幢)을 관찰하시고 말씀하셨다.

"한량없는 세계가 저 그물구멍과 같아서 낱낱의 세계가 각각 같지 아니하여 서로 다르기 한량없다. 부처의 교문教門도 또한 이와 같다. 내가 이제 이 세계에 오기를 8천 번이나 거듭하여 이 사바세계를 위해 금강화광왕좌로부터 마혜수라왕궁에 이르기까지 이 가운데 온갖 대중을 위한 심지법문心地法門을 간략하게 열어 보이어 마쳤느니라."

〔合註〕

"처음에 나타내신 연화대장세계로부터"라 함은 상권의 처음(初)에 "어사선천중四禪天中 방광철조於放光徹照 …… 경접환귀擎接還歸"까지의 일을 지칭한다.

"동방으로 오시어 천왕궁에 드시어"라 함은 이미 심지법문을 지녀 받았는지라 체성허공화광삼매體性虛空華光三昧에 들어 있으며 그 삼매 가운데서 이 국토의 마혜수라천왕궁으로 돌아오신 것이니, 이 국토는 화장(華藏: 연화장세계)의 동쪽에 있기 때문에 동쪽으로 오시어 드셨다고 한 것이다.

"마를 항복받아 교화하는 경(魔受化經)"이라 함은 특별히 통교通教의 이근利根을 위하여 제4선천에서 악마를 항복받고 나서야 다시 내려와 탄생하셨음을 시현한 것이니, 『현의玄義』 중에서 설명한 바와 같거니와 (『合註』의 권 첫머리), 삼장三藏에서 보이는(所見) "곧장 수하樹下에 이르러서야 항마降魔했다"는 것과는 같지 아니하다.

"마야摩耶"는 자세하게 말하면 마하마야摩訶摩耶이다. 여기서는 대술大術이라 번역하기도 하고 또는 대환大幻이라 번역하기도 하나니, 대원지大願智와 환화법문幻化法門으로 여래의 모母를 삼는다는 말이다.

"실달悉達"은 자세하게 말하면 살바실달薩婆悉達이니, 여기서는 돈길頓吉이라 번역한다. 태자가 탄생할 때에 모든 길한 상서가 모두 다 구족했기 때문이다.

"7세에 출가하여"라 함은 "출가하여 7년을 지냈다"는 말과 같다. 처음 출가했을 때는 먼저 불용처정不用處定을 배워 오래지 않아 증득했으나 구경이 아님을 알았고, 다음에는 비비상정非非想定을 배워 또 오래지 않아 증득했으나 그것 역시 구경이 아님을 알았으며, 다음에는 다시 여러 나라를 무릇 1년 동안 돌아다니다가 다시 6년 동안을 고행하고서 나이 30이 되어서야 정각을 이루셨다.

이로부터 이전은 모두가 체성허공화광삼매에 들어 있던 동안의 일이요, 성화成化하고 나서야 삼매로부터 나왔다 하며, 이내 금강화광왕좌와 묘광당妙光堂에 앉아 십세계해十世界海를 설하였고, 다음에는 다시 도리천·야마천·도솔천·화락천·타화천·초선·2선·3선과 마혜궁을 두루 돌아다녔으므로 합치면 10개의 주처가 있어서 10종 법문을 설한 것이며, 설법하여 다 돌고는 다시 그들을 위해 설유說喩하여 소피所被의 근기와 능피能被의 교법을 알게 함이 마치 범왕梵王의 그물과 같되 모두가 심지법문에서 벗어나지 아니함을 보인다.

〔小發〕 "모든 범망을 보시고"라 함이 바로 경의 이름(名)을 붙인 까닭이다. 범왕의 그물이 만 개의 코로 되어 겹치고 겹쳐서 저마다 다르기가 한량이 없음을 보고서, 그로 인하여 불 세계 또한 이와 같아서 각각 다르기가 한량이 없음을 알고, 불의 교화 또한 이와 같아서 한량이 없음을 알게 된다. 천백억 국에 천백억의 석가가 있으면서 불의 교화를 선양하기 때문에 범망이라 한다.

"적멸도량寂滅道場"이 곧 보리도량이다. 보리는 지智요 적멸은 이理이므로, 이곳에 앉음으로 말미암아 보리의 지智로써 적멸의 이理를 증득하기 때문에 보리도량이라 하고 적멸도량이라고도 한다.

"이 세계에 오기를 8천 번"이라 함은 특히 정각을 이루고서의 일을 지시한 것이요 그 밖의 화신을 말한 것이 아니니, 『현의』 중에서 이미 설명한 바와 같다.

〔小發〕 오직 세존이 중생 위한 것만을 감탄할 뿐이다. 비원悲願이 크며 깊고 도화道化가 그지없어서 이곳에 왔던 일을 돌이켜 생각해 보며 8천 번이었다 함이다. 여덟 신하(八臣)가 임금을 지척에서 뵈옴에도 오히려 일정한 기일이 있고, 명철한 군주가 국중國中을 순시함에도 오히려 연시年時를 헤아리게 되는데, 여기서는 세계를 다녔음이 한량없어서 수고로이 만 번을 왔다 갔다 하셨으니, 자신을 위해 하신 일이 아니요 우리들을 가엾이 여기셨기 때문이다. 어떻게 우리들은 이 대은大恩을 보고서도 마음 편히 여기며 갚을 줄을 모르는고. 진실로 슬픈 일이로다.

"심지법문을 간략하게 열어 보이어 마치셨다"고 함은 결언으로, 위의 문장을 가리킨다.

② 계로써 섭생함을 바야흐로 밝히다

復從天王宮. 下至閻浮提菩提樹下. 爲此地上一切衆生. 凡夫癡暗之人. 說我本盧舍那佛心地中. 初發心中常所誦一戒. 光明金剛寶戒. 是一切佛本源. 一切菩薩本源. 佛性種子. 一切衆生. 皆有佛性. 一切意識色心. 是情是心. 皆入佛性戒中. 當當常有因故. 當當常住法身. 如是十波羅提木叉. 出於世界. 是法戒. 是三世一切衆生頂戴奉持. 吾今當爲此大衆. 重說十無盡藏戒品. 是一切衆生戒. 本源自性清淨.

그리고 다시 천왕궁으로부터 내려와서 남섬부주의 보리수 아래에 이르러, 이 땅의 일체중생과 어리석은 범부를 위해, 나의 본불本부처님이신 노사나 부처님의 마음자리 가운데 처음 발심할 때에 항상 외웠던 한 가지 계인 광명금강보계光明金剛寶戒를 설하노니, 이는 여러 부처님의 본원本源이며 일체보살의 본원이며 불성의 종자이다. 일체중생이 다 불성佛性이 있으니 일체의 뜻과 알음알이·물질과 마음, 감정과 마음이 다 불성계佛性戒 가운데 들어 있나니, 마땅히 결정된 인因이 항상 있으므로 마땅히 법신法身이 항상 머문다. 이와 같이 열 가지 바라제목차가 세계에 나오니, 이 진리의 계(法戒)를 삼세의 일체중생이 머리에 받쳐 이고 받들어 행할 바이다. 내가 이제 대중을 위해 십무진장계품十無盡藏戒品을 거듭 설하니, 이것은 일체중생의 계로서 본원인 자성의 청정한 도리이니라.

〔**合註**〕

10처處의 회會에서 이미 마쳤으나 계품戒品을 따라 설하는 것은, 이 주住·행行·향向·지地 등 일체의 미묘한 법문이 비록 사람마다 성품에 갖추어졌기는 하나 미혹에 빠진 지 오래된 지라, 바야흐로 어리석음의 자리에 앉아 있으니 어떻게 무엇을 연유하여 들어갈 수 있겠는가. 그러나 아무리 어리석은 범부이기는 하나 역시 스스로 입문入門하는 방편이 있나니, 다만 발심發心하지 않을까 두려울 뿐이다.

노사나불 같은 이도 본래는 역시 어리석은 범부였지마는 처음에 발심하여 바로 계품을 받고 계를 받은 뒤에는 바로 외며 익혔다. 그런 까닭에 심지법문을 잘 증득하고 곧장 성불하기에 이르렀으니, 모두가 이 하나의 계(一戒)로써 가장 훌륭한 인연으로 삼았기 때문이다. 이 계는 먼저 이룬 제불이 차츰차츰 서로가 전한 것이요 처음으로 설립한 것이 아니니, 바로 이것이 최상의 미묘한 계이다.

여러 어두움을 깨뜨리므로 '광명'이라 하고, 모든 번뇌를 꺾으므로 '금강'에 비유하며, 온갖 공덕의 법재法財를 널리 갖추었으므로 '보寶'라 일컫는다.

또 온갖 법을 비추므로 광명이라 하나니 섭선계攝善戒이며, 체體는 무루無漏이므로 금강이라 하나니 율의계律儀戒이며, 중생을 구제하는 이로운 용구이므로 보寶라 하나니 섭생계攝生戒이다.

노사나불만이 이로 말미암아 성불한 것이 아니요, 모든 부처님들이 이 계로써 '근본'을 삼지 않음이 없고, 모든 보살들 역시 이 계로써 근본을 삼지 않음이 없다. 이 계를 여의면 30심心과 십지의 법문이 모두 성취되지 아니하며 불지佛地의 온갖 공덕까지도 성취되지 않기 때문이다.

"불성의 종자"라 함은 이 계가 본래 정인불성正因佛性으로서의 종자가 된다. 『기신론』에서 이른바 "법성法性에는 물듦이 없음을 아는 연고로 수순하여 시바라밀尸波羅蜜을 수행한다"고 하였으니, 그 인연으로 불성을 환히 알게 된다.

또 이 계로써 종자를 삼나니, 『열반경』에서 이른바 "일체중생에게 비록 불성이 있다 하더라도 반드시 지계로 인한 연후에야 보며, 불성을 보는 것으로 인해 아뇩다라먁삼보리를 이룬다"고 하였다.

일체중생에게는 이미 모두 불성이 있는지라 불성은 온갖 법에 두루하여 뜻(意)과 알음알이(識)와 형상(色)과 마음(心)이 있으며, 이 뜻과 마음은 불성계佛性戒 안에 들지 아니함이 없다.

이 계는 적적(的的, 밝게 빛남)하고 참된 인因이 항상 있으며, 이 계는 적적하여 법신의 묘한 과果가 항상 머무른다.

이와 같은 십바라제목차는 세계에 나와서 널리 뭇 기류機類에게 은혜를 입히기 때문에 이 법계法戒는 삼세의 일체중생이 머리에 이고 받아 지녀야 한다.

〔小發〕 "일체중생의 계"라 함은 이 계는 위로 천 부처에게 전하고 아래로는 군생에게 입히므로 승과 속이 같은 데로 돌아가고 귀신과 짐승이 얻어서 함께 하는 것이라, 성문계의 국한됨(局)과는 같은 것이 아니다.

사량思量을 '뜻(意)'이라 하여 따로 제7식을 가리키고, 요별了別을 '알음알이(識)'라 하여 따로 전前6식을 가리키며, 집기集起를 '마음(心)'이라 하여 따로 제8식을 가리키고, 오근五根과 사대四大를 '형상(色)'이라 한다.

"이 정情"이라 함은 무정無情이 아님을 분간함에서요 "이 마음(心)"이라 함은 무심無心이 아님을 분간함에서이니, 오직 목석처럼 마음이 없는 것이면 수계할 수 없을 뿐이다.

마음이 있기만 하면 모두 불성이 있고 불성이 있는 이면 이내 불성계 안에 드나니, 이 묘계妙戒는 온전히 불성의 이체理體에 의하여 일어나는 바로되 도로 다시 불성을 열어 드러내고 불성을 장엄한 연고로 불성계라 한다.

"당당當當"이라 함은 적적확확的的確確이라는 말과 같다. 이미 이는 온전한 성품에서 일어나는 바라 확실하게 진인眞因이 항상 있으며, 이미 이로 말미암아 불성을 열어 드러내고 장엄한지라 확실하게 법신의 묘과가 항상 머무른다.

이른바 십무진계十無盡戒는 모든 계의 근본이라 보임保任하는 수행인이 해탈하는 언덕에 이르기 때문에 바라제목차라 하며, 이 계는 바로 무진장無盡藏이라 근본 성품이 청정함으로 말미암아 소의所依의 체體가 되어서 무작묘계無作妙戒의 체를 이루기 때문이다.

〔小發〕 '무진장'이라 함은 이 계가 포함하고 껴잡은 것은 그지없다. 넓게 말하면 무량의 계법이 모두 구족한다. '본원자성本源自性'이라 함은 이 계는 불보살의 근본이 된다. '근본'이란 곧 일체중생들이 지닌 같은 모양의 자성이다. 성품은 본래 청정하여 더러움에 물듦이 없고, 이 계는 다시 그 본래 청정한 체성이어서 자성 이외에 더 가함이 있는 것이 아니다.

〔發隱〕

(문) 자리에서 일어나고 일어나지 아니함은 비록 다르기는 하나 모두가 석가의 응신應身으로 설법함을 밝히는데, 다만 화엄에서만은 "석가가 경境의 본정本定한 몸으로 사나舍那를 현기現起한다" 하고, 이 경에서는 "사나가 설하고 석가는 받았다"고 한다. 그렇다면 먼저 사나가 있고 뒤에 석가에게 준 것이요, 사나는 또 석가가 현기한 것이 아니다. 두 말씀의 차이를 어떻게 회통할 것인가?

(답) 석가는 청정 법신·보신·응신을 증득했다. 그러나 법신은 형상이 없고 보신은 형상이 있기 때문에 사나를 현기하여 이 계법을 설했으며, 또 응신으로써 다함없이 유포한 것이다.

이러므로 수적垂迹에 의거하여 보면 화엄에서는 또 사나가 법을 석가에게 수여한 것이나, 근본에서 보면 석가와 사나가 비록 서로서로 나타나고 주고 하지만 법신은 본래부터 절로 항상 일정한지라 일찍이 동요된 일이 없다.

요컨대, 불은 삼신三身을 증하되 삼신도 아니고 일신도 아니며, 항상 일신이요 항상 삼신이어서 나중일 수도 있고 먼저일 수도 있거늘 어느 것이 먼저이고 어느 것이 나중이겠는가. 불가사의한 것이거늘 어째서 그 차이를 말하는가.

오로지 '십중계十重戒'만을 말함은 중重한 것을 들어서 경輕한 것을 포섭시킨 것이다.

"세계에 나왔다" 함은 세계란 만나기 어려운 것인데도 이제 나오게 되었으니 경행심慶幸心을 내어 공과空過하지 말아야 한다.

"거듭 설한다" 함은 계는 도의 근본이라 싫어하지 않으면서 자주자주

선설해야 하기 때문에 제불은 보름(半月)마다 스스로 외우시며, 공식으로 10번 선설함으로 한정을 삼는지라, 여기서 "거듭 설한다" 함은 많은 것이 못 된다.

〔小合〕 이 무작계無作戒의 업체業體를 냄에는 다시 셋의 뜻이 있다. 초初는 무작율의無作律儀를 내며, 이二는 정定·도道의 이계二戒를 겸하여 밝히며, 삼三은 삼취계법三聚戒法을 다시 밝힌다.

초의 무작율의를 낸다 함은 천태대사가 "계체戒體란 일어나지 않을 뿐인데, 이미 일어나면 성품(性)에 즉卽하며 무작은 색色을 가탁한다"고 했다.

반공磐公이 해석하되 "이 계체는 일어나지 않을 따름이나 일어나게 되면 성품을 온전히 한다. 그러나 성품은 수행으로 서로 이룩되는 것이라 반드시 무작이 있음에는 색을 가탁해야 되나니, 색을 가탁한다 함은 성품은 반드시 색법을 빌려 표현하게 된다"고 했다.

무작이 한 번 발생되면 저절로 악이 그쳐지고 저절로 선이 행해져서 재차 지음(作)을 기다리지 않기 때문에 무작이라 한다.

△ 이 보살의 무작율의는 칠구의 훌륭한 이치로써 설명하고 나타내야 한다. 1은 근원이 청정함을 그의 성품으로 삼는다. 2는 증상增上의 선심善心으로 그의 인因으로 삼는다. 3은 세 가지 뛰어난 경계로 그의 연緣을 삼는다. 4는 세 번의 갈마羯磨로 그의 체體를 삼는다. 5는 무루無漏의 묘색妙色으로 그의 상相을 나타낸다. 6은 극지極至의 불과佛果로 그의 기한을 삼는다. 7은 묘극妙極의 법신으로 그의 과果를 삼는다.

1. 청정으로 성품(性)을 삼는다 함은 이른바 제법의 진실한 모양은 불생불멸하고, 불상부단不常不斷 등이라는 것이니, 이 계의 소의의 이체理體이다.

2. 증상심增上心이 인因이라 함은 이른바 발보리심이니, 사홍서원의 갑옷을 입고 위로는 구하고 아래로는 교화하며 그 뜻은 극과極果를 기약한다. 또

별교別教와 원교圓教의 두 초심이라야 이 계를 느끼게 되거니와 만일 장교藏教·통교通教의 마음이면 이 무상의 계를 발할 수 없다.

3. 승경勝境으로 연緣을 삼는다 함은 『영락경』에서 이르기를 "제불과 보살이 계신 앞에서 받으면 상품계라 하고 보살인 법사 앞에서 받으면 중품계라 하며, 천 리 이내에 법사가 없어서 경상經像 앞에서 스스로 서원하고 받으면 하품계라고 한다"고 했다. 스스로가 서원하고 받는 계에도 같지 않음이 있다. 이 경에서는 곧 "좋은 징조를 얻거나 보아야 한다"고 했고, 『영락경』·『지지경』에서는 보리심 내는 것을 중히 여겼을 뿐이니, 혹은 내인內因을 중히 여기기도 하고 혹은 외연外緣을 중히 여기기도 함이 각각 까닭이 있으므로 모름지기 살피고 헤아려야 할 뿐이다.

4. 갈마로부터 얻어진다 함은 반공이 이르기를 "첫 번째 갈마할 때는 시방세계의 묘선妙善한 계법戒法이 심업心業의 힘으로 말미암아 모두 다 진동하고, 두 번째 갈마할 때는 시방세계의 묘선한 계법이 마치 구름처럼 일산처럼 수행한 사람의 정수리를 덮으며, 세 번째 갈마할 때는 시방세계의 묘선한 계법이 수행한 사람의 정문頂門으로부터 몸과 마음에 흘러 들어가 정보正報를 충만하게 하여 미래 세상이 다하도록 영원히 부처 종자가 된다"고 했다. 『의소義疏』에서 이르기를 "대승이 밝힌 바의 계는 바로 색취色聚이어서 법사에 의뢰하여 한 번 받으면 멀리 보리까지 이른다. 정定을 따르고 도道를 따라 모든 선행 닦기를 서원하고 함식含識 제도하기를 서원하면서 뜻으로 극과를 기약하면 이 심력은 커서 따로 계선戒善이 발하여 수행한 자의 소연所緣이 되면서 모든 악이 그쳐 쉰다"고 했다.

『열반경』의 염계念戒 중에서 이르기를 "비록 형색이 없다 하더라도 호지해야 하고, 비록 촉대觸對함이 없다 하더라도 잘 방편을 닦아 구족하게 해야 한다"고 했다.

그러므로 알라. 따로 이 무작無作의 계체가 있어서 갈마로부터 얻어지며, 만일 자신의 서원으로 받은 이면 역시 삼백시三白時에 얻어지기도 하고, 혹은 좋은 징조를 보게 되는 때로부터 얻어지기도 한다.

5. 무루의 색상이라 함은 처음 수계하여 마치면 곧 법계의 유정 편에서 불살생의 색色을 얻고, 법계의 유정과 비정非情 편에서 불도不盜의 색을 얻으며, 법계의 유정 편에서 불음不婬의 색을 얻고, 법계의 유정 편에서 불망어의 색을 얻으며, 내지 법계의 유정 편에서 부진不瞋의 색을 얻고, 법계의 삼보 편에서 불방不謗의 색을 얻는다.

또 뭇 경계輕戒 중에서는 법계 사우師友의 편에서 불만不慢의 색을 얻고, 법계의 주酒 편에서 불음不飮의 색을 얻으며, 법계의 육肉 편에서 불식不食의 색을 얻고, 내지 법계의 법문 편에서 불파괴의 색을 얻는다. 이 불살생·불투도의 법은 비록 형상으로 볼 수는 없다 하더라도 색을 빌려서 나타나는 것이니, 이른바 안처眼處의 색이 아니고 이는 법처색法處色이다.

또 살殺·도盜 등의 이것은 유루의 법이요, 불살 등은 곧 무루의 법이기 때문에 무루의 색법이라고 한다.

그러므로 아직 계를 받기 전일 때는 비록 살·도 등의 일이 반드시 생각생각마다 두루 지어지지는 않는다 하더라도, 시방세계는 나의 살·도·음·망을 하는 장소 아님이 없고, 시방의 유정들은 나의 살도음망이 행해질 경계가 되지 않음이 없거니와 겨우 변계變戒하고 나면 시방세계는 나의 인자하고 어질고 맑고 곧게 되는 땅이 아님이 없고, 시방의 유정들은 나의 자량청직慈良淸直의 교화를 받을 기류가 되지 아니함이 없다. 때문에 일념 중에 무루의 미묘한 선색善色을 성취하면 하나하나가 법계에 두루하고 온갖 모든 생각 또한 그와 같아지므로 이것을 무진계품無盡戒品이라 하나니, 또한 마땅하지 아니한가.

6. 불과佛果로 기약을 삼는다 함은 『영락경』에서 이르기를 "금신今身으로부터 불신佛身에 이르기까지 그 중간에는 짐짓 살생하지 말 것이요, 내지 짐짓 삼보장三寶藏을 비방하지 말 것이다"라고 했다.

「보살계갈마문菩薩戒羯磨文」에서 이르기를 "만일 모든 보살이면, 비록 몸을 시방세계에 두루 바꾼다 하더라도 태어나는 곳마다 보살의 정계율의淨戒律儀를 버리지 아니하며, 설령 딴 중생으로 바꾸어 받는다 해도 본래 생각을 잃지 않는지라 선우를 만나면 보살계의 생각을 깨달으려고 하나니, 비록 자주자주 거듭하여 받는다 하더라도 역시 새로 얻어지는 것이 아니다"라고 했다. 그 밖의 계법은 수명이 다하기까지 기한을 삼게 된다.

7. 묘극법신妙極法身의 과果라 함은 방편으로 구하여 받는다고 함에 의거하건대 그 바탕은 즉 흥하다가 부처에 이르러서야 폐하여진다.

불의 과위 중에서는 모든 악이 영원히 청정하여 다시는 그칠 만한 것이 없고 만선萬善이 원만하게 지극하므로 다시는 행할 만한 것이 없어서 지持와 범犯의 양쪽을 다 잊기 때문에 폐廢라고 한다.

그러나 이 무작의 계체가 이미 성性을 온전히 하여 수행을 일으키거늘 어찌 온전한 수행이 성에 있지 않겠으며, 이미 온전히 성에 있거늘 어찌 폐를 논할 수 있겠는가.

또 이미 이것은 무루의 색법이라 바로 제불의 구경의 항상하는 색이거늘 또 어찌 폐할 수 있겠는가. 만일 계체가 폐할 수 있다면 정·혜·해탈·해탈지견 또한 폐할 수 있어야 한다.

또 노사나는 정만淨滿이라 한다. 악은 청정해지지 아니함이 없고 선은 원만해지지 아니함이 없어서다. 바로 이것이 구경의 계체이기 때문에 "부처 일인一人만이 정계淨戒를 지닐 뿐이요 그 밖의 모두는 파계자라 한다"고 하였거늘 또 어찌 폐함이 있겠는가.

그러나 이 계체를 비록 불지에 이르러야 구경이라 일컫는다 하더라도 초심에서 받은 바와 또 다른 체가 다시는 없기 때문에 이르기를 "만일 사람이 부처의 계를 받으면 이내 제불의 위에 든다"고 했나니, 삼세의 제불과는 동일한 계체이기 때문이다.

마치 태자가 처음 낳으면 이내 왕위에 들면서 위가 왕과 같아지므로 진실한 왕자이며, 비록 치국과 평천하하는 일에는 아직 익숙하게 알고 있지는 못한다 하더라도 그가 왕종王種이 아니라고는 말할 수 없는 것처럼, 보살의 수계 또한 이와 같아서 단번에 제불의 계체와 같아지므로 참 불자이며 비록 정·혜·해탈·력·무외·불공법 등은 아직 닦아 익히지 못했다 하더라도 그가 불종佛種이 아니라고는 말할 수 없다.

마치 태자가 장성하면 왕위를 이어받되 이는 부모가 낳아 준 몸일 뿐 다시는 다른 몸이 없는 것처럼, 보살의 성불 또한 그와 같아서 공덕이 만족하여 도량에 앉되 이는 초발심 시에 얻어진 계체일 뿐 다시는 다른 계체가 없다. 이와 같은 묘체이거늘 어찌 폐함을 논할 수 있겠는가.

마치 태자가 생후에는 수명을 다해야 하겠으나 만일 구횡九橫 인연으로 그 몸이 죽는다면 다시는 왕위를 이어받을 수 없는 것처럼, 보살의 수계 또한 그와 같아서 만일 대보리심에서 퇴실하거나 십중十重의 금법禁法을 깨뜨린다면 그 계야말로 잃게 되어 다시는 보리를 성취할 수 없다.

이 두 가지 인연을 막고 잘 수습하면 곧장 보리에 이르러 구경의 계를 이루기 때문에 "묘극의 법신으로 과를 삼는다"고 한다.

2의 정定·도道의 두 계戒를 겸하여 밝힌다 함은 대·소승 중에는 모두 정공계定共戒와 도공계道共戒가 있다. 정역으로 말미암아 저절로 제악을 그쳐 쉼을 정공계라 하고, 도력으로 말미암아 저절로 제악을 영원히 여읨을 도공계라고 한다. 정과 도는 율의와 함께 나란히 일어나기 때문에 '공共'이라 일컫는다.

앞에서는 율의를 법사로부터 받아 얻는다 함을 밝혔고, 여기서는 정력·도력에 의뢰하여 저절로 무작율의를 내고 얻을 수 있나니, 도리어 무작으로써 그 체를 삼는다.

이 정공계·도공계의 두 계는 만일 먼저 율의 계를 받은 이면 정과 도로 인하여 갑절 더 밝고 깨끗해져서 다시 다른 계체가 없을 뿐이며 만일 먼저 율의계를 받지 못한 이면 정역·도력에 따라 이내 율의를 낸다.

또 정공계를 또한 선계禪戒라고도 하고, 도공계를 또한 무루계라고도 한다. 혹은 정공계는 욕계지欲界地의 정定과 통하나 선계는 초선 이상을 가리킬 뿐이며, 도공계는 방편도 중에 통하나 무루계는 발진發眞 이상을 지칭할 뿐이다. 만일 발진의 무루면 영원히 퇴실함이 없거니와 만일 방편도와 제 선정은 진퇴가 있을 수 있다.

3의 다시 삼취계법을 밝힌다 함은 『영락경』에서 이르기를 "율의계는 십바라이十波羅夷를 말하고, 섭선攝善은 팔만사천의 법문을 말하며, 섭생攝生은 자慈·비悲·희喜·사捨로 교화가 중성에게 미치어 안락을 얻게 한다"고 했다. 여기서는 이 3이 다같이 보살계법이요 또한 무작으로 체를 삼는다 함을 밝힌다.

율의에서는 경중의 모든 상을 갖추어 나열하면서도 십바라이만을 말한 것은, 사십팔경계는 모두 이는 십중계의 등류等流 권속이요 십중계법은 온갖 계를 포섭하되 모두 다하지 아니함이 없다. 이 때문에 십무진계十無盡戒라고 한다.

팔만사천의 법문은 곧 무작의 체가 갖추게 되는 중선衆善이요, 자비희사는 곧 무작계의 묘한 작용인 공능이니 그런 까닭으로 똑같이 계라고 이름한다. 또 보살계법은 큰 서원이 그지없어서, 만일 섭선과 섭생을 하지 않으면 바로 이 계체에 결함이 있기 때문에 팔만사천법문의 체와 자·비·희·사·정定

의 체를 온통 다 껴잡아 계체로 삼는다.

계는 법계가 되므로 일체법은 계에 나아간다. 불의계는 바로 법신의 덕이요, 섭선계는 바로 반야의 덕이며, 섭생계는 바로 해탈의 덕이다.

섭률의계는 능히 법신을 이루고, 섭선법계는 능히 보신을 이루며, 섭중생계는 능히 화신을 이룬다.

또 율의계로 말미암아 단덕斷德을 이루고, 섭선계로 말미암아 지덕智德을 이루며, 섭생계로 말미암아 은덕恩德을 이룬다.

소승의 마음은 자신만의 제도를 바라며 고苦를 보고 집集을 끊기 때문에 율의계가 있을 뿐이요, 불지佛地와 칭합稱合하는 성품의 공덕을 사모하지 않기 때문에 섭선법계가 없으며, 일체중생의 제도를 생각지 않기 때문에 섭중생계가 없거니와, 보살은 처음 발심할 적에 이내 위로 구하고 아래로 교화할 생각을 품는지라 위로는 섭선을 구하고 아래로는 섭생을 교화하나니, 삼취정계三聚淨戒가 일시에 원만하게 발하여 다시는 선후가 없다.

(2)의 게송을 삼분하니 ①사나가 처음 주었음을 노래하다(頌舍那始授), ②석가가 전해 줌을 노래하다(頌釋迦轉授), ③믿고 받아 받들어 지닐 것을 권하다(勸信受奉持)이다. (『義疏』에서 이르기를 "三序는 모두가 국토의 석가가 말한 바다"고 하여 여러 가지로 經家의 말들이 있다.)

(2) 게송

①사나가 처음 주었음을 노래하다

我今盧舍那. 方坐蓮花臺. 周匝千華上.
復現千釋迦. 一華百億國. 一國一釋迦.
各坐菩提樹. 一時成佛道. 如是千百億.
盧舍那本身. 千百億釋迦. 各接微塵衆.
俱來至我所. 聽我誦佛戒. 甘露門卽開.

내 이제 노사나 부처님 되어
연화대에 바르게 앉아
둘러싸인 천 꽃잎 위에 다시
1천 석가 부처님 나투니
한 꽃잎 위에 백억의 세계,
한 세계마다 한 석가 부처님일세.

보리수나무 아래에서
일시에 불도를 이루었나니

이와 같은 천백억 부처님도
노사나 부처님 분신일세.
천백억 석가 부처님이
중생을 각각 이끌고
노사나 부처님 처소에 이르러
불계를 청하노니
감로의 문 크게 열리었네.

〔義疏〕

무엇 때문에 "연화대에 앉느냐" 하면 세계의 형상이 연꽃과 비슷하기 때문에 '연화장蓮花藏'이라 한다. 『화엄경』에서 이르기를 "꽃이 아래에 있는데도 솟아난다"고 했다. 연꽃에 두 이치가 있어서 더러운 데에 있되 더럽혀지지 않는 것이 그것이니, 이는 사나가 더러운 데에 있되 물들지 아니함을 비유한 것이다.

"장藏"이라 함은 시방의 법계가 포함되어 모두가 이 안에 있다 함이요, '대臺'라 함은 중中이어서 인이 과를 일으킴을 표시하기 때문에 대에 비유하며, 또 본불本부처님이 연화대에 앉았기 때문이요, 또 계는 중덕衆德의 근본임을 표현한 것이다.

〔發隱〕

사나(舍那, 노사나불)는 본지本地가 되고 석가는 수적垂迹이 되며, 천 석가가 본지가 되면 백억은 수적이 되나니, 본불本佛과 적불迹부처님이 전후를 분간하지 않고 한꺼번에 성불하였음은 체성과 작용에 두 길이 없음을 표시한다.

비록 이름을 본지·수적이라 하나 두 생각을 내지 말지니, 천백억의 신身이 사나의 일신일 뿐이다. 천 강에는 그림자가 흩어졌으되 긴 허공에는 외로이 뜬 달만이 보일 뿐이요, 만구萬口로 소리를 지르되 빈 골짜기에는 일찍이 두 개의 메아리가 없나니, 응화가 다함없고 법신의 동요 없음이 역시 이와 같다.

〔義疏發隱〕

"불계佛戒를 외운다(誦)" 함에서, (문) 무엇 때문에 송誦이라 하고 설說이라고는 말하지 아니한가. (답) 이는 삼세제불의 법이라 비로소 스스로 만들어진 것이 아니므로 송이라고만 말하고 설이라고는 말하지 아니한다. '설'이란 처음으로 자기 소견을 진술하는 것이요, '송'이란 앞의 말을 읽고 익히는 것이니, 진술과 같으면서도 뜻을 짓지는 아니한다. 삼계의 대사께서 몸소 계를 외우시거든, 하물며 그 밖의 사람이겠는가.

〔合註〕

"감로甘露"라 함은 죽지 아니하는 약으로서 지계하는 이가 열반의 상常·락樂·아我·정淨을 얻을 수 있어서 영원히 노사가 없음에 비유한다.

'문門'은 교敎를 통하게 하고 이理를 통하게 하나니, 교리인 계의 힘으로 말미암아 통하게 하여 대열반성에 이른다는 것이다.

②석가가 전해 줌을 노래하다

是時千百億. 還至本道場. 各坐菩提樹.
誦我本師戒. 十重四十八. 戒如明日月.
亦如瓔珞珠. 微塵菩薩衆. 由是成正覺.
是盧舍那誦. 我亦如是誦. 汝新學菩薩.
頂戴受持戒. 受持是戒已. 轉授諸衆生.

그때에 천백억 부처님이
본 도량에 돌아가서
보리수나무 아래 앉아 본사의 십중대계
48경계 차례로 외우시니
계는 해와 달 같이 밝고
영락 보배구슬 같이 찬란하여서
수많은 보살대중 이로 인해
정각을 성취하였네.

노사나 부처님 외우신 계
나 또한 그리 외우나니
너희들 새로 배우는 보살들아,
머리에 이고 받들어 깨끗하게 지닌 뒤에
온 누리에 널리 전하라.

〔合註〕

"본사本師"는 사나를 가리킨다.

"마치 해와 달과 같이 밝고, 영락과 진주같이 찬란하다" 함은 해가 없어짐에는 허울이 안개요 달이 비춤은 밤이 어둠에서며 구슬은 가난을 구제하나니, 율의라고 하는 뜻이다.

해는 선법을 기르고 달은 청량함을 얻으며 구슬은 법재를 넉넉하게 하나니, 섭선이라는 뜻이다.

해와 달이 하늘을 곱게 하면 쳐다보지 아니함이 없고 영락이 몸에 있으면 보는 이가 사랑하고 공경하나니, 섭생이라는 뜻이다.

이미 '수지受持'를 권했으므로 곧 '불수佛授'를 권하여 등과 등이 서로 잇따르고 교화와 교화가 그지없게 한다.

〔發隱〕

"본도량本道場"은 본심本心을 표시하고, "보리수菩提樹"는 각체覺體를 표시하나니, 본심의 각체로써 본계를 지닌다는 말이다.

"미진보살微塵菩薩"이라 함은 "한량없는 현성이 이 계를 받음으로 말미암아 성체成體하거든 하물며 범부이겠는가"라는 말이다.

지님에는 반드시 줌으로 말미암아서이니, 능히 주는 이는 무엇일꼬.

"노사나 스스로가 외우며, 나도 또한 외운다"고 하였거든, 하물며 모든 보살이겠는가.

처음 계를 듣는 이는 모두 '새로 배우는 이'이니, 위에서 말한, 수없이 많은 보살들이 이로 말미암아 성불했다면 신학新學임을 잘 알 수 있다.

사나와 석가이신 두 부처님이 스스로 외웠다면, 그 밖의 사람이야 알 만할 것이다.

③믿고 받아서 받들어 지님을 권하다

諦聽我正誦. 佛法中戒藏. 波羅提木叉.
大衆心諦信. 汝是當成佛. 我是已成佛.
常作如是信. 戒品已具足. 一切有心者.
皆應攝佛戒. 衆生受佛戒. 卽入諸佛位.
位同大覺已. 眞是諸佛子. 大衆皆恭敬. 至心聽我誦.

분명히 듣고 바르게 외우는 이 계는
불법 중의 계율장戒律藏으로서
바라제목차이니
대중은 정성으로 믿고
마음에 간직하라.

너희는 장차 성불할 것이며
나는 이미 성불했다.
항상 이같이 믿으면
계품戒品이 구족하리라.

마음이 있는 모든 중생은
마땅히 다 불계佛戒에 들었으니
중생이 불계에 들면

모든 부처의 지위에 들리라.
대각大覺하신 부처님과 같은 지위에 들면
참된 불자라 하리라.
대중아, 모두 다 공경하여
지심至心으로 나의 계법을 들으라.

〔合註〕

"불법 중의 계장戒藏"이라 함은 일승一乘인 무상無上의 계법이니, 외도·범부 등의 계와 다름을 분간할 뿐만이 아니고 역시 성문·연각의 계와도 다름을 분간한다.

이 계는 바로 모든 계의 장藏이니, 온갖 팔계·오계·십계·이백오십계 등은 이 대계大戒로부터 유출되지 아니함이 없고, 또 온갖 팔계와 구족계 등은 이 대계 중에 섭입되지 아니함이 없으므로, 『청정비니방광경淸淨毘尼方廣經』에서 이르기를 "보살 비니는 마치 대해와 같아서 온갖 비니를 받아들이지 아니함이 없다"고 했다.

"대중은 마음 다해 믿으라" 함은 불법의 대해는 믿음만으로 능히 들어가나니, 만일 자신이 결코 성불하게 된다고 믿지 아니하면 모든 계품은 견고할 수 없으며, 만일 자신은 성불의 분한分限이 있다고 진실로 믿고 사나가 계로 말미암아 성불했다고 진실로 믿으면 저절로 생각 생각마다 묘계를 호지하여 훼결하지 않게 된다.

그 밖은 앞의 해석과 같으므로 알 수 있을 것이다.

〔發隱〕

"바라제목차"라 함은 여기 말로 보해탈保解脫이라 하니, 삼업三業을 보위하여 해탈을 얻는다는 것이요, 또한 별해탈別解脫이라 함은 하나의 일을 지니어 하나의 해탈을 얻는 것이므로 따로따로 하여 같지 않기 때문이다.

"제불은 이미 성불했고, 중생은 장차 성불할 것이다. 그렇다면 중생과 부처는 마침내 다르지 않으며 지계하면 반드시 부처가 될 수 있다"고 이렇게 진실로 믿어서 의심을 품지 말아야 한다.

"계는 이미 구족하였다" 함은 한 생각의 신심으로 만 가지 혹惑을 함께 보내면 비非를 막고 악을 그침이 모두 여기에 있거늘, 어찌하여 차난遮難과 거듭 묻는 것과 갈마로 세 번 들춤을 기다린 연후에야 계가 되겠는가. 부처님이 '선래善來하라' 하면 이내 사문이 된다는 것이 바로 이런 뜻이다.

이러므로 도살하는 칼을 놓아버리면서 천불千佛 중의 한 수에 듦은 믿음이 있기 때문임을 알고서 헐뜯거나 가벼이 여기지 말지니, 천겁 동안 떨어져 있음은 믿음이 없기 때문이다. 믿음은 도에 드는 문이 된다 함이 어찌 거짓말이겠는가.

"마음을 가졌다" 함은 오직 목석처럼 마음이 없는 것만을 제외한다는 말일 따름이니, 육도의 함령은 모두가 수계하여야 한다.

'섭攝'이란 받아들인다는 뜻이니, 밖으로 듣고 안으로 받아들이어 영원히 지니면서 잃지 말라는 것이다.

(문) 부처님의 지위는 지극히 멀거늘, 어떻게 계를 받는다 하여 이내 들게 되는가.

(답) 대개 이 계는 바로 천불이 서로 심지心地를 전하였고 불불佛부처님이 이로 말미암아 성불한 까닭이리니, 불계佛戒를 받는 이가 어찌 불위佛位에 이내 들지 않겠는가.

(문) 위位가 이미 불佛과 똑같다면 어째서 불부처님이라 이름하지 않고 겨우 불자佛子라고만 하는가.

(답) 지위는 비록 불과 같다 하더라도 공덕이 아직 원만하지 못한 것이니, 마치 태자는 결정코 정당한 왕위에 해당하나 지금 동궁에 있다면 관정灌頂의 왕자인 것과 같다.

이름이 왕자라 반드시 왕위를 계승할 것이요 이름이 불자라 반드시 불위를 이어받게 되리니, 어찌 작은 일이겠는가.

불은 스스로가 계를 소중히 여기기 때문에 대중에게 '지극한 마음'을 칙명하신 것이니, 이제 계를 천년 이래로 외우고 있으니, 가히 불의 얼굴을 대함과 같고 불의 말씀을 듣는 것과 같지 않다고 할 수 있겠는가.

'공恭'이란 밖으로 엄숙함이요, '경敬'이란 안으로 경건한 것이니, 안팎의 정성 이것을 '지극한 마음'이라 한다.

심지계품에서 만일 지극한 마음이 아니면 무엇으로 들어갈 수 있겠는가.

2) 정명수하권발正明樹下勸發을 이분하니 (1)은 경가가 사실을 서술하다(經家敘事), (2)는 석가 스스로가 설명하다(釋迦自說)이다. (1)의 경가서사에 셋이 있으니 ①불이 계를 정하려 하다(佛欲結戒), ②광명을 놓아 상서를 나타내다(放光表瑞), ③대중이 듣기를 원하다(大衆願聞)이다.

2) 수하에서 권발을 바로 밝히다

(1) 경가가 사실을 서술하다

①불이 계를 정하려 하다

爾時釋迦牟尼佛. 初坐菩提樹下. 成無上正覺已. 初結菩薩波羅提木叉. 孝順父母師僧三寶. 孝順至道之法. 孝名爲戒. 亦名制止.

그때 석가모니 부처님께서 보리수나무 아래 앉으셔서 위없는 깨달음을 이루시고 보살의 바라제목차를 처음으로 정하시니 이는 부모와 스승과 삼보三寶에 효순孝順하는 것이며, 바른 도에 효순하는 법이다. 순順을 이름하여 계戒라 하고 또한 제지制止라고도 한다.

〔合註〕

위의 문언文言은 불도佛道를 이룩함을 보인 것이니, 십처十處에서 설법하여 마치고 다시 '보리수 아래'로 오셔서 계를 설한다.

여기서 말한 "초좌初坐" 등이란, 성도하고 오래지 않아 이내 이 계를 선설한 것이요 다른 때를 기다리지 않았다고 하는 뜻이 나타나 있나니, 이른바 먼저 힘쓸 일을 서두르게 된 것이다.

"처음으로 바라제목차를 정하시었다" 함은 단번에 58종의 일을 제정하신 것이요, 성문聲聞에서의 범한 일을 따르면서 제정했던 것과는 같지 아니하다.

이理로 논하면 기의機宜에 관계되나 사事로 논하면 무릇 세 뜻이 있다. 1은 대사大士는 깊이 믿는지라 단번에 들어도 거스르지 아니한다. 2는 대사는 항상 곁에서 모시지를 않는지라 사건에 따라 아뢸 수가 없다. 3은 사나가 묘해왕자妙海王子를 위하여 보살계를 설했으므로 옛 제도라 으레 그러해야 했다.

〔小合〕 또 성문은 사건에 따라 계를 정하면서도 모두 다 십구十句의 뜻이 집약되어 있거니와, 지금 모든 계를 단번에 제정하는 데도 역시 계마다 열 가지 이치가 구족되어 있다. 경에서는 비록 나와 있지 아니하나 이치로 보아 반드시 그러해야 하므로, 대강 명상名相을 추려서 이익 됨을 알게 하겠다.

(1) 승僧을 섭취攝取하나니, 여기에서 제정한 중계重戒·경계輕戒 등을 중생을 섭수하여 대승의 승보 수數 안에 돌아가게 하고 대승의 승보 과위果位를 취하게 한다.

(2) 승으로 하여금 환희하게 하나니, 섭취한 힘으로 말미암아 대지大地보살로 하여금 기뻐하며 유쾌하게 한다.

(3) 승으로 하여금 안락하게 하나니, 금계禁戒의 힘으로 말미암아 보살의 종족으로 하여금 이익이 더욱 자라나서 안락한 머무름을 얻게 한다.

(4) 아직 믿지 않은 이에게는 믿음을 내게 하나니, 금계의 힘으로 말미암아

성죄性罪·청렴淸廉·정화淨華에 대하여 일체중생에게 바르게 믿는 마음을 일으키게 한다.

(5) 이미 믿은 이에게는 더욱 자라게 하나니, 청정한 율의로 말미암아 불법에 오래 머문 이로 하여금 더욱 그것이 견고하여 퇴회退悔하지 않게 하기 때문이다.

(6) 조복되기 어려운 이를 조순調順하게 하나니, 어느 일류一類의 가명보살假名菩薩과 아무리 대심大心을 발했더라도 번뇌 습기가 강한 일류들에게 지금의 중계·경계로 조복시켜서 참회하고 꾸짖고 하여 감히 법률을 위반하지 않게 하기 때문이다.

(7) 참괴慚愧한 이는 안락을 얻나니, 조복하기 어려운 이를 조순시킴으로 말미암아 참괴하는 승가는 요란이 없기 때문이다.

(8) 현재의 유루를 끊나니, 삼업의 십지十支를 제지하여 업의 번뇌에 누락하지 않게 하기 때문이다.

(9) 미래의 유루를 끊나니, 영원히 누漏의 종자를 끊어서 염오의 마음으로 생사를 받지 않기 때문이다.

(10) 정법이 오래 머무르게 되나니, 대승 승보의 종성이 끊어지지 않음으로 말미암아 바른 법륜이 건립되고 널리 유통하기 때문이다.

〔**合註**〕

"부모 등에 효순한다" 함은 계상戒相이 비록 많기는 하나 효순으로 모두 섭취하기 때문에 효순이라는 두 글자를 온통 제시하며 그의 종宗으로 삼았다.

부모는 나의 색신을 낳아 주었는지라 그를 의지하여 도를 닦고, 사승師僧은 나의 계신戒身을 낳아 주었는지라 그로 말미암아 성불하며,

삼보는 나의 혜명慧命을 낳아 주었는지라 보리를 성취하기 때문에 낱낱이 효순하여야 한다. 『이아爾雅』에서는 부모 잘 섬기는 것을 효라고 해석했고, 태사太史 숙명叔明은 순종함을 효라고 해석했으니 효, 이것이 바로 순順이다.

부모에게 효순함에는 세 가지 차별이 있다. 1은 겨울에는 따뜻하게 하고 여름에는 서늘하게 하며 조석으로 안부를 묻고 살피며, 봉양에는 가림 없이 다하고 부지런히 애쓰되 틈이 없이 한다. 2는 입신출세하여 바른 도를 행하되 부모를 욕되게 하지 아니한다. 3은 교묘한 방편으로 깨우쳐서 도道에 친하게 한다.

사승에게 효순함도 이에 준해야 한다. 여기서의 사승이라 함은 특히 수계한 법사만을 지칭하며 그 밖의 승중은 삼보 가운데에 속한다.

삼보에 효순함도 역시 세 가지 뜻이 있다. 1은 공양하고 받들어 섬기되 피로함을 싫어하지 아니한다. 2는 말씀대로 수행하여 법화法化를 더럽히지 아니한다. 3은 폐단을 고치고 비非를 막아서 널리 유통하고 이룩케 한다.

만일 법문에 결합시켜 풀이하면, 방편은 부父가 되고 지도智度는 모母가 되며, 심오한 이치를 여의지 않음을 화상으로 삼고 자심의 깨달음을 불이라 하며, 자심의 이체理體를 법이라 하고, 이지理智가 한결같음을 승僧이라 하며, 이치대로 뜻을 짓고 관찰함을 효라 하고 이치대로 증득하여 들어서 저버림이 없음을 순順이라 한다.

이런 사事와 이理의 두 가지로 말미암아 효순한다면 결정코 무상의 대보리도에 이르기 때문에 '지극한 도의 법'이라 한다.

〔小發〕 계라고 하는 뜻은 본디 효순에 있다. 그러나 이 효순을 사람들은

"이는 평소에 지닐 행위로서의 떳떳함"이라 하면서도 효순의 법인 지극한 도의 법을 모르고 있다.

'지도至道'라 함은 지극한 도이니, 곧 무상정각이 그것이다. 이 도는 청정하고 광대하기 마치 허공과 같아서, 체는 과비過非가 끊어지고 용用은 위애違礙가 없나니, 순順의 극지極至요 효순하는 마음이다. 바로 이 도와 합하기 때문에 '지도'라고 한다.

또 부모란 본각本覺이라는 뜻이요 사승이란 선각先覺의 뜻이며, 불이란 만각滿覺의 뜻이요 법이란 현각顯覺의 뜻이며, 승이란 합각合覺의 뜻이다. 여기에 수순하여 배반하지도 않고 거역하지도 아니함이 어찌 여래가 증득하신 무상정각의 묘도妙道가 아니겠는가.

효순하는 것은 계라 하며 제지制止라고도 하나니, 효순하면 저절로 악을 짓지 않기 때문이다.

〔小發〕『법원法苑』에서 이르기를 "계, 이것이 바로 효이다"라고 했나니, 중생은 모두가 나의 부모라 불살不殺하고 불도不盜하는 이것이 곧 효가 된다는 것으로서 뜻이 이것과 똑같다.

그러나 이 계는 효라 하지마는, 이 효를 계라고는 못한다. 여기서는 효순하는 자체에 계가 갖추어졌다는 뜻을 밝힌 것이다. 마치 부모에게 효순하면 기운을 가라앉히고 온화한 소리를 내므로 음성이 사납거나 거스름이 없으므로 이를 구계口戒라 하고, 문안하고 살피면서 돌봐주어서 하는 일에 불역拂逆이 없으므로 이를 신계身戒라 하며, 깊이 사랑하고 끝내 연모하면서 어김이 없으므로 이를 의계意戒라 한다.

순順은 악을 그친다는 뜻으로서 그 양친을 욕되게 할까 두려워하므로 율의계律儀戒라 하고, 순은 선을 행한다는 뜻으로서 그 친親에게 마음을 쓰며 생각하므로 선법계善法戒라 하며, 순은 겸제兼濟한다는 뜻으로서 습심회흉(拾椹回凶: 오디를 주워 모아 도둑의 마음을 돌렸다는 왕분王芬의 난亂 때의 채군중蔡君仲의 고사)하고 습육오주(拾肉悟主: 고기를 챙겨놓아 임금을 깨치게 했다고 하는 정백鄭伯과 영고숙潁考叔의 고사)하며 효자가 잇달아 나와 다함이 없으므로 섭생계攝生戒라 하나니, 사승과 삼보에게 함도 역시 그와 같다.

요약하여 말하면, 효순을 잘하기만 하면 저절로 범행이 구족하게 되나니, 계라고 이름을 붙이게 됨은 진실로 이 까닭일 뿐이다. 효를 버리고는 그 외에 어찌 계가 있겠는가.

『우바새계경優婆塞戒經』에서 이르기를 "계를 수지한 뒤에 부모와 사장師長에게 공양하지 아니하면 죄가 된다"고 했나니, 효, 이것이 계임을 바로 말한 것이다.

"제지制止라고도 한다" 함은 제지 또한 효라는 이름이다. 계법을 제정하여 모든 악을 금지시킨다는 것으로 제지라 한다. 이제 효순하기만 하면 저절로 악을 짓지 않게 되거니, 어찌 제지가 아니겠는가.

『효경孝經』에서 이르기를 "친親에게 효도하는 이는, 법이 아니면 말하지 아니하고 도가 아니면 행하지 아니한다"고 했나니, 역시 악을 그친다는 뜻이다.

위의 계戒란 글자는 계체戒體를 널리 지칭하며, 아래의 제지는 나열하는 계품을 지칭하나니, 십중·사십팔경 같은 것이 그것이다.

다만 하나의 효孝자만은 대략 계라는 뜻일 수 있기 때문에, 아래 제정된 계 중에서 십중계의 제1·제2·제3과 제9·제10계에서는 모두 '효순하는 마음'을 말했고, 경구죄輕垢罪 제1에서도 '효순심孝順心'을 말했고 그리고 13·17·29·35·42계에서도 모두 '효순심'을 말했으며, 그 밖의 계에서도 대부분이 부모를 들며 말했다. 그렇다면 이 사상은 십중계의 처음부터 끝까지 꿰뚫어 있고 사십팔경계의 전체에 걸쳐 잇달아 있다 하겠으니, 하나의 효가 성립되면서 모든 계가 극진해진다.

또 효순은 계라는 이름과 제지라는 이름뿐만이 아니고 삼장제교三藏諸敎라고도 하나니, 온갖 법문을 다 껴잡지 아니함이 없어서다.

②광명을 놓아 상서(瑞)를 나타내다

佛卽口放無量光明.

부처님이 입으로 한량없는 광명을 내놓으시니,

〔合註〕

'서瑞'란 믿음이다. 대사大事를 설하려 하기에 짐짓 훌륭한 광명을 놓아 널리 인연 있는 이들을 불러서 같이 와서 듣게 한다.

"입으로 놓는다(口放)" 함은 1은 이 계를 금구로 널리 나타냄을 표시하고, 2는 받는 이는 불의 입으로부터 태어남을 표시한다.

③대중이 듣기를 원하다

是時百萬億大衆. 諸菩薩. 十八梵天. 六欲天子. 十六大國王. 合掌至心. 聽佛誦一切諸佛大乘戒.

이때 백만억의 대중들인 모든 보살과 18범천과 육욕천자와 16대국의 왕이 합장하고 부처님께서 외우시는 부처님의 대승계大乘戒를 지심으로 들었다.

〔合註〕

"백만억"이라 함은 인연이 있어서 같이 모인 이들을 통틀어 말한 것이다.

"모든 보살"은 따로 삼십심三十心과 십지위十地位의 사람을 지칭한다.

"18범천梵天"은 색계를 따로 지칭하나니, ①범중천, ②범보천, ③대범천(이 3천天은 모두 초선初禪이라 함), ④소광천, ⑤무량광천, ⑥광음천(이 3천은 제2선禪이라 함), ⑦소정천, ⑧무량정천, ⑨변정천(이 3천은 제3선이라 함), ⑩복생천, ⑪복애천, ⑫광과천(이 3천은 제4선에 속하며 범부가 사는 데다), ⑬무상천(역시 제4선에 속하며 외도가 사는 데다), ⑭무번천, ⑮무열천, ⑯선견천, ⑰선현천, ⑱색구경천(이 5천 역시 제4선에 속하되 삼과三果의 성인이 사는 데다).

이 18천이 비록 범부·성인임에는 동일하지 않으나 모두가 욕심의 더러움을 여의어서 청정한 선정을 얻었기 때문에 범천이라 한다.

"육욕계의 천자"는 욕계를 따로 지칭하나니, ①사왕천, ②도리천, ③야마천, ④도솔천, ⑤화락천, ⑥타화자재천이다. 이 여섯의 욕계천에는 비록 남녀의 오욕이 있기는 하나 과보가 저절로 와니 구하려고 힘쓰지 않기 때문에 모두 天이라고 한다.

16대국大國의 왕"이라 함은 서역의 나라 수가 가장 많고 그 중에서도 아주 대국을 들었는데 16국이 있다. ①사가국, ②마갈제국, ③가시국, ④구살라국, ⑤발기국, ⑥말라국, ⑦지제국, ⑧발사국, ⑨니루국, ⑩반사라국, ⑪아습파국, ⑫바차국, ⑬소라국, ⑭건타라국, ⑮검부사국, ⑯아반제국이다.

"합장"이라 함은 신업身業이 엄숙하고 공손함이요, '지극한 마음'이라 함은 의업意業을 외곬으로 씀이며, '듣는다' 함은 구업口業이 고요함이니, 귀를 세워 자세히 듣는 것이다.

(2)석가자설분釋迦自說分을 삼분하니 ① 자신이 외고 남에게 권고함을 들다(擧自誦勸人), ② 방광의 인연을 밝히다(明放光因緣), ⑪ 대중에게 익히고 배우기를 권하다(勸大衆習學)이다.

(2) 석가 스스로가 설명하다

① 자신이 외우고 남에게 권고함을 들다

佛告諸菩薩言. 我今半月半月自誦諸佛法戒. 汝等一切發心菩薩. 乃至十發趣十長養十金剛十地諸菩薩亦誦.

부처님께서 모든 보살에게 말씀하셨다.
"내가 이제 보름마다 여러 부처님의 법계法戒를 외울 것이니, 처음으로 보리심을 일으킨 모든 초심자들도 또한 외우라. 그리고 십발취十發趣 보살·십장양十長養 보살·십금강十金剛 보살·십지十地의 모든 보살들도 또한 외우라.

〔合註〕

"보름마다"라 함은 보름은 백월白月의 15일째 되는 날이요, 그믐은 흑월黑月의 15일째 되는 날로서, 백白은 지덕智德이 점점 원만해짐을 표시하고, 흑黑은 단덕斷德이 점차로 다해짐을 표시하기 때문이다.

이 날에 이 계법을 외움을 포살布薩이라 하는데, 바르게 부르면 포쇄타(褒灑陀, Poṣadha)이다. 포쇄褒灑는 장양長養이라는 뜻이요 타陀는 정淨이라는 뜻이니, 선법을 기르고 불선은 깨끗이 제거한다는 것이다.

〔小發〕 이는 만세 동안 계를 외우기 위해 세운 법의 시초이다. 달마다 부지런히 두 번 외게 함은 잊어버릴까 두려워해서이다. 또 백월과 흑월은 선업과 악업에 비유한 것이니, 스스로 고찰해야 한다.

불佛도 오히려 스스로 외우시거든, 하물며 그 밖의 사람이겠는가.

〔義疏〕

무릇 오위五位의 사람을 드는데, 첫째는 '발심發心'이니, 공지共地보살을 말한다.

둘째는 '십발취十發趣'이니, 처음의 십심十心을 말한다. 『범망경』에 의하여 이름을 열거하면, 1은 사捨요, 2는 계戒요, 3은 인忍이요, 4는 진進이요, 5는 정定이요, 6은 혜慧요, 7은 원願이요, 8은 호護요, 9는 희喜요, 10은 정심頂心이다.

셋째는 '십장양十長養'이니, 중간의 십심이다. 1은 자慈요, 2는 비悲요, 3은 희喜요, 4는 사捨요, 5는 시施요, 6은 호설好說이요, 7은 익益이요, 8은 동同이요, 9는 정定이요, 10은 혜慧이다.

넷째는 '십금강十金剛'이니, 마지막 십심이다. 1은 신信이요, 2는 염念이요, 3은 회향이요, 4는 달達이요, 5는 원圓이요, 6은 불퇴요, 7은 육승六乘이요, 8은 무상無相이요, 9는 혜慧요, 10은 불괴심不壞心이다.

다섯째는 '십지十地'이니, 등지登地 이상을 말한다. 1은 체성평등지요, 2는 체성선방편지요, 3은 체성광명지요, 4는 체성이염지요, 5는 체성혜조지요, 6은 체성화광지요, 7은 체성만족지요, 8은 체성불후지요. 9는 체성화엄지요. 10은 체성입불계지이다.(諸地에 대한 해석의 상세한 것은 發隱에서 보라.)

② 방광하는 인연을 밝히다

是故戒光從口出. 有緣非無因故光. 光非青黃赤白黑. 非色非心. 非有非無. 非因果法. 是諸佛之本源. 菩薩之根本. 是大衆諸佛子之根本.

계의 광명이 입에서 나왔으므로 연緣만 있고 인因이 없는 것이 아니다. 이 광명은 푸르고 누르고 붉고 희고 검은빛이 아니며, 물질도 마음도 아니고, 인과의 법도 아니니, 이것은 모든 부처님의 근원이고 보살이 근본이며 대승의 모든 불자들의 근본이다.

〔合註〕

초구에서는 방광하는 인연을 곧장 설명했는데, 여기의 '광光'은 바로 무작계無作戒의 체體를 표시한다. 이 무작계는 온전히 성덕性德으로써 그 본인本因을 삼기 때문에 "인因이 없는 것이 아니다."

이미 이는 성품을 온전히 함에서 일어나는 바라, 곧 또 온전한 자체 이것이 성性이다. 이 때문에 청靑도 아니고 황黃도 아니며, 내지 인과의 법도 아니요, 청·황 등의 색도 아니다.

분별하는 식심識心이 아니므로 어리석은 망정妄情과 망경妄境의 과果에 떨어지지 아니하고, 유도 아니고 무도 아니므로 사견인 단상斷常의 과에도 떨어지지 아니하며, 인과의 법이 아니므로 권소權小의 수修가 있고 증證이 있는 과에도 떨어지지 아니한다.

〔小發〕 (문) 이미 인이 있다고 말하고 과를 얻는다고 말했으면서, 또 인과의 법이 아니라 하니, 왜 그러한가. (답) 여기에 두 가지 뜻이 있다. 1은 세간의 인과가 아니다. 2는 인도 아니고 과도 아니어야 오인五因·오과五果로 되는 까닭이다.

이들의 모든 과果에 떨어지지 않아야 이것이 법신의 묘과妙果이며, 이것이 법신의 묘과인지라 역시 성불의 참된 인因이다. 때문에 제불보살과 대중 불자는 모두 이로써 본원을 삼는다.

〔義疏發隱〕

행업行業의 인因의 3이란, 1이 제불의 근본이요, 2가 보살의 근본이며, 3이 대중의 근본이다. 혹은 진제와 속제를 표시하기도 한다.

제불의 정변지正編知 바다는 깊고 넓어서 끝이 없거니와 이 심지계는 그렇게 되는 근본이요, 보살은 만행이 펴져서 묘과를 성취하거니와 이 심지계는 그렇게 되는 근본이며, 일체중생은 나고 남이 그지없다가 장차는 부처가 될 이거니와 역시 이 심지계는 그렇게 되는 근본이다. 성인·범부에게 막힘없이 통함은 모두가 이 계로 인하며, 계는 청정으로 인하여 깨끗함이 지극하여 광光이 통하게 되나니, 그 유래가 있다.

혹은 진제와 속제라 말함은 불부처님은 바로 출세간의 법이라 진제요, 중생은 바로 세간의 법이라 속제이니, 보살은 위로는 성과聖果로 나아가고 아래로는 범정을 수순하게 되므로 진제·속제가 쌍으로 나타난다.

③ 대중이 익히고 배우기를 권한다

是故大衆諸佛子. 應受持. 應讀誦. 應善學. 佛子諦聽. 若受佛戒者. 國王·王子·百官·宰相. 比丘·比丘尼. 十八梵天. 六欲天子. 庶民·黃門·婬男·婬女·奴婢. 八部鬼神·金剛神·畜生. 乃至變化人. 但解法師語. 盡受得戒. 皆名第一清淨者.

그러므로 대중아, 모든 불자들아, 마땅히 받아 지니며 마땅히 읽고 외우고 마땅히 잘 배워야 한다. 불자들아, 자세히 들으라. 이 계를 받는 이는 국왕이나 왕자나 백관이나 재상이나 비구·비구니나 18범천이나 육욕천자六欲天子나 서민이거나 병신이거나 내시이거나 음란한 남자·음란한 여자나 종이나 팔부귀신이나 금강신이나 축생이나 내지 화신인 사람(變化人)을 막론하고 법사의 말을 알아들을 수 있는 자는 누구나 다 이 계를 받아 가질 것이니, 이 계를 받으면 모두를 가장 깨끗한 이라 이름하리라."

〔合註〕

받아들임을 '수受'라 하고, 굳게 잡음을 '지持'라 하며, 입으로 그 문文을 펴냄을 '독송讀誦'이라 하고, 몸소 그 일을 실행함을 '선학善學'이라 한다.

〔小發〕 들었는데도 받아들이지 아니하면 들었어도 마음에 걸려 있지 아니하고, 받았으면서도 지니지 아니하면 이미 받아들여진 것이 도로 잃게 되며,

지니면서도 외지 아니하면 멍청해지면서 그 상세함이 기억되지 아니하며, 외면서도 배우지 아니하면 쓸데없는 말이 되거니 마침내 무엇이 이익 되겠는가. 공功과 귀貴가 겸전兼全함을 사관四觀이라 한다.

"황문黃門"은 여기 말로 불남不男이며 무릇 5종이 있나니, 생불남生不男·건불남犍不男·변불남變不男·투불남妬不男·반불남半不男이다.

"팔부八部"는 둘로 해석한다. 혹 이르기를 "1은 천天이요, 2는 용이요, 3은 야차요, 4는 건달바요, 5는 아수라요, 6은 가루라요, 7은 긴나라요, 8은 마후라가"라 한다.

혹 이르기를 "사천왕은 각각 2부部씩을 거느리는데, 동방의 지국천왕은 건달바와 비사사毘舍闍를 거느리고, 남방의 증장천왕은 구반다鳩槃茶와 폐례다薛荔多를 거느리며, 서방의 광목천왕은 용과 부단나다富單那多를 거느리고, 북방의 다문천왕은 야차와 나찰을 거느린다"라고도 한다.

"금강신"은 집금강신이라고도 하고 금강역사라고도 하는데, 금강저를 가지고 제불을 모시는 이다.

"변화로 된 사람"이란 천과 용 등이 변화로 사람의 형상으로 되는 것이다.

"법사의 말을 알아듣는다" 함은 말을 알아듣지 못한 것을 분간하기 위해서이다. 알아듣지 못하면 보리심을 내어 훌륭한 인因으로 삼을 수 없는지라 짐짓 분간은 해야 하나, 분간하지 않은 종류라도 그것에는 똑같이 불성을 갖추고는 있기 때문이다. 알아들을 수 있는 이면 모두가 이 계를 받을 것이나, 분간하여도 알아듣지 못하면 비록 받는다 하더라도 역시 얻지 못한다.

아직 계를 받기 전이면 정淨과 예穢가 차별되고 부등不等함이 있을 수 있지마는, 한 번 이 계를 받게 되면 다함께 최상의 법기法器를 이룩하기 때문에 모두를 '가장 깨끗한 이'라고 한다.

〔發隱〕

(문) 성문계에서는 십삼난十三難을 중히 여기고 십육차十六遮를 경하게 여기면서 조사하고 막음이 특히 심한데, 반면에 보살계에서는 음탕하고 천한 귀신과 짐승까지도 용납하며 빠뜨림이 없으니, 어찌 소과小果가 모두 양기良器가 되겠으며 대사大士가 도리어 비인非人과 섞이겠는가.

(답) 성문은 불佛의 체발과 염의를 품수할지라 만일 간택하지 아니하면 정법을 손상할까 두렵기 때문이거니와, 보살은 오로지 중생 이익되게 함이 주主인지라 만일 합쳐 용납하지 아니하면 화도에 한계가 있게 되기 때문이다. 다만 널리 제도하는 것 중에서는 역시 저절로 구별이 있나니, 뒤의 사십팔경구四十八輕垢 중에서 자세히 밝히겠다.

십중대계 十重大戒

2. 중계重戒와 경계輕戒의 상相을 나열하다를 이분하니 1)은 십중계이고, 2)는 사십팔경계이다. 1)의 십중계를 삼분하니 ①은 총체적으로 표함(總標)이고, ②는 따로따로 풀이하다(別解)이며, ③은 총체적으로 맺다(總結)이다.

2. 중계와 경계의 상을 나열하다

1) 십중계十重戒

(1) 총체적으로 표하다

佛告諸佛子言. 有十重波羅提木叉. 若受菩薩戒. 不誦此戒者. 非菩薩非佛種子. 我亦如是誦. 一切菩薩已學. 一切菩薩當學. 一切菩薩今學. 已略說菩薩波羅提木叉相貌. 應當學. 敬心奉持.

부처님께서 모든 불자에게 말씀하셨다.
"열 가지 무거운 바라제목차가 있으니 만일 보살계를 받고 이 계를 외우지 않는 자는 보살이 아니며 불종자가 아니므로 나도 또한 이와 같이 외운다. 여러 보살들은 이미 배웠으며, 또 마땅히 배울 것이며, 여러 보살이 지금 배우고 있다. 이미 보살의 바라제목차의 모습을 간략히 말하였으니 마땅히 배워서 공경하는 마음으로 받아 지녀야 한다."

〔合註〕

"열 가지 무거운 바라제목차"라 함은 그를 범하면 영원히 불해佛海를 버릴 것이요 그를 지니면 해탈을 보취保取하리니, 이미 받은지라 외어야 하고 외우면 지님을 알고 범함을 알고 경輕함을 알고 중함을 알고 잘 호지할 것을 알겠거니와, 외우지 않으면 날이 갈수록 잊어버려져서 현재에는 보살의 위를 잃을 것이요, 장래에는 불의 종자를 잃게 될 것이므로, 그 외우지 않을 수 없음을 심하게 밝힌다.

〔小發〕 보살이 아니라 함은 현재에 대승의 이름을 잃는다는 것이요, 불종이 아니라 함은 당래의 지극한 과위를 잃게 된다 함이다.

"모양"이라 함은 계가 비록 형상은 없다 하더라도 지경持經으로 말미암아서 표시되게 되나니, 자세히는 곧 십중계와 사십팔경계요, 요약하여 설명하면 바로 효순이다. 만일 공경하는 마음으로 받들어 지니지 않으면 효순함이 아닌 것이 된다.

(2)는 따로따로 풀이하다(別解)를 십분하니 ①불살생계로부터 ⑩의 삼보를 비방하는 계까지이다.

(2) 따로따로 풀이하다

①중생을 죽이지 말라(殺戒)

(이것들은 모두가 후인들의 科文이니, 經文을 독송할 때는 揷入하지 말아야 한다.)

佛言. 若佛子.

부처님께서 말씀하셨다. "너희 불자들아,

문장을 삼분하니 1은 사람을 지적하다(標人), 2는 일의 차례를 정하다(序事), 3은 죄명을 정하다(結罪)이다. △지금은 1의 표인標人이다.

〔合註〕

"너희 불자들아"라고 함은 보리심을 내어 보살계를 받아서 불가의 업을 이어받고 불佛의 율의에 머무르면서 미치지도 않고 어지럽지도 않고 병으로 마음을 파괴하지도 않고 타他와 동떨어질 음陰이 되지도 않을 것이므로, 스스로가 아我를 알고 나서 보살계를 받을 이다.

〔小發〕 불의 대계를 받으면 곧 불의 소생이라 행은 당연히 불종을 계승해야 할 자子라는 뜻이 있으므로 스스로가 업신여기지 말라.

若自殺. 敎人殺. 方便殺. 讚歎殺. 見作隨喜. 乃至呪殺.

스스로 죽이거나 다른 사람을 시켜서 죽이거나 방편을 써서 죽이거나 칭찬을 해서 죽이게 하거나 죽이는 것을 따라 기뻐하거나 내지 주문을 외어서 죽여

2의 서사序事를 삼분하니 1은 하지 않아야 한다(不應), 2는 해야 함을 밝힌다(明應), 3은 하지 않아야 할 것을 결結한다(結不應)이다. △1의 불응을 삼분하니 1은 살생하는 사례를 밝힌다(明殺事), 2는 업의 상이 성립된다(成業相), 3은 경한 것을 들어서 중한 것에 견준다(擧輕況重)이다. △여기서는 1의 명살사明殺事이다.

〔合註〕

"스스로 죽인다" 함은 혹은 안의 색(內色)을 이용하는 것이니 수족 등을 말하며, 혹은 밖의 색(外色)을 사용하는 것이니 칼·막대기·나무·돌 따위이다. 혹은 안팎의 물질을 다 이용하기도 하나니 손으로 칼과 막대기를 붙잡는 따위이며, 그 사람의 목숨이 끊어지게 함을 '살殺'이라 한다.

"다른 사람을 시켜서 죽인다" 함은 혹은 면전에서 시키기도 하고 심부름꾼을 시켜서 하기도 하고 혹은 편지 따위를 보내 죽이기도 하는 것이다.

"방편을 써서 죽인다" 함은 곧 죽이기 전의 방편으로서 속박하거나 붙잡아다 매 두거나 하는 따위요, 혹은 길을 가리켜 주고는 앞 사람을 시켜 사로잡는 등도 방편이라고 한다.

"칭찬을 해서 죽이게 한다" 함은 앞 사람은 본래 살심殺心이 없었는데 칭찬을 함으로 해서 살심이 일어나게 함이다.

"죽이는 것을 따라 기뻐한다" 함은 앞 사람에게 먼저 살심이 있는데다 장려하고 권해서 그것을 성취하게 함이다.

"내지 주문을 외워서 죽인다" 함은 시체를 일으키는 주문이거나 쇠뇌를 숨기거나 불구덩이 등의 갖가지 악사惡事를 짓는 것이다.

자세히는 『오계상경五戒相經』에서 널리 설명한 것과 같다.

殺因·殺緣·殺法·殺業.

죽이는 원인이나 죽이는 반연이나 죽이는 방법이나 죽이는 업을 지어서

(二. 業의 相이 성립된다.)

〔合註〕

"죽이는 인因"이라 함은 마음에 그 사람의 목숨이 끊어짐을 바라는 것이다.

"죽이는 연緣"이라 함은 방편으로 도와서 그 일을 완성시키는 것이다.

"죽이는 방법"이라 함은 칼·구덩이·쇠뇌·독약·주술 등을 쓰게 하는 것이다.

"죽이는 업"이라 함은 그 사람의 목숨이 계속할 수 없게 하는 것이다.

〔小發〕 인因·연緣·법法·업業의 네 가지 대의大意는, 한 생각에서 본래 살심을 일으킴이 인이 되고, 여러 가지로 도와서 그 살생을 완성시킴이 연이 되며, 살생하는 동안에 돕는 기구와 방칙이 법이 되고, 바르게 작용해서 살생하는 일을 성취하게 됨이 업이 된다.

乃至一切有命者. 不得故殺.

내지 생명 있는 온갖 것을 짐짓 죽이지 말아야 한다.

(三. 輕한 것을 들어서 重한 것에 견준다.)

〔合註〕

"내지 생명 있는 온갖 것"이라 함은 아래로 미세한 유정들까지에 미치나니, 마치 기고 나며 굼틀거리는 동물 같은 것까지이다.

〔小發〕 만일 심하게 말하면, 대사大士는 자비가 광대한지라 비록 물질이 있으면서 마음이 없는 것까지라도 생기生氣가 있는 것이기만 하면 역시 차마 죽이지 못하나니, 마치 結草護戒(풀로 묶어 놓았으나 계를 지키느라 풀지 않고 있었음)와 折柳諫君(버들의 가지를 꺾어 채전밭 울타리를 막아도 범부가 들어가지 않았다는 것으로, 임금의 무절제를 경계한 齊 詩人의 글)과 같은 것이 그것이다. 하물며 목숨이 있는 것이겠는가.

〔合註〕

"짐짓 죽이지 말아야 한다" 함은 과실로 살상한 것과는 분간된다.

是菩薩應起常住慈悲心. 孝順心. 方便救護一切衆生.

보살은 항상 자비로운 마음과 효순하는 마음을 내어 일체중생을 방편으로 구원해야 할 것인데

(二. 해야 함을 밝힘)

〔合註〕

"항상 냄"이라 함은 심心·불佛·중생衆生의 이 셋이 차별이 없음을 분명히 알면 그 성性이 '상주常住'이다.

"자비심"이라 함은 동체대비로 갓난아이 보호하듯 하면서 고통을 구제하고 즐거움을 주는 것만을 생각하는 것이다.

"효순하는 마음"이라 함은 불성을 존중하여 부모처럼 보면서 감히 온갖 것들을 가벼이 여기지 않는 것이다.

"방편을 다해서 구원한다" 함은 자비와 효순하는 마음으로 실천하는 일이다.

〔發隱〕

다만 괴롭히지 않는 것만으로 약간은 허물을 면할 수는 있지마는, 만일 구호하지 않는다면 어떻게 대사라 이름하겠는가. 그러므로 살생하지 않으면서 마땅히 중생을 구해야 하고 도둑질 않으면서 마땅히 보시를 해야 한다. 그 뒤엣것은 모두 이것에 예例하라.

而反自恣心快意殺生者.

도리어 방자한 마음과 거침없는 마음으로 살생하는 것은

(三. 하지 않아야 할 것을 結한다)

〔合註〕

"도리어"라 함은 그 하지 말아야 할 것을 밝힌 것이다.

"방자한 마음"이라 함은 탐욕으로 인하여 살생을 일으키면서 제지할 줄 모르는 것이다.

〔小發〕 탐욕으로 살생한다 함은 상업상의 이익으로 인하여 짐승을 잡아 죽이고 재물을 도모하기 위하여 생명을 빼앗는 무리이다.

〔合註〕

"거침없는 마음으로"이라 함은 진심瞋心으로 인하여 살심을 일으켜 그의 원한을 푸는 것이다.

〔小發〕 진심으로 살생한다 함은 잔인한 마음으로 중생을 해치고 혹독한 형벌로 백성을 학대하는 무리이다.

〔發隱〕

'치癡'를 말하지 아니함은 탐욕과 진심의 두 마음은 어리석음으로부터 나오기 때문이니, 지智는 욕심을 막을 수 없기 때문에 탐貪이요, 혜慧는 염念을 징계할 수 없기 때문에 진瞋이다.

是菩薩波羅夷罪.

보살의 바라이죄가 된다.

(三. 罪名을 정하다.)

〔合註〕

"보살의"라 함은 본래 계를 받음으로 말미암아 이런 이름이 있게 된다.

"바라이죄"라 함은 여기 말로 "기죄棄罪"이니, 이 계를 범하면 영원히 불佛의 바닷가 밖으로 버려지며 영원히 묘인妙因·묘과妙果가 상실된다. 또한 "타죄墮罪"라고도 하니, 이 계를 범하면 삼도三途에 떨어진다. 또한 "타승처법他勝處法"라고도 하니, 보살계를 받음은 본래가 번뇌를 파괴하고 마군을 꺾어 조복하려 함인데, 이제 이 계를 범하면 도리어 번뇌가 이기게 되고 또 악마에게 지게 되기 때문이다. 또한 "이는 머리를 끊는 법"이라 하기도 하고, 또 "다라수多羅樹의 중심을 끊음과 간다"고도 하고, "바늘귀가 떨어짐과 같다"고 하기도 하고, "큰 돌이 두 조각으로 깨짐과 같다"고 하기도 하는 따위이다.

〔小發〕 승기율僧祇律에서는 삼의三義가 있다. 1은 '물러나 없어진다'는 뜻이니, 도과道果가 상실되기 때문이다. 2는 '함께 살지 못한다'는 뜻이니, 법을 지닌 대중들이 용납해주지 않기 때문이다. 3은 '떨어진다'는 뜻이니, 죽어서 지옥으로 들어가기 때문이다.

〔合註〕

대저 율 가운데서 밝히되 "한 사람이 비구계를 받으면 지신地神과 공신空神이 차례차례로 전하여 잠깐 사이에 그 소리가 초선初禪에 두루해지면, 마왕이 두려워서 떨다가 만일 한 사람이 비구계를 파하면 몸을 수호하던 신이 크게 탄식한 소리를 내는데, 역시 차츰차츰 전해져서 초선에 두루해지면 악마가 기뻐한다"고 했다.

여기의 보살계갈마문菩薩戒羯磨文에서는 밝히되 "한 사람이 계를 받으면 시방의 제불보살의 앞에 으레 그러한 모양이 나타나므로 이로 말미암아 제불보살은 기억하면서 어여삐 여기거니와, 만일 한 사람이 파계하면 어찌 두루 법계의 성현으로 하여금 탄식하며 슬프게 하지 않겠는가"라고 했다. 계를 지니는 이면 자세히 생각해야 된다.

〔小合〕 살피건대, 보살계갈마문은 『유가사지론』「본지분本地分」 중 보살지의 계품에서 나온 것인데, 무릇 보살계를 받는 이라면 가장 알게 해야 하기 때문에 현장삼장이 별행別行으로 번역해 내신 것을 우익대사蕅益大師가 다시 그를 해석했다.(合註雜集을 보라.)

◎ **중죄·경죄의 성립**

살피건대, 모든 계에 죄가 성립됨에는 모두가 지연支緣이 완전히 갖추어져야 범죄의 일이 완성된다. 만일 모두 갖추어지면 중죄重罪가 성립되고 한 둘이라도 궐하면 경죄輕罪가 성립되다니, 이를 "지연을 갖추어야 범죄가 완성된다"고 한다.

죄상罪相에는 역죄逆罪·중죄·경죄가 있고, 중죄에는 '실계失戒'와 '실계하지 않음'으로 나누어지며, 실계에는 다시 '좋은 징조를 보아야 하는 것'과 '다시 받을 수 있음'으로 나누어진다.

경죄에는 '등류等流'와 '방편'의 구분이 있고, 방편에는 다시 '중구衆垢와 경구輕垢'의 구별이 있다.(상세한 것은 「懺悔行法表」에서 나열된 것과 같다.)

〔小合〕 살피건대, 합주合註의 범례에서 이르기를 "대승의 율법은 이것이 일절 율법의 조종朝宗이기는 하다. 그러나 이미 칠중七衆에 다 통하기 때문에 비구의 오편五篇·칠취七聚에 대한 명의名義는 그대로 숨기면서 설하지 않아야 한다. 대개 보살 비구와 비구니는 스스로가 비니의 집요集要와 율장의 전서全書를 익히고 배워 곧 그 중에서 편篇·취聚의 명의를 환히 통달할 것이로되, 여기서는 꼭 다시 선설할 필요는 없다. 만일 보살 사미와 보살 우바새 등이라면 다만 이것에만 의지하여 수학해야 하고 편·취의 명의는

오히려 내內에서 알아야 하기를 바라면서 분별할 것 아니니, 절대로 먼저 알려고 하지 말라. 서로 훔치는 법이 이룩되면 중란重難을 초치하리니, 고명한 선비는 믿고 삼갈지어다"라고 했다.

이 계는 4연緣이 갖추어지면 중죄가 되나니, 1은 이것이 중생일 것, 2는 중생이라고 생각할 것, 3은 죽이려는 마음(殺心)이 있을 것, 4는 사람의 목숨이 끊어질 것 등이다.

1. 중생일 것

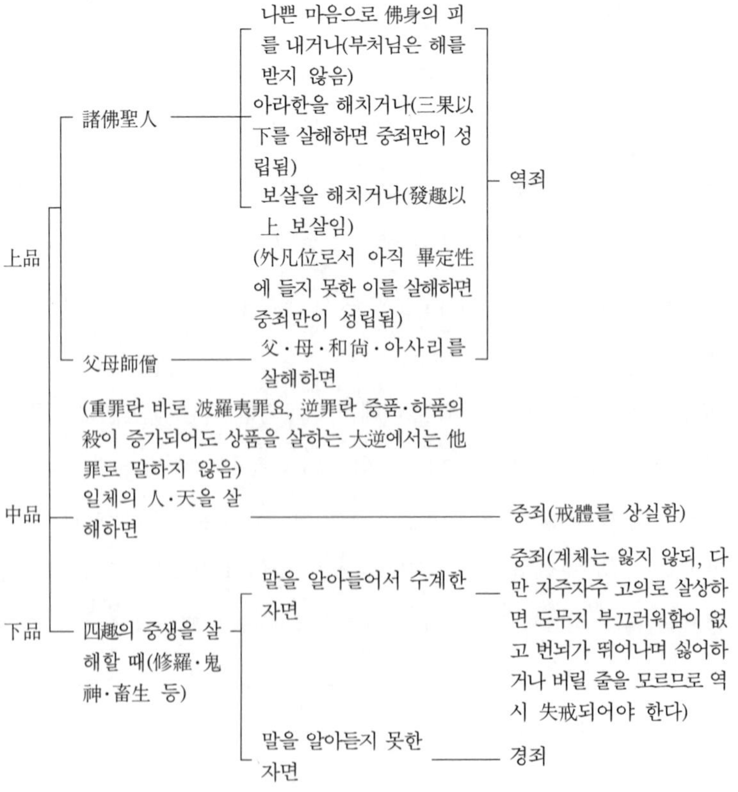

(하품에서는 원래 2가지 해석이 있다. 1은 똑같은 중죄라는 것이니 大士는 살생을 막음이 엄하기 때문이다. 2는 輕垢罪가 성립된다는 것이니, 道器가 아니기 때문이다. 대개 전자인즉 보살계법은 五道를 전부 흡수해서요, 후자인즉 비구계법에선 '사람'에만 국한하기 때문이다. 살피건대, 이는 靈峰〔우익대사〕이 이치로써 짐작하여 정한 것이다)

2. 중생이라 생각할 것

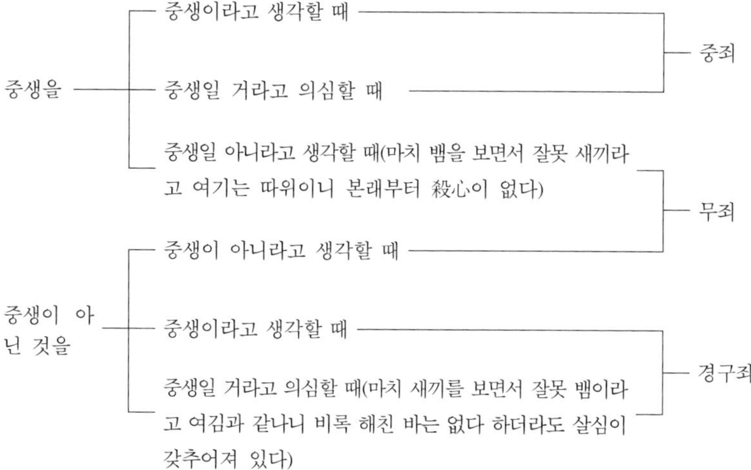

무릇 경계를 생각함에 속하는 것에는 마땅히 당연(當), 의심(疑), 착오(僻)의 6구句가 있다.

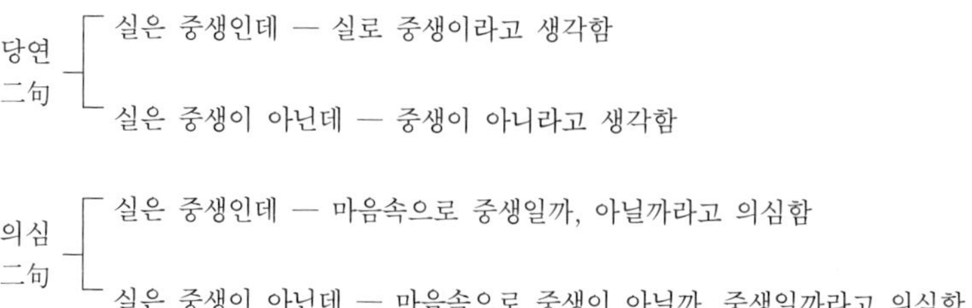

착오 二句
- 실은 중생인데 — 마음속으로 틀림없이 중생이 아닐 거라고 생각함
- 실은 중생이 아닌데 — 마음속으로 틀림없이 이는 중생일 거라고 생각함

3. 살심이 있을 것

살심殺心이란 앞의 대상을 괴롭히고 해치면서 그의 목숨이 끊어지기를 원하는 것이니, 바로 이것이 업의 주主이다.

이는 악심으로 말미암아 혹은 자신이 직접 살해하기도 하고, 혹은 다른 이를 시키거나 심부름을 시켜 살해하게 된다.

살심은 다시 두 가지이니, 범의犯意와 일치할 때(通心)와 범의와 동떨어질 때(隔心)가 있다.

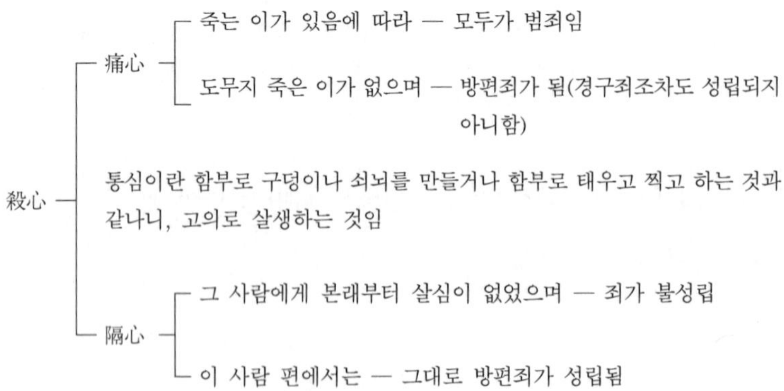

격심이란 본래 이 사람에게 살생하는 방편은 썼었으나 잘못하여 그(그와 다른) 사람을 죽인 것이므로, 고의가 없이 살해한 것임

4. 사람의 목숨이 끊어질 것

사람의 목숨이 끊어진다 함은 몸과 마음이 유지되면서 계속 이어짐을 목숨이라 하나니, 여기서는 계속될 수 없게 하기 때문에 살업殺業이 성취된다.

여기에는 두 가지의 때가 있다. 1은 현재 살고 있는 동안에 그의 목숨이 끊어짐을 볼 때(於現生中見彼命斷)요, 2는 죽이는 방편을 쓴 뒤에 먼저 자기는 죽었는데, 그가 그제야 목숨이 끊어질 때(先自捨命彼方命斷)이다.

사람의 생명이 끊어질 것(於現生中見彼命斷, 先自捨命彼方命斷)

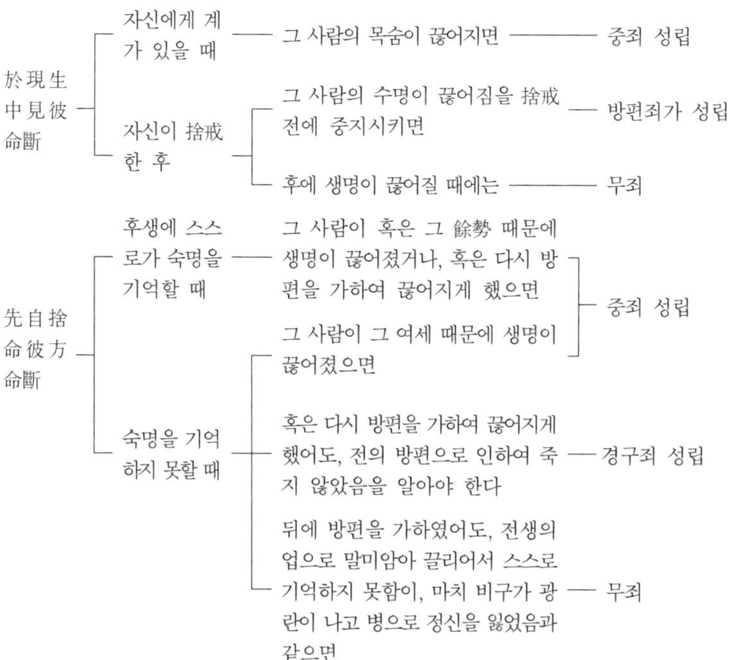

〔용인되는 사항〕

만일 보살로서 아직 위位에 오르지 못했고 물러나지도 않은 이가, 혹은 업보의 인연으로 미치고 병으로 정신을 잃게 된(狂亂과 心病에는 각각 다섯 가지 인연이 있다. 자세한 것은 合註에서 보라) 따위로 살생하는 방편을 지었다면, 아래의 개차開遮와 같다.

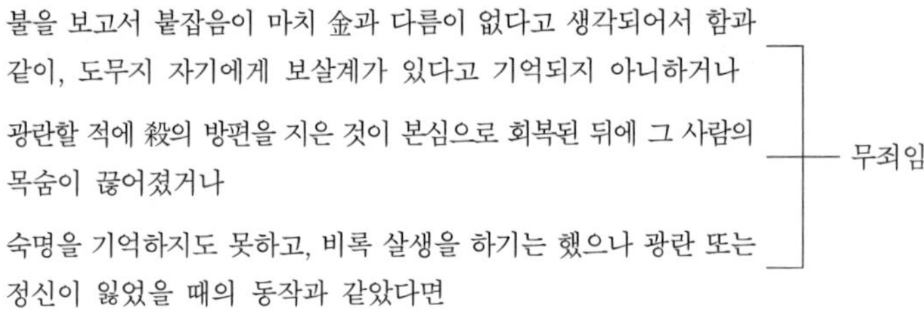

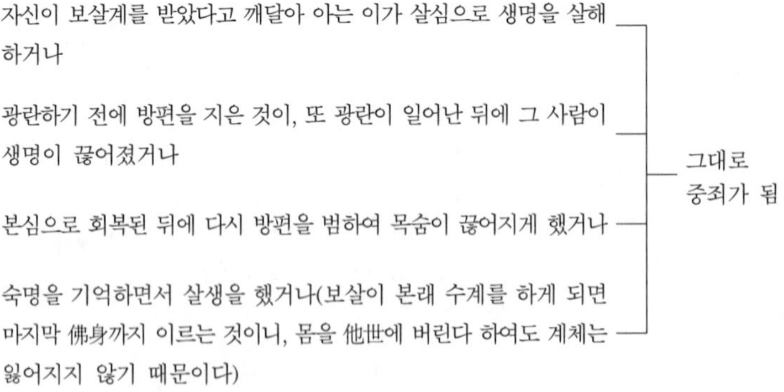

◎개차를 잘 알라

당역의 『보살계본』에서 이르기를 "만일 제보살이 보살의 정계율의에 안주하면서 선권방편으로 다른 이의 이익을 위하여 여러 성죄性罪에서 조그마한 부분을 현행하여도 이 인연으로 말미암아 보살계에서는 위범한 바가 없고 많은 공덕이 생긴다.

이를테면, 이러한 보살은 강도가 재물을 탐내어 많은 중생을 죽이려 하거나 혹은 대덕인 성문·연각·보살을 살해하려 하거나 혹은 또 많은 무간업을 지으려 하는 것을 보고, 생각하기를 '내가 만일 저 나쁜 중생의 생명을 끊으면 지옥에 떨어질 것이나 만일 그를 끊지 않으면 무간업이 이루어져서 장차 큰 고통을 받게 되리니, 내 차라리 그를 죽여서 지옥에 떨어질지언정 끝내 그로 하여금 무간의 고통을 받지 않게 하리라'고 한다면, 이런 보살의 의락意樂과 생각은 저 중생의 미래를 위하여 깊이 참괴慚愧를 내고 연민심으로 그의 생명을 끊겠다는 것이라. 이 인연으로 말미암아 보살계에서는 위범한 바도 없고 많은 공덕이 생긴다는 것이다"라고 했다.

이는 곧 대비가 뛰어나서 순전히 고통을 대신한다는 마음으로 살생을 행하는 일이다. "깊이 참괴를 낸다" 함은 그 스스로의 공능을 위한 것이 아님을 밝히며, "연민심으로"라 함은 그는 실로 한 생각이라도 성을 내거나 분을 냄이 없음을 밝힌 것이다.

그러므로 비록 계를 범한 죄를 달게 받는다 하더라도 마침내 위범이 없다. 만일 사사로운 염念을 잊지 못해서거나 공덕을 탐내어서라면 "대사가 법을 널리 편다"는 말과는 동떨어졌거니 어찌 성性·차遮의 두 업을 면할 수 있겠는가.

◎이숙으로 받는 과보

이숙異熟은 때를 달리하면서 성숙하고, 성性을 달리하면서 성숙하고, 처處를 달리하면서 성숙한다. 때를 달리한다 함은 금생에 지은 업이 혹은 현생에서 과보를 받기도 하고 혹은 내생에서 과보를 받기도 하며 혹은 한량없는 생을 지난 뒤에 과보를 받기도 한다.

성을 달리한다 함은 지은 업이 삼성三性인 선善·불선不善·무기無記에 다 통한다면 과보를 받을 때는 오직 무기의 성에 속할 뿐이다.

처소를 달리한다 함은 인간 중에서 지은 업을 육도에서 그 과보를 받게 됨을 말한다.

이 살생죄의 과보는 어떠한가. 『화엄경』 이지품二地品에서 이르기를 "살생한 죄는 그 중생으로 하여금 지옥·축생·아귀에 떨어지게 한다"고 했다.

△만일 인중人中에 태어나면 두 가지의 과보를 얻나니, 1은 단명이여, 2는 다병多病이다.

〔解曰〕

삼도三途가 곧 정보正報요, 인간 안의 이것은 다른 과보이다.

상살上殺은 지옥에 떨어지고, 중살中殺은 축생에 떨어지며, 하살下殺은 아귀에 떨어진다.

혹은 전문前文의 삼품三品(上品, 中品, 下品) 중생에 결부시키면 상·중·하로 분류되기도 하고, 혹은 살심의 맹렬함과 미약함에 결부시키면 상중하로 분류되기도 한다.

혹은 상죄上罪를 지었다 하더라도 부지런히 허물을 뉘우치면 중·하로 바꾸어지기도 하고, 비록 하죄下罪를 지었다 하더라도 허물을 보호하고 죄를 장신하면서 참괴할 줄 모르면 중·상으로 바꾸어지나니, 세 가지 이치가 서로서로 이루어지되 사항은 일치한 것 아니다. 때문에 업성業性의 차별은 불佛만이 다하여 없어질 따름이다.

불살생계를 지니면 다시 어떠한 과보를 얻게 되는가. 『십선업도경』에서 이르기를 "만일 살생을 여의면 이내 열 가지의 고뇌 여의는 법을 성취한다.

1. 제중생에게 널리 무외를 베푼다.
2. 언제나 중생에게 대자심을 일으킨다.
3. 온갖 성을 내는 습기를 영원히 끊는다.
4. 몸에는 항상 병이 없다.
5. 수명을 오래오래 누린다.
6. 항상 비인非人의 수호를 받는다.
7. 언제나 악몽이 없고 자나 깨나 쾌락을 느낀다.
8. 원수가 없어지고 뭇 원한이 저절로 풀린다.
9. 악도에 대한 두려움이 없다.
10. 죽으면 천당에 가 난다.

만일 아뇩다라삼먁삼보리에 회향할 수 있으면 뒤에 성불할 때에는 부처가 되어서 마음대로 자재로이 수명을 누린다"고 했다.

열 가지 번뇌를 떠나는 법(十離惱法)은 화보花報요, 자재로운 수명은 바로 과보이다.

또 『대승이취육바라밀경大乘理趣六波羅密經』의 정계품淨戒品에서 이르기를 "이 십선업에는 하나하나마다 모두 네 가지 과보를 느낀다.

1. 현재에 안락하다.
2. 번뇌인 원수의 세력이 미약해진다.
3. 미래 세상에선 항상 존귀하게 되고 모자라는 바가 없다.

4. 부지런히 수습하면 장차 무상정등보리를 얻게 된다"라고 했다.

살생을 여의는 것에는 네 가지가 있다.

1. 보살은 모든 중생에게 해치려는 마음을 내지 않고 무외를 잘 베풀며 또한 두렵게 하지 않나니, 두려움이 없기 때문에 일체중생들은 친근하고 공양하며 존중하고 찬탄한다. 보살은 그들에게 연민심을 내며 자심慈心으로 말미암아 과거의 온갖 원한들이 저절로 쉬게 된다.

2. 성내고 해치려는 마음이 모두 다 미약해지는지라 자비의 감로가 그 마음에 빨라지면서 성냄 등의 열뇌가 제거되고 잠이 안온하여 악몽이 없으며, 자비심 때문에 야차와 여러 귀신으로서 혈육을 먹는 것까지라도 해치려는 마음을 버리게 되고 모든 나쁜 짐승들도 항상 그를 수호한다.

3. 미래 세상에서는 세 가지 과보를 얻나니, 첫째는 수명을 오래 누리면서 항상 중년에 죽는 일이 없고, 둘째는 태어난 데서마다 언제나 병고가 없으며, 셋째는 큰 부자로서 재물이 넉넉하여 항상 자재함을 얻는다.

4. 불살생 때문에 불법의 분한分限을 얻고, 오취 중의 태어난 곳마다 그 세상에서 자재하고 뜻대로 머무를 수 있으며, 내지 보리수 아래 앉으면 악마와 귀신들이 장애하지 못하고 정등각을 이루며 한량없는 성인들의 에워쌈을 받는다.

이 네 가지 과보 중에서 둘은 현재에 속하고 둘은 당래에 속한다.

결부시켜 보면, 바로 이는 삼장三障을 전환하는 이치이니, 악을 제거하고 선을 냄이 바로 먼저 업장을 전환하는 것이요, 업장의 전환으로 인하여 보장報障 또한 전환되고 나아가서는 번뇌장煩惱障을 전환할 수 있게 된다.

대개 업은 혹惑으로 말미암아 지어지고 보報는 업으로 말미암아 느껴지나니, 업인業因을 분명히 모르면 다시 보의 법으로부터 혹을 일으키고 업으로 말미암아 현행하면서 또한 번뇌의 종자에 훈熏하기 때문에, 삼법三法이 차츰차츰 구르며 여의지 아니함은 마치 악차惡叉의 무더기와 같다.

이제 먼저 그 업을 끊어서 다시는 혹의 종자에 훈하지 아니하며, 또 이미 후보後報로 하여금 일어나지 않게 하는지라, 또한 선보先報로 하여금 점점 엷아지게 한다.

여기서의 첫째는 곧 현보現報를 전환하는 것이요, 둘째는 바로 번뇌를 전환하는 것이며, 셋째는 생보生報를 전환하는 것이요, 넷째는 후보後報를 전환하는 것이다.

대저 살업殺業에서 오는 고통의 과보가 극심함은 마치 저 불살에서 받는 선보善報의 그 큰 것과 같다. 이와 같은 금구성언은 털끝만큼이라도 잘못이 없거늘, 어떻게 신수봉행하지 않겠느냐.

②주지 않는 것을 훔치지 말라(盜戒)

若佛子.

너희 불자들아,

문장을 삼분하니 1은 사람을 지적하다(標人), 2는 일의 차례를 정하다(序事), 3은 죄명을 정하다(結罪)이다. △ 여기는 1의 표인標人이다.

自盜. 敎人盜. 方便盜. 呪盜.

스스로 훔치거나 다른 사람을 시켜서 훔치거나 방편을 써서 훔치거나 주문을 외워서 훔쳐서

2의 서사序事를 삼분하니 1은 하지 않아야 한다(不應), 2는 해야 함을 밝힌다(明應), 3은 하지 않아야 할 것을 결한다(結不應)이다. △1의 불응不應을 삼분하니 1은 훔치는 사례를 든다(擧盜事), 2는 업의 상이 성립된다(成業相), 3은 경한 것을 들어서 중한 것에 견준다(擧輕況重)이다. △여기서는 1의 훔치는 사례를 든다(擧盜事)이다.

〔合註〕

주지 아니한데도 타他의 물物을 취함을 도盜라 한다.

"스스로 훔친다" 함에는 여덟 가지가 있다. 혹은 남이 보는 앞에서 강제로 빼앗기도 하고, 혹은 남몰래 훔치기도 하고, 혹은 속임수를 써서 물건을 빼앗기도 하고, 혹은 세력을 믿고 강제로 빼앗기도 하고, 혹은 송사를 해서 빼앗기도 하고, 혹은 업신여겨서 빼앗기도 하고, 혹은 맡긴 물건을 돌려주지 않기도 하고, 혹은 세금으로 보내야 할

물건을 납부하지 않기도 한 것이다.

"다른 사람을 시켜서 훔친다" 함은 남을 시켜서 자기를 위해 빼앗거나 훔치는 것으로부터 자기를 위해 세금을 바치지 않게 하는 것까지이다.

다만, 남을 시켜서 8종種의 도둑질을 하게 하는 것만은 이익이 자기에게 들어오지 않으므로, 중죄는 성립되지 아니한다. 바로 이 계에서는 겸하여 제정했다.

"방편을 써서 훔친다" 함은 그 물건이 저절로 온 것을 감추고 가져버린 것이니, 마치 양을 도둑질함과 같다.

"주문을 외워서 훔친다" 함은 갖가지 주술을 써서 타의 물을 취하는 것이니, 혹은 귀신을 시키고 부리는 따위이다.

〔發隱〕

"칭찬을 해서, 또는 보고 기뻐한다"는 등이 빠진 것은, 살생에서는 대개가 면전에서 진술할 수 있는 것이로되, 훔치려는 음모는 반드시 은밀하게 의논되어야 하므로 "찬탄해서 훔치게 하거나, 훔치는 것을 보고 기뻐함" 따위는 드물다. 그러므로 생략되었다.

盜因·盜緣·盜法·盜業

훔치는 원인이나 훔치는 반연이나 훔치는 방법이나 훔치는 업을 짓겠는가.

(二. 成業相)

〔合註〕

"훔치는 원인"이라 함은 마음을 일으켜 짐짓 남의 물건을 훔치는 것이니, 혹은 아첨하는 마음으로 혹은 굽은 마음으로 혹은 성내는 마음으로 혹은 두렵게 하는 마음 등으로 일으키는 것이다.

"훔치는 반연"이라 함은 훔치기 위하여 벽을 뚫거나 울을 넘어 들어오거나 망을 보는 따위이다.

"훔치는 방법"이라 함은 자물쇠를 열고 선택하며 훔치는 등의 일이다.

"훔치는 업"이라 함은 남의 물건을 들어서 본래 있던 자리에서 옮겨 떨어지게 하는 것을 말한다.

〔小發〕 본래 처소에서 떨어져야 훔치는 업이 완성되는 것이요, 아직 그 처소에서 떨어지지 않았으면 아직도 '훔치는 방법'에 속해 있다. 대의大意는, 한 생각의 근본에서 도심盜心을 일으킴이 인因이 되고, 여러 가지로 도와서 그 도盜를 완성시킴이 연緣이 되고, 돕는 기구와 방칙들이 법이 되고, 바르게 작용하여 훔치는 일이 성취되면 업이 된다.

〔發隱〕

바늘 또는 풀 따위도 도죄盜罪가 되고, 5전이면 중죄로 판단한다.

乃至鬼神有主劫賊物. 一切財物. 一針一草. 不得故盜.

내지 귀신의 것이거나 주인이 있는 것이거나 도둑이 훔친 것이거나 바늘 한 개, 풀 한 포기에 이르기까지 모든 재물을 짐짓 훔치지 말아야 한다.

〔發隱〕

"내지乃至"라 함은 중한 것으로부터 경한 것까지이니, 그러므로 "가벼운 것을 들어서 중한 것에 견준다"고 하는데, 1은 귀신의 물건이요, 2는 주인이 있는 물건이요, 3은 도둑이 훔친 물건이요, 4는 온갖 물건이다.

(문) 도둑이 훔쳐 간 물건을 가져오는데 어떻게 도죄盜罪가 성립되는가.

(답) 여기에는 이의二義가 있다. 만일 훔친 물건이 자기 것이라면 나는 이미 잃어버렸다는 생각을 했었던 물건인 까닭이요, 만일 훔친 물건이 남의 것이라면 남이 나에게 주었어야 하는데 주지 않은 것인 까닭이다. 모두가 주지 않은 것을 취함(不與取)이다.

而菩薩應生佛性孝順心·慈悲心. 常助一切人生福生樂.

보살은 항상 불성에 효순하는 마음과 자비로운 마음을 내어 일체중생이 복되고 즐겁도록 도와야 할 것인데

(二 明應)

〔合註〕

"불성佛性"이라 함은 일체중생에게는 모두 당과當果의 성性이 있으니, 성은 고쳐지지 않는 것이라는 뜻이어서 전계前戒 중의 '상주常住'라는 뜻이 된다.

〔小發〕 '당과의 성'이란 당래의 불과로서 성품은 본래부터 같은 모양이라 성을 배반하고 악을 익히면 스스로가 선의 근본을 손상시키므로, "미래의

불佛 가운데서 효자孝慈의 마음을 내어 훔치는 일로써 남의 물건을 손해하지 말고 스스로가 역경과 해독을 감수해야 한다"는 말이다.

而反更盜人財物者.

도리어 남의 재물을 훔치면

(三 結不應)

〔合註〕

"사람의 재물을 훔친다" 함은 사람으로부터 물物을 훔치면 중죄가 된다는 뜻을 나타냈다.

〔發隱〕

남의 재물을 훔치면 벌써 도죄가 되거든, 삼보의 물건이야 알 만하다. 그 경중의 과목은 율장에 상세히 실려 있다.

〔小合〕 살피건대, 남산율주南山律主가 이르기를 "도盜는 삼보에 다 통하므로 승물이 가장 중하다. 한 털끝만큼이라도 손상함에 따라 시방의 범부와 성인에게 낱낱이 죄가 성립된다. 그러므로 제부諸部에서나 오분五分 중에서는 거개가 '어떤 사람이 불佛에게 물物을 보시하면, 불은 이어 말씀하되 〈승에게 보시해야 한다. 나도 승수僧數의 한 사람이니, 승에게 보시하면 큰 과보를 얻느니라〉'고 하셨다"고 했다.

또 『방등경』에서 이르기를 "오역죄와 사중계는 나 또한 구제할 수 있되, 승물을 도盜하는 이만은 나로서도 구제 못할 바다"고 했다.

그 밖에 일장분日藏分·승호전僧護傳 등 같은 경에서도 널리 진술되어 있다.

是菩薩波羅夷罪.

보살의 큰 죄가 된다.

(三 結罪)

◎ **중죄·경죄의 성립**

이 계는 오연五緣을 구비해야 중죄가 성립된다. 1은 주인이 있는 물건일 것, 2는 주인이 있다고 생각할 것, 3은 도심盜心이 있을 것, 4는 값어치가 5전일 것, 五5는 본래 있던 자리에서 떨어질 것 등이다.

1. 주인이 있는 물건일 것

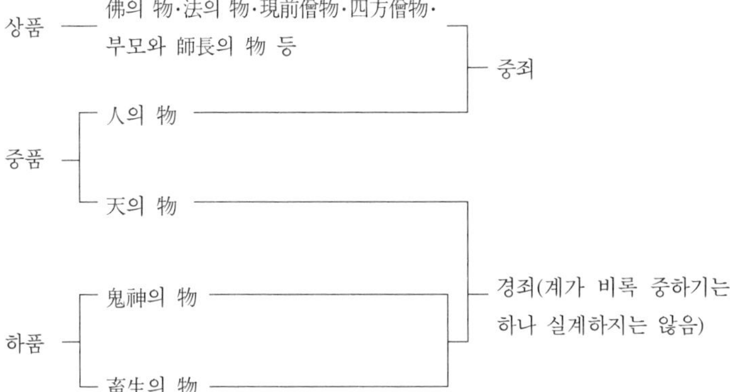

2. 주인이 있다고 생각할 것

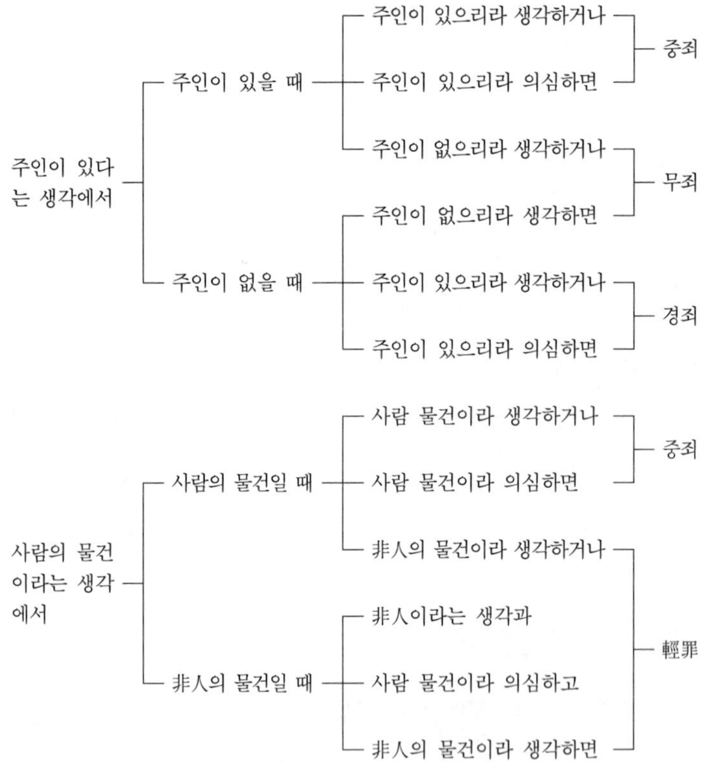

3. 도심盜心이 있을 것

준 것이 아니라는 생각, 자기 물건이 아니라는 생각, 버린 쓰레기가 아니라는 생각, 잠시 쓰기만 하겠다는 것이 아닌 생각, 써도 될 만한 이의 것이 아닌 생각 등이니, 바로 이것이 업의 주主가 된다.

4. 값어치가 5전錢일 것

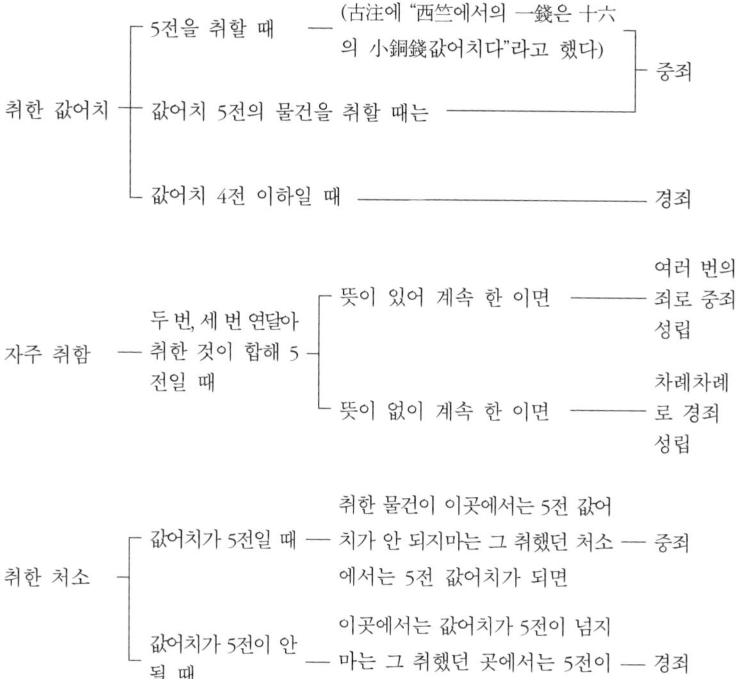

취한 값어치
5전을 취할 때
(古注에 "西竺에서의 一錢은 十六의 小銅錢값어치다"라고 했다)
값어치 5전의 물건을 취할 때는
중죄
값어치 4전 이하일 때
경죄
자주 취함
두 번, 세 번 연달아 취한 것이 합해 5전일 때
뜻이 있어 계속 한 이면
여러 번의 죄로 중죄 성립
뜻이 없이 계속 한 이면
차례차례로 경죄 성립
취한 처소
값어치가 5전일 때
취한 물건이 이곳에서는 5전 값어치가 안 되지마는 그 취했던 처소에서는 5전 값어치가 되면
중죄
값어치가 5전이 안 될 때
이곳에서는 값어치가 5전이 넘지마는 그 취했던 곳에서는 5전이 되지 못한 것
경죄

5. 본래자리에서 떨어져 옮겨질 것

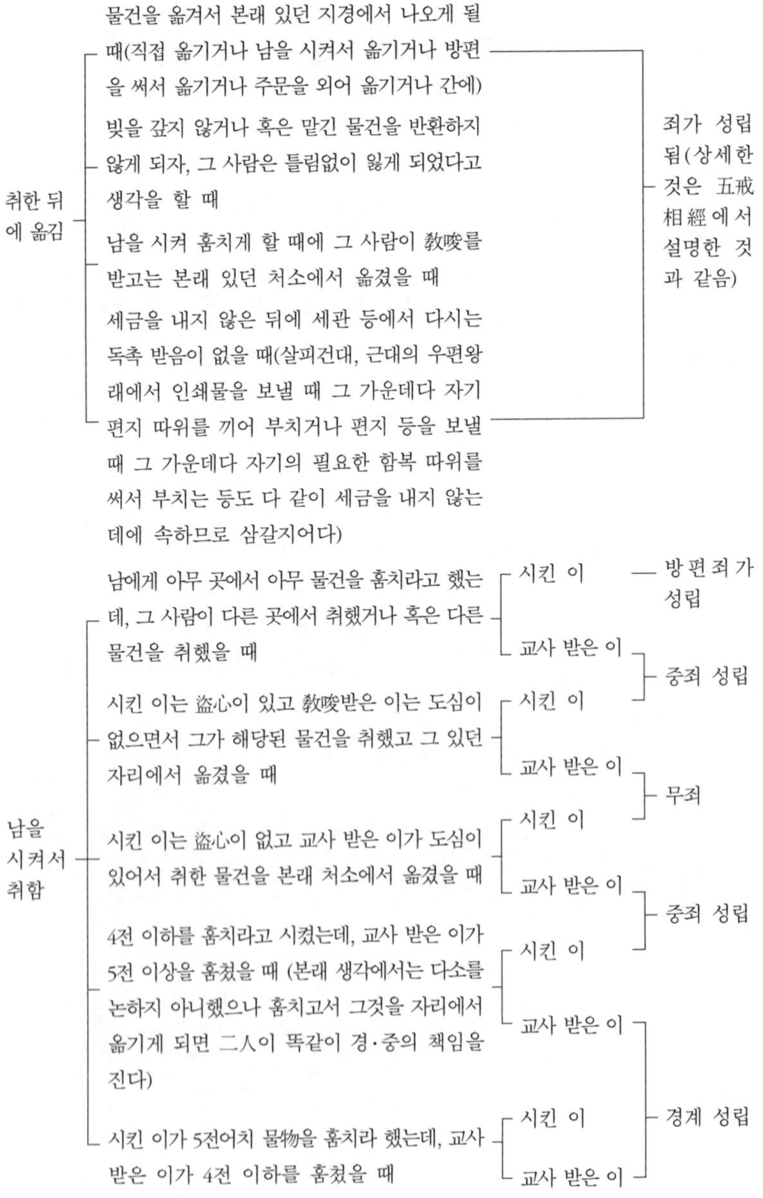

분배하여 취함	두 사람이 같이 훔쳐서 있던 자리를 옮겼고 값어치는 5전이 되었으며, 설령 분배하면 5전씩이 못되더라도	각각 중죄 성립
	남에게 시켜서 훔칠 때에 본래는 그 몫 정도 훔치려는 마음이 없었으며, 그러나 처소를 옮겼으면	중죄가 성립되지 않음
	뒤에 그 몫을 받고 나서 이것이 훔친 물건임을 알았으면	죄가 성립됨
	몰랐으면	무죄

살피건대, 값의 5전어치 중에서 취직取直·수취數取·취처取處의 3과목과 본래 자리에서 떨어져 옮겨질 것 중에서 취리取離·교취敎取·분취分取의 3과목은 표를 나열하기 위하여 방편으로 붙인 것이요, 본래 있는 것은 아니다.

〔용인되는 사항〕

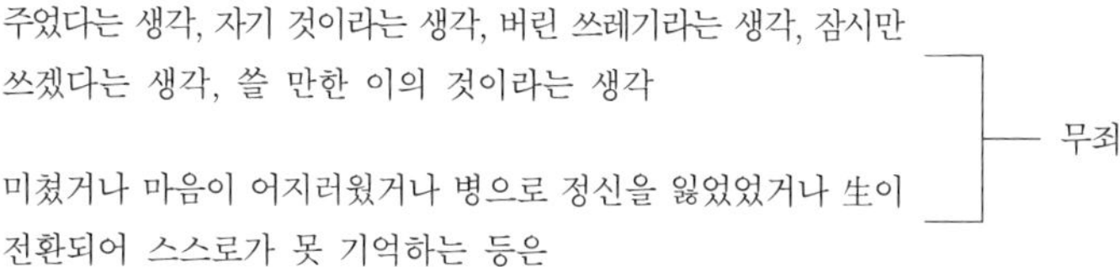

◎ **개차開遮를 잘 알라**

『보살계본』에서 이르기를 "또 보살이, 높디높은 어떤 관리가 아주 포악하여 모든 유정들에게 자비심이 없이 괴롭히는 일만 한 것을 보면, 보살은 가엾이 여기는 마음으로 이롭게 하고 안락하게 하려는 의락意樂을 내어 능력껏 그의 높은 벼슬자리를 그만두게 하거나 내쫓아버린다.

이 인연으로 보살계에서는 위범한 바가 없다"고 한다.

△ 또 보살이, 강도가 남의 재물을 빼앗되 승가물僧伽物이거나 솔도파의 물物 등의 많은 재물을 취한 뒤에 자기 소유라고 고집하면서 제멋대로 수용한 것을 보면 보살은 가엾이 여기는 마음으로 이롭게 하고 안락하게 하려는 의락을 내어 능력껏 핍박하면서 탈취하여, 이러한 재물을 수용함으로써 장차 오랜 세월 동안 의義도 없고 이利도 없음을 받게 하지 말 것이니, 이 인연으로 말미암아 탈취한 재보는 만일 승가물이면 다시 승가에게 반환하고 솔도파 물건이면 솔도파에 반환하며 만일 유정의 물건이면 다시 유정에게 반환한다.

또 혹은 원림園林의 주인이 된 사람이 승가 물건이나 솔도파 물건을 취하고서 자기 소유라 하며 제멋대로 수용한 것을 보면, 보살은 그런 악을 판단한 뒤에 가엾이 여기는 마음을 일으키면서, 이런 삿된 수용의 업으로 인하여 장차 오랜 세월 동안 의도 없고 이도 없음을 받지 말게 할 것이며 능력껏 그 주인을 그만두게 한다. 보살이 이렇게 비록 주지 않은 것을 취한다 하더라도 위범이 없고 많은 공덕이 생긴다.

〔解曰〕

전조前條는 바로 남의 명예와 지위를 빼앗는 것이요, 후조後條는 바로 남의 재보를 탈취하는 것이로되, 가엾이 여기는 마음으로써 하는지라 공덕이 생기게 된다.

그러나 승가의 물은 다시 승가에게 반환하고, 내지 유정의 물건은 유정에게 반환되기 때문에 범죄가 없는 것이요, 만일 터럭만큼이라도 잘못이 있다면 이야말로 강도에 다시 강도라 하겠다.

◎ 이숙異熟의 과보

『화엄경』 이지품二地品에 이르기를 "투도의 죄는 역시 중생으로 하여금 삼악도에 떨어지게 한다"고 했다.

△ 만일 인중人中에 태어나면 2종種의 과보를 얻나니, 1은 빈궁이요, 2는 재물을 함께하면서 제 마음대로 할 수 없다.

〔解曰〕

도盜에도 세 가지의 3품品으로 삼도三途에 끌려가고 떨어지나니, 살계殺戒에서 밝힌 바의 예와 같다.

재물과 함께한다(共財) 함은 다섯 집에서 함께하는 것으로서, 왕과 도둑과 물과 불과 불초한 자손 따위이니, 공덕이 있는 법재라야만 남과 함께 소유하지 아니한다.

『십선업도경』에서 이르기를 "만일 투도를 여의면 곧 열 가지 보전하고 믿을 만한 법을 얻는다.

1. 자재資財가 꽉 차 있어도 왕·적賊·수·화와 비애자非愛者가 산멸散滅시킬 수 없다.

2. 많은 사람이 아끼고 사랑한다.

3. 사람들이 속이지 아니한다.

4. 시방이 다 찬탄한다.

5. 손해될 우려가 없다.

6. 좋은 명성이 널리 퍼진다.

7. 대중에 있어도 두려움이 없다.

8. 재財·명命·색력色力·안락과 변재가 구족하여 결함이 없다.

9. 항상 보시하려는 뜻을 품는다.

10. 죽으면 천당에 가 난다.

만일 보리에 회향하면 뒤에 성불할 때에 청정한 대보리의 지혜를 증득한다"고 했다.

「정계품淨戒品」에서 이르기를 "불여취不與取를 여의면 역시 4종의 과보를 얻나니,

1. 현생 동안에 탐욕과 질투를 여의게 되어서 신심이 안락한다.

2. 탐질貪嫉을 여읨으로써 일체중생들이 믿고 좇게 되며 맡겨 놓은 물건을 마음대로 써도 의심함이 없고 모든 유정들의 복장伏藏이 되어 준다.

3. 미래 세상에는 큰 부자가 되어 호귀豪貴함이 자재하고 온갖 값진 재산을 왕·적·수·화에게 빼앗기지 아니한다.

4. 항하사만큼의 일체제불의 주된 공덕장과 함께하나니, 이른바 십팔불공법 등의 청정한 법재이다. 이승인은 귀에서조차도 못 듣게 되거든, 하물며 얻고 보겠는가"라고 했다.

③ 음행하지 말라(婬戒)

若佛子.

너희 불자들아,

문장을 삼분하니 1은 사람을 지적하다(標人), 2는 일의 차례를 정하다(序事), 3은 죄명을 정하다(結罪)이다. △ 여기는 1의 표인이다.

自婬. 教人婬. 乃至一切女人. 不得故婬.

스스로 음행하거나 다른 사람을 시켜 음행하게 하거나, 내지 일체 여인들과 음행하지 말지니라.

2의 서사序事를 삼분하니 1은 하지 않아야 한다(不應), 2는 해야 함을 밝힌다(明應), 3은 하지 않아야 할 것을 결한다(結不應)이다. △1의 불응不應을 삼분하니 1은 음행하는 사례를 든다(擧婬事), 2는 업이 이루어짐을 밝힌다(明成業), 3은 경한 것을 들어서 중한 것에 견준다(擧輕況重)이다. △여기서는 1의 음행하는 사례를 든다(擧婬事)이다.

〔合註〕

"음행"이라 함은 더러운 데서 성교를 하여 비루하고 부끄러울 만한 것을 일러 범행 아닌 것이라 하며 부정한 행이라고도 하나니, 바로 이것이 생사의 근본이 된다.

"음행한다" 함은 제가 직접 더러운 행을 하는 것이요, "다른 사람을 시켜 음행하게 한다" 함은 다른 이에게 권하여 더러운 행을 하게 함이니,

마치 음행을 매개하는 일 따위이다.

자신이 염染에 미혹됨이 없으면 경구죄輕垢罪만이 성립되나니, 이 계는 겸해 제정한 것으로서 살도계殺盜戒가 일률적으로 중죄가 성립되는 것과는 같지 아니하다.

혹은 일종의 별다른 번뇌가 있는지라 남을 시켜서 자신에게 음행을 하도록 하면 이것은 곧 중죄가 성립된다.

〔發隱〕

(문) 역시 주문을 외워서 음행함도 있으리니, 마치 마등가摩登伽의 선범천주禪梵天呪 같은 것이 그것이다. 여기서는 어째서 제정하지 않았는가.

(답) 음행하는 일은 쉽게 이루어지는 것이라 살도殺盜에 견줄 것이 아니거늘, 어찌하여 주술까지 기다리겠는가. 그러므로 생략했다.

婬因·婬緣·婬法·婬業.

음행하는 원인이나 음행하는 반연이나 음행하는 방법이나 음행하는 업을 짓겠는가.

二. 업이 이루어짐을 밝힌다(明成業)

〔合註〕

"음행하는 인因"이라 함은 음행하려는 마음이요, "음행하는 연緣"이라 함은 쳐다보면서 따라가는 따위의 일이며, "음행하는 법"이라 함은 어루만지면서 찬탄하는 따위의 일이요, "음행하는 업"이라 함은 둘의 성기가 교접하되 깨만큼만 들어가도 이내 음죄婬罪가 완성되는 것이요, 정수精水의 나옴과 나오지 않음은 논하지 아니한다.

〔小發〕 대의大意는 한 생각의 근본에서 음심이 일어남이 인이 되고, 여러 가지 것이 도와서 그 음婬을 이루게 함이 연이 되며, 음행을 돕는 방칙들이 법이 되고 바르게 작용하여 음사婬事를 성취하였음이 업이 된다.

乃至畜生女. 諸天鬼神女. 及非道行婬.

내지 짐승의 암컷이나 하늘계집(天女)이나 여자귀신이나 및 비도非道로 음행을 하겠는가.

三. 경한 것을 들어서 중한 것에 견준다(擧輕況重)

〔合註〕

"내지 짐승의 암컷 등"이라 함은 하열한 것에도 죄가 성립됨을 든 것이다.

"비도非道"라 함은 『선생경善生經』에서 이르기를 "만일 비시非時와 비처非處와 비녀非女와 처녀와 다른 이의 부인과 자신에게 속한 것에 음행하게 함을 바로 사음이라 한다"고 했다.

해석하여 말하기를, 이 여섯 가지는 모두가 세간의 도리를 따르지 않기 때문에 "제 길이 아니라"고 한다. "때가 아니라" 함은 한낮일 적이거나 월月의 육재일六齋日과 년年의 삼재월三齋月이거나 혹은 팔왕일八王日이거나 혹은 자기 처라도 임신 때이거나 산후 따위이다. "처소가 아니라" 함은 소변하는 길을 제외한 그 밖의 대변하는 길이거나 입속 따위이다. "여인이 아니라" 함은 혹은 남자거나 고자거나 남녀추니 따위이다. "처녀"라 함은 아직 출가하지 않은 사람이요, 또 자기의 처가 될 이가 아닌 사람이다. "다른 이의 부인"이라 함은 다른 이에게 딸린 사람이다. "자신에게"라 함은 다른 사람을 시켜 자신의 항문이나 혹은 입 안에다 부정한 행을 하게 하는 것이다.

而菩薩應生孝順心. 救度一切衆生. 淨法與人.

보살은 항상 불성에 효순하는 마음을 내어 일체중생을 구원하고 제도하여 깨끗한 법을 일러주어야 하는 것인데

二. 해야 함을 밝힌다(明應)

〔合註〕

"깨끗한 법을 일러 주어야 한다" 함은 사람들에게 범행을 깨끗하게 지녀서 영원히 생사고의 근본을 여의게 해야 한다는 것이다.

〔發隱〕

중생 모두가 나의 부모라고 보면 삿된 마음이 쉬고 스러지리니, 이를 "효순하는 마음"이라 하며, 또 사음은 도리를 거슬러서 수순하지 않기도 하기 때문이다.

而反更起一切人婬. 不擇畜生. 乃至母女姊妹六親行婬. 無慈悲心者.

도리어 일체중생에게 음행할 마음을 내어 짐승이나 어미나 딸이나 자매나 육친을 가리지 않고 음행을 하여 자비로운 마음이 없으면

三. 하지 않아야 할 것을 결한다(結不應)

是菩薩波羅夷罪.

보살의 큰 죄가 된다.

三. 죄명을 정하다(結罪)

〔小合〕 살피건대, 영지율주靈芝律主가 이르기를 "심행心行이 미세하여도 거친 망정妄情으로 깨닫지 못하며, 비록 위계違戒임을 알면서 제어하기는 하나 오히려 어렵거든 하물며 다잡지 아니함이겠는가. 끝내 청정한 해탈이 없으리라. 청컨대, 그런 경계에 다다르면 스스로가 광심狂心인 줄 살피라. 혹은 천천히 머리를 돌리거나 혹은 은근하게 눈웃음을 치거나 혹은 소리를 들으며 면대하여 말하거나 혹은 숨을 들이마시면서 기氣를 근根에 가게 하거나 하면, 비록 몸으로는 아직 교접하지 않았다 하더라도 벌써 더러운 음업婬業이 완성된 것이므로 대성大聖께서 깊이 금제禁制하셨다.

진실로 부질없는 일을 하지 말고, 이것은 뭇 고苦의 근원이요 도道를 장애하는 근본인 줄 믿으라.

그러므로 더러운 것을 끌어서 몸을 삼고 온전한 욕염欲染으로 심心을 삼은지라 생사해 속에서 표류하거늘, 어찌 잘 돌이킬 줄 알겠는가. 근根·진塵의 그물 속에 서로 맺혀 들면 실로 도피하기 어렵나니, 스스로 비차悲嗟해야 하고 깊이 힘써야 하리라. 혹은 몸이 부정하여 바로 이것이 똥주머니라

관하거나 혹은 저 음근은 실로 소변보는 길만으로 살피거나 혹은 성상聖像을 반연하거나 혹은 불명佛名을 염念하거나 혹은 진경眞經을 외우거나 혹은 신주를 지니거나 혹은 오로지 몸 받은 것만을 기억하거나 혹은 생각을 가다듬어 마음에 두거나 혹은 기멸起滅이 무상無常한 것으로 보거나 혹은 유식唯識의 변함인 줄 알면서 마음의 이르는 데마다 힘을 다해 다스리라. 제멋대로 그 흐름에 다르면 구하기 어렵느니라"라고 했다.

또 이르기를 "탁세濁世의 장애는 깊고 익힌 습관은 끊기 어렵나니, 초발심한 이는 겁이 많아서 보리에서 물러날 수도 있으리니, 때문에 아미타불의 정토에 가서 나기를 기대해야 한다"라고 했다.

다시 원종圓宗의 삼성三聖에 견주었나니, 바로 이것이 상품의 삼심三心이다. 율의는 악을 끊는지라 곧 지성심至誠心이요, 섭선攝善은 지혜를 닦는지라 바로 이것이 심심深心이며, 섭생攝生은 중생을 이롭게 하는지라 곧 회향발원심回向發願心이다. 이미 삼심을 갖추면 반드시 상품에 올라가서 무생인無生忍을 얻어 다생을 기다리지 않고 성불과 보리에 마침내 퇴굴하지 않으리라. 이것은 또 수행한 사람으로서 구경의 경역境域에 도달되는 마음의 처소이다.

◎ 중죄·경죄의 성립

이 계는 삼연을 갖추면 중죄가 성립된다. 1은 이것이 길일 것, 2는 음심이 있을 것, 3은 일이 완성될 것.

1. 이것이 길일 것

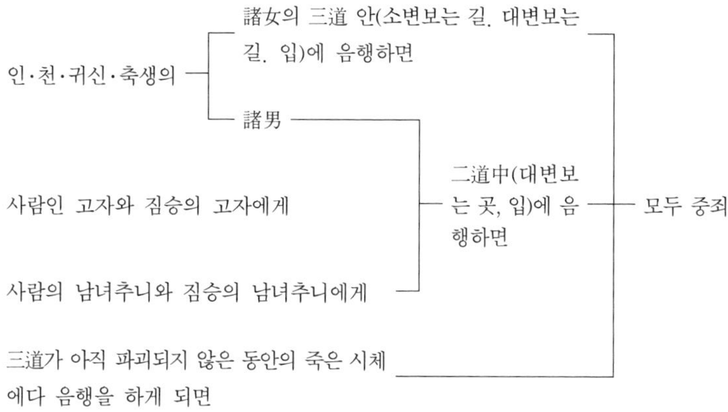

2. 음심이 있을 것

마음에서 즐거움이 생김은 마치 굶주렸을 때 밥을 먹음과 같고 목말랐을 때 물을 마심과 같은 것이요, 이글이글한 쇠가 심장을 찌르고 악취 나는 시체를 목에다 걸쳐놓는 따위와 같은 것이 아니다.

3. 일이 완성될 것

세 개의 길에 남근이 깨만큼 들어가게 되어도 중죄 성립(戒體는 잃지 않음)

아직 넣기 전에 중지하면 방편죄가 성립

〔용인되는 사항〕

원수에게 붙잡혀 당하면서 마치 뜨거운 쇠가 몸을 찌름과 같아서 고통뿐이요, 즐거움이 없으면	범죄가 없다.
혹은 깊은 잠에 들어서 몰랐거나 혹은 광란이 나서 정신을 잃었거나 혹은 生을 전환하여 기억하지 못할 때는	

◎ **개차를 잘 알라**

『보살계본』에서 이르기를 "또 보살이 집에서 살고 있는 때에, 어떤 여인이 현재 딸린 데도 없고 음욕을 익히면서 계속된 마음으로 보살에게 비범행非梵行을 요구할 때, 보살은 보고 나서 생각하기를 '마음에 성을 내어 오랜 생 동안 비복非福을 내지 않게 하자'고 하고, 만일 그의 하고자 하는 대로 따르다가 자재하게 되면 방편으로 편안히 있게 하면서 선근을 심게 하고 또한 불선법不善法은 버리게 하며 자비심에 머무르면서 비범행을 하면, 비록 이러한 더러운 법을 익힌다 하더라도 범한 바는 없고 많은 공덕을 낸다. 출가한 보살이면 성문으로서 성인의 교계敎戒를 보호하며 괴멸하지 않게 하기 위하여 온갖 것에서도 비범행을 해서는 안 된다고 했다.

〔解曰〕

"집에 살고 있는지라" 단연코 출가한 사람의 일이 아니며, "현재 딸린 데가 없는지라" 단연코 다른 이의 수호를 받는 이가 아니며, "계속된 마음으로 와서 구하는지라" 단연코 자기가 염심染心을 일으키는 것이 아니며, "방편으로 편안히 있게 한다면" 단연코 이는 예로써 거두어 준 것이다. 그러므로 범함이 없으면서 공덕이 생기거니와, 출가한 보살은 성인의 교계를 수호하거니 어찌 조금의 핑계라도 있을 수가 있겠는가.

◎ **이숙의 과보**

『화엄경』의 이지품에서 이르기를 "사음의 죄도 중생으로 하여금 삼악도에 떨어지게 한다. 만일 인간 가운데 나면 두 가지의 과보를 얻나니, 1은 처가 정숙하지 못하며, 2는 마음대로 권속을 얻지 못한다"고 했다.

〔解曰〕

사음 역시 삼품으로 분별되나니. 모母·녀女·자姊·매妹의 육친과 음행함은 상품이라 하고, 그 밖의 온갖 사음을 중품이라 하며, 자기 처라도 비시非時와 비처非處 등의 음행은 하품이 된다.

또 염심의 도盜·약弱에 결합시켜 삼품을 논하기도 하고, 회悔·불회不悔에 결합시켜 삼품을 논하기도 하거니와, 모두 삼도에 떨어지게 된다.

『십선업도경』에서 이르기를 "만일 사행邪行을 여의면 이내 4종으로서 지자智者의 찬탄 받는 법을 얻는다.

1. 모든 감관이 조화하고 순탄하다.
2. 영원히 시끄러움과 들뜸을 여읜다.
3. 세간에서 칭탄을 받는다.
4. 처가 침노를 받지 아니한다.

만일 보리에 회향하면 뒷날 성불할 때에 불장부佛丈夫로서의 감추어진 마장馬藏의 몸매를 얻는다"고 했다.

「정계품」에서 이르기를 "음욕의 삿된 행을 여의면 역시 4종의 과보를

얻나니,

1은 현생 중에서 온갖 인·천의 칭찬을 받고 또한 의심함도 없으며 사람들의 존중과 공경을 받고 나쁜 이름을 멀리 여읜다.

2는 육근이 순조하며 염욕染欲의 불 세력이 미열微劣하게 된다.

3은 미래에 태어난 곳에서 부모처자의 권속들이 효우孝友하고 정순貞順하여 순일하고 무잡하며 여인에게 있는 온갖 허물을 여의어서 중생들로 하여금 다시는 염애染愛함이 없게 한다.

4는 4음婬을 여의게 되면서 마왕馬王의 음장상陰藏相을 얻으며, 내지 무상보리를 성취한다"고 했다.

④ 거짓말을 하지 말라

若佛子

너희 불자들아,

문장을 삼분하니 1은 사람을 지적하다(標人), 2는 일의 차례를 정하다(序事), 3은 죄명을 정하다(結罪)이다. △여기는 1의 표인이다.

自妄語. 教人妄語. 方便妄語.

스스로 거짓말을 하거나 다른 사람을 시켜서 거짓말을 하게 하거나 방편으로라도 거짓말을 하여서

2의 서사序事를 삼분하니 1은 하지 않아야 한다(不應), 2는 해야 함을 밝힌다(明應), 3은 하지 않아야 할 것을 결한다(結不應)이다. △1의 불응을 삼분하니 1은 거짓말을 밝힌다(明妄語), 2는 업의 상이 성립된다(成業相), 3은 들어서 견준다(擧況)이다. △여기서는 1의 거짓말을 밝힌다(明妄語)이다.

〔合註〕

거짓이고 진실이 아니어서 범부를 기만하고 성인을 속여 사람들의 마음을 미혹하게 함을 망어妄語라 한다.

여기에는 네 가지 구별이 있다.

1. 망언妄言은 본 것을 보지 않았다 말하고 보지 않은 것을 보았다고 말하는 것을 이른다. 들음(聞)·감각(覺)·앎(知) 등도 마찬가지다. 모두 8가지 망어가 있다. 안근眼根을 견見이라 하고, 이근耳根을 문聞이라

하며, 비鼻·설舌·신身의 셋을 각覺이라 하고 또한 촉觸이라 한다. 비鼻는 또한 문聞이라 부르기도 한다. 의근意根은 지知라고 한다. 또 실제로 있는데 없다고 말하고, 실제로 없는데 있다고 말하며, 내지 법을 비법이라 말하고, 비법을 법이라 말하는 등이다. 단지 마음으로 하여금 어긋나게 말하는 것은 모두 망언이라 한다.

2. 기어綺語는 번드르르하게 성실하지 않는 말로서 의義도 없고 이利도 없으며, 그리고 일체 세간에서 말하는 왕에 관한 의론, 도둑에 관한 의론, 음식에 관한 의론들까지를 말한다.

3. 양설兩舌은 이 사람에게는 저런 말을 하고 저 사람에게는 이런 말을 하여 서로서로에게 이간질을 하면서 그들이 어기면서 다투게 하는 말이다.

4. 악구惡口는 거칠게 욕설을 퍼붓고 분을 내며 저주하여 남으로 하여금 견디지 못하게 하는 말이다.

이 계에서는 바로 대망어죄大妄語罪를 정하였고, 그 밖의 온갖 망언과 기어는 이 계와 겸하여 제정했다.

또 양설과 악구의 중한 것은 설과說過·훼타毁他의 2계戒에 속하거니와, 겸한 것은 경계輕戒 중 13계와 19계의 금제에 속한다.

"스스로 거짓말을 한다" 함은 제 자신이 말하되 "나는 십지와 벽지·4과果·4향向·4선禪·4공空을 얻었고, 불정관不淨觀을 성취했으며, 안반념安般念과 6통通·8해解를 성취하였고, 천인이 오고 용이 오고 수라·귀신들이 모두 와서 문답을 한다"고 하기도 하며, 혹은 이미 번뇌를 끊었다 말하기도 하고 혹은 삼도를 영원히 여의었다고 말하기도 하나니, 이러한 따위는 거짓이요 진실이 아니면서 명리를 이루게 하기 위한 것이라면 대망어라고 한다.

"다른 사람을 시켜서 거짓말을 한다" 함은 남을 시켜 자신을 위하여 미덕을 드날리게 하면서 명리를 이루게 함이라면 똑같이 중죄이다.

남을 시켜서 말하되, "성인이다"고 말하게 하여 명리가 그 사람에게 속하게 되면 경구죄만이 성립되나니, 이 계는 겸제兼制이다.

"방편으로 거짓말을 한다" 함은 여러 가지 특이한 방편을 짓되 혹은 귀신과 신선의 점복을 빌리기도 하고 혹은 주술을 써서 사람으로 하여금 꿈과 같은 경계를 얻게 하는 따위이다.

妄語因·妄語緣·妄語法·妄語業.

거짓말을 할 원인이나 거짓말을 할 반연이나 거짓말을 하는 방법이나 거짓말을 하는 업을 짓겠는가.

二. 업의 상이 성립된다(成業相)

〔合註〕

"거짓말을 할 인"이라 함은 마음을 일으켜 타인을 속이면서 명리를 취하려 한다.

"거짓말을 할 연"이라 함은 행行·래來·동動·지止와 어語·묵默·위의威儀의 갖가지 방편으로 거룩한 체하는 덕을 드러내는 일이다.

"거짓말을 하는 방법"이라 함은 즉 십지와 사과四果 등의 법이다.

"거짓말을 하는 업"이라 함은 분명하게 말을 입 밖에 냄으로써 앞 사람이 알아듣는 것이다.

〔小發〕 대의大意는 한 생각의 근본에서 거짓말을 하겠다는 마음이 인이 되고, 여러 가지로 도와서 그 거짓말을 이루게 함을 연이 되며, 거짓말을 도와주는 방칙들이 법이 되고, 바르게 작용하여 거짓말을 성취함이 업이 된다.

乃至不見言見. 見言不見. 身心妄語.

내지 보지 못한 것을 보았다고 하거나 본 것을 보지 못하였다고 해서 몸이나 마음으로 거짓말을 하겠는가.

三. 들어서 견준다(擧況)

〔合註〕

"내지" 등이라 함은 가벼운 것들을 들어서 중한 것에 견주는 것이니, 작은 거짓말들을 겸하여 제정했다.

"몸이나 마음으로 거짓말을 한다" 함은 신업身業으로 모양을 표시함도 역시 망어라 한다. 마치 "그 과위를 증득했는가"고 물으면 머리를 끄덕거려서 모양을 표시함과 같고, "청정한가, 아닌가"라고 물을 때 잠자코 대답하지 않는 따위이니, 속이는 마음으로 말미암아 몸의 모양을 표시하면서 앞 사람이 알아차리게 하는 것이다. 입으로는 비록 말을 하지 않는다 하더라도 역시 거짓말이라 한다.

而菩薩常生正語正見. 亦生一切衆生正語正見.

보살은 바른 말을 하고 바른 소견을 가져야 하며, 일체중생들로 하여금

바른 말을 하게 하고, 바른 소견을 갖게 해야 하는데

二. 해야 함을 밝힌다(明應)

〔合註〕

"바른 말"이라 함은 사실대로 하는 말이요, "바른 소견"이라 함은 생사를 위하고 보리를 위하고 중생을 위할지언정 명리를 위하지 않는 소견이다.

〔小發〕 밖으로는 바른 말이요 속으로는 바른 소견이니, 위의 몸과 마음이 합해져야 거짓말이 되지 아니한다. 옳으면 감히 그르다고 말하지 않고, 범부면 감히 성인이라 말하지 아니함이 모두 바른 말이요 바른 소견이다.

而反更起一切衆生邪語邪見邪業者.

도리어 일체중생에게 삿된 말과 삿된 소견과 삿된 업을 짓게 하는 것은

三. 하지 않아야 할 것을 결한다(結不應)

〔合註〕

"삿된 업"이라 함은 삿된 말과 삿된 소견에 의하면 반드시 삿된 생활인 나쁜 업이 이루어진다.

〔發隱〕

보살은 마땅히 일체중생을 교화하되 그 삼업三業을 바루어야 할 터인데,

이제 도리어 그를 사심邪心으로 인도하여 사어邪語를 하게 한다면 마침내는 삿된 업을 지어서 고통의 과보를 부르기에 이르거늘, 어찌 대사大士의 체體이겠는가.

是菩薩波羅夷罪.

보살의 큰 죄가 된다.

三. 죄명을 정하다(結罪)

〔發隱〕

인매忍昧를 무릅쓰고 혼자만이 아는 하늘인 척하면서 범부라 하기도 하고 성인이 되기도 하여, 초학자로 하여금 방황하여 수호할 것을 잃고 헷갈려서 나아가지 못하게 한다면 바로 범부를 기만하고 성인을 속이며 인심을 미혹되게 하는 이라 하리니, 위로는 제불을 범하고 아래로는 중생을 그르친다. 이 때문에 중죄가 성립된다.

◎중죄·경죄의 성립

이 계는 5연緣을 갖추면 중죄가 성립된다. 1은 중생일 것, 2는 중생이라고 생각할 것, 3은 속이려는 마음이 있을 것, 4는 중한 일들을 말할 것, 5는 앞 사람이 이해할 것 등이다.

1. 중생일 것(是衆生)

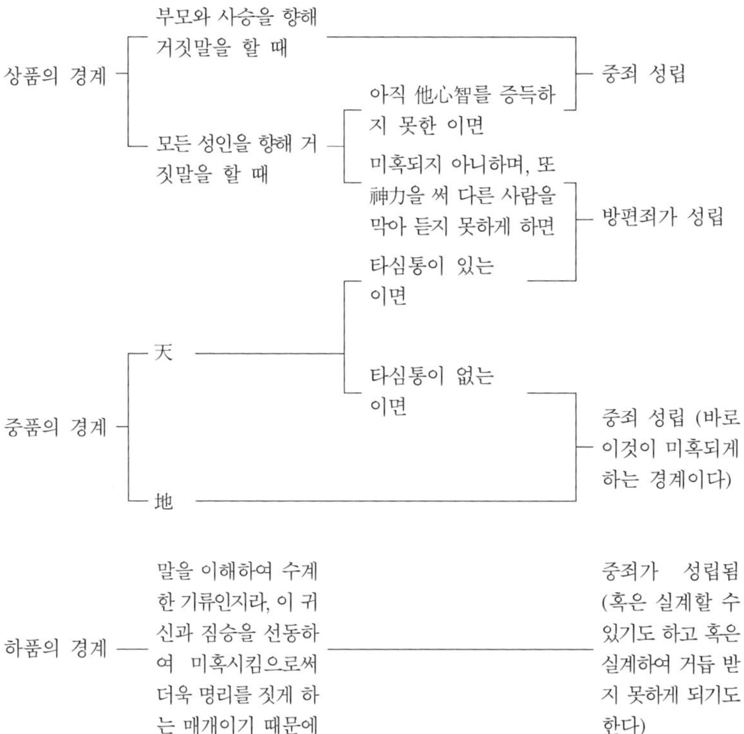

상품의 경계
부모와 사승을 향해 거짓말을 할 때
모든 성인을 향해 거짓말을 할 때
아직 他心智를 증득하지 못한 이면
미혹되지 아니하며, 또 神力을 써 다른 사람을 막아 듣지 못하게 하면
중죄 성립
방편죄가 성립
중품의 경계
天
地
타심통이 있는 이면
타심통이 없는 이면
중죄 성립 (바로 이것이 미혹되게 하는 경계이다)
하품의 경계
말을 이해하여 수계한 기류인지라, 이 귀신과 짐승을 선동하여 미혹시킴으로써 더욱 명리를 짓게 하는 매개이기 때문에
중죄가 성립됨 (혹은 실계할 수 있기도 하고 혹은 실계하여 거듭 받지 못하게 되기도 한다)

2. 중생이라고 생각할 것

1. 중생이라는 생각(역시 當·疑·僻의 六句가 있고, 二句는 重罪, 二句는 輕罪, 二句는 無犯이니, 앞 것과 같은 줄 알아야 함)

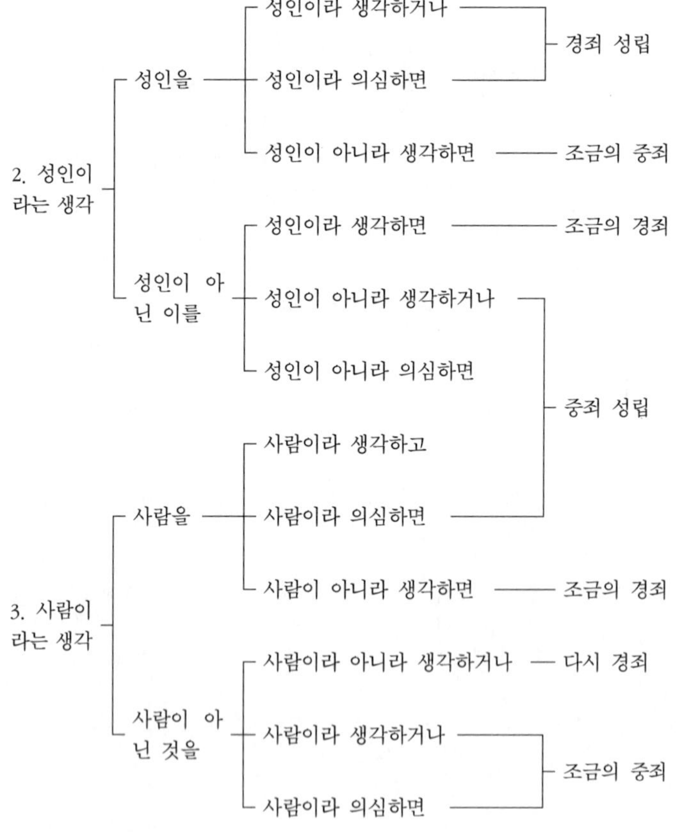

위 문장에서 "중생이라고 생각할 것"의 6구句에서는, 무정無情은 중생이 아닌 것에 결부시킨지라 유정과는 상대가 되기 때문에 2구句에 무범無犯이라는 것이 있지마는, 여기서는 귀신과 축생을 지적하면서

비인非人이라 하여 상대하기 때문에 중죄와 경죄로 논하게 될 뿐이요 아주 범한 것이 없는 것은 아니다.

3. 속이려는 마음이 있을 것

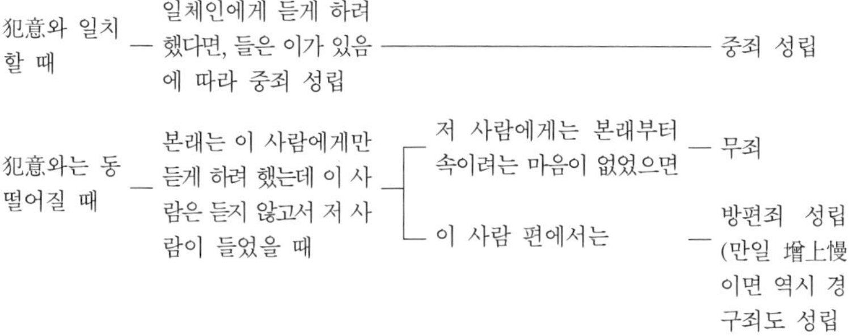

속이려 하는 마음은 명리를 바라며 하는 것이므로, 증상만增上慢이 아니면서 또한 익살로 잠시 말하는 것이 아닌 이것이 업의 주主가 된다.

4. 중한 일들을 말할 것

경우	내용	결과
十地와 辟支弗일 때	비록 四禪과 四空이 凡外요 또한 수증할 수 있다손 치더라도, 이것은 세간의 勝法이기 때문이다.	중죄 성립
不淨觀과 數息觀일 때	이는 불법에서 두 감로문으로서, 여기서 成就했다고 말하면 바로 이는 증득이 있었다는 말이 되며, 結使를 끊고 三途를 여의었다는 것도 모두가 果位中의 일이기 때문에	중죄 성립
잘못을 말하여 이룩되지 않았을 때	初果를 말하려 한 것이 잘못하여 二果를 말했고, 二果를 말하려 한 것이 初果를 말하게 된 따위는, 妄語라는 본래의 생각을 이루지 못했기 때문에	방편죄 성립
범부의 법에 속했을 때	만일 總·別相念과 煖·頂 등의 법과 乾慧性地와 別教의 十信과 圓教의 五品 등을 말하게 되면	혹은 경죄가 성립(비슷하나 중죄는 성립되지 아니하며 계가 비록 중하기는 하나 역시 실계하지는 않는다)
거짓이요 진실이 아닐 때	회오리바람과 土鬼神 등이 나에게 왔었다고 말하거나, 또는 지계가 청정하여 三藏을 잘 통했으며 禪思를 잘 익혔다고 말하거나 하면	경구죄가 성립

5. 앞사람이 이해할 것

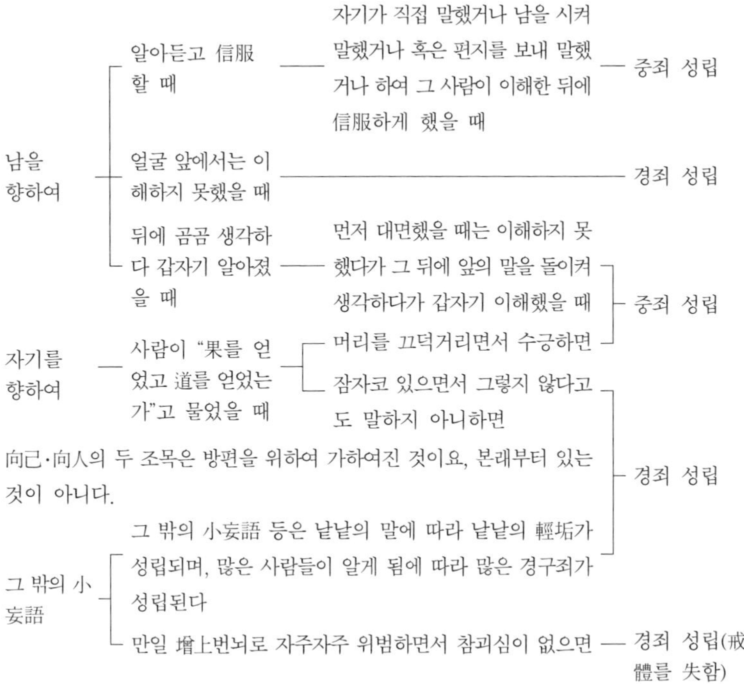

〔小合〕 만일 뛰어난(增上) 번뇌로 자주자주 위범하면서 참괴하는 마음이 없으면 보살계를 잃게 되며 실계失戒한 후에 다시 설계說戒한다 하여도 성죄性罪를 얻을 뿐이다.

만일 깊이 부끄러운 생각을 내고 영원히 끊어서 계속하지 아니하면, 역시 다시 수계가 허락되며 이때에는 반드시 먼저 좋은 징조를 보아야 할 필요까지는 없다.

〔용인되는 사항〕

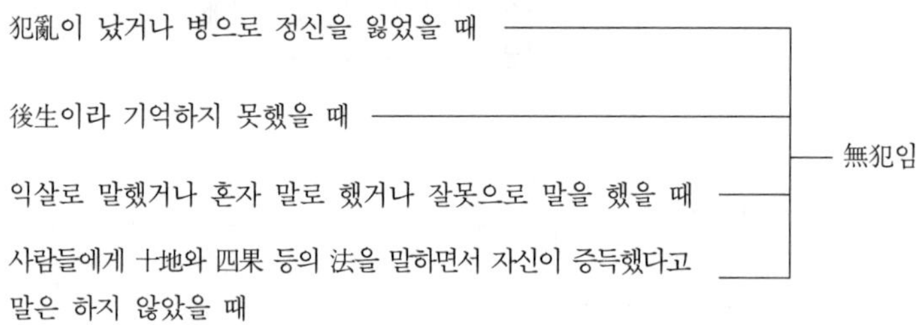

〔兼制〕 계본경戒本經에서 나왔음

기어계綺語戒

만일 들떠서 동요되어 마음이 즐겁지 않는지라, 높은 소리로 즐겁게 장난을 치면서 다른 이들로 하여금 기쁘게 하면 —— 염오染汚의 범죄가 일어남

만일 잘못임을 잊어버리면 —— 비염오非染汚의 범죄가 일어남

개차開遮의 인연

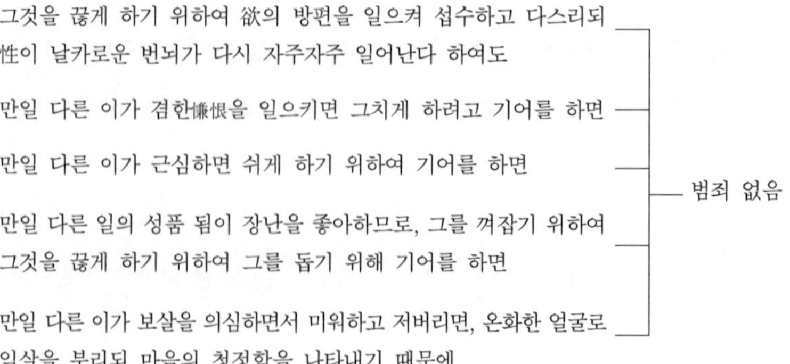

세상의 의론에 관한 계

만일 염오심을 세상에서 겪는 일들을 말할 때 - 염오의 범죄가 일어남
만일 잘못하여 겪었던 일을 잊어버렸을 때 - 비염오의 범죄가 일어남

개차開遮의 인연

만일 다른 이들이 모여서 말하고 있음을 보고서 그들의 뜻을 보호하기 위하여 잠시 동안 듣고 있으면	범죄가 없음
만일 잠시 동안 남의 질문을 대답하되, 일찍이 들은 일이 없었다고 하면	범죄가 없음

◎개차開遮를 잘 알라

『계본戒本』에서 이르기를 "또 보살이 많은 유정들을 위하여 생명에 대한 재난과 갇히고 속박당한 재난과 손발을 베는 재난과 코와 귀를 잘리고 눈을 도려내는 재난들을 해탈시키려 할 때, 비록 보살들로서 자신의 생명에 대한 위난을 위해서는 거짓말을 하지 않는다 하더라도, 저 유정들을 구제하기 위해서는 알면서도 사택思擇하여 짐짓 거짓말을 하나니, 스스로 염심染心이 없고 유정들의 이익만을 위한 것뿐이기 때문에, 보살계에서는 위범한 바도 없고 많은 공덕을 내느니라"고 했다.

또 보살이, 여러 유정들이 광대의 놀이와 노래들을 믿고 좋아하거나 혹은 왕·도둑·음식·음탕한 일과 거리에 나도는 뜻 없는 의론 등을 믿고 좋아함을 보면서, 보살은 그 가운데서 모두 다 교묘하게 그 유정들에 대해 가엾이 여기는 마음을 일으키면서 이익 되고 안락하게 하려는

의락意樂을 내어 그들의 앞에서 광대의 노래와 왕·적·음식·음탕·거리 등의 의론을 하며 그 유정들로 하여금 기뻐하면서 섭수되게 하며, 자재하게 따르고 귀속하면 방편으로 인도하여 불선한 처소에서 나와 선처善處에 안립하게 하나니 보살이 이렇게 하면서 기어를 현행現行한다 하여도 위범한 바가 없고 많은 공덕을 내느니라"고 했다.

또 『대반열반경』에서 이르기를 "일체중생에게 비록 불성이 있다손 치더라도 반드시 지계로 인한 연후에야 보게 되며, 불성을 봄으로 인하여 아뇩다라삼먁삼보리를 이루게 된다"고 했다.

만일 어떤 사람이 말하되, "불이 일체중생에게는 모두 불성이 있다고 말씀하셨으나 번뇌로 가려졌기 때문에 알지도 못하고 보지도 못한다. 그러므로 부지런히 방편을 닦아 번뇌를 끊고 부셔야 한다"고, 이런 말을 이는 사중四重을 범하지 않은 줄 알아야 한다.

만일 어떤 이가 말하되, "나는 이미 아뇩다라삼먁삼보리를 성취했다. 왜냐하면 불성이 있기 때문이다. 불성이 있으면 반드시 아뇩다라삼먁삼보리가 이룩되어야 하나니, 이런 인연 때문에 나는 지금 이미 보리를 성취하게 되었다"고 하면, 이 사람이야말로 바라이를 범한 줄 알아야 한다.

왜냐하면 비록 불성이 있다손 치더라도 아직은 모든 선방편을 수습하지 못하였다. 이 때문에 아직 보지 못했으며, 보지 못했기 때문에 아뇩다라삼먁삼보리를 이룩하지 못했기 때문이다.

◎이숙의 과보

이지품二地品에서 이르기를 "거짓말한 죄는 역시 중생들로 하여금 삼악도에 떨어지게 한다. 만일 인간 가운데 와서 나면 2종의 과보를 얻나니, 1은 비방을 많이 받게 되며, 2는 다른 이에게 속임을 당한다"고 했다.

"기어의 죄 역시 중생으로 하여금 삼악도에 떨어지게 하며, 만일 인간 가운데 와서 나면 2종의 과보를 얻나니, 1은 말을 해도 남들이 받아들이지 아니하며, 32는 하는 말이 명료하지 못하다"고 했다.

〔解曰〕

대망어 또한 삼품으로 분류된다. 부모·사승·인·천에 대해서 하면 상품이 되고, 귀신 짐승 등에 대해서 하면 중품이 되며, 불·보살과 성인에 대해서 하면 하품이 되나니, 미혹되지 않기 때문이다.

△ 또 속이는 마음의 강약에 따라 삼품으로 나누고, 또 회悔·불회不悔에 따라 삼품으로 나누나니, 이로써 삼도에 끌려가고 떨어지게 된다.

△ 소망어와 기어는 상경上境에 대해서 하면 상품이 되나니, 죄가 기만과 참회에 있기 때문이다. 중경에 대해서 하면 중품이 되고, 하경에 대해서 하면 하품이 된다.

△ 또한 마음과 참회에 결부시켜서 보면 삼품이요, 삼도에 끌려간다.

『십선업도경』에서 이르기를 "만일 망어를 여의면 이내 하늘에게 칭찬받는 8종의 법을 얻는다.

1. 입은 항상 청정하고 우발라의 향기가 난다.
2. 모든 세간에서 신복信伏함을 받는다.
3. 하는 말은 성실함이 증명되어 人天이 공경하고 존중한다.
4. 항상 애어로써 중생들을 안위한다.
5. 훌륭한 의락意樂을 얻고 삼업이 청정한다.

6. 말에는 항상 잘못이 없고 마음은 언제나 기뻐진다.

7. 말을 내면 존중하고 인·천이 봉행한다.

8. 지혜가 뛰어나서 제복制伏하는 이가 없다.

만일 보리에 회향하면 뒤에 성불할 때에 이내 여래의 진실한 말씀을 얻는다.

만일 기어를 여의면 곧 세 가지 결정을 얻게 되나니, 1은 지혜 있는 사람에게 사랑을 받는다. 2는 결정코 지혜로써 질문에 사실대로 대답할 수 있다. 3은 결정코 인천에서 위덕이 가장 훌륭하며 허망이 없다.

만일 보리에 회향하면 뒤에 성불할 때에 여래에게 수기를 받되 모두가 헛되이 버려지지 아니한다"고 했다.

정계품淨戒品에서 이르기를 "거짓말을 여의면 역시 네 가지 과보가 있다.

1은 진실한 말을 하므로 모든 하늘이 가엾이 여기면서 언제나 함께 수호한다.

2는 거짓이 없는지라 중생들이 신수信受하며, 만일 설법을 할 때면 사람들이 모두 진실로 믿으므로 공력에 피로함이 없으며, 내지 거짓말을 끊은 이는 다시는 악업을 짓지 아니한다. 왜냐하면 다른 이가 물을 때에 사실대로 대답하기 때문이다. 만일 고요한 데 있으면 망념이 일어나지 아니한다. 왜냐하면 어떤 사람이 그에게 묻되, '그대는 고요한 데 있을 적에 망념을 내는가'고 할 때 만일 '안 낸다'고 하면 이는 거짓말이요, 만일 '낸다'고 하면 다른 사람들에게 부끄러워진다. 이런 인연 때문에 망념으로 하여금 점점 미박微薄하게 한다.

3은 태어나는 데마다 입에서는 항상 청연꽃의 향기와 소만나의 향기가 나오며, 온갖 유정들에게 애경을 받고 타인들에게선 거짓말이 있을 것이라고 의심받지 아니하며, 또한 타인들로 하여금 자기의 진실한 말을 믿게 하면서 중생들에게 영원히 의심 그물을 끊게 한다.

4는 있게 되는 언사는 사람들이 모두 신수하므로 중생들로 하여금 법을 듣고 기뻐하게 할 수 있으며, 내지 장차 무상보리를 얻는다.

무의無義한 말을 여의면 역시 네 가지 과보가 있다.

1. 현재의 세상에서 사는 동안에 지인智人이 찬탄하고 마음에 갑작스럽게 서두름이 없으면서 안락함을 얻는다.

2. 내게 되는 언교言敎는 사람마다 모두 신수하며, 추악한 말은 점점 엷어진다.

3. 미래의 태어나는 곳에서는 항상 갖가지의 뜻에 맞는 음성을 듣게 된다.

4. 점차로 무상보리를 얻고 무애변無礙辯을 얻나니, 설령 저 대천세계의 일체 천·용·인·비인 등이 부처님에게 와서 똑같이 한꺼번에 각각 따로따로 자기가 의심하고 있는 일을 묻는다 하여도 그때 부처님은 한 찰나 동안에 한마디의 음성으로 모두에게 대답할 수 있으며, 모두는 본심에 계합되어 의심 그물이 끊어지게 되는 것과 같이 된다"고 했다.

⑤술을 팔지 말라

若佛子.

너희 불자들아

(初 標人, 二 序事, 三 結罪)
△ 여기서는 초初의 표인이다.

自酤酒. 教人酤酒.

스스로 술을 팔거나 다른 사람을 시켜 술을 팔아서

(二 序事)
1. 불응不應(A. 擧酤事, B. 成業相, C. 擧況)
2. 명응明應
3. 결불응結不應
△ 여기서는 A의 술파는 사례를 열거한다.

〔合註〕
"고酤"라 함은 술을 팔아서 이익을 구하는 것이요, '술'이란 마시면 사람을 취하게 하는 것으로서 이는 무명無明의 약藥이다.

"자신이 술을 판다" 함은 몸소 술을 파는 행위요, "남을 시켜서 판다" 함은 다른 이로 하여금 자신을 위해 술을 파는 것이니, 똑같이 중죄이다.

만일 남을 시켜서 팔게 되면 이익이 자기에게는 들어오지 않으므로 경죄가 성립되나니, 이 계는 겸제兼制이다.

〔義疏〕
술, 이것은 무명의 약이라 사람들을 혼미하게 만든다. 대사大士의 체통으로는 사람들에게 지혜를 주어야 할 터인데, 무명약을 사람에게 마시게 함은 보살행이 아니다.

酤酒因·酤酒緣·酤酒法·酤酒業.

술을 파는 원인이나 술을 파는 반연이나 술을 파는 방법이나 술을 파는 업을 짓겠느냐.

(B. 成業相)

〔合註〕
"인因"이란 이익을 구하는 마음이요, "연緣"이란 갖가지의 기구들이요, "법"이란 근斤 또는 양兩의 값어치를 내어주고 받아들이는 등의 일이며, "업"이란 손을 움직여 술을 그 사람에게 주는 것이다.

〔小發〕 대의大意는, 한 생각의 근본에서 술을 팔겠다는 마음을 일으킴이 인이요, 여러 가지 것으로 도와서 그 술을 팔게 함이 연이며, 술을 파는 동안에 돕는 방법들이 법이요, 바르게 작용해서 술파는 일이 완성됨이 업이다.

一切酒不得酤. 是酒起罪因緣.

어떠한 술이라도 팔지 말지니, 술은 죄를 저지르는 인연이 된다.

(C. 擧況)

〔合註〕

"어떠한 술이라도"라 함은 서역의 술에는 여러 가지가 있다. 혹은 꽃으로 혹은 열매로 빚기도 하여 모두로 술을 만들 수 있나니, 그것을 마셔서 사람을 취하게만 하는 것이면 모두 팔지 말아야 한다.

"죄를 저지르는 인연"이라 함은 『사분율四分律』에서는 음주에 대한 열 가지 허물을 밝히고 있다. "1은 안색이 나빠지고, 2는 힘이 줄어지며, 3은 눈이 잘 보이지 않게 되고, 4는 성내는 모양을 나타내며, 5는 살림을 망하게 하고, 6은 질병을 더욱 빠르게 하며, 7은 싸움과 송사를 더하게 하고, 8은 좋은 명성은 없고 악명이 널리 퍼지며, 9는 지혜가 감소되고, 10은 죽으면 삼악도에 떨어진다"고 했다.

『대론大論』에서는 다시 35종種의 과실을 설명하고 있다.

〔小發〕『대화엄경』에서 이르기를 "부처님이 신구의의 삼업에 대한 악행을 말씀하시되, '오직 술이 그 근본이 될 뿐이다'고 하셨다"라고 했나니, 악행의 근본이 바로 '죄를 저지르는 인연'이다.

而菩薩應生一切衆生明達之慧.

보살은 마땅히 일체중생으로 하여금 밝게 아는 지혜를 내도록 해야 함에도

(2. 明應)

〔發隱〕

옳은 것을 간택하고 그른 것을 구별하여 혼폐昏蔽함이 없음을 "명明"이라 하고, 시是에 나아가고 비非를 저버리어 걸린 바가 없음을 "달達"이라 한다.

보살이면 마땅히 중생의 이러한 지혜를 계발시켜 미혹의 길을 버리고 깨달음의 피안에 오르게 해야 함이니, 이것이 대사大士의 체體이다.

而反更生一切衆生顚倒之心者.

도리어 일체중생으로 하여금 전도된 마음을 내게 하면

(3. 結不應)

〔發隱〕

위 문장을 이어받은 것으로서, 술을 남에게 팔아서 그 사람을 전도하게 하는 것이니, 시비를 가리지도 못하고 배반에 나아가고 의당宜當을 어기면서 미혹되고 착란함을 "뒤바뀜(顚倒)"이라 한다.

是菩薩波羅夷罪.

보살의 큰 죄가 된다.

(三 結罪)

〔發隱〕

(문) 술을 마시면 경죄가 성립되지만, 술을 판다 하여 반드시 마시는 것만도 아니거늘 어떻게 중죄가 성립되는가.

(답) 팖으로 말미암아 마심이 있게 된다. 마심의 해는 한계가 있되 파는 화는 그지없기 때문이다. 의적儀狄이 술을 만들자 우왕禹王도 이내 멀리하였거늘, 보살로서 그를 범한다면야 어찌 기죄棄罪를 부르지 않을 수 있겠는가.

◎중죄·경죄의 성립

이 계는 5연緣을 갖추어야 중죄가 성립된다. 1은 중생일 것. 2는 중생이라 생각할 것, 3은 이익을 바라면서 팔 것. 4는 이것이 진짜 술일 것. 5는 사람에게 주었을 것 등이다.

1. 중생일 것

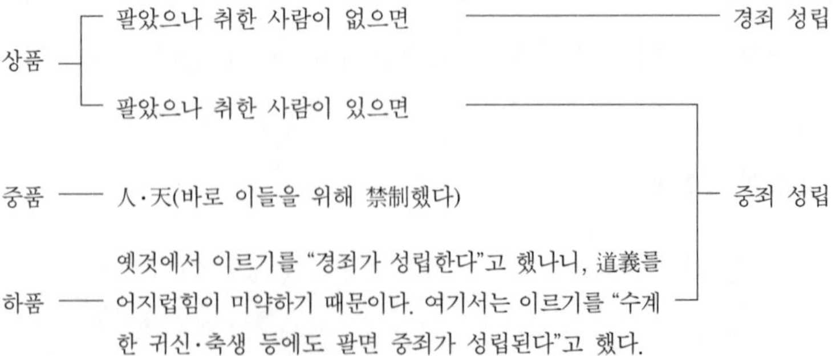

2. 중생이라 생각할 것

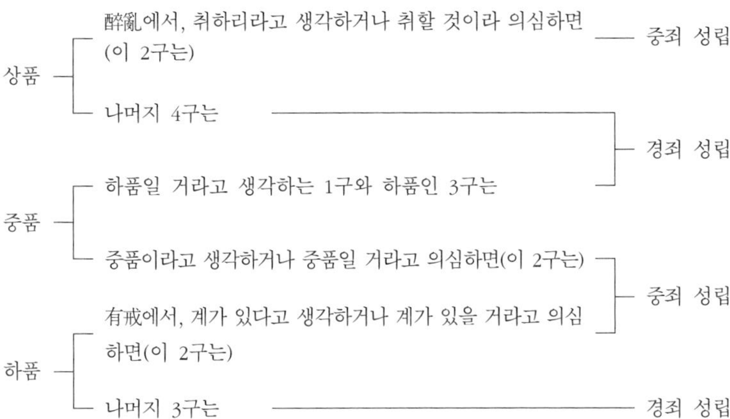

3. 이익을 바라면서 팔 것

바로 이것이 업의 주된 것이다. 출가한 보살은 어떤 술일지라도 팔아 이익을 구하는 것이면 모두 금제禁制했거니와 집에 있는 보살은 법답게 재화를 구하는 것만이 허락되며, 이 악률의惡律儀를 짓는 것은 허락되지 아니한다.

4. 진짜 술일 것

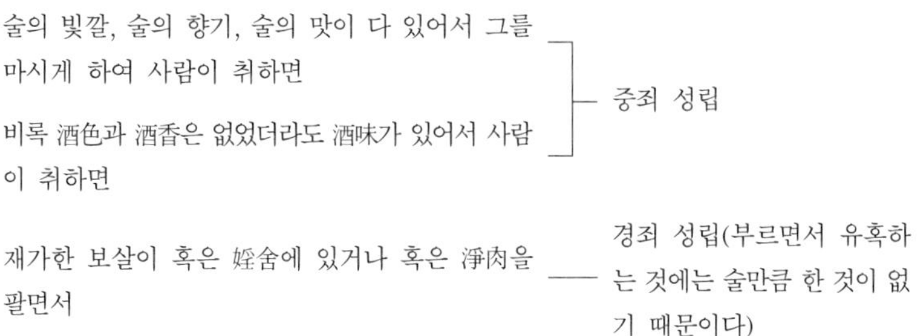

5. 사람에게 주었을 것

주어서 받는 때에 중죄가 성립한다.

〔용인되는 사항〕

비록 酒色과 酒香은 비슷하다 하더라도 酒味가 없고 마셔도 사람이 취하지 않으면	범죄가 되지 않음
낙주는 비록 이익을 바라며 한 일이라 하더라도 사람을 어지럽히는 것이 아니므로 재가보살이 팔게 되면	

◎ **개차를 잘 알라**

율론律論을 두루 다 살펴보아도 막음뿐이요, 허락되지는 아니한다.

◎ **이숙의 과보**

술잔을 들어 다른 이에게 주어 마시게 한 탓으로 오백 생 동안 손이 없는 과보를 받았거든, 하물며 술을 파는 일이겠는가.

⑥사부대중의 죄과를 말하지 말라

若佛子.

너희 불자들아

(初 標人, 二 序事, 三 結罪)
△ 여기는 초의 표인이다.

口自說出家在家菩薩 比丘比丘尼罪過. 敎人說罪過.

출가한 보살이나 집에 있는 보살이나 비구나 비구니의 허물을 자기 입으로 말하거나 다른 사람을 시켜서 말하여

(二의 序事)
1. 불응不應(A. 明說事, B. 成業相)
2. 명응明應
3. 결불응結不應
△ 여기서는 A의 말하는 사례를 밝힌다.

〔合註〕

"말한다(說)" 함은 아직 보살계를 받지 못한 사람에게 대승인 칠중七衆의 죄를 말하기 때문이며, 아직 구족계를 받지 못한 사람에게 비구와 비구니인 이중二衆의 죄과를 말하는 것이다.

"출가한 보살·재가 보살"이라 함은 곧 대승의 칠중을 공통하게 지칭한 것이요, "비구와 비구니"라 함은 곧 소승의 이중을 따로 지칭한

것으로서 주지하는 승보라 법문에 관계되기 때문이니, 역시 다 같이 중죄이다.

〔小發〕 성문계에서는 죄의 경·중으로 나누거니와 보살계에서는 다함께 중죄인 것은, 대사는 중생 사랑하는 것을 마음으로 삼는지라 죄과를 말함이 있기만 해도 모두가 자비를 손상해서다.

〔發隱〕

이미 법이 같은지라 만일 허물 있는 이를 만나면 세 번을 은근하게 간하여 남 몰래 회개하게 하면서 안으로는 승가의 체면을 보전하고 밖으로는 세속의 소문을 보호해야 할 터인데, 멋대로 입을 놀려 들추어서 부처님 덕화에 수치를 끼쳐 주는 것이 어찌 대사로서의 마음이겠는가.

(문) 스승이 제자에 대하여 죄과를 말할 수 있는가, 없는가.

(답) 처음에는 잘 타이를 것이요(이치는 三諫에서와 같다), 끝내 가르침을 좇지 않으면 내쳐서 그와는 사이를 끊을 것이니, 행여나 우선 당장 편안한 것만을 바라서 용납하다가 큰 악이 양성되게 하지 말라. 불교회죄계不敎悔罪戒에서 자세히 설명하겠다.

罪過因·罪過緣·罪過法·罪過業.

허물을 말하는 원인이나 허물을 말하는 반연이나 허물을 말하는 방법이나 허물을 말하는 업을 짓겠느냐.

〔合註〕

"죄과를 말하는 인" 등이라 함은 구체적으로는 "설인說因·설연說緣·설법說法·설업說業"이라 말해야 할 것이다.

"인因"이라 함은 죄과를 말하는 마음이요, "연緣"이라 함은 설하려 하는 때의 꾸미는 방편이며, "법"이라 함은 경하고 중한 죄의 상相이요, "업"이라 함은 분명하게 입으로부터 내어서 앞 사람이 알아듣는 것이다.

而菩薩聞外道惡人. 及二乘惡人. 說佛法中非法非律. 常生悲心. 教化是惡人輩. 令生大乘善信.

보살은 외도나 나쁜 사람들이 불법에 대하여 법답지 못한 일과 계율을 어기는 일을 말하면 항상 자비로운 마음으로 이 나쁜 사람들을 교화하여 대승에 대한 신심을 내도록 해야 함에도

(2. 明應)

〔合註〕

이승二乘을 악인이라 한 것은 일정한 규승規繩에만 집착되어 대인大人의 작략作略을 의심하면서 대승을 모르기 때문에 그를 배척하여 악인이라 했다.

"불법 중의 죄과"라 함은 외도의 죄과도 아니고 또한 변죄邊罪를 범하여 이미 실계失戒한 사람의 죄과가 아니란 것과 구별하기 위해서다.

而菩薩 反更自說佛法中罪過者.

보살이 도리어 스스로 불법에 대한 죄과를 말하면

(3. 結不應)

〔發隱〕

오히려 다른 사람에게조차도 말하지 말라고 교화해야 할 터인데, 도리어 자신이 말을 한다 하면 자심慈心이 어찌 있겠으며 신심이 어떻게 있다 하겠는가.

是菩薩波羅夷罪.

보살의 큰 죄가 된다.

(三. 結罪)

◎중죄·경죄의 성립

이 계는 6연緣을 구비해야 중죄가 성립된다. 1은 중생일 것, 2는 중생이라고 생각할 것, 3은 죄과를 말하려는 마음이 있을 것, 4는 죄과를 말할 것, 5는 사람에게 말할 것, 6은 그 사람이 이해할 것 등이다.

1. 중생일 것

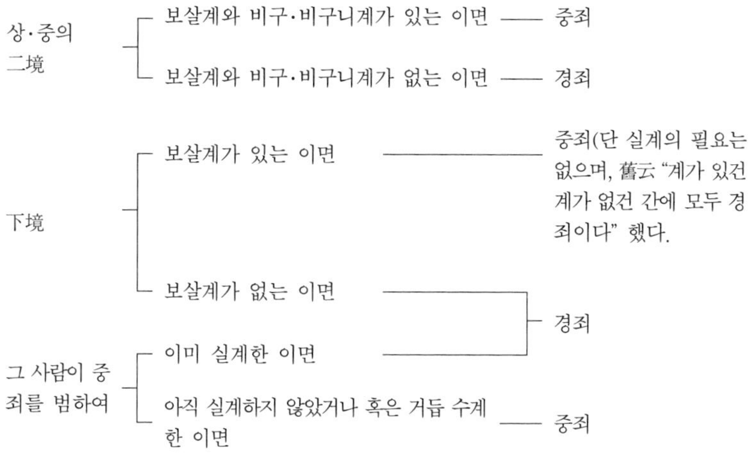

2. 중생이라 생각할 것

유계有戒와 무계無戒의 6구句에서 2구는 중죄요 4구는 경죄이다.

3. 죄과를 말하려는 마음이 있을 것

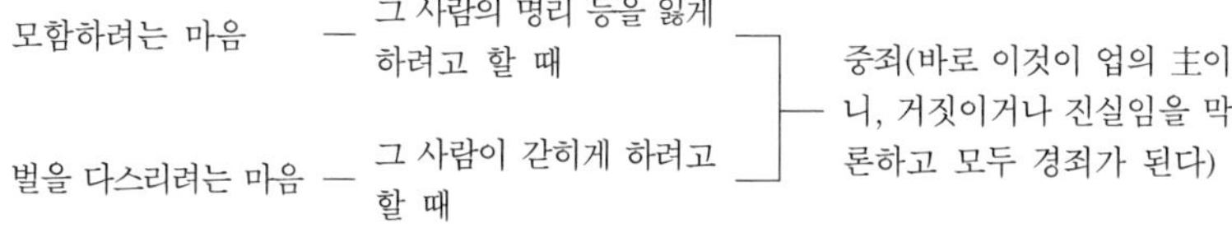

4. 죄과를 말할 것

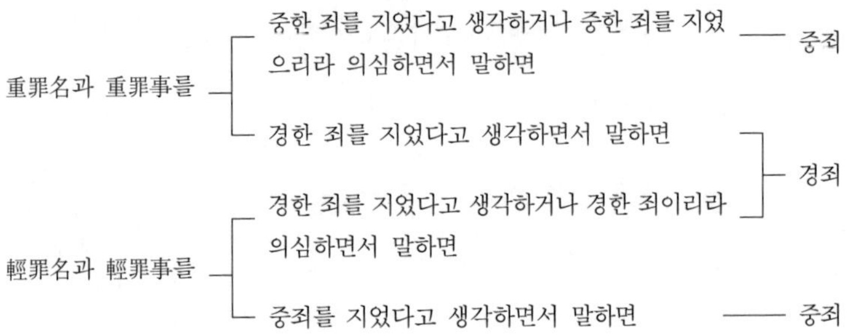

"죄 되는 일"이라 함은 살·도·음·망·음주·음육 등의 일이요, "죄의 이름"이라 함은 큰 것으로는 망역亡逆·십중十重·경구죄輕垢罪요, 작은 것으로는 오편五篇·칠취七聚 등의 이름이다. 혹은 죄사罪事를 말하거나 혹은 죄명을 말하게 되거나 간에 각각 당연(當)·의심(疑)·착오(僻)의 6구가 있다.

5. 사람에게 말할 것

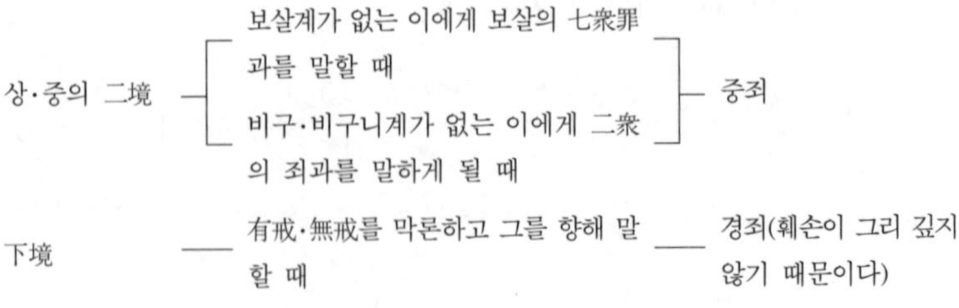

6. 그 사람이 이해할 것

상황	설명	결과
구업의 일이 완성되었을 때	이때에 의거하여 죄가 성립되되, 말과 말에 따라 성립되고 사람과 사람에 따라 성립된다.	죄가 성립 됨
아직 이해하지 못했을 때		방편죄가 성립됨

〔용인되는 사항〕

說罪心에서, 만일 권장하려는 마음에서 말하거나 僧差에 미쳐서 죄를 말하게 되면	무죄
所向人에서, 만일 상·중의 二境으로서 대승계와 구족계가 있는 이에게 법대로 말하게 되면(그 허물을 사실대로 들추어 그로 하여금 참회하게 하는 따위)	무죄

※ 만일 말한 바가 사실이 아니면 자신의 방훼계(謗毁戒, 輕戒藏十三)에 속한다.

◎개차를 잘 알라

승차僧差와 권장하는 일을 제외하고는 모두 다 허락되지 아니한다.

◎이숙의 과보

만일 말한 바가 진실이라면 곧 상품의 양설에다가 악구까지 겸하게 되며, 만일 말한 바가 거짓이면 이는 망어가 된다.

『화엄경』의 이지품에서 이르기를 "양설의 죄 또한 중생으로 하여금 삼악도에 떨어지게 한다. △ 만일 인간에 와 나면 두 가지 과보를 얻나니, 1은 권속들이 어기면서 떠나가고, 2는 친족들이 해를 치켜

악하게 군다.

악구의 죄 또한 중생들로 하여금 삼악도에 떨어지게 한다.

△ 만일 인간에 와 나면 두 가지 과보를 얻나니, 1은 항상 나쁜 소리를 들으며, 2는 말마다 송사가 많다"고 했다.

〔解曰〕

양설과 악구를 경境에 결부하고 심心에 결부하고 참회와 참회하지 않음에 결부시키면, 또한 각각 삼품이 있으며 삼도에 떨어지게 한다.

『십선업도경』에서 이르기를 "만일 양설을 여의면 곧 다섯 가지의 파괴할 수 없는 법을 얻는다. 1은 파괴되지 않는 몸을 얻나니, 능히 해침이 없기 때문이다. 2는 파괴되지 않는 권속을 얻나니, 파괴할 수 없기 때문이다. 3은 파괴되지 않는 마음을 얻나니, 본업本業을 순종하기 때문이다. 4는 파괴되지 않는 법法과 행行을 얻나니, 닦은 바가 견고하기 때문이다. 5는 파괴되지 않는 선지식을 얻나니, 속거나 미혹되지 않기 때문이다.

만일 보리에 회향하면 뒤에 성불할 적에 바른 권속들을 얻으며, 모든 악마와 외도들이 꺾거나 무너뜨릴 수 없다. 만일 악구를 여의면 곧 여덟 가지 청정한 업을 성취하게 된다. 1은 말이 법도에 어그러지지 아니하고, 2는 말하면 모두가 이익 되며, 3은 말하면 반드시 이치에 계합되고, 4는 말씨가 아름답고 묘하며, 5는 말마다 승복하고 받아드릴 만하며, 6은 말마다 신용하며, 7은 말에는 비방할 만한 것이 없고 8은 말을 하면 극진히 좋아한다.

만일 보리에 회향하면 뒤에 성불할 때에 여래의 범음성梵音聲의 몸매를 구족하게 된다"고 했다.

정계품에서 이르기를 "이간말을 하지 않으면 역시 네 가지 과보가 있다.

1은 현재에 나와 남으로 하여금 다툼이 없게 하며 있는 데마다 안락하다.

2는 화합하기 때문에 뭇 사람들이 애경하며, 과거에 있었던 이간질의 죄도 소멸되게 되고 삼악취에 대한 마음도 근심되거나 두려움이 없다.

3은 미래의 세상에서 다섯 가지 과보를 얻는다. 첫째, 금강 같은 파괴되지 않는 몸을 얻게 되므로 세간의 도刀와 장杖으로는 손괴됨이 없다. 둘째, 태어나는 곳마다 좋은 권속들을 얻되 어기거나 다툼이 없고 서로 버리고 떠남이 없다. 셋째, 태어나는 곳마다 설령 자기를 위해 설법해 주는 선지식을 만나지 못했다 하여도 저절로 무이無二의 법문을 깨달으며, 불법승에 대해 신향信向을 깊이 내고 퇴전함이 없다. 넷째, 모든 유정으로 하여금 한마음이거나 한 가지 일마다 기뻐하면서 서로가 향하게 하며, 빨리 자삼마지慈三摩地를 증득한다. 다섯째, 일체 유정들을 권발하여 대승을 수습하게 하고 퇴전하지 않게 한다.

4는 이간을 멀리함으로 말미암아 언제나 화합된 말을 하므로 좋은 권속들을 얻게 되어 수순하고 조복되면서 열반하기까지 서로가 흩어져 떠나지 아니한다.

추악한 말을 여의면 역시 네 가지 과보가 있다.

1은 현재 세상 동안에 마음은 항상 청정하나니, 대비의 구름을 일으켜 자심慈心의 비를 내리며, 허망한 탐욕을 없애고 성냄의 풍성風省을 그치면서 청정을 얻게 된다.

2는 말이 부드러운 사람이라 일체가 애경하면서 찬탄하고 수순하며, 추악한 것으로 하여금 점차로 조복되게 되어서 육근이 청정하고 삼업에 물들음이 없다.

3은 당래 세상에서는 삼도를 영원히 여의고 언제나 좋은 곳에 가난다.

4는 점차로 무상보리를 증득하면서 범음성을 갖추게 되며, 설법할 때는 무리들에 따라 저마다 이해하면서 생각하고 말하기를 '지금 박가범께서 나를 위하여 설법하시면서 딴 사람들은 위하지 않는구나. 말씀하신 묘법이 나의 마음에 계합되고 나의 몸과 마음의 번뇌와 습기를 제거하시니 말이다'고 한다"라고 했다.

⑦자기를 칭찬하면서 남을 비방하지 말라

若佛子.

너희 불자들아

(初 標人, 二 序事, 三 結罪)
△여기서는 초의 표인이다.

自讚毁他. 亦教人自讚毁他.

스스로를 칭찬하고 남을 비방하며 또한 다른 사람을 시켜서 자기를 칭찬하고 남을 비방하여서

二 서사序事
1. 불응不應(A. 明讚毁, B. 成業相)
2. 명응明應
3. 결불응結不應
△여기서는 A의 칭찬함과 비방함을 밝힌다.

〔合註〕

"자기를 칭찬하다" 함은 자기의 공덕을 칭찬하는 것이요, "남을 비방한다"고 함은 남의 허물을 비방하는 것이다.

피차 서로가 지닌 형상이로되, 자기의 덕을 드러내면서 남의 단점을 나타내어 그 명리를 자신에게 돌아오게 하는 것이므로, 중죄가 성립된다.

"남을 시킨다" 함은 혹은 남을 시켜서 자신을 칭찬하고 남을 비방하게 하면 중죄가 되거니와, 혹은 그를 시켜서 그 자신을 칭찬하고 남을 비방하게 하면 경죄가 된다.

毁他因·毁他緣·毁他法·毁他業.

남을 비방하는 원인이나 비방하는 반연이나 비방하는 업을 짓겠느냐.

(B. 成業相)

〔合註〕

"인因"이라 함은 이익을 탐하는 마음이요, "연緣"이라 함은 짓는 여러 가지의 방편이며, "법"이라 함은 그 선과 악을 진술하는 것이요, "업"이라 함은 사람들이 이해하는 것이다.

而菩薩應代一切衆生受加毁辱. 惡事向自己. 好事與他人.

보살은 마땅히 일체중생을 대신하여 남의 비방을 받고 나쁜 일은 자기에게 돌리고 좋은 일은 남에게 돌려야 함에도

〔發隱〕

"중생을 대신하여 남의 비방을 받는다" 함은 중생의 찬예讚譽를 빼앗지 않는다는 뜻이 포함되어 있다.

"나쁜 일은 자기에게 돌린다"고 함은 남은 비방하지 않으면서 도리어 자신을 비방한다는 것을 밝힌 것이요, "좋은 일은 남에게 돌린다" 함은

자기를 칭찬하지 않으면서 도리어 남을 칭찬한다는 것을 밝히는 말이다.

若自揚己德. 隱他人好事. 令他人受毀者.

도리어 자기의 공덕을 드러내고 남의 착한 일을 숨겨 다른 사람으로 하여금 비방을 받게 하면

〔發隱〕

『보살선계경菩薩善戒經』에서 이르기를 "만일 보살이 사람에게서 칭찬을 받으면 아라한 등과 같은 십주十住의 보살이라도 잠자코 받으면 죄가 된다"고 했다. 이것에 의거하건대, 남의 칭찬을 받는 것도 불가하거든, 하물며 자기를 칭찬하면서 겸하여 남을 비방함이겠는가.

是菩薩波羅夷罪.

보살의 큰 죄가 된다.

◎중죄·경죄의 성립

이 계는 5연을 갖추어야 중죄가 성립된다. 1은 중생일 것, 2는 중생이라고 생각할 것, 3은 칭찬하고 비방하려는 마음이 있을 것, 4는 칭찬 또는 비방 거리로 말할 것, 5는 사람들이 이해할 것 등이다.

1. 중생일 것

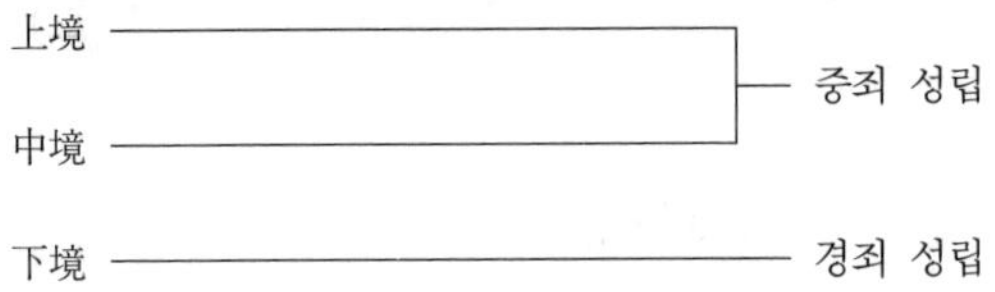

2. 중생이라고 생각할 것

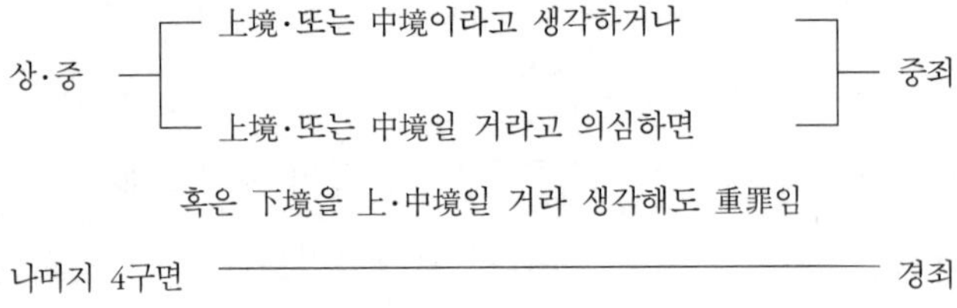

3. 칭찬하고 비방하려는 마음이 있을 것.

그의 단점을 드러내서 그 명리를 모두 자기에게 돌아오게 하려는 것이요, 절복을 위한 것도 아니요 이익을 위해서도 아니다.

4. 칭찬 또는 비방거리로 말할 것

첫째 종성種性으로는 '높다'거나 '낮다'는 말로, 둘째 행업行業으로는 '귀하다'거나 '천하다'는 말로, 셋째 기술의 교묘함으로는 '뛰어나다'거나 '하찮다'는 말로, 넷째 범한 허물로는 '있다'거나 '없다'는 말로, 다섯째 번뇌로는 '경하다'거나 '중하다'는 말로, 여섯째 형상으로는 '곱다'거나 '밉다'는 말로, 일곱째 선법으로는 '갖추었다'거나 '갖추지 못했다'는 말로 칭찬 또는 비방을 한다.

5. 사람들이 이해할 것

구업으로 일이 완성되며, 말마다 중죄가 성립된다.

〔兼制〕(戒本經에서 나왔음)

자신을 칭찬만 하거나, 혹은 남을 비방하기만 할 때

탐심으로 자기만을 칭찬할 때	염오의 범죄가 일어남
진심으로 다른 이만을 비방할 때	

남의 선행을 따라 기뻐하지 아니할 때

다른 중생에게 실로 공덕이 있음을 알면서도 미워하는 마음으로 사람들에게 말하지도 아니하고 또한 칭찬하지도 아니하며, 찬탄함이 있는 이에게 "장하도다"라고 부르짖지 아니하면	染汚의 범죄가 일어남
만일 게을러서거나 방일 때문에서라면	非染汚의 범죄가 일어남

〔용인되는 사항〕

- 그가 소욕少欲인 줄 알므로 그의 뜻을 보호하기 위하여
- 병이 들었거나 또는 힘이 없었거나
- 방편으로 그를 조복시키기 위함이거나
- 승가의 제도를 수호하기 위해서거나
- 그 사람의 번뇌와 더할 나위 없는 기쁨과 뽐냄과 의義 아닌 것을 일으키는 등의 이런 여러 가지 재환을 제거시키기 위해서거나
- 진실한 공덕이 공덕이 아닌 것과 같거나
- 진실한 좋은 설명이 좋은 설명이 아닌 것과 같거나
- 외도의 삿된 소견을 최복摧伏하기 위해서거나
- 설명이 끝남을 기다려서거나 하면

— 범죄가 없음

◎**개차를 잘 알라**

『계본경』에서 이르기를 "만일 외도를 비방하면서 불법을 칭찬하거나, 방편으로 그를 조복하여 불선을 버리고 선법을 수습하게 함에서거나, 또는 믿지 않는 이면 믿게 하고 믿는 이면 더욱 더하게 한다"고 했나니. (이때에는 죄가 없다)

◎**이숙의 과보**

자기를 칭찬함이 진실임은 마치 "음녀婬女는 1전錢을 위해서 짐짓 익살을 부린다"고 함과 같으며, 만일 진실이 아니면 저절로 대망어의 과보를 얻는다.

남을 비방함이 진실이면 악구라 하고, 진실이 아니면 다시 망어가 겸해지나니, 그에 있게 되는 과보는 모두가 위에서의 설명과 같다.

⑧자기 것을 아끼려고 남을 욕하지 말라

若佛子

너희 불자들아

(初 標人, 二 序事, 三 結罪)
△ 여기는 初의 標人이다.

自慳. 教人慳.

스스로 아끼고 남에게 아끼도록 가르쳐서

二 序事
1. 不應(A. 明慳悋, B. 成業相)
2. 明應
3. 結不應
△ 여기서는 A의 인색함을 밝힌다.

〔合註〕

가지고 있는 것에 인색함을 "간慳"이라 한다. 혹은 재물에 인색하기도 하고 혹은 법法에 인색하기도 한 것이니, 모두 해서는 안 될 바다.

"남에게 아끼도록 가르쳐서" 함은 혹은 남을 시켜서 자기를 위하여 거절하도록 하면 중죄요, 혹은 남을 시키되 그가 인색하도록 하면 경죄이다.

慳因·慳緣·慳法·慳業.

아끼는 원인이나 아끼는 반연이나 아끼는 방법이나 아끼는 업을 짓겠느냐.

(B. 成業相)

〔合註〕

"인因"이란 다랍게 아끼는 마음이요, "연緣"이란 꾸며대는 방편이며, "법"이란 감추고 아끼면서 때리고 욕설하는 따위를 보이는 모양이요, "업"이란 그 사람이 알아차리는 것이다.

而菩薩見一切貧窮人來乞者. 隨前人所須. 一切給與.

보살은 모든 가난한 사람이 와서 구걸하면 그가 요구하는 모든 것을 주어야 함에도 불구하고

(2. 明應)

〔合註〕

"가난한 사람"이라 함은 혹은 재물에 가난하기도 하고, 혹은 법에 가난하기도 한 것을 말한다. 또 공핍空乏을 "빈貧"이라 하고, 공핍하여 손발조차 둘 데가 없음을 "궁窮"이라 하나니, 재법財法에는 모두 빈궁이라는 두 가지 고통이 있다.

"그가 요구하는 대로"라 함은 재물이 많건 적건 간에, 법이 많건

적건 간에 모두 주어야 한다는 것이다.

〔小發〕 몸이 가난하여 재물을 구걸하면 재물로써 보시할 것이요, 마음이 가난하여 법을 빌면 법으로써 보시하되 그가 요구하는 대로 원을 채우지 않음이 없기 때문에 "모든 것을 주어야 한다"고 한다.

〔發隱〕

『우바새계경』에서 이르기를 "구걸하는 이를 보면 다소간에 마땅한 대로 주어야 되며, 빈손으로 돌려보내면 죄가 된다"고 했다.

이를 살펴보건대, 집에 있는 이조차도 오히려 보시를 해야 하거든, 하물며 출가한 보살이 대비를 배우는 경우이겠는가.

而菩薩以惡心瞋心. 乃至不施一錢一針一草. 有求法者. 不爲說一句一偈一微塵許法. 而反更罵辱者.

보살이 나쁜 마음과 성내는 마음으로 한 푼의 돈과 한 개의 바늘과 한 줄기의 풀도 주지 아니하고, 법을 구하는 이에게 한 구절의 법문과 한 마디의 말로 약간의 법도 일러주지 아니하고 도리어 나쁘게 욕을 하는 것은

〔合註〕

"나쁜 마음"이란 다랍게 인색하는 것이요, "성낸 마음"이란 그 사람을 기뻐하지 않는 것이니, 기회를 보며 절복하는 것이 아님을 밝힌다.

『법정비니경法定毘尼經』에서 이르기를 "재가보살은 두 가지 보시를 해야 하나니, 1은 재財요, 2는 법法이다. 척가보살齣家菩薩은 네 가지

보시를 행하나니, 1은 지紙요, 2는 묵墨이요, 3은 필筆이요, 4는 법이다. 득인보살得忍菩薩은 세 가지 보시를 행하나니, 1은 왕위요, 2는 처자요, 3은 두頭·목目·피皮·골骨이다"라고 했다.

〔義疏〕

범부인 보살은 마땅한 대로 보시해야 되며, 아주 뚝 끊고 거절함은 짐짓 범하는 것인 줄 알아야 한다.

〔發隱〕

이 계는 있으면서 보시하지 않는 이를 금제한 것이다. 마치 그가 법이 없으면 스스로가 사실대로 대답해야 하며, 속이고 망령되게 설법하여 앞사람을 그릇 의심하게 하여 도리어 깊은 허물을 취하지 말아야 함과 같다.

是菩薩波羅夷罪.

보살의 큰 죄가 된다.

(三 結罪)

◎중죄·경죄의 성립

이 계는 5연을 갖추어야 중죄가 성립된다. 1은 중생일 것, 2는 중생이라 생각할 것, 3은 인색하려는 마음이 있을 것, 4는 인색해하는 모양을 보일 것, 5는 그 사람이 알아차릴 것 등이다.

1. 중생일 것

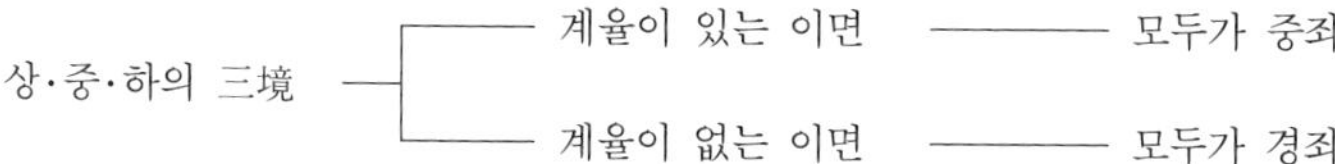

2. 중생이라 생각할 것

중생이라 생각하는 6구 중에서 3구는 중죄, 3구는 경죄(앞의 설명에서와 같음)

3. 인색하려는 마음이 있을 것

나쁜 마음으로 성을 내어 財와 法을 인색해하면서 때리고 욕설을 하며 거절하려 하면	이것은 범죄요
만일 그가 법을 듣고 재물을 얻기에 마땅하지 않거나, 꾸짖고 욕을 당하기에 마땅하다면	범죄가 없다

〔小發〕『발은發隱』에서 이르기를 "법을 듣기에 마땅하지 않은 이라 함은 혹시 근기가 하열하여 기器가 아니거나 혹은 듣고서는 도리어 비방을 하는 무리가 그것이다. 재물을 얻기에 마땅하지 않은 이라 함은 혹은 그 재물로서 악惡을 지으려 하거나 혹은 재물로 인하여 화禍를 얻게 되는 무리가 그것이다. 꾸짖고 욕을 당하기에 마땅한 이라 함은 혹은 완우頑愚해서 징치懲治로 인하여 회개하게 되거나 혹은 호걸이라 꺾어버림으로 말미암아 떨치고 일어나게 될 무리가 그것이다. 이와 같은 데에 인색하는 일은 바로 그것이 그 사람을 성취시키는 일이거늘 어째서 범했다 함이 있겠는가!" 하였다.

4. 인색해하는 모양을 보일 것

혹은 감추고 피하면서 財와 法을 주지 않거나 혹은 "도무지 없다"고 하거나 혹은 손과 작대기로 내쫓거나 혹은 나쁜 말로 욕설을 퍼붓거나 혹은 자신이 또는 남을 시켜서 때리고 욕을 하거나 하면	——— 모두가 중죄
구하는 이가 세 번째까지 비는 데도 만일 보시하지 아니하면	——— 중죄가 성립

〔小合〕『선계경』에서 이르기를 "만일 방편으로 위로하고 달래어 구하는 이로 하여금 원한심을 내지 않게 하면 범죄가 없다"고 했다.

구하는 이는 2종種이다. 1은 빈궁이요, 2는 사견이다. 가난한 이에게 보시하지 않으면 죄가 되거니와, 사견에는 보시하지 않아도 범죄가 아니 된다.

5. 그 사람이 알아차릴 것

자신이 인색해하는 모양을 알거나 자신이 때리고 욕설을 하는 일을 느끼거나 하면, 그 일에 따르고 말에 따라 죄가 성립된다.	—— 중죄 성립
만일 그가 남을 시켜서 財를 구하고 법을 청할 때, 그 심부름꾼에 대하여 인색을 부리면서 멀리서 꾸짖고 욕설을 하거나 아주 對向하지도 않으면서 해치고 괴롭히면 약간의 경죄가 성립한다.	—— 경죄 성립(혹 비록 중하다 하더라도 실계하지는 아니한다)

〔용인되는 사항〕

• 재물을 주지 아니할 때

자신에게 없거나 非法의 물건을 구하거나 그에게 이익 되지 않은 물건이거나 방편으로 그를 조복시키려 함에서거나 그가 왕법을 범한지라 왕의 뜻을 보호하기 위해서거나 승가의 제도를 보호하기 위해서거나	범죄가 없음

• 法을 주지 아니할 때

외도가 단점을 구하려 함에서거나 중병이 들었거나 미쳤거나 알면서도 말하지 아니함이 그로 하여금 조복되게 함이거나 닦은바 법에 아직 훤히 통달하고 있지 못하거나 그 사람이 경순하지도 못하고 위의가 단정하지 못함을 알고 있거나 그는 둔근이라 깊은 묘법을 들으면 두려워하는 마음을 낼 것이므로 들은 뒤에는 삿된 소견만 더욱 자라고 혹은 비방하면서 물러날 것을 알고 있거나 그가 듣고 악인들에 말할 것이므로	범죄가 없음

〔兼制〕

도중徒衆을 도와주지 아니할 때(法과 衣食의 두 가지 일로 돕는 것을 말함. △戒本經에서 나옴)

만일 菩薩이 徒衆들을 거두어주면서 성내고 미워하는 마음으로 법대로 敎授하지도 않고 隨時로 衣食·臥具·醫藥·房舍 등을 구할 때, 隨時로 供給해 주지 아니하면	染汚의 犯罪가 일어남
만일 게으름 때문이라면	非染汚의 犯罪가 일어남

〔용인되는 사항〕

- 만일 방편으로 그를 조복시키려 함에서거나
- 승가의 제도를 보호하기 위해서거나
- 병이 들었거나
- 기력이 없어서거나
- 有力한 이를 시켜서 설하려 함에서거나
- 그가 유력하고 지식이 많은 大德이로되 스스로 衆具를 구하고 있거나
- 일찍이 받은 敎인지라 이미 법을 알고 있거나
- 만일 외도가 법을 훔치면 조복할 수 없어서거나

— 범죄가 없음

◎개차를 잘 알라

『계본경』에서 이르기를 "중생을 자세히 살피어 매우 간절한 말과 방편으로 이익 되게 해야 할 터인데 그가 근심하고 괴로워할까 두려워서 하지 아니하면 비염오非染汚의 범죄가 일어난다.

범하지 않는 것은, 그가 현재 이익 될 바도 적고 근심과 괴로움만이 많이 일어날 것으로 보게 되는 때다"라고 했다.

◎ 이숙의 과보

인색하는 죄 역시 삼도에 있게 된다. 또 재물에 인색한 여보餘報는 세세생생에 가난하게 되고, 법에 인색한 그 나머지의 과보는 세세생생에 어리석은 이가 되나니, 그러므로 인색하지 아니함 이것은 바로 무탐無貪의 선근에 속한 줄 알 것이다.

『십선업도경』에서 이르기를 "만일 탐욕을 여의면 이내 다섯 가지 자재를 성취하게 된다. 1은 삼업이 자재하나니, 모든 근이 구족하기 때문이다. 2는 재물이 자재하나니, 온갖 원적이 빼앗지 못하기 때문이다. 3은 복덕이 자재하나니, 마음에 하고 싶어 한 대로 물건이 모두 구비되기 때문이다. 4는 왕위가 자재하나니, 진기하고 묘한 물건들을 모두 바치기 때문이다. 5는 얻게 되는 물건은 본래 구했던 것보다 백 배 더 훌륭한 것이 되나니, 옛날에 인색하거나 시새우지 않았기 때문이다. 만일 보리에 회향하면 뒤에 성불할 때에는 삼계에서 특히 높은 이로서 모두가 함께 공경한다"고 했다.

정계품에서 이르기를 "탐질貪嫉을 여의면 역시 네 가지 과보가 있다. 1은 현재 세상 동안에 다른 이의 부귀에 대해 따라 기뻐하는 마음을 내어 터럭만큼도 버리지 않으므로 대공덕을 얻게 된다. 2는 모두가 애경하고 신심이 안락하며 위덕이 자재하면서 청정한 마음속의 탐욕의 구름이 가려짐은 마치 밤에 뜬 달 곁에 뭇 별이 에워싼 것과 같다. 3은 태어나는 곳마다 육근이 원만하고 재보가 풍족하며 뭇 사람들이 애경하고 언제나 보시를 행하며 변재가 걸림이 없고 대중에 있되 두려움이 없다. 4는 무상보리를 증득하기에 이르기까지 뭇 성인이 에워싸며, 공덕이 최상이라 일체중생들이 다 같이 교명敎命을 받는다"고 했다.

⑨성내지 말고 참회하면 잘 받아주어라

若佛子.

너희 불자들아

(初 標人, 二 序事, 三 結罪)
△ 여기는 초의 표인이다.

自瞋. 敎人瞋.

스스로 성내거나 남에게 성내도록 가르쳐

二 序事
1. 불응不應
2. 명응明應(A. 明瞋事, B. 成業相)
3. 결불응結不應
△ 여기는 A의 성내는 사례를 밝힌다.

〔發隱〕

(문) 성내는 마음(瞋心)이란 즐거운 일이 아니거늘, 어떻게 남에게 시키어 그로 하여금 허락하게 할 수 있는가.

(답) 사람은 본디 본성이 흉포한지라 인욕을 가르치면 기뻐하지 아니하고 진심을 가르치면 즐거워하면서 좇는 이가 있나니, 진황秦皇이 축객逐客을 어질게 여겼고 한주漢主가 지낭智囊을 기쁘게 여겼음이 바로 그것이다.

瞋因·瞋緣·瞋法·瞋業.

성내는 원인이나 성내는 반연이나 성내는 방법이나 성내는 업을 짓겠느냐.

〔合註〕

"인"이란 염念을 내며 끊으려는 마음이요, "연"이란 성을 내며 끊는 방편이며, "법"은 상相을 보이고 입을 여는 것이요, "업"이란 그 사람이 알아차리는 것이다.

而菩薩應生一切衆生善根無諍之事. 常生慈悲心. 孝順心.

보살은 마땅히 중생을 착하게 대하여 다투지 말며, 항상 자비로운 마음과 효순하는 마음을 내야 할 것임에도 불구하고

(2. 明應)

〔發隱〕

심지心地는 평등하여 본래부터 다툼이 없나니, 이것이 중생의 선근이다. 마땅히 중생의 선근 중에서 이러한 아름다운 일을 일으켜 내야 할 터인데, 스스로가 성냄과 싸움의 자리에 처해 있다면 좋은 일이라 하겠는가.

"자비"란 모든 중생 보기를 마치 갓난아이 보호하듯 차마 다치지 아니하는 것이요, "효순"이란 모든 중생 보기를 마치 자기 부모처럼 여기어 차마 거역하지 않는 일이다.

而反更於一切衆生中. 乃至於非衆生中. 以惡口罵辱. 加以手打. 及以刀杖. 意猶不息. 前人求悔, 善言懺謝. 猶瞋不解者.

도리어 일체중생과 중생 아닌 것에 대해서까지 나쁜 욕설을 하고, 주먹과 몽둥이와 칼로 때리고, 그래도 성이 풀리지 않고 그가 좋은 말로 참회함에도 성낸 마음을 풀지 않으면

(3. 結不應)

〔合註〕

"중생 아닌 것(非衆生)"이라 함은 변화로 된 환인幻人 따위이니, 그가 비록 무정無情이기는 하나 유정이라는 생각을 하면서 성을 내고 욕되게 하는 것이므로, 역시 경죄가 성립된다.

〔發隱〕

서리를 내리고 눈을 내리는 것은 넓은 하늘이 만물을 해치는 것 아니요, 바로 그것은 생장과 육성을 북돋게 하는 근원이 되어 주려는 까닭이요, 꾸짖고 다스리게 하는 것은 성인이 사람을 거절한 것 아니요, 바로 그것은 개과천선을 열게 하는 길이 되게 하려는 까닭이다.

성을 멋대로 내면서 쉬지 아니하고 중생을 격리하면서 인접하지 아니하면, 어찌 대사大士로서의 체통이겠는가. 성문은 본래부터 대자大慈가 없어서 칠취七聚를 범함에 그친지라 여기서는 예로 할 것 아니로다.

是菩薩波羅夷罪.

보살의 큰 죄가 된다.

(三 結罪)

◎**중죄·경죄의 성립**

이 계는 5연을 갖추어야 중죄가 성립된다. 1은 중생일 것, 2는 중생이라고 생각할 것, 3은 성내면서 막으려는 마음이 있을 것, 4는 받지 않는다는 모양이 보일 것, 5는 그 사람이 알아차릴 것 등이다.

1. 중생일 것

상·중의 二境	중죄 성립
하경	경죄 성립(혹 계가 있는 이면 중죄이다. 다만 실계하지는 않는다)

2. **중생이라 생각할 것** — 6구는 위와 같다.

3. **성내면서 막으려는 마음이 있을 것** — 마음에 염한念恨을 품고 지해知解하려 않는 것이니, 바로 이것이 이 업의 주主이다.

4. **받지 않는다는 모양이 보일 것** — 혹은 빗장을 걸어 닫고 면회를 거절하면서 입을 열며 받지 않겠다고 하는 따위

5. **그 사람이 알아차릴 것** — 그가 받지 않는다는 것을 알아차린 때로부터 신구의 업의 다소에 따라 중죄가 성립된다.

〔용인되는 사항〕

만일 방편으로 그를 조복시키려 함에서거나 만일 그가 법답게 참회하지도 않았고 그의 마음에 不平이 있으므로 그 참회를 받지 아니하면	범죄가 없음

〔兼制〕(戒本經에서 나옴)

법대로 참회하지 않았을 때

만일 보살이 타인을 침범했거나 혹은 침범하지는 않았다 하더라도 다른 이로 하여금 혐의를 받게 된 이가 미워하고 업신여기면서 법대로 참회하지 아니하면	염오의 범죄가 일어남
만일 게으름 때문이라면	非染汚의 범죄가 일어남

〔용인되는 사항〕

만일 방편으로 그를 조복하려 함에서거나 만일 그가 부정한 업을 짓게 한 연후에야 받으려고 하면 사죄하지 않아도 만일 그 사람의 본성이 싸우기를 좋아하는 줄 알거나 용서를 빌면 그가 더욱 더 성을 낼 것을 알면 그가 온화하고 인욕하여 미워함이 없는 줄 알고 있으므로, 그가 도리어 부끄러워할까 두려워서 사죄하지 아니하면	범죄 없음

참회하는 데도 받아들이지 않을 때

만일 다른 사람이 와서 범했다가 법답게 와 참회하는데도, 보살이 미워하는 마음으로 그를 괴롭히기 위하여 그 참회를 받지 아니하면	염오의 범죄가 일어남
미워하지는 않되 성품됨이 참회를 받지 아니하면	非染汚의 범죄가 생김

〔용인되는 사항〕

만일 방편으로 그를 조복시키려 함에서거나(앞의 설명과 같음)	범죄가 없음
만일 그가 법답게 참회하지도 않고, 그의 마음에 不平이 있으므로	

◎ **개차를 잘 알라**

『계본경』에서 이르기를 "중생으로서 책망해야 할 이와 절복해야 할 이와 벌하여 내쫓아야 할 이가 있음을 보면서도, 염오의 마음으로 책망하지 않거나 책망은 하되 절복은 하지 않거나 절복은 하되 벌하여 내쫓지 아니하면, 이는 염오범染汚犯이니라.

만일 게으름 때문이라면 비염오범非染汚犯이니라.

범하지 않는 것은, 그는 다스릴 수도 없고 함께 말할 수도 없고 가르쳐주기도 어려우면서 겸한慊恨을 많이 일으키거나, 만일 관을 할 때거나, 만일 그가 싸움을 일으킴으로 말미암아 서로가 배반할까 두려워서거나, 서로가 말로 다투게 되겠거나, 승가와 다투거나, 승가를 파괴하거나, 그는 첨곡諂曲하지 않고 참괴심이 있는지라 점점 스스로 회개하게 될 이일 때다"라고 했다.

또 이르기를 "만일 보살이 갖가지 신력神力을 성취하여 두렵게 해야 할 이에게는 두렵게 하고 인접引接해야 할 이에게는 인접할 수 있으면서도, 중생으로 하여금 신시信施를 녹게 하려고 신력으로써 두렵게 하지도 않고 인접하지도 아니하면 이는 비염오범이니라.

범하지 않는 것은, 그 중생이 다시 염착를 일으키고 외도가 성인을 비방하면서 사견을 성취했거나, 그가 발광을 했거나, 고수苦受를 더하게 되거나 하면 모두가 범하지 아니한다"고 했다.

또 『당역계본唐譯戒本』에서 이르기를 "또 보살은 여러 유정들이 수행에 길이 흐트러지고 도리 아닌데도 행한 것을 보면 추악한 말을 내어 맹렬하게 꾸짖고 내쫓으면서 방편으로 그를 불선처不善處에서 나와 선처에다 안립시킬 것이니, 보살이 이렇게 이익 되게 하려는 마음으로 모든 유정들에게 추악한 말을 내어도 위범한 바는 없고 많은 공덕이 생긴다"고 했다.

〔解曰〕

이익 되게 하려는 마음으로써 하면 성내면서 막으려는 마음이 아닌 것이 분명하다.

◎ **이숙의 과보**

이지품二地品에서 이르기를 "성을 내는 죄 역시 중생으로 하여금 삼악도에 떨어지게 한다.

△ 만일 인간 안에 와 나면 두 가지 과보를 얻는다. 1은 항상 다른 사람들에게 그의 장단을 엿보게 한다. 2는 항상 다른 사람들에게 피해를 본다"고 했다.

『십선업도경』에서 이르기를 "만일 성내는 일을 여의면 여덟 가지의 마음을 기쁘게 하는 법을 얻는다. 1은 괴롭히려는 마음이 없다. 2는 성을 내려는 마음이 없다. 3은 다투려 하는 마음이 없다. 4는 온화하고 질박하고 정직한 마음이 된다. 5는 성인의 인자한 마음을 얻는다. 6은 항상 중생을 이익 되게 하고 안락하게 하려는 마음을 지닌다. 7은 몸의 상相이 장엄하고 모든 이들이 다 같이 존경한다. 8은 온화하고 인용하기 때문에 속히 범세梵世에 가 난다.

만일 보리에 회향하면 뒤에 성불할 때에 무애無碍의 마음을 얻고 보는 이마다 싫증냄이 없다"고 했다.

정계품에서 이르기를 "성내는 일을 여의면 역시 네 가지 과보가 있다.

1은 현세 동안에는 육근이 총명·영리하고 의곡儀谷이 볼 만하며 사람들이 가까이한다.

2는 마음에 성을 내는 일이 없고 온갖 뇌해惱害와 타매打罵와 가책도 모두 다 일어나지 아니함이 마치 사람이 가로라주迦嚕羅呪를 지니면 온갖 독이 해칠 수 없는 것과 같다. 성냄이 없는지라 자심慈心이 더욱 자라며 자진언慈眞言으로써 36구 구지俱胝의 천마와 귀신으로 하여금 모두 최복되게 하며, 자진언을 받드는지라 손해 받는 바가 없다.

3은 범세에 올라가 나서 일 겁 동안 안락하게 지내면서 모든 중생으로 하여금 악을 끊고 선을 닦게 한다.

4는 점차로 무상보리를 얻게 되어 32상相·80종호種好를 완전히 장엄하면서 번쩍번쩍 빛나며 한량없는 공덕이 그의 몸에 쌓인다"고 했다.

⑩ 삼보를 비방하지 말라

若佛子.

너희 불자들아

(初 標人, 二 序事, 三 結罪)
△ 여기는 初의 標人이다.

自謗三寶. 教人謗三寶.

스스로 삼보를 비방하거나 다른 사람을 시켜서 삼보를 비방하여서

二 序事
1. 不應
2. 明應(A. 明謗事, B. 成業相)
3. 結不應
△ 여기는 A의 비방하는 사례를 밝힌다.

〔合註〕
이 계는 "보살장菩薩藏을 비방하며 상사법相似法을 설한다"고도 하며, 혹 이르기를 "사견邪見으로 사설邪說하는 계"라고 한다.

"비방한다" 함은 어기고 저버림을 일컫는 말로서, 무릇 이해에도 이치에도 맞지 않고 말에도 진실을 살피지 않아서 이해를 달리하고 설명을 달리함을 모두 비방이라 한다.

〔發隱〕

세간에서는 비방하는 글을 저작하여 후대의 초학과 천식淺識들에게 전파하여 그에 따르면서 동화同和하게 함이 있나니, 이야말로 자신을 비방하고 남을 시켜서도 비방함이 실로 겸해 구비되어 있다. 눈앞의 유쾌함만 취하다가 누겁 동안의 앙화를 남기는구나.

〔小合〕 이 악풍惡風을 살피건대 지금에 더욱 성하고 있으니, 세간 지혜와 총명에서 오는 화가 일단 여기까지 이르렀도다.

謗因·謗緣·謗法·謗業.

비방하는 원인이나 비방하는 반연이나 비방하는 방법이나 비방하는 업을 짓겠느냐.

(B. 成業相)

〔合註〕

"인"이란 사견의 마음이요, "연"이란 삿되게 말하는 방편이며, "법"이란 언설 또는 저술하는 등의 일이요, "업"이라 함은 앞사람이 이해하는 것이다.

而菩薩見外道及以惡人. 一言謗佛音聲. 如三百矛鉾刺心.

보살은 외도나 나쁜 사람들이 삼보를 비방하면 그 한마디 말에도 3백 자루의 창으로 가슴을 찔린 듯한 것이거늘

(2. 明應)

〔發隱〕

마음 밖에서 법을 구하면 모두 '외도'라 하거니와 반드시 극히 사인邪人인 것은 아니며, 마음에서 대승을 버리면 모두 '악인'이라 하거니와 반드시 크게 나쁜 이는 아니다.

況口自謗. 不生信心孝順心. 而反更助惡人邪見人謗者.

하물며 자기의 입으로 비방하겠느냐. 믿는 마음과 효순하는 마음을 내지 않고서 도리어 악인과 사견을 가진 자를 도와서 비방하는 것은

(3. 結不應)

〔義疏發隱〕

위 문장에 이은 구절로서, 차마 귀로 듣지도 못하겠거든 하물며 자기의 입으로 비방하겠으며, 감히 자기도 비방을 하지 않아야겠거든 하물며 남을 도와서 비방을 하겠는가. 그 때문에 죄가 된다.

대승만이 있고 도무지 소승은 없다고 헤아리거나 혹은 방등부 중에서 "일부는 불법이 아니다"라고 말하는 등은 모두 비방할 죄를 범한 것이니, 신학新學인 소생小生은 특히 이를 삼갈 것이오, 천해淺解를 쾌히 여기면서 스스로 허물을 짓지 말아야 한다.

是菩薩波羅夷罪.

보살의 큰 죄가 된다.

(三 結罪)

〔發隱〕

삼보를 계승하여 번성케 함이 보살의 법이거늘, 이제 도리어 비방을 한다면 어찌 중죄가 성립되지 않겠는가.

◎중죄·경죄의 성립

이 계는 5연을 구비해야 중죄가 성립된다. 1은 중생일 것, 2는 중생이라고 생각할 것, 3은 설하려는 마음이 있을 것, 4는 바로 그 내용을 말할 것, 5는 앞사람이 이해할 것 등이다.

1. 중생일 것

상·중의 二境을 향하여 비방하면 ———— 중죄 성립

하경을 향하여 비방하면 ———— 경죄 성립

2. 중생이라고 생각할 것 — 6구이니, 앞에서의 설명과 같다.

3. 설하려는 마음이 있을 것

설하려는 마음이라 함은 삿된 소견으로 추측하면서 "이것만이 진실이요 그 밖의 것은 모두 거짓이다"고 하고, 이미 마음에서 잘못 이해하고 있는지라 기뻐하면서 타인을 향해 말하려는 마음이다.

- 上의 邪見 — 인과가 없다고 부정함이 마치 闡提 등과 같을 때 — 중죄 성립(원본에는 어느 죄가 성립된다는 것이 표시되지 않았으므로, 이제 보충하여 삽입하였음)
- 中의 邪見
  - 마음에서는 삼보가 훌륭한 줄 알면서도 입으로는 그렇지 않다고 말함이니, 말마다 중죄 성립 — 중죄 성립(아직은 귀의까지는 그만두지 않았는지라 戒體는 잃지 아니한다)
  - 삼보는 외도보다는 못하다 함이니, 만일 마음속에서 생각이 확정되었으면 — 실계의 중죄가 성립
- 下의 邪見 — 대승을 버리고 소승을 취하겠다는 생각이 확정적일 때 — 실계의 중죄가 성립

(생각이 만일 확정적이 아니면 경죄가 성립되며, 이는 마음으로 대승계〔經藏八〕를 위배함에 속한다)

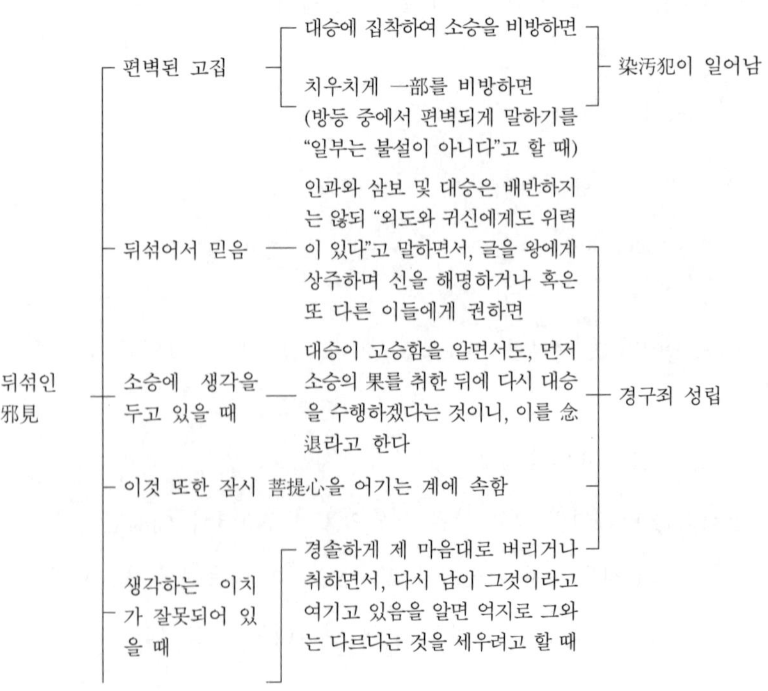

현재 사람들의 생각하는 이치는 천박하고 몇 사람들의 해석이므로, 이런 지혜 힘으로는 미치지 못할 것이라고 하면 — 무죄

相似法을 말하면 —— 染汚犯이 일어남

〔小發〕『계본경』에서 이르기를 "만일 보살이 이와 같이 보고 이와 같이 말하되, '보살은 열반을 좋아하지 아니해야 하고 열반을 저버려야 하며, 번뇌를 두려워하지 말아야 하고 한결같이 싫증내어 여의지도 말아야 한다. 왜냐하면 보살은 삼아승기 겁 동안 오래오래 생사를 받으면서 대보리를 구해야 하기 때문이다'라고, 이렇게 말하면 이는 염오범染汚犯이 생긴다. 왜냐하면 성문이 열반을 깊이 좋아하고 번뇌를 두려워하는 것의 백천만 배의 것이라도 보살이 열반을 깊이 좋아하고 번뇌를 두려워하는 것에는 미치지 못하나니, 모든 성문은 자리를 위할 뿐이지마는 보살은 그렇지 않고 널리 중생을 위하기 때문이다"라고 하였다.

4. **바로 그 내용을 말할 것** — 만일 자기가 직접 말하거나 또는 남을 시켜서 전하여 말하거나 글로 저술하는 따위이다.

5. 그 사람이 이해할 것

◎**개차를 잘 알라**

차遮가 있을 뿐 개開는 없다.

◎**이숙의 과보**

이지품에 이르기를 "사견의 죄 또한 중생으로 하여금 삼악도에 떨어지게 한다.

△ 만일 인간에 와 나면 두 가지 과보를 얻나니, 1은 사견을 지닌 집에 가 태어난다. 2는 그 마음이 첨곡諂曲하다"고 했다.

『십선업도경』에서 이르기를 "만일 사견을 여의면 이내 열 가지 공덕을 성취하게 된다. 1은 참되고 착한 의락意樂과 참되고 착한 벗을 얻는다. 2는 깊이 인과를 믿으면서 차라리 신명身命을 버릴지언정 끝내 악을 짓지 아니한다. 3은 부처님에게 귀의할 뿐 그 밖의 천天들에게는 하지 않는다. 4는 곧은 마음과 정견正見으로 영원히 온갖 길흉의 의심 그물을 여읜다. 5는 항상 인·천에 가서 나고 다시는 악도에 가지 않는다. 6은 복과 혜가 한량없어서 더욱더 불어나고 훌륭해지기만 한다. 7은 영원히 사도를 여의고 성도를 수행한다. 8은 신견身見을 일으키지 않으며 모든 악업을 버린다. 9는 걸림 없는 소견에 머무른다. 10은 모든 재난에 떨어지지 아니한다.

만일 보리에 회향하면 뒤에 성불할 때에 속히 일체 불법을 증득하고 자재한 신통을 성취한다"고 했다.

정계품에서 이르기를 "사견을 여읜 이는 역시 네 가지 과보가 있다.

1은 현세 동안에는 나쁜 벗을 여의고 선우를 친근하며 법을 듣고 신수하며 아직 불선이 나지 않았으면 영원히 나지 않게 하고, 이미 불선이 생겼으면 모두 끊어 없어지게 하며, 아직 선법이 나지 않았으면 수습하여 나게 하고, 이미 선법이 생겼으면 닦아서 더욱 자라게 하나니, 이것이 정견이요 온갖 선법의 근본이다.

2는 선행이 아닌 문을 닫아버렸는지라 대중 안에 이름이 널리 알려지며 마음에는 의심이거나 뉘우침이 없다.

3은 미래에 태어나는 곳에서는 선지식을 만나고 착한 벗을 만나며, 정견에 수순하여 불법승에 귀의하면서 다시는 달리 향함이 없고, 보살행에서 퇴전하려는 마음이 없으며, 죄악이 복제伏除하고 복무더기가 더욱 자라며, 유루·무루와 생사·열반에 대한 과환과 이익을 잘 분별할 수 있고, 제법의 무아無我와 아소我所를 요달하여 집착이 없으며, 정견의 힘이 능하여 마지막까지 청정하다.

4는 있게 되는 삼승의 훌륭하고 묘한 공덕은 사람들로서는 측량할 수 없고 정견의 힘만으로 모두 다 원만하며 중생을 위한 귀의처가 되어 주고 유정들을 제도하여 생사의 고통에서 벗어나게 하여 모두 다 무상의 대승에 안치하게 하며, 내지 법왕의 지위에 있게 된다"라고 했다.

(3) 총체적으로 맺다

善學諸仁者.

배우기를 좋아하는 어진 이들아

③의 總結에서
初 지닐 바의 法을 든다.
二 범하고 持를 경계하고 勸하다.
三 뒤에 설명할 것을 통틀어 지시하다.
(初의 擧所持法)에서
1. 사람을 든다.
2. 법을 든다.
△ 여기는 1의 거인이다.

是菩薩十波羅提木叉.

이것이 보살의 열 가지 바라제목차이니

(2의 擧法)

〔發隱〕
지금 막 계를 배우므로 아직은 해탈하지 못했으나 뒤에는 반드시 해탈할 것이므로, 이는 인因에 당當하여 과果를 설한 것이다.

應當學. 於中不應一一犯如微塵許. 何況具足犯十戒.

마땅히 배워서 이 중의 한 가지라도 티끌만큼이라도 범하지 말아야 할 것이거늘 어찌 열 가지를 모두 범하겠느냐.

(二의 誡勸犯持에서)
1. 배우고 지닐 것을 통틀어 권하다.
2. 得과 失을 따로 따로 열거하다.
△ 여기는 1의 總勸學持이다.

〔**發隱**〕

십중계는 범하지 말아야 함을 충분히 말한다.

若有犯者. 不得現身發菩提心. 亦失國王位·轉輪王位. 亦失比丘比丘尼位. 亦失十發趣·十長養·十金剛·十地. 佛性常住妙果. 一切皆失. 墮三惡道中. 二劫三劫. 不聞父母三寶名字. 以是不應一一犯.

만약 이를 범하면 현재의 몸으로 보리의 마음을 내지 못할 것이며, 임금의 지위와 전륜왕의 지위에 있다 하더라도 그 지위를 잃을 것이며, 비구·비구니의 신분을 잃을 것이며, 십발취와 십장양과 십금강과 십지와 불성이 항상 머무는 묘한 과위果位를 잃을 것이니라. 모든 것을 다 잃어버리고서 삼악도에 떨어져 두 겁, 세 겁 동안을 지내도 부모의 이름이나 삼보의 이름을 듣지 못할 것이니, 한 가지라도 범하지 말아야 한다.

(2의 別擧得失에서)
A. 얻음과 잃음을 든다.
B. 배우고 지닐 것을 권한다.

△ 여기는 A의 擧得失이다.

〔發隱〕

지계持戒는 마치 평지와 같고 불과佛果는 마치 묘한 종자와 같으며 보리심은 마치 싹과 같나니, 심지心地의 계가 이지러지면 비록 불성이 있다 하더라도 싹을 내지 못한다.

"현재의 몸으로"라 함은 타생他生은 아직 알 수 없는 것이나 이생에서만은 틀림없이 내지 못한다는 것이다.

"국왕과 전륜왕"이란 세간에서 존귀한 이로되 역시 계로 말미암아 얻어지나니, 심지가 단정 엄숙하여 본래부터 존귀하기 때문이다.

"비구와 비구니"는 출세간에서 고상한 이로되 역시 계로 말미암아 얻어지나니, 심지가 청정하여 본래부터 고상하기 때문이다.

"발취·장양·금강"은 보살의 30심心이로되 역시 계로 말미암아 얻어지나니, 심지가 악에 옮아가지 않으므로 곧 주住요, 심지가 모든 선을 능히 하므로 곧 행行이며, 심지가 중생을 사랑하고 가엾이 여기므로 곧 향向이다.

"십지"는 보살의 극위極位로되 역시 계로 말미암아 얻어지나니, 심지의 발생이 한량이 없어서 모든 지地의 대공덕을 구족하기 때문이다.

"불성이 항상 머무는 묘한 과위"라 함은 등각等覺과 묘각妙覺으로서 역시 계로 말미암아 얻어지나니, 심지가 본래 이는 부처라 지금에야 원만해졌기 때문이다.

만일 십중계를 범한다면, 위에서와 같은 큰 이익을 영원히 잃게 된다.

汝等一切菩薩. 今學·當學·已學. 如是十戒. 應當學. 敬心奉持.

너희 모든 보살들은 지금 배우고 있고, 장차도 배울 것이며, 이미 배웠으므로 이 열 가지 계를 마땅히 익혀서 공경하는 마음으로 받들어 지녀야 한다.

(B. 勸學持)

〔發隱〕

이미 배웠다면 벌써 받들어 지니고(奉持) 있거늘 무엇 때문에 다시 권하느냐 하면, 진실로 심지心地는 다함이 없으므로 보살이 배울 심지 법문心地法門 또한 그지없기 때문이다.

부처님도 보름마다 외우시거든, 하물며 보살이겠는가.

八萬威儀品當廣明.

팔만위의품에서 마땅히 널리 밝혔느니라."

(三 總指後說)

살피건대, 비니후집문변毘尼後集問辨(合註雜集을 보라)에서 이르기를 "(문) 『보살계본』에서는 사중四重만을 열거했고 『범망경』에서는 십중十重을 자세히 밝히고 있어서 상詳과 약略이 같지 않고, 또 『범망경』에서는 십중을 범하면 반드시 좋은 징조를 보아야 다시 수계가 허락되거니와 『보살계본』에서는 '보살계를 잃으면 다시 받아야 한다'

고만 말하여 관寬과 엄嚴에 차이가 있다. 이 두 경전은 하나는 바로 본사本師 화상和尙께서 선양하신 것이요, 하나는 바로 수계 아사리께서 친히 진술했으므로 서로가 위반되지 않아야 한다. 마침내 어떻게 회통할 것인가.

(답) 『보살계본』은 『지지地持』(地持經)에서 나왔고 『지지』에서는 살·도·음·망을 합하여 '출가팔중'이라 이름했고, 『선생문경善生問經』에서는 살·도·음·망·고주酤酒·설과說過를 열거하여 '우바새육중優婆塞六重'이라 했으며, 『범망경』에서는 두 경의 이치를 다 구비해서 통틀어 '십중'으로 했으니, 『영락경』 또한 같다.

진실로 교화를 받을 기류機類가 같지 않기 때문에 자세함과 간략함이 다르게 된다.

지금 『보살계본』에서는 사중만을 열거했으나 다시 세 가지 뜻이 있다. 1은 재가인이 이 계를 받으려면 반드시 먼저 오계를 받을 것이요, 출가인이 이 계를 받으려면 반드시 먼저 십계 또는 구계具戒를 받을 것이므로, 살·도·음·망은 이미 이것은 근본의 성죄性罪라 다시 나열할 필요가 없기 때문에 이 증상계법增上戒法만을 나열했을 뿐이다.

2는 보살계법은 역순逆順에 방향이 없음은 중생을 위해서요, 조그마한 부분도 현행하게 되면 성죄性罪이니, 이 사계四戒는 이치로 보아 개허開許가 없기 때문에 유독 나열하게 된다.

3은 근본의 사죄四罪는 그 중 하나를 범해도 영원히 타락한다 함을 오계·십계·구족계를 받을 때에 이미 이런 뜻이 설명되었다. 대승의 교문敎門은 참회를 통하기는 하나 반드시 징조를 보는 것으로 기약을 했다. 이 사법四法은 범하면 비록 실계한다 하더라도 오히려 다시 받을 수 있다 하면 전의 사중四重에 외람될까 하여 이 때문에 유독 나열하게 된다"고 했다.

또 『범망경』에서 "중죄를 범하면 반드시 좋은 징조를 보아야 한다"고 함은(輕戒藏四十一을 보라), 석가이신 이 대계화상大戒和尙으로 말미암아 한 번 입법되었으므로 엄하지 아니할 수가 없으며, 그리고 미륵이 이미 수계 아사리가 되었으므로, 경·중·개·차를 이치로 보아 자세히 알아야 할 것이다.

이제 모든 경론에 준하여 대조하고 합쳐서 발명해야겠다. 살·도 등의 4는 어느 한 가지라도 범하면 모든 계는 다함께 잃게 되고 좋은 징조를 보게 되어야 아주 거듭하여 받을 수 있거니와, 비구법 중에서는 그대로 승으로서는 쓸 데가 없어지며, 고주酤酒 등의 6은 어느 한 가지를 범하면 보살계는 잃거니와 구족계 이하에서는 짐짓 은근히 허물을 참회하면 거듭 받는 것을 허락했는 줄 알아야 하리니, 이 두 경에서는 서로서로 도우면서 생략한 것이요 서로 위반한 것은 아니다.

『비니후집문변毘尼後集問辨』에서 이르기를 "(문) 대승의 중함은 내인內因에 있으므로, 지금 율사가 사람에게 보살계를 일러 줄 때에 그 내인이 진실인가 아닌가를 알 수가 있겠는가. 만일 진실이 아니라면 계를 얻은 것이라 하겠는가. 또 계를 얻지 않았다면 설령 십중十重을 범했다 해도 도리어 십중으로써 그 죄를 정할 수 있겠는가.

(답) 『보살계갈마문』 중에서는 당기當機를 관찰하는 법이 자세히 있다. 만일 그 내인을 알지 못하면서 망령되이 일러주었다면 무해작사無解作師(아는 것이 없이 법사가 됨)라는 허물을 면치 못할 것이요, 그 수계한 이는 불선과 무기의 심중에서 비록 계는 발생되지 않는다 하더라

도 벌써 보살이라는 이름을 함부로 받았으므로 스스로 법에 의하여 죄비罪非를 판결해야 되며, 또 비구계 중에서는 적주賊住라는 의론이 나올 것이다"라고 했다.

사십팔경계 四十八輕戒

2) 사십팔경계四十八輕戒

(1) 총체적으로 표하다(總標)

(2) 따로따로 풀이하다(別解)

(3) 총체적으로 맺다.

(1) 총체적으로 표하다

佛告諸菩薩言. 已說十波羅提木叉竟. 四十八輕今當說.

부처님께서 여러 보살들에게 말씀하셨다.
"이미 열 가지 바라제목차를 말하였으니, 이제는 마흔여덟 가지 가벼운 계를 말하리라.

(2) 따로따로 풀이하다

(第1 不敬師友戒로부터 第48 破法戒까지)

①스승과 벗을 공경하라

若佛子.

너희 불자들아

初 標人
二 序事
三 結罪
△ 여기는 초의 표인이다.

欲受國王位時. 受轉輪王位時. 百官受位時.

너희가 왕위를 받을 때나 전륜왕의 자리를 받을 때나 벼슬자리에 나아갈 때는

二의 序事
1. 받기를 권하다.(勸受)
A. 권하게 되는 사람
B. 권하여 받게 하다
C. 수계의 이익을 밝히다.
2. 해야 함을 밝히다.
3. 하지 않아야 하다.
△ 여기는 A의 所勸人이다.

〔**義疏合註**〕

수도한 이는 스승에 힘입어서 교시를 받고 벗에 의뢰하여 도움을 받아야 선한 과果로 나아가게 되나니, 오만하면 자랄 수도 없고 선으로 나아간 데에 방해가 되기 때문에 사십팔계 중의 첫머리에 놓아두었다.

〔**合註**〕

불계佛戒를 받은 모든 사람들은 모두가 스승과 벗을 공경 존중해야 되겠거니와 작위가 있는 이는 교만을 쉬이 내기 때문에 "왕과 백관"이란 이를 치우치게 들면서 경계를 한 것이다.

〔**小發**〕 대계大戒는 본래 도道와 속俗에 다 통하는 것임에도 문장 중에서 유독 왕과 백관들을 열거한 것은, 출가하면 사우師友로 부형父兄을 삼는지라 이치로 보아 공경해야 됨은 말할 것도 없다. 또 승니는 지위가 없어 오만을

냔다는 것이 어렵지마는 왕과 벼슬아치들은 세력이 있는지라 교오驕傲를 일으키기가 쉽기 때문이니, 뜻은 넓으면서도 말은 편벽된 것이다. 어찌 승니라 한다면 사우를 공경하지 않을 수 있겠는가.

應先受菩薩戒.

마땅히 먼저 보살계를 받아야 한다.

B. 勸令受

一切鬼神. 救護王身百官之身. 諸佛歡喜.

그러면 온갖 귀신들은 임금의 몸과 벼슬아치의 몸을 수호할 것이며, 모든 부처님들께서도 기뻐할 것이니라.

C. 明受利

〔**合註**〕

수계受戒하면 복이 어둔 데서나 밝은 데서나 다 도우므로 귀신들이 구호救護한다. 또 법의 교화를 널리 보호하기 때문에 모든 부처님들도 기뻐한다는 것이다.

〔小發〕 상문위 문장에 이은 향절向節로서, "계를 받아야 한다" 함은 이런 이익이 있기 때문이다.

"귀신이 수호한다" 함은 오계조차도 오히려 25신神의 옹호함이 있거든, 하물며 보살계에서이겠는가.

"제불이 기뻐한다" 함은 이 계는 천불께서 유통하시면서 널리 제도만을 바라신 것인데, 이제 수지하게 되거늘 어찌 기뻐하시지 않겠는가.

귀신이 수호하면 신심이 편안하고 국계國界가 안온하며 음양이 순조롭고 풍우風雨가 때를 맞히므로 경사의 극진한 것이요, 제불이 기뻐하면 복전福田이 더욱 넓어지고 혜해慧海가 한층 깊어지며, 현생에는 지극한 덕이 높고 융성하며 내생에는 묘과妙果를 성취하므로 선善의 극치이다.

既得戒已.

이미 계를 받았으면

2. 明應에서
A. 戒善을 이미 얻다.
B. 孝順하고 공경해야 하다.
C. 공경해야 할 대상을 들다.

生孝順心·恭敬心.

효순하는 마음과 공경하는 마음을 내어

B. 應生孝敬

〔發隱〕

스승은 나의 법신을 낳으므로 부父의 도道가 있나니, 때문에 효순해야 한다.

벗은 나의 수도의 진행을 돕는지라 형의 도가 있나니, 때문에 공경해야 한다.

또 스승과 벗은 거역할 수도 없고 업신여길 수도 없기 때문에 다함께 효순하고 공경해야 한다.

見上座·和尙·阿闍黎. 大德同學同見同行者. 應起承迎禮拜問訊.

상좌와 화상과 아사리와 큰스님과 함께 공부하는 이와 지견이 같은 이와 수행이 같은 이를 보면 일어서서 맞이하고 예배하고 문안을 사뢰어야 한다.

C. 出所敬境

〔合註〕

상좌上座에는 세 가지가 있다. 1은 생년生年상좌이니, 계랍戒臘이 앞선 분이다. 2는 복덕福德상좌이니, 대중이 추앙하고 공경 받는 분이다. 3은 법성法性상좌이니, 성위聖位를 증득하여 들어간 분이다.

"화상和尙"은 혹은 오파견야鄔波馱耶라고도 한다. 여기서는 친교사親教師라고도 번역하고 또는 역생力生이라고 번역되나니, 이 사람의 힘으로 말미암아 나의 무루의 묘계신妙戒身이 태어나기 때문이다.

"아사리阿闍黎"는 혹은 아차리야阿遮梨耶라고도 한다. 여기서는 궤범사軌範師라고 번역되나니, 위의威儀를 교수教授하여 나에게 궤식軌式을 보인다는 것이다. 곧 아래 문장에서 교계법사教誡法師라고 일컫고 있다.

"대덕大德"이라 함은 큰 공덕을 갖춘 이를 통틀어 찬탄한 이름이요, "공부를 같이한다" 함은 종宗에서 스승이 동일하다는 것이며, "지견知見

이 같다"고 함은 마음에서 이해가 동일하다는 것이요, "수행이 같다"고 함은 신업身業이 동일하다는 것이다.

〔發隱〕

오게 되면, '일어서서 맞고' 맞이한 뒤에는 '예배'하며 예배하고 나서는 '문안'을 사뢴다는 것이니, 모두가 효순하고 공격하는 도이다.

而菩薩反生憍心慢心癡心瞋心. 不起承迎禮拜. 一一不如法供養. 以自賣身國城男女七寶百物而供給之.

그럼에도 보살이 도리어 교만한 마음과 게으른 마음과 어리석고 성내는 마음으로 일어서서 맞지 아니하고 예배하지 아니하고 또 법답게 공양하지 않으랴. 자신의 몸이나 나라와 도시나 아들이나 딸이나 칠보나 백 가지 물건을 팔아서라도 공양할지니

(三. 不應)

〔合註〕

"교憍"라 함은 제 몸을 높이는 것이요, "만慢"이라 함은 남을 업신여기는 것이며, "치癡"라 함은 성현聖賢을 모르는 것이요, "진瞋"이라 함은 마음에 염念을 품는 것이다.

"제 몸 등을 판다"고 함은 중한 것을 들어서 가벼운 것에 견준 것이니, 오히려 이렇게까지 하면서 공양을 해야 하겠거든 하물며 맞이하고 예배하는 거동조차도 아니하겠느냐는 말이다.

若不爾者. 犯輕垢罪.

만약 그렇지 않으면 가벼운 죄가 된다.

(三 結罪)

〔**合註**〕

이 사십팔경계는 십중十重의 법에 준해야 되므로, 역시 "공격하지 않는 인이나 공경하지 않는 연이나 공경하지 않는 법이나 공경하지 않는 업을 지어서", 또는 "마시는 인이나 마시는 연이나 마시는 법이나 마시는 업을 지어서" 내지 "불법을 파괴하는 인이나 불법을 파괴하는 연이나 불법을 파괴하는 법이나 불법을 파괴하는 업을 지어서(輕戒藏四十八)" 라고 다 해야 할 것이나, 죄가 경구輕垢인지라 성成·미성未成이거나 간에 똑같이 악작惡作이라 일컫게 되므로 더 자세히 설명하지 않았을 뿐이다.

◎중죄·경죄의 성립

이 계는 4연을 갖추면 죄가 성립된다.

1. 사우師友일 것 — 상좌로부터 수행이 같은 이까지이다.
2. 사우일 거라고 생각할 것

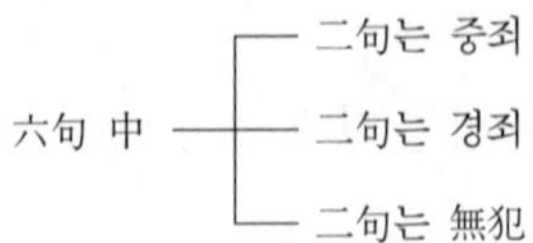

3. 공경하지 않는 마음이 있을 것

만일 교만하고 성내는 마음으로 일어서서 맞지 않고 예배 등을 하지 않는다면	—— 染汚犯이 일어남
만일 게을러서거나 아무 생각이 없이 함에서거나 혹은 잘못 잊어버렸거나 하면	—— 非染汚犯이 일어남

〔용인되는 사항〕

만일 중병이 걸렸거나 마음이 어지럽거나 잠이 들어서 몰랐거나 법을 듣고 있었거나 설법하는 대중 안에 있으면서 설법하는 이의 마음을 보호하기 위해서거나 방편으로 그를 조복하려 함에서거나 상가의 제도를 보호하기 위해서거나 여러 사람들의 뜻을 보호하기 위해서라면	—— 무죄

4. **법답게 예배공경하지도 않고 공양하지도 아니할 것**(이 제4항은 원래 빠져 있었음) — 영접해야 할 데에 영접하지 않고 공양해야 할 데에 공양하지 않는 등이니, 일이 완성되면 그 일에 따라 죄가 성립된다.

◎개차를 잘 알라

못하게 하는 것만이 있고 허락되는 것은 없되, 혹은 방편으로 그를 조복하기 위함은 역시 용인된 것이라 할 수도 있다.

◎이숙의 과보

스승과 벗으로서 잘 아는 이는 바로 도를 얻는 큰 인연이요 이는 온전한 범행이다. 공경하지 아니하면 영원히 법의 이익을 잃어서 마에게 껴잡히게 되며, 공경하면 언제나 좋은 인연을 만나 불법을 성취한다.

②술을 마시지 말라

若佛子.

너희 불자들아

初 標人
二 序事
△ 여기는 初의 標人이다.

故飮酒. 而酒生過失無量. 若自身手過酒器與人飮酒者. 五百世無手. 何況自飮.

고의로 술을 마시지 말라. 술이란 한량없는 허물을 짓게 하느니라. 자기 손으로 술잔을 들어 다른 이에게 주어 마시게 하는 자는 5백세 동안 손이 없는 과보를 받을 것인데 하물며 스스로 마시겠느냐.

1. 과失을 밝힌다.
2. 하지 말아야 함을 제정하다.
3. 잘못을 들면서 죄를 정하다.
△ 1의 明過失이다.

〔合註〕

"고의로 마신다" 함은 모르고 잘못하여 마심이 아닌 것을 밝힌다.

〔發隱〕

"한량없는 허물"이라 함은 25종의 허물뿐만 아니라 46종의 허물이다. 율律 가운데서는 또 10과過를 밝혔으며, 다시 그 밖의 경에서 전하고 설명된 과실은 다 열거할 수조차도 없다.

"손이 없다" 함은 반드시 이는 인간 안에서만이 두 손이 없다는 것이 아니며, 뱀·지렁이·미꾸라지·두렁허리의 족속들도 모두 손이 없는 과보이다.

〔小合〕 영지율주靈芝律主가 이르기를 "어떤 사람이 술을 마시고는 어머니를 간음하고 닭을 도둑질하고 사람까지 죽였는데, 다른 사람이 묻자 '모두 그런 일이 없다'고 했다(原註에서는 곧 妄語라 했음)"라고 했다. 4계戒를 다 깨뜨렸으니, 그 밖의 것은 알 만하다. 진실로 정신이 혼미하고 생각이 어지러움은 방일의 근본이다.

亦不得敎一切人飮. 及一切衆生飮酒. 況自飮酒. 一切酒不得飮.

모든 사람들이 술을 마시지 않도록 가르쳐야 할 것이며 모든 중생들에게 술을 마시지 않도록 해야 함에도 불구하고 스스로 마셔서야 되겠느냐. 일체의 술을 마시지 말지니

(2. 制不應)

〔合註〕

"일체 중생"이란 다른 종류들까지 지칭한 것이니, 그 밖의 고주계酤酒戒 중에서의 해석과 같다.

若故自飮. 敎人飮者. 犯輕垢罪.

만일 짐짓 마시거나 남으로 하여금 마시게 하면 가벼운 죄가 된다.

(3. 擧非結過)

◎**중죄·경죄의 성립**

이 계는 4연 갖추면 죄가 성립된다.

1. **이것이 술일 것** — 마시게 되면 사람이 취하는 것을 말한다.

〔小合〕 영지율주가 이르기를 "이쪽 지방에는 술통에 저장하여 빚은 물건은 냄새와 맛이 온전한 술이라 사람을 취하게 할 수 있고, 세상 사람들이 탐을 내어 먹으면서 가장 절제하기 어려운 물건인데, 서축西竺에는 본래 없었기 때문에 교敎에서는 제정하지 않은 것이니, 앞의 누룩에 준해 보면 족히 분명한 예가 되리라. 도가 있는 높은 선비여, 옳다고 여기어 좇고 서두르라"고 했다.

2. **술이라고 생각할 것** — 6구 중의 2구는 마시면 마시는 대로 죄가 성립되고, 2구는 경구죄며, 2구는 무죄이다.

〔小合〕 "마시면 마시는 대로 죄가 성립된다" 함은 한 번 마시면 한 번의 죄가 성립되고, 여러 번 마시면 여럿의 죄가 성립된다.

3. **마시려는 마음이 있을 것**

4. 입으로 들어갔을 것 — 마시면 마시는 대로 죄가 성립되며, 다른 이에게 술을 마시게 해도 그 마시는 데에 따라 둘이 함께 죄가 성립된다.

〔용인되는 사항〕

그 병이 술이 아니면 낫지 않을 때.

〔小合〕"술이 아니면 낫지 않는다" 함은 병이 있다 하여 즉시 마실 수 있는 것이 아니고 반드시 다른 약을 두루 썼으나 낫지 않을 때에야 비로소 술을 마시게 한다는 말이다.

◎ 개차를 잘 알라

허락된다(開)는 것은 말리부인末利夫人의 일과 같다.

◎ 이숙의 과보

음주의 죄는 다섯 번 오백생의 과보가 있다. 첫 번째의 오백생 동안에는 함조鹹糟지옥에 가 있고, 두 번째 오백생 동안에는 비시沸屎지옥에 가 있으며, 세 번째 오백생 동안에는 구더기로 되어 있고, 네 번째 오백생 동안에는 파리와 모기로 되어 있으며, 다섯 번째 오백생 동안에는 뜨거운 것도 모르는 벌레(부나방 따위)로 되어 있다.

경문에서 말한 "오백생 동안 손이 없다"고 함은 아마 최후 오백생 동안만을 든 것이리라.

③고기를 먹지 말라

若佛子.

너희 불자들아

初 標人
二 序事
三 結罪
△ 여기는 初의 標人이다.

故食肉. 一切衆生肉不得食. 夫食肉者. 斷大慈悲佛性種子. 一切衆生. 見而捨去.

고의로 고기를 먹지 말라. 어떠한 중생의 고기도 먹지 말아야 한다. 무릇 고기를 먹으면 대자비의 불성종자가 끊어져 모든 중생들이 보고서 도망을 간다.

1. 明過失
2. 制不應
3. 擧非結過

△ 여기는 1의 明過失이다.

〔合註〕

"고의로 먹는다" 함은 모르고 잘못하여 먹는 것이 아님을 밝힌다.

"온갖(어떠한) 중생들의 고기"라 함은 물이나 육지나 공중으로 다니는 것을 막론하고 유정으로서 몸이 있는 것이면 모두 못 먹게 하나니,

일체중생은 모두가 불성이 있어서 나와는 몸이 똑같은데 이제 그 살을 먹는다는 것은 참혹하기 너무도 심하다. 때문에 이르기를 "대자비의 불성종자를 끊는다"고 한다.

이에 준한다면, 명주실과 짐승의 털은 역시 차마 못할 일이다. 그러므로 『앙굴경鴦掘經』에서 이르기를 "만일 명주실이 차츰차츰 전해져서 직접 죽인 이의 손을 떠났어도 비구에게 보시하면 역시 받지 않아야 하나니, 받으면 비悲가 아니다"라고 하였다.

〔小命〕 (문) 누에의 살해 또한 참혹하다. 고기 먹는 것은 금제하면서도 명주옷을 입는 것은 금제하지 않았으니, 무엇 때문인가.

(답) 경문의 여러 곳에 나타나 있기 때문이다. 누에고치를 삶으며 생명을 끊는 것은 십중十重의 살생계에 속하고, 끓이는 가마와 물레는 살구殺具에 속한다.

예컨대 육축六畜을 기르는 것은 중생을 손해하는 것에 속하고, 이것을 위하면서 몸을 돕는 것은 사명邪命으로 살아가는 것에 속한다.

그리고 『수능엄경首楞嚴經』에서도 명주옷을 금하고 있다.

이러므로 알라. 승을 납자衲子라 하고 사士를 포의布衣라 일컫나니, 더 논의할 필요조차도 없다.

〔義疏發隱〕

"고기를 먹으면" 대자심大慈心을 끊나니, 대사大士는 자심을 근본으로 삼는지라 모두 다 끊어야 한다.

성문의 점교漸教에서는, 처음은 세 가지 정육淨肉 등을 허락하다가 뒤에는 역시 모두 끊게 한다. 처음에 허락하는 것은 권權이요, 뒤에 끊게 함은 실實이니, 마치 『능엄경』과 『능가경』 등에서 밝힌 바가 그것이다.

是故一切菩薩. 不得食一切衆生肉.

그러므로 모든 보살들은 일체의 고기를 먹지 말아야 한다.

(2. 制不應)

食肉得無量罪.

고기를 먹으면 한없는 죄를 짓나니

(3. 擧非結過)

〔發隱〕

『능가경』에서 부처님이 대혜大慧에게 말씀하시되, "한량없는 인연이 있으므로 고기를 먹지 말아야 하느니라. 이를테면, 중생은 본래부터 항상 육친六親이 되기 때문이요, 부정不淨의 기분氣分으로 태어나서 자라기 때문이요, 중생이 기취氣臭를 맡으면 모두 두려움을 냄은 마치 전다라旃陀羅를 개가 보면 놀라며 짖어대는 것과 같기 때문이요, 자비심이 나지 않기 때문이요, 주술이 성취되지 않기 때문이요, 모든 하늘이 버리게 되기 때문이요, 밤에 악몽이 많기 때문이요, 범과 이리가 냄새를 맡기 때문이니라(文이 많으므로 더 기록하지 아니한다)"라고 하셨다.

또 『능엄경』에서도 이르기를 "고기를 먹는 사람은 비록 마음이 열리어 삼마지三摩地 같은 것을 얻었다 하더라도 모두가 대나찰大羅刹이거늘 어떻게 중생의 고기를 먹으면서 석자釋子라고 하겠느냐"라고 하셨다.

"한량없는 죄를 짓는다" 함은 당연히 그렇게 되지 않겠는가라는 말이다.

若故食者. 犯輕垢罪.

짐짓 먹는다면 가벼운 죄가 된다.

(三 結罪)

◎**중죄·경죄의 성립**

이 계는 4연을 갖추면 죄가 성립된다.

1. 고기일 것 — 유정의 몸임을 말한다.
2. 고기라고 생각할 것(2구는 중죄, 2구는 경죄, 2구는 無犯)
3. 먹으려는 마음이 있을 것 — 바로 이것이 업의 주主이다.
4. 입으로 들어갈 것 — 먹는 것마다 죄가 성립된다.

◎**개차를 잘 알라**

혹은 녹각鹿角과 호골虎骨 등이 약 짓는 데에 들어가기도 하나 이것은 범죄가 아니어야 하리라. 그러나 약을 하기 위해 짐짓 생명을 살상한다면 다 같이 살생죄가 된다.

◎이숙의 과보

『능가경』에서 이르기를 "이익을 위하여 중생을 살생하거나 재물 때문에 모든 고기를 그물질하거나 하면 둘은 다함께 악업이어서 죽으면 규호叫呼지옥에 떨어진다. 만일 교教가 없다는 생각으로 구하면 세 가지 정육淨肉도 없으리니, 그것은 인因이 없는 것이 아니라 있다. 그러므로 먹지 말아야 한다"고 했다.

『불정경佛頂經』에서 이르기를 "죽고 나고, 죽고 나고 하면서 서로가와 서로가 잡아먹는다면 악업은 잇달아 생기면서 미래 세상의 끝까지 다하리라"고 했다.

또 이르기를 "그의 생명을 죽여서 혹은 그 고기를 먹게 되면 이렇게 미진겁이 다하도록 서로가 먹고 서로가 죽이고 하리니, 마치 수레바퀴가 구르면서 오르락내리락하며 쉬는 일이 없는 것과 같다"고 했다.

또 이르기를 "그 몸에 옷을 입음은 모두가 그를 위하여 연緣이라 반드시 신심을 부리게 되나니, 모든 중생들에게 몸이며 몸에서나 몸과 마음의 두 길에서나 입지도 않고 먹지도 아니하면, 나는 이 사람이야말로 참으로 해탈한 이라 말하리라"고 했다.

④오신채를 먹지 말라

若佛子.

너희 불자들아,

初 標人
二 序事
△ 여기는 初의 標人이다.

不得食五辛. 大蒜·茖葱·慈葱·蘭葱·興渠. 是五辛.

너희는 다섯 가지 맵고 나쁜 채소를 먹지 말아야 한다. 마늘, 부추, 파, 달래, 홍거, 이 다섯 가지는

二의 序事에서
1. 辛菜를 먹어서는 안 된다
2. 음식에 넣어서 먹어서도 안 된다
3. 非를 들면서 죄를 정한다
△ 여기는 1의 單辛不應이다.

〔合註〕

"각총茖葱"은 곧 부추요, "자총慈葱"은 곧 파며, "난총蘭葱"은 곧 달래요, "흥거興渠"는 이 지방(중국)에는 없다.

〔義疏發隱〕

냄새가 나면 법을 방해하기 때문에 제재한다.

또 냄새나는 오신채는 음욕을 발동하게 한다. 성문은 지혜가 얕으므로 음욕을 억제할 줄만 알거니와 보살은 지혜가 깊으므로 음욕을 발동시키는 원인까지도 억제해야 한다. 때문에 조금은 중하다.

一切食中不得食.

어떠한 음식에도 넣어 먹지 말지니

2. 雜食不應

〔合註〕

"온갖 음식 속"이라 함은 이 오신채가 섞여 있으면 역시 먹지 말라는 것이니, 단순히 그것만 먹는 것을 경계한 것만이 아니다.

〔小發〕 위에서는 단지 (오신채를) 먹는 것을 밝혔고, 여기서는 어떠한 음식 속에도 이것이 넣어졌으면 역시 먹지 말라는 것이다.

△『서역기西域記』에서 이르기를 "집안에서 먹은 이가 있으면 내쫓아 외곽外郭으로 나가게 한다. 때문에 먹지 못하게 한다"고 했다.

若故食者. 犯輕垢罪.

만약 짐짓 먹으면 가벼운 죄가 된다.

3. 擧非結罪

◎중죄와 경죄의 성립

이 계는 4연을 갖추면 죄가 성립된다.

1. 오신채일 것
2. 오신채라고 생각할 것 (二句는 중죄, 二句는 경죄, 二句는 無犯)
3. 먹겠다는 마음이 있을 것
4. 입으로 들어갈 것 — 먹는 데마다 죄가 성립한다.

◎개차를 잘 알라

병에 마늘 등이 아니면 낫지 아니할 때는, 반드시 후미지고 고요한 별실에서 먹게 하면서 불탑과 승당에는 들어오지 못하게 하고 승가의 욕실에도 들어오지 못하게 하고 모두가 쓰는 뒷간에도 오르지 못하게 하면서, 그것을 먹고 나면 다시 칠일을 기다린 뒤에 악취가 다 없어지고 나면 목욕을 하고 옷을 세탁하고는 향을 쬐인 뒤에야 대중에 들어오게 해야 한다. 자세한 것은 율에서 설명한 바와 같다.

◎이숙의 과보

『불정경』에서 이르기를 "이 다섯 가지 매운 채소는 익혀 먹으면 음심婬心이 발동하고 생으로 먹으면 진에瞋恚가 더하다. 비록 12부경을 잘 선설한다손 쳐도 시방의 천天과 선仙이 그의 악취를 싫어하여 모두가 다 멀리 떠나고 모든 아귀들은 그의 입술을 핥으며, 복덕은 날로 소멸되고 이익 없는 것만이 자라나며, 삼마지를 닦아도 선신이 수호하지 아니하고 마왕이 짬을 얻는지라, 죽으면 마왕의 권속이 되며 악마의 복을 다 받고나면 무간지옥에 떨어지느니라"고 했다.

〔小合〕 이를 살피건대, 다섯 가지 허물이 있다. 1은 과실을 내고, 2는 하늘이 멀리하며, 3은 귀신이 가까이 하고, 4는 복이 소멸하며, 5는 악마가 모인다.

⑤지은 죄를 참회하게 하라

若佛子.

너희 불자들아

初 標人
二 序事
三 結罪
△ 여기는 初의 標人이다.

見一切衆生犯八戒·五戒·十戒. 毁禁·七逆·八難. 一切犯戒罪.

모든 중생들이 팔계를 범하거나 오계와 십계를 범하거나 금계를 훼손하거나 일곱 가지 역적의 죄를 짓거나 팔난八難에 태어날 죄를 짓거나 온갖 계를 범한 사람을 보면

二의 序事에서
1. 범죄의 사례를 든다.
2. 해야 함을 밝힌다.
3. 하지 않아야 한다.
△ 여기는 1의 出犯事이다.

〔合註〕

"팔계八戒"란 팔관재법八關齋法이며 또는 지지地持의 팔중八重이다.

"오계五戒"는 청신사와 청신녀가 받게 된다.

"십계十戒"란 십선계요 사미십계며 또는 이 경에서의 십중十重이다.

"훼금毁禁"이란 온갖 계를 범함을 통틀어 밝힌 것으로서, 곧 삼세제불의 밝은 금제禁制를 무너뜨리는 것이다.

"칠역七逆"은 아래 문장에 나타나 있다.

"팔난八難"은 계를 범한 과보로서, 1은 지옥이요, 2는 축생이며, 3은 아귀요, 4는 소경·귀머거리·벙어리 등의 모든 감관의 불구자며, 5는 사견을 가진 집에 태어나서 세간의 지혜가 총명함이요, 6은 부처님 이전 또는 이후에 태어나며, 7은 북주北洲에 가서 나고, 8은 무상천無想天에 가서 나는 것이다.

"온갖 계를 범한다" 함은 크거나 작거나 중하거나 경하거나 인이거나 과이거나 간에 모두 참회하도록 한다는 것이다.

應敎懺悔.

마땅히 참회하도록 가르쳐야 한다.

2. 明應

〔合註〕

"참회하도록 가르친다" 함은 보고·듣고·의심하는 세 가지 근거로 일을 들추어서 그로 하여금 지난 일을 고치고 앞일을 닦으면서 허물을 버리고 선에 옮아가게 하는 것이다.

"참懺"은 범어로 참마懺摩이며 여기서는 "참아주기를 청하고" "용서를 빈다"는 뜻이니, 곧 지난 잘못을 드러내 없애는 것이다.

"회悔"는 한문의 말로서 뜻은 '악작惡作'과 일치하나니, 앞에서 지었던

이 악을 돌이켜 책망하면서 먼저의 그릇된 일을 고치겠다는 결심을 한 것이니, 곧 앞으로의 선을 드러내며 닦겠다는 것이다.

而菩薩不教懺悔·同住·同僧利養. 而共布薩. 一衆說戒. 而不擧其罪. 教悔過者.

보살이 이 같은 사람을 참회시키지 아니하고 함께 있으면서 이양利養을 같이 받으면서 함께 포살布薩하여 대중 가운데서 계를 말하여 주어 그 허물을 지적해서 참회하도록 가르치지 않는 자는

3. 明不應

〔**合註**〕

"함께 있으면서 이양을 같이 받는다" 함은 바로 식미食味를 같이하는 것이요, "포살하여 계를 말한다" 함은 바로 법미法味를 함께한다는 것이니, 이치를 보아 법답게 죄를 들추어야 하고 짐짓 들추어 내지 않거나 가르치지 아니하면 범죄라는 것이다.

〔小發〕 포살이란 여기 말로 "서로가 향하여 지었던 죄를 말하는 것"이니, 보름마다 죄를 지적하면서 참회한다.

〔**發隱**〕

『선계경善戒經』에서 이르기를 "보살이 승가 중에 들어가 있으면서 비법非法과 희소戲笑를 보면서도 책망하지 아니하면 죄가 된다"고 했다. 이에 의거하건대, 작은 일이라도 모두 참회하도록 해야 하거든, 하물며

위와 같은 계를 범하는 일이겠는가.

犯輕垢罪.

가벼운 죄가 된다.

(三 結罪)

◎**중죄와 경죄의 성립**

이 계는 4연을 갖추면 죄가 성립된다.

1. 죄가 있을 것
2. 죄가 있다고 생각할 것. 만일 실로 죄가 없다고 생각했으면 무죄이다.
3. 가르치지 않겠다는 마음이 있을 것(성낸 마음으로 들추어내지 않으면 — 染汚犯, 게을러서이면 — 非染汚犯)
4. 잠자코 있으면서 함께 살 것. 참회하도록 하지 않으면 이것도 하나의 죄요, 식미食味를 같이함도 하나의 죄며, 법미를 같이함도 하나의 죄이어서, 일마다 각각 성립된다.

〔용인되는 사항〕(戒本經에서 나옴)

미쳤거나 알면서도 말하지 아니함이 그로 하여금 조복되게 함이거나 다른 이의 마음을 보호함에서거나 승가의 제도를 수호함에서거나	범죄가 없음

〔兼制〕(처음의 두 가지는 戒本經에서 나오고 뒤의 것은 善戒經에서 나왔음)

악인을 간諫하지 않았을 때

중생이 금세 또는 후세의 악업을 짓는 것을 보면서도 미워하는 마음으로 그를 위하여 바르게 말하지 아니하면 — 染汚犯

〔용인되는 사항〕

자신에게 지혜가 없거나 능력이 없거나 유력한 이로 하여금 說하게 함에서거나 그 자신에게 그럴 힘이 있거나 그 자신이 잘 알고 있거나 방편으로 그를 조복시키려 함에서거나 그를 위해 바르게 말해주면 나를 원망을 하겠거나 나쁜 말을 내거나 뒤바뀌게 행위를 했거나 애경함이 없거나 또 그 사람의 성질이 패려궂거나 하면	— 범죄가 없음

스스로가 허물을 뉘우치지 않을 때(남에게 참회하지 않게 함은 바로 遮業일 뿐이나, 자신의 허물을 뉘우치지 아니하면 겸하여 性業을 얻게 됨)

만일 보살이 수호하지도 않고 믿지도 않는 말로 수호하지 않고 비방하고 또한 없애지도 않거나 또 실로 허물이 있는데도 제멸하지 아니하면	— 染汚犯
실로 허물이 없으면서 제멸하지 않는 것은	— 非染汚犯

〔용인되는 사항〕

외도가 비방하고 그 밖의 악인이 비방하면		
출가하여도 食하면서 선한 인연을 닦는데도 남이 비방하면	─	범죄가 없음
그 사람이 성을 내고 미쳐서 비방을 하면		

다른 이에게 교만할 때

만일 우바새가 다른 사중四衆들이 수계한 바를 헐뜯는 것을 보고서 교만한 마음을 내며 말하기를 "나는 그들보다 뛰어나며 그들은 나보다는 못하다"고 하면 실의죄失意罪를 얻는다.

〔小合〕 역시 성업性業·차업遮業을 다 갖추며, 칠중七衆도 범죄가 같다.

◎개차를 잘 알라

『승기율』에서 이르기를 "만일 그 사람이 흉포하거나 또는 왕의 힘·대신의 힘·흉악인의 힘에 의지하여 혹은 생명 빼앗는 일을 일으키면서 범행을 상하거나 하면, 생각하기를 '그가 지은 죄업은 반드시 저절로 과보가 있으리니, 그 자신이 알아야 할 일이다'고 하고, 그때에 다만 근기와 상응하게 수호하기만 해도 무죄이니라"라고 했다.

또 『사분율』에서 이르기를 "안으로는 오법五法으로 남을 들추어냄이 있나니, 시時를 비시非時로써 하지 아니하고, 진실을 진실 아닌 것으로 하지 아니하며, 유익한 일을 감손으로써 하지 아니하고, 유연柔軟을 추광麤獷으로써 하지 아니하며, 자심慈心을 진에로써 하지 아니한다"고 했다.

◎ **이숙의 과보**

『대열반경』에서 이르길, "어떤 착한 비구가 법 파괴한 이를 보면서도 책망하여 내쫓지 않으면서 그곳에 그대로 있게 하면, 이 사람이야말로 불법 중의 원수이다. 만일 책망하여 내쫓으면 얻게 되는 그 복은 한량없어서 헤아릴 수조차 없는 줄 알아야 한다"고 했다.

〔小合〕『살바다론薩婆多論』에서 이르기를 "구족계를 받은 사람이 가르치고 타이르지 아니하면 내쫓아야 한다"고 했다.

△『보살선계경』에서 이르기를 "전타라 등과 도아屠兒는 비록 악업을 행하고 있기는 하나 여래의 정법을 파괴하지 않는다면 반드시 삼악도에 떨어지는 것이 아니거니와, 스승 된 이가 제자를 가르치고 꾸짖지 못하면 불법을 파괴하는지라 반드시 지옥에 떨어진다"고 했다.

△『우바새계경』에서 이르기를 "차라리 악계惡戒를 받아서 하루 동안에 한량없는 수명을 죽일지언정 끝내 해를 끼친 제자를 길러서 조복하지도 못한 일은 하지 않으리라. 왜냐하면 이 악율의惡律儀는 재앙이 그 자신과 같이하겠지마는, 제자를 기르면서 교회教誨하지 못하면 한량없는 중생에게 악을 짓게 하고 한량없는 선묘한 법을 비방하며 화합한 승을 파괴하여 많은 중생들로 하여금 오무간업을 짓게 하기 때문이다. 그러므로 악율의보다 더 극심하다"고 했다.

⑥법사에게 공양을 올리면서 법을 청하라

若佛子

너희 불자들아

初 標人
二 序事
三 結罪
△ 여기는 初의 標人이다.

見大乘法師. 大乘同學同見同行. 來入僧坊舍宅城邑. 若百里千里來者.

대승의 법사와 대승을 공부하는 이와 지견이 같은 이와 수행이 같은 이가 백 리나 천 리를 걸어 절이나 마을 집에 오는 것을 보면

二의 序事에서
1. 오는 차례를 매기다.
2. 해야 함을 밝힌다.
△ 여기는 1의 序來이다.

卽起迎來送去. 禮拜供養. 日日三時供養. 日食三兩金. 百味飮食. 牀座醫藥. 供事法師. 一切所須. 盡給與之.

곧 일어서서 맞이하여 예배하고 공양하여야 한다. 매일 같이 세 때를 공양하되 하루에 금 석 냥 값어치의 맛있는 온갖 음식을 차려 공양하고, 앉는 상과 먹는 약 등을 법사에게 공양하며, 그 밖에 필요한 물건은

무엇이든 다 제공해야 하며

2의 明應에서

A. 공양을 해야 하다.

B. 法을 청해야 하다.

△ 여기는 A의 應供養이다.

〔義疏發隱〕

"금 석 냥 값어치"란 넉넉잡고 한 말이다. 만일 묻고 청할 일이 있다면야 금 석 냥은 으레 버려야 한다. 마치 설산雪山의 일게一偈와 같아서 이를 위하여 몸까지 버렸거든 하물며 조그마한 공급이겠는가. 그러나 이것은 도제徒弟를 위한 말인데, 스승이 이런 약을 먹는다면 그 병만 더욱 더치리라.

常請法師三時說法. 日日三時禮拜. 不生瞋心患惱之心. 爲法滅身. 請法不懈.

법사에게 날마다 세 차례 설법을 청하며, 날마다 세 차례 예배하되 성내거나 괴로워하지 말며, 법을 위해서는 몸도 잊고서 부지런히 법을 청해야 하나니

(B. 應請法)

〔合註〕

"세 때"라 함은 오전·오후·초저녁이다.

"성낸다" 함은 그 법사에게 성을 내는 것이요, "괴로워한다" 함은 자기 재물이 쓸데없이 허비될까 두려워하는 것이다.

"법을 위해서는 몸도 잊는다" 함은 중한 것을 들어서 경한 것에 견준 것이다.

若不爾者. 犯輕垢罪.

만약 그렇지 않으면 가벼운 죄가 된다.

(三 結罪)

◎중죄와 경죄의 성립

이 계는 4연을 갖추면 죄가 성립된다.

1. 이는 법사일 것
2. 법사라고 생각할 것. 만일 몰랐다면 범한 것이 아니다.
3. 청하지 않겠다는 마음이 있을 것(성을 내거나 괴로워하면 — 染汚犯, 잘못하여 잊어버렸거나 하면 — 非染汚犯)
4. 막연하게 헛되이 지냈을 것. 일마다 죄가 성립된다.

〔兼制〕 스승의 가르침을 받지 않을 때 (戒本經에서 나옴)

정심定心을 구하려면서 미워하고

교만을 부리면서 스승의 가르침을 받지 아니하면 — 染汚犯

게으름 때문이라면 — 非染汚犯

〔용인되는 사항〕

(살피건대, 이것 또한 바르게 제정되는 開緣이라 할 수 있을 것이다)

병이 들었거나
능력이 없거나
그 사람이 뒤바뀌게 설명하고 있음을 알고 있거나
스스로가 많이 들은지라 능력이 있거나
먼저 이미 법을 많이 들었었다면 ― 범죄가 없음

◎개차를 잘 알라

만일 알면서도 청하지 아니함이 그로 하여금 조복되게 한 것이다.

◎이숙의 과보

청하지 아니하면 문훈聞熏하는 이익을 잃고 지혜의 종자가 장애되거니와 청하면 언제나 정법을 여의지 아니한다.

⑦법문하는 곳에 가서 들으라

若佛子.

너희 불자들아

初 標人
二 序事
三 結罪

△ 여기는 初의 표인이다.

一切處有講法毘尼經律. 大宅舍中有講法處.

어느 곳이든지 경법經法과 계율을 강설하는 곳이 있거나, 큰 저택에서 불법을 강설하는 곳이 있으면

二의 序事에서
1. 講하는 곳
2. 해야 함을 밝히다.
3. 하지 않아야 한다.
△ 여기는 1의 講處이다.

〔合註〕

"법비니경율法毘尼經律"이라 할 때의 법法은 궤지軌持라 하고 비니毘尼는 멸滅이라 하나니, 뜻으로는 소전所詮을 지칭한다.

"경율經律"이란 두 자는 능전能詮을 지칭하나니, 경은 법을 나타내고 율은 비니를 나타내기 때문이다. 그러나 비니를 바르게 번역하면 율이 되고 경도 법을 가르치고 상常을 가르친 것이라, 말이 중복된 것 같으므로 뜻으로써 설명되어야 한다.

〔發隱〕

『우바새경』에서는, "떨어진 거리가 1유순由旬이면 범하지 않은 것"으로 용인되어 있다. 그렇다면 출가한 이에겐 멀리까지 제정하고 재가한 이에겐 가까이 정한 것을 알겠으니, 그것은 출가한 이는 법 듣는 것을 일로 삼는지라 멀리를 꺼리며 가지 아니함은 법에 대해 게으르기 때문이거니와, 재가자는 세간법에 구애된 몸이라 멀리 가서 듣는 것이 불가능하고 또한 게을러서가 아니기 때문이다.

是新學菩薩. 應持經律卷. 至法師所. 聽受諮問. 若山林樹下. 僧地房中. 一切說法處. 悉至聽受.

새로 배우기 시작한 보살은 마땅히 경이나 계율의 책을 가지고 법사에게 가서 듣고 물어야 한다. 만약 숲과 나무 아래와 절 등 불법을 설하는 모든 곳을 다 찾아가 들어야 한다.

(2. 明應)

〔合註〕

"모든 곳"이라 함은 절이거나 俗家 땅을 모두 지칭한 것이요, "큰 집"이라 함은 별도로 俗人의 땅을 지칭한 것이며, "산 숲"이라 함은 별도로 절 땅만을 지칭한 것이다.

若不至彼聽受諮問者.

만약 가서 듣지 않고 묻지 않으면

(3. 不應)

〔發隱〕

선재동자는 남쪽으로 백 군데 마을을 순례하여 물었고 납승은 천산千山을 두루 돌아다녔으며, 내지 투자投子는 세 번을 오르고, 동산洞山은 아홉 번을 올랐으며 몸을 사냥꾼의 대열에 숨겼고 행각하기 80세까지 애쓰면서 스승에게 참예하고 몸을 잊고서 도를 물은 일 등의 일들이 즐비하게 많다.

애석하도다. 이로써 교훈을 삼아야 할 터인데, 오히려 법음法音이 지척에 오가는데도 듣지 아니하고 성인의 자취가 이웃에서 나타나는데도 가보지 않는다면 슬픈 일이도다.

犯輕垢罪.

가벼운 죄가 된다.

(三 結罪)

◎중죄와 경죄의 성립

이 계는 4연을 갖추면 죄가 성립된다.

1. 경법과 율을 강의할 것
2. 경법과 율을 강의한다고 생각할 것
3. 가지 않겠다는 마음이 있을 것

   성을 내며 업신여겨서거나 — 染汚犯

   게을러서거나 — 非染汚犯

4. 가서 듣지 아니할 것. 날마다 죄가 성립됨

〔小合〕『선생경』 중에서는 "40리 안이면 가야 한다"고 제정되어 있는데, 여기서도 그러해야 할 것이다.

〔용인되는 사항〕

만일 이해하지 못해서거나 병이 들었거나 기력이 없어서거나 그가 뒤바뀌게 말을 하고 있거나 說한 이의 마음을 보호하기 위해서거나 자주자주 들어서 이미 받아 지녔고 이미 뜻을 알고 있거나 많이 들었었거나 들어서 지니고 있거나 말한 대로 수행하고 있거나 성정을 닦느라 잠시도 그만두지 않기 위해서거나 둔근이라 깨치기도 어렵고 받기도 어렵고 지니기도 어려워서거나	범죄가 없음

◎ 개차를 잘 알라

『불장경佛藏經』에서 이르기를 "어떤 비구가 설법을 하면서 외도의 이치를 뒤섞어서 할 때 부지런히 도를 구하는 착한 비구가 있다면 자리에서 떠나가야 하며, 만일 떠나가지 아니하면 착한 비구가 아니요 또한 불교를 따르는 이라고도 하지 못한다"고 했다.

◎ 이숙의 과보

『지지경地持經』에서 이르기를 "보살이 선지식에게서 경법을 청수聽受하되 설법한 사람에 대하여 다섯 가지 것은 생각하지 말아야 하면서 청정한 마음으로 오르지 듣기만 할 뿐이다.

1은 파계를 생각하지 않나니, '이 분은 율의를 범한지라 그로부터서는 경법을 청수하지 않아야겠다'고 생각하지 아니한다.

2는 하성下性을 생각하지 않나니, '나는 저 하성의 사람으로부터는 경법을 청수하지 않겠다'고 생각하지 아니한다.

3은 추루醜陋함을 생각하지 않나니, '나는 이 추루한 사람으로부터는 경법을 청수하지 않겠다'고 생각하지 아니한다.

4는 맛 파괴함을 생각하지 않나니, '나는 저 바르게 말하지 않는 사람으로부터는 경법을 청수하지 않겠다'고 생각하지 아니한다. 다만 뜻에 의지할지언정 맛에는 의지하지 아니한다.

5는 선어善語를 파괴함을 생각하지 않나니, '나는 저 거친 말을 하는 사람으로부터는 경법을 청수하지 않겠다'고 생각하지 아니한다.

이와 같은 다섯 가지를 생각하지 아니하면 이 보살은 부지런히 정법을 껴잡으면서 설법한 사람에게 미워하는 생각을 일으키지 않게 되거니와, 만일 하근의 보살이라면 그 사람이 잘못했다는 마음을 일으키면서 물러나며 법 듣기를 좋아하지 않나니, 그러므로 이 보살은 스스로 제도될 수도 없고 지혜가 감퇴되는 줄 알 것이다"라고 했다.

〔解曰〕

지혜가 감퇴하는 것은 듣지 않은 허물이다. 지극한 마음으로 잘 들으면, 마치 사미들이 장난으로 공을 던졌어도 깊이 사과四果를 증득할 수 있었거든, 하물며 진실로 정법을 말함이겠는가.

⑧ 대승을 잘못 알지 말라

若佛子.

너희 불자들아

標人
二 序事
三 結罪
△ 여기는 初의 標人이다.

心背大乘常住經律. 言非佛說.

마음으로 항상 머무르고 있는 대승의 경과 율을 저버리고 부처님의 말씀이 아니라 말하고

二의 序事에서
1. 대승을 저버리다.
2. 소승을 향하다.
△ 여기는 1의 背大이다.

〔合註〕

"마음에서 저버리고"라 함은 입으로 말한 것이 아님을 밝힌다.

"부처님의 말씀이 아니라" 함은 뜻에서 분별하고 헤아림을 말한다.

〔發隱〕

"대승을 저버리면서 불설이 아니라"고 말한 죄 역시 중하거늘 어떻게

경구죄에다 넣었느냐 하면, 이것은 마음으로는 저버렸으면서도 입으로는 아직 널리 전파하지 않았기 때문이니, 이 '언言'이라는 글자는 바로 속에서 혼자 평론하는 것이다. 만일 비방하는 소리가 있기만 하면 제10중계에 속한다.

而受持二乘聲聞. 外道惡見. 一切禁戒邪見經律者.

이승二乘과 성문의 경과 율, 그리고 외도의 나쁜 소견으로 지은 금계와 삿된 소견에서 나온 주장을 받아 지니면

(2. 向小)

〔**合註**〕

"수지한다" 함은 수지하려고 생각하는 것이다.

犯輕垢罪.

가벼운 죄가 된다.

(三 結罪)

◎중죄와 경죄의 성립

이 중·하의 두 사견의 방편으로서 그가 쓴 계획이 아직 완성되지 못했으면 경죄가 성립되거니와, 만일 계획이 완성되었으면 보살계를 잃는다.

◎개차를 잘 알라

차遮가 있을 뿐 개開는 없다.

◎이숙의 과보

외도를 헤아려 사견이 완성되면 삼도三途에 떨어지며, 소승을 헤아리면 대보리를 장애한다.

⑨병든 사람을 잘 간호하라

若佛子.

너희 불자들아

初 標人
二 序事
三 結罪
△ 여기는 初의 標人이다.

見一切疾病人.

모든 병든 이를 보거든

二 序事에서
1. 병든 사람을 들다.
2. 해야 함을 밝히다.
3. 하지 않아야 함을 밝히다.

△ 여기는 1의 擧病人이다.

〔發隱〕

"일체"라 함은 친親·소疏뿐만이 아니고 도道·속俗에 다 통하는 말이다.

常應供養. 如佛無異. 八福田中. 看病福田. 是第一福田. 若父母師僧弟子病. 諸根不具. 百種病苦惱. 皆供養令差.

항상 마땅히 공경하되 부처님과 다를 바 없이 해야 하나니, 여덟 가지 복전福田 가운데 병든 사람을 간호하는 복전이 첫째가는 복전이다. 만약 부모와 스님과 제자가 병들어 팔다리와 육근이 온전치 못하고, 여러 가지 병으로 고생하는 이들을 다 공양하여 낫게 해야 함에도 불구하고

(2. 明應)

〔合註〕

"여덟 가지 복전"이라 함은 1은 불부처님이요, 2는 성인이며, 3은 화상이요, 4는 아사리며, 5는 승僧이요, 6은 부父며, 7은 모母요, 8은 병인病人이다. 일곱째까지는 바로 경전敬田이요, 병은 비전悲田과 경전敬田을 겸하였기 때문에 "제일"이라 한다.

〔小發〕 부처님은 경전敬田이고 비전悲田을 겸하지 않았으며, 둘 다를 겸한 것은 병인病人뿐이다.

부처님이 부촉하시되, "내가 멸도한 후에는 공양하기를 좋아해야 한다.

그 중에서 제불과 현성賢聖이 많이 있으면 이는 경전이거니와, 온 뼈마디가 쑤시고 아프면서 사대가 온통 닳아 오르고 기거동작이 자유롭지 못하여 남을 필요로 하는 생명이 되면 이는 비전이다. 하물며 제불은 도가 높은지라 인천이 널리 공양하거니와 고통 중에서의 고통은 병인病人보다 더함이 없으므로 복 중의 복은 마땅히 간병하는 것에 귀착되어야 한다"라고 하셨다.

而菩薩以瞋恨心不看. 乃至僧坊城邑曠野山林道路中. 見病不救濟者.

보살이 성내고 한스러운 마음으로 간호하지 아니하고, 절·도시·들·산·숲·길가에서 병든 사람을 보고도 구원하지 아니하면

(3. 不應)

〔發隱〕

『우바새계경』에서 이르기를 "길을 갈 적에 병인病人을 보면서도 머무르지 않고 쳐다보면서, 방편을 쓰기 위해 그 자리에 그대로 부탁해 놓고 떠나가 버리면 죄가 된다"고 했다. 이것은 능력이 있으면 자신이 치료하여 구제해 줄 것이요 능력이 없으면 다른 사람에게 옮겨 부탁해야 하겠거늘, 막연하게 보고 듣지 않은 것처럼 한다면 자비심이 어디에 있겠는가. 그러므로 죄가 된다.

犯輕垢罪.

가벼운 죄가 된다.

(三 結罪)

◎중죄와 경죄의 성립

이 계는 4연을 갖추면 죄가 성립된다.

1. 병이 들었을 것
2. 병들어 있다고 생각할 것
3. 간호하지 않겠다는 마음이 있을 것

   성내거나 미워서면 — 染汚犯

   게으름 때문이면 — 悲染汚犯

4. 간호해야 되는데 간호하지 않으면 시간마다 죄가 성립된다.

〔용인되는 사항〕

자기도 병이 들었거나	범죄가 없음
능력이 없거나	
능력 있는 이에게 병든 이를 따르게 하기 위해서	
그 사람에게는 자기 권속이 있음을 알았거나	
그 자신에게 능력이 있어서 스스로가 처리할 수 있거나	
병이 너무 자주자주 들거나	
훌륭한 업을 닦느라 잠시도 폐지하지 못해서거나	
병이 너무 오래 끌거나	
무디어서 깨치기도 어렵고 받기도 어렵고 지니기도 어려운 데서 살고 있거나	
먼저 다른 이의 병을 간호하고 있거나	

〔小合〕 병에서처럼 궁고窮苦에서도 역시 그러하다.

〔兼制〕 근심과 괴로워함을 위로하지 아니할 때

모든 중생들의 친족에 대한 재난과 재물에 대한 재산이 있음을
보고서도 미워하는 마음으로 그들을 위하여 풀어주고 그 憂惱를 ── 染汚犯
없애주지 아니하면

게으름 때문이라면 ──────────────── 非染汚犯

◎개차를 잘 알라

불범不犯 중에서 말한 바와 같다.

◎이숙의 과보

간호하지 아니하면 자심慈心의 이익을 잃고 비전悲田과 경전敬田을 잃으면서 자신에게 병고가 있어도 역시 간호해 주는 사람도 없거니와, 잘 간호하면 제일의 복전을 성취한다.

⑩죽이는 기구를 비축해 두지 말라

若佛子.

너희 불자들아

初 標人
二 序事
三 總結第一段
△ 여기는 初의 標人이다.

不得畜一切刀杖弓箭矛斧鬪戰之具. 及惡網羅罥殺生之器. 一切不得畜.

일체의 칼과 몽둥이와 활과 창과 도끼 등 싸움에 필요한 온갖 기구를 비축해 두지 말며, 그물·올가미와 덫 등 산 것을 잡거나 죽이는 기구는 무엇이나 비축해 두지 말아야 한다.

二의 序事에서
1. 하지 않아야 한다.
2. 비유를 이끌다.
3. 悲를 들어서 過를 정하다.
△ 여기는 1의 不應이다.

〔**合註**〕

"모矛"라 함은 긴 창이요, "덫(罥)"이라 한 것은 날짐승·길짐승의 발을 잡아매기 때문이다.

而菩薩乃至殺父母尙不加報. 況殺一切衆生. 不得畜殺衆生具.

보살은 설사 부모를 죽인 사람에게도 원수를 갚지 아니하거늘 하물며 중생을 죽여서야 되겠느냐. 그러므로 중생을 죽이는 도구를 준비해 두지 말지니

(2. 引況)

〔合註〕
"부모를 죽였어도 원수를 갚지 않거늘"이라 함은 중한 것을 들어서 경한 것에 비유한다.

若故畜者. 犯輕垢罪.

만약 짐짓 준비해 두면 가벼운 죄가 된다.

(3. 擧非結過)

◎중죄와 경죄의 성립
살생의 방편이라 경구죄가 성립되거니와, 중생을 해칠 때마다 살생죄가 성립된다.

◎개차를 잘 알라
혹은 사람에게 권하여 살생을 경계하고 또는 사거나 그 기구를 변화시켜 감추기도 하고 그를 들추어내어 부숴버리면 더욱 좋다.

◎이숙의 과보
살생계 중의 설명과 같다.

如是十戒. 應當學. 敬心奉持. 下六度品中廣明.

이 열 가지 계를 마땅히 배우고 공경하는 마음으로 받들어 지녀야 하나니, 아래 육도품 가운데서 널리 밝혔다.

(三 제一단을 총체적으로 맺다)

⑪ 나라의 사신이 되지 말라

若佛子.

너희 불자들아

初 標人
二 擧事
△ 여기는 初의 標人이다.

不得爲利養惡心故. 通國使命. 軍陣合會. 興師相伐. 殺無量衆生.

이양을 구하는 나쁜 마음으로 나라를 왕래하며 명을 행하거나 군사 사절이 되어 싸움터에서 회의를 하거나 전쟁을 일으켜 많은 중생을 죽이지 말아야 한다.

二 擧事에서
1. 不應
2. 引況
3. 擧非結過
△ 여기는 1의 不應이다.

〔合註〕

"이양을 구하는 나쁜 마음"이라 함은 화합과 다툼을 쉬게 하는 인연이 아니란 것을 밝힌다.

而菩薩尙不得入軍中往來. 況故作國賊.

보살은 군중에 들어가 왕래하지도 않아야 하거늘 하물며 나라를 해롭게 하는 일을 해서야 되겠느냐.

(2. 引況)

〔合註〕

"군중軍中에 들어가 왕래하지도 않아야 하거늘"이라 함은 군중은 시끄럽고 복잡한 데라 불자가 다닐 처소가 아닌 데이니, 경한 것을 들어서 중한 것에 견준 것이다.

"적賊"은 해친다는 뜻이니, 전쟁을 일으켜 서로가 죽이게 되면 반드시 백성들을 해치게 된다. 백성은 나라의 근본이라 백성을 해치면 바로 이것은 나라를 해치는 것이다.

〔小發〕 대사大士는 여래의 사신이라 삼계의 중생을 널리 편안하게 해야 할 터인데, 짐짓 나라를 해치게 된다면 어찌 과죄過罪를 범하지 않겠는가.

若故作者. 犯輕垢罪.

만약 짐짓 그러한 일을 하면 가벼운 죄가 된다.

(3. 擧非結過)

◎ **중죄와 경죄의 성립**

일과 말에 따라서 각각 경죄가 성립된다. 만일 성을 내는 인연이면 저절로 살생계에 속하고, 보물을 탐내어 훔치는 인연이면 자연히 도계盜戒에 속한다.

◎ **개차를 잘 알라**

마치 은봉隱峰이 석장錫杖을 날려서 군병을 정지시켰고, 불도징佛圖澄이 방울로 점을 쳐서 난을 쉬게 한 따위와 같다.

◎ **이숙의 과보**

서로를 부추겨서 기쁨을 잃게 하면 상품의 양설과 악구의 과보를 얻으며, 죽이고서 이득을 취하면 상품의 살·도의 과보를 받는다.

⑫ 나쁜 마음으로 장사를 하지 말라

若佛子.

너희 불자들아

初 標人
二 序事
△ 여기는 初의 標人이다.

故販賣良人奴婢六畜. 市易棺材板木盛死之具.

집짓 양민이나 노비나 여섯 가지 짐승을 사고팔거나, 관棺과 관을 만드는 판자와 시체를 담는 도구를 팔지 말지니라.

利의 序事에서

1. 不應
2. 擧況
3. 擧非結過

△ 여기는 1의 不應이다.

〔合註〕

"양민이나 노비를 판다"면 권속들이 분난分難되는 고통이 있고, "육축六畜을 팔게" 되면 살해하는 연緣이 되며, "관과 관을 만드는 판자"를 팔면 반드시 사람의 죽음을 탐하게 된다.

尙不應自作. 況教人作.

오히려 스스로 하지 말 것이거늘 하물며 남을 가르쳐 하도록 해서야 되겠느냐.

(2. 擧況)

〔合註〕

"남을 가르쳐 하도록"이라 함은 혹은 자기를 위하여 하게 하기도 하고 혹은 그 자신을 위해 하게도 하나니, 모두 죄가 된다.

若故自作. 教人作者. 犯輕垢罪.

만약 짐짓 자기가 팔거나 남을 시켜서 팔면 가벼운 죄가 된다.

(3. 擧非結過)

〔發隱〕

이것은 나쁜 마음으로 팔려고 하는 것을 금제禁制함이요, 관곽棺槨을 만들어서 쓸모가 없다는 것을 말함은 아니다. 마치 생활을 위해 반드시 파는 것이라면 무장巫匠의 경계가 뚜렷하지마는, 만일 만들어서 가난한 이에게 보시하는 것이라면 그 공덕은 절로 한량없어야 함과 같다.

◎중죄와 경죄의 성립

이익을 바라면서 중생을 손해되게 함은 자심慈心에 어그러진 일이라 일마다 죄가 성립되며, 만일 희생을 훔쳐다 팔거나 짐승을 팔아서 죽이게 하거나 사람을 방자하여 죽게 하고서 관재棺材를 파는 것이라면 별도로 도죄盜罪와 살죄殺罪가 성립된다.

◎개차를 잘 알라

짐승을 사다가 방생을 하거나 관을 만들어서 가난한 이에게 공급함 등이다.

◎이숙의 과보

권속들이 분리되어 흩어지고, 병이 많으며 단명하게 된다.

⑬ 비방하지 말라

若佛子.

너희 불자들아

初 標人
二 序事
三 結罪
△ 여기는 初의 標人이다.

以惡心故. 無事謗他良人善人. 法師師僧. 國王貴人. 言犯七逆十重.

짐짓 나쁜 마음으로 양민이나 착한 사람·법사·스님·임금을 까닭 없이 비방하여 그가 일곱 가지 역죄나 열 가지 큰 죄를 지었다 말하지 말라.

二의 序事에서
1. 비방의 사례를 들다.
2. 明應
3. 不應
△ 여기는 1의 擧謗事이다.

〔合註〕

"악심惡心"이라 함은 성을 내고 괴롭히는 마음으로 그 사람을 함몰시키려는 것이다.

"까닭 없이(無事)"라 함은 보았거나 들었거나 의심을 하는 등의 세 가지 근거가 없는 것이다.

〔發隱〕

(문) 앞에서 말한 '자찬훼타自讚毁他'와 '방삼보謗三寶'는 모두가 십중죄에 있는데 여기의 '비방'은 어째서 경구죄에 있는가.

(답) 다른 이를 비방하면서도 겸하여 자기를 칭찬하면 중죄가 성립되거니와 여기는 '자기의 칭찬'은 없으며, 삼보라면 불·법까지 겸하여야 삼보라는 이름이 되는데 여기서는 승僧을 비방한 것일 뿐이기 때문이다.

於父母兄弟六親中. 應生孝順心·慈悲心.

부모와 형제와 육친에 대해서도 효순하는 마음과 자비로운 생각을 가져야 할 것임에도

(2. 明應)

〔合註〕

"부모형제육친父母兄弟六親"이라 함은 대사大士는 모든 사람들을 마치 부모와 형제의 육친처럼 본다.

〔發隱〕

"효순"이라 하면 감히 비방하지 아니하며, "자비"라 하면 차마 비방하지 않을 것이니, 효순하지도 않고 자비롭지도 않으면 무엇으로 반성하고 삼갈 것인가.

而反. 更加於逆害. 墮不如意處者.

도리어 해롭게 하는 일을 해서 뜻과 같지 않는 곳에 떨어지게 하는 자는

(3. 不應)

〔發隱〕

앞 문장에 이어진 대문으로, 효순하지 않으면서 도리어 더 거역하고 자비롭지 않으면서 도리어 해를 끼친다면 반드시 그를 해치게 되어 그의 마땅한 곳을 얻지 못하게 하기 때문에 "뜻과 같지 않는 곳에 떨어지게 한다"고 했다.

犯輕垢罪.

가벼운 죄가 된다.

(三 結罪)

◎중죄와 경죄의 성립

이 계는 6연을 갖추면 죄가 성립된다.

1은 죄가 없을 것.

2는 죄가 없다고 생각할 것. 6구 중 4구는 범죄요, 2구는 비범非犯이다.

3은 비방하겠다는 마음이 있을 것. 바로 이것이 업의 주主이다.

4는 허물을 말할 것. 칠역七逆 또는 십중十重 등으로.

5는 사람에 향해 말할 것. 법이 같은 이에게 법이 같은 이를 비방하거나 혹은 외인外人에게 외인을 비방하기 때문에 경죄이거니와 만일 외인에게 동법자同法者를 비방하면 저절로 중계重戒 중에 속한다.

6은 그 사람이 이해할 것. 말에 따라 또 사람에 따라 죄가 성립된다.

〔용인되는 사항〕

만일 진실을 말한다면 범죄가 없다.

〔小合〕 악심으로 말하면 역시 경구죄이다.

◎ 개차를 잘 알라

차遮일 뿐이요, 개開는 없다.

◎ 이숙의 과보

망언과 악구 중에서의 설명과 같다.

⑭ 불을 놓지 말라

若佛子.

너희 불자들아

初 標人

二 序事
△ 여기는 初의 標人이다.

以惡心故. 放大火燒山林曠野. 四月乃至九月放火.

나쁜 마음으로 큰불을 놓아 산과 들을 태우거나, 4월부터 9월 사이에 땅 위에 불을 놓거나

二의 序事에서
1. 放火의 사례를 밝히다.
2. 불이 타는 대상을 더 널리 밝히다.
3. 擧非結過
△ 여기는 1의 明放火事이다.

〔合註〕

"악심惡心"이라 함은 제멋대로 하면서 신중할 줄을 모르는 것이다.

"4월부터 9월 사이"는 대충 추위가 많은 국토에 결부시켜 말한 것이므로, 만일 추위가 적은 국토라면 모름지기 알맞은 시기를 더 살펴야 한다.

若燒他人家屋宅城邑僧坊田木. 及鬼神官物. 一切有生物不得故燒.

남의 집과 도시와 절과 전답과 숲과 귀신의 물건과 공공의 재물을 불태우겠느냐. 온갖 산 것을 짐짓 불태우지 말지니

〔合註〕

“남의 집 등을 태운다”고 함은 조심하지 않고 방화하다가 잘못하여 그것까지 미친다는 것이요, 만일 다른 이를 손해하기 위하여 짐짓 불사른다면 저절로 도계盜戒 등과 같은 죄에 속한다.

“온갖 산 것을 짐짓 불태우지 말지니”고 함은 방화는 생물을 태우기 위한 것은 아니나 반드시 생물을 상하게 하는 세력이 있기 때문에 오로지 “4월부터 9월 사이”라고 정한 것이니, 살생하는 연緣을 멀리 방지하자는 데에 있다. 만일 살생하기 위하여 짐짓 태운다면 저절로 살생계 중에 속한다.

若故燒者. 犯輕垢罪.

만약 짐짓 불태우면 가벼운 죄가 된다.

(3. 擧非結過)

〔合註〕

여기서는 결언結言이므로 “만일 짐짓 불사르면”이라고 했나니, 신중했거나 우연히 잘못된 것이 아님을 밝힌다.

◎중죄와 경죄의 성립

이 계는 4연緣을 갖추면 죄가 성립된다. 1은 시기가 아닐 것, 2는 시기가 아니라고 생각할 것, 3은 신중하지 않은 마음이 있을 것, 4는 불을 놓아 태울 것 등이다.

◎개차를 잘 알라

재가자는 농사를 짓기 위하여, 출가자는 방해를 제거하기 위하여 시기를 가려서 신중하게 불을 놓으면 범죄가 없다.

◎이숙의 과보

신중하지 아니하면 잘못 살생의 업이 있게 된다.

⑮삿된 법으로 교화하지 말라

若佛子.

너희 불자들아

初 標人
二 序事
三 結罪
△ 여기는 初의 標人이다.

自佛弟子. 及外道惡人·六親·一切善知識.

스스로 부처님 제자에게나 외도나 나쁜 사람에게나 육친에게나 모든 선지식들에게

二의 序事에서
1. 가르칠 바를 든다.

2. 明應
3. 不應
△ 여기는 學所敎이다.

〔**合註發隱**〕

"불제자佛弟子"는 단순히 불법을 배우는 내중內衆을 지칭하고, "외도악인外道惡人"이란 단순히 그 밖의 법을 익히는 외중外衆을 지칭하며, "육친"은 내중·외중에 다 통하고, "일체선지식"이란 평소에 서로 친하면서 교제하는 친구를 말하는 것이요, 도道를 얻은 선지식을 말하는 것이 아니다.

應一一敎受持大乘經律. 應敎解義理. 使發菩提心·十發趣心·十長養心·十金剛心. 於三十心中. 一一解其次第法用.

마땅히 대승의 경과 율을 하나하나 가르쳐 받아 지니게 해서 마땅히 글의 뜻과 이치를 일러주어서 그 뜻을 알게 하고, 보리심과 십발취심·십장양심·십금강심을 내게 하며, 이 서른 가지 마음에 대해 그 차례와 법의 작용을 낱낱이 알게 해야 할 것이거늘

(2. 明應)

〔**合註**〕

"마땅히 글의 뜻과 이치를 일러주어서 그 뜻을 알게 하고, 보리심을 내게 한다" 함은 글의 뜻과 이치를 알므로 말미암아 비로소 발심을 할 수 있는 것이요 맹목적으로 수련하는 것과는 같지 아니해서이다.

또 뜻을 알면서도 발심하지 아니하면 광혜狂慧만이 더욱 자라며 발심을 했으나 뜻을 알지 못하면 무명만이 더욱 자라는 것이니, 발심하게 하고 뜻을 알게 하여 그로 하여금 참된 이해와 참된 수행을 알게 한다.

〔小發〕 뜻과 이치를 알지 못하면 발심한 것이 사심邪心일 것이요, 대심大心을 내지 않았으면 알고 있는 것이 거짓된 이해이다. 때문에 겸해야 된다.

而菩薩以惡心瞋心. 橫敎二乘聲聞經律. 外道邪見論等.

보살이 나쁜 마음과 성내는 마음으로 방자하게 이승二乘·성문의 경율을 가르치거나 외도의 삿된 소견과 학설 등을 가르치면

(3. 不應)

〔合註〕

"나쁜 마음"이란 대개 그 사람으로 하여금 치우치고 삿된 데에 들게 하려는 마음이요, "성내는 마음"이란 이 사람을 편벽되도록 괴롭히면서 정교正敎로서 하지 않는 마음이며, "방자하게(橫)"라 함은 그 근성根性을 굽혀 기의機宜에 칭합하지 않은 것이니, 병에 따라 약을 준 것이 아님을 밝힌다.

犯輕垢罪.

가벼운 죄가 된다.

(三 結罪)

◎중죄와 경죄의 성립

악심과 진심은 염오범染汚犯이요, 근지根智에 앎이 없음은 비염오범非染汚犯이다.

◎개차를 잘 알라

정情을 따라 설명함으로써 그의 기의機宜에 맞게 하며, 내지 외도 등과 같이함을 보인다.

◎이숙의 과보

외도로 가르치면 사견의 보報를 얻고, 소승으로 가르치면 대보리를 장애하며, 대승으로 가르치면 자기와 남이 다함께 이롭다.

⑯이양을 위해 뒤바뀌게 말하지 말라

若佛子.

너희 불자들아

初 標人
二 序事
三 結罪
△ 여기는 初의 標人이다.

應好心先學大乘威儀經律. 廣開解義味.

마땅히 좋은 마음으로 대승의 위의와 경과 율을 먼저 배우고 널리 그 뜻을 이해할 것이며,

二의 序事에서
1. 먼저 스스로가 배워야 한다.
2. 후학을 위하여 설명한다.
3. 숨기지 말아야 한다.
△ 여기는 1의 先應自學이다.

〔合註〕

"좋은 마음"이라 함은 상구上求하고 하화下化하는 마음이요, "먼저 배운다" 함은 자리이타의 근본이며, "위의"라 함은 교화하고 인도하는 궤범이요, "경과 율"이라 함은 수행에 나아가는 문호이다.

"널리 그 뜻을 이해한다" 함은 광대한 데에 이르면서도 정미를 다하는 것이니, 천근하고 추소麤疎한 것이 아님을 밝힌다.

見後新學菩薩. 有從百里千里來求大乘經律. 應如法爲說一切苦行. 若燒身燒臂燒指. 若不燒身臂指供養諸佛. 非出家菩薩. 乃至餓虎狼師子. 一切餓鬼. 悉應捨身肉手足而供養之. 然後一一次第爲說正法. 使心開意解.

새로 발심한 보살이 백 리나 천 리를 와서 대승의 경과 율을 배우려 하거든 법대로 온갖 고행을 말하되 몸이나 팔·손가락을 태우는 것을

일러줄 것이니, 만약 몸이나 팔·손가락을 태워 부처님께 공양하지 아니하면 출가한 보살이 아니다. 또 굶주린 범이나 이리·사자·아귀에게까지 몸·살·손·발을 던져 주어 공양할 것을 말해 주고, 그 다음에 올바른 법을 차례로 말하여 마음이 열리고 뜻이 통하게 해야 한다.

(2. 爲後來說)

〔合註〕

"몸이나 팔·손가락을 태워 제불에게 공양"함은 중생과 비앙悲仰을 같이 하면서 위로 불도를 구하는 극치요, "몸·살·손·발을 던져서 굶주린 범이나 이리·아귀 등에 먹임"은 여래와 자력慈力을 같이하면서 아래로 중생을 교화하는 극치이다.

먼저 이 "법대로 고행"할 것을 말하기 위하여 대승으로 그 마음을 결정하고 그 서원을 견고하게 한 연후에, 낱낱이 차례대로 그를 위하여 정법을 말한다.

〔小發〕 "법대로 온갖 고행을 말한다" 함은 바로 그런 이치를 들어 그에게 보임으로써 "보살행은 마땅히 이렇게 해야 한다"는 말이요, 반드시 몸을 버리면서까지 그에게 공양하라는 것은 아니다.

묻는 대로 말하고 뒤바뀌게 말하지 아니하며 삿되고 잘못되게 말하지 아니하므로 그로 하여금 "마음이 열리고 뜻이 통하게 하는 것"이니, 이것은 진실로 먼저 배운 보살로서의 직임職任이다.

而菩薩爲利養故. 應答不答. 倒說經律文字. 無前無後. 謗三寶說者.

그러나 보살이 이양을 위하여 대답할 것을 대답하지 않거나 경과 율을 뒤바꿔게 말해서 앞뒤가 틀려 삼보를 비방하게 하면

(3. 不應隱沒)

〔合註〕

"대답해야 할 것을 대답하지 아니하면" 하나하나 말하지 않는 것이요, "뒤바꿔게 말하면" 차례대로가 아닌 것이다.

또 뒤바뀐 설명은 바로 '비방'이라고도 하나니 이른바 설법이 근기에 마땅하지 않은 것이요, 말한 바도 비량非量이 된다. "삼보를 비방"하면 정법이 아니다.

〔小發〕 1. 이양을 위하여 바른 이치대로 대답해야 하는데도 짐짓 대답하지 않고 따로 다른 답을 하면, 이는 인색하게 설하면서 숨기는 것이다.

2. 이양을 위하여 멋대로 경의 뜻을 틀리게 앞뒤로 바꾸는 것은 뒤바꿔게 설하면서 숨기는 것이다.

3. 이양을 위하여 불의 본래 생각을 거스르고 법의 본래 뜻을 저버리며 온갖 현성의 본래 종지宗旨를 어기면서 대답하면, 이는 비방하는 말로서 숨기는 것이니, 모두 하지 말아야 한다.

犯輕垢罪.

가벼운 죄가 된다.

(三 結罪)

〔發隱〕

십중계에서는 '방謗'이라고만 말하였으니 이는 삼보를 발무撥無하기 때문에 중죄거니와, 여기서는 잘못 이해하여 망녕된 논이라 '방설謗說'이라 하는 것이니, 발무가 아니기 때문에 경하다.

◎중죄와 경죄의 성립

먼저 배우지 아니하면 이것이 일과一過요, 바르게 말하지 아니하면 또 일과죄一過罪이다.

이익을 위해서면 이는 염오범染汚犯이요, 기지機智에 앎이 없으면 비염오범非染汚犯이다.

◎개차를 잘 알라

근기를 알고 있기 때문에 설하지 않거나 혹은 삿된 생활을 끊게 하기 위하여 고행을 꾸짖기도 하고, 어리석은 집착을 깨뜨리기 위하여 이理의 행을 말하기도 한다.

◎이숙의 과보

이양을 위함은 곧 사명邪命(輕第二九)에 속하고, 뒤바뀐 설명은 곧 방법謗法과 같은 종류이다.

⑰ 세력을 믿고서 요구하지 말라

若佛子.

너희 불자들아

初 標人
二 序事
△ 여기는 初의 標人이다.

自爲飮食錢財利養名譽故. 親近國王王子大臣百官.

스스로 음식이나 재물과 이양과 명예를 위하여 임금과 아들과 대신과 벼슬아치들을 가까이 사귀고는

二의 序事에서
1. 이끗을 위하여 가까이 붙좇는다.
2. 악한 방법으로 구한다.
3. 擧非結過
△ 여기는 1의 爲利親附이다.

〔合註〕

"스스로를 위하여(自爲)"라 함은 삼보 등을 위해서 함이 아님을 밝히며, "음식과 내지 명예를 위해서"라 함은 도를 위한 것이 아님을 밝힌다.

〔發隱〕

출가하면 벼슬이 높고 귀한 이를 친근하지 말라는 것이 바로 이런

무리들 때문이거니와, 만일 그가 중생을 위하여 몸을 잊고 도를 위하여 이익을 잃는다면 삼조三朝가 총귀寵貴하고 칠제七帝가 존숭할 터인데 어느 누가 불가하다 말하겠는가.

恃作形勢. 乞索打拍牽挽. 橫取錢物. 一切求利. 名爲惡求多求. 敎他人求.

그 힘을 믿고 때리고 협박하면서 돈이나 재물을 강요하며 이익을 구하겠느냐. 일체의 이익을 구함에 있어 나쁘게 구하거나 많이 구하거나 남을 시켜서 구할 때도

(2. 非理告乞)

〔合註〕

"악한 방법으로 구한다" 함은 위세로 핍박하기 때문에 선이 아니요, "지나치게 많이 구한다" 함은 싫증냄이 없기 때문에 소少가 아니다.

"남을 시킨다" 함은 남을 시키되 나를 위하여 구하는 것이니, 마치 심부름꾼에게 편지를 보냄과 같은 종류이다.

都無慈心. 無孝順心者. 犯輕垢罪.

도무지 자비로운 마음과 효순하는 마음이 없으면 가벼운 죄가 된다.

(3. 擧非結過)

〔發隱〕

“자비로우면” 항상 은혜롭게 구제할 것을 생각하고 그의 가난함을 염려하게 되며, “효순하면” 중생을 공양하기 마치 자기의 부모처럼 하거늘 어찌 차마 마음대로 취하겠는가.

◎중죄와 경죄의 성립

혹은 자본을 가지고 이익을 찾거나 혹은 글을 올려서 더 강화하게 하면 모두가 이 계에 속하거니와, 만일 제 몫도 아니면서 능멸하면서 탈취한다면 저절로 도계盜戒에 속한다.

〔兼制〕 재물을 탐할 때

욕심이 많아 만족해할 줄 모르면서 재물에 탐착하면 이는 염오범染汚犯이다.(出戒本經)

◎개차를 잘 알라

삼보를 위하고 병든 이를 위하고 중생을 위하면서 법답게 영구營求하면 범죄가 아니다.

◎이숙의 과보

강요하면 도를 방해하고 남을 괴롭히는 것이거니와, 강요하지 아니하면 바른생활로서 청정하므로 자타가 다 같이 이롭다.

⑱ 아는 것 없이 스승이 되지 말라

若佛子.

너희 불자들아

初 標人
二 序事
△ 여기는 初의 標人이다.

應學十二部經. 誦戒子. 日日六時持菩薩戒. 解其義理. 佛性之性.

마땅히 열두 가지 경전을 배워야 하며, 계를 외는 사람은 날마다 여섯 번을 때맞추어 보살계를 외야 하고, 그 뜻과 불성의 성품까지를 잘 알아야 한다.

二의 序事에서
1. 외워야 하고 알아야 한다.
2. 알지도 아니하고 외우지도 아니한다.
3. 擧非結過
△ 여기는 1의 應誦應解이다.

〔合註〕

대사大士는 법을 전하면서 중생을 제도하는 것이 바른 책무가 되기 때문에 "열두 가지 경전을 배워야 하나니" 이는 중생 제도하는 근본이 되기 때문이다.

그리고 계경戒經도 또 대사의 근본이기 때문에 "날마다 여섯 번을 때맞추어 외워서" 그로 하여금 정숙精熟하게 해야 한다.

그러나 계문戒文만을 외울 뿐만 아니라 반드시 "그 뜻과 불성의 성품까지를 잘 알아야 하나니" 먼저 근본 자성自性이 청정함을 깨치면 무작계無作戒의 소의所依 체성體性이 되며, 곧 이 무작계에 의하여 도리어 성화成化하는 종자種子가 된다.

이것으로 자성의 청정은 정인불성正因佛性이요, 보살계는 연인緣因·요인了因의 불성임을 알게 된다.

하나의 성품을 온전히 하여 두 가지 수행을 일으키고 두 가지 수행을 온전히 하면서 하나의 성性을 이루기 때문에 "불성의 성性"이라 하나니, 마치 "제불의 본원이요 불성의 종자"라는 말과 같다.

而菩薩不解一句一偈. 及戒律因緣. 詐言能解者. 卽爲自欺誑. 亦欺誑他人.

그러나 보살이 한 구절과 한 마디의 게송조차 알지 못할 뿐 아니라, 계율의 인연도 알지 못하면서 거짓으로 이해하는 척하는 것은 자기를 속이는 것뿐 아니라 남도 속이는 짓이다.

(2. 佛解佛誦)

"한 구절조차 알지 못하면서" 등은 가벼운 것을 들어서 중한 것에 견준 것이다.

대개 범부는 지혜가 천한지라 누가 법마다 전부를 통달할 수 있겠는가마는, 다만 아는 것은 안다고 하고 모르는 것은 모른다고만 하면 여기에는 허물이 없다. 설령 한 구절의 경과 한 마디의 게송 및 계율의 조그마한 인연조차 알지 못한다 해도 모르는 것은 제쳐놓으려 하지 않고 거짓말로 "잘 안다"고 하면, 곧 안으로는 자기의 마음을 어기는지라 자신을 속이게 되고 밖으로는 그 사람을 그르치는지라 남을 속이는 것이 된다.

一一不解. 一切法不知. 而爲他人作師授戒者. 犯輕垢罪.

일체법 가운데 하나도 모르면서 남의 스승이 되어 계를 일러주는 것은 가벼운 죄가 된다.

(3. 擧非結過)

〔合註〕

하물며 낱낱의 계율조차도 모두 알지 못하고 온갖 불법을 모두 다 모른다면 제 자신도 스승으로부터 배워야 할 일에 겨를조차 없겠거늘, 어찌 다른 사람을 위해 스승이 되어서 계를 일러주겠는가.

◎중죄와 경죄의 성립

계를 받고도 배우지 않으면 이것도 일과一過요, 망령되이 스승이 되려 하는 것도 일과이니, 일마다 죄가 성립된다.

◎개차를 잘 알라

백의白衣를 위해 종신토록의 오계를 일러주는 것과 육재일에 팔계법을 일러주는 것은 모두 다 무죄이다. 그러나 역시 오계와 팔계의 뜻은 알아야 된다.

또 팔계법에서, 만일 비구·비구니가 없으면 식차마나와 사미·사미니가 역시 일러줄 수 있다.

오계의 법에서는, 만일 출가의 오중五衆이 없으면 재가의 이중二衆 또한 일러줄 수 있다.

◎이숙의 과보

『불장경佛藏經』에서 이르기를 "몸이 아직은 법을 증득하지 못했으면서 높은 자리에 앉아 있거나, 자신도 모르면서 남을 가르치면, 으레 지옥에 떨어진다"라고 하였다.

⑲두 가지로 말하여 이간하지 말라

若佛子.

너희 불자들아

初 標人
二 序事
三 結罪
△ 여기는 初의 標人이다.

以惡心故. 見持戒比丘. 手捉香鑪. 行菩薩行.

악한 마음으로 계를 지키는 비구가 손에 향로를 들고 보살행을 하는 것을 보고

二의 序事에서
1. 싸움하게 됨을 든다.
2. 싸움을 하지 말아야 한다.
△ 여기는 1의 擧所鬪遘이다.

〔**合註**〕

"악심惡心"이라 함은 그 사람이 성을 내어서 싸움을 하게 하려는 마음이니, 혹은 그의 현선賢善을 시새워서 방해하고 괴롭히려는 것이기도 하다.

"손으로 향로를 든다"고 함은 애오라지 선행을 하는 한 가지 사례를 든 것이다.

而鬪遘兩頭. 謗欺賢人. 無惡不造者.

나쁜 생각으로 이간질을 해서 싸우게 하겠느냐. 어진 이를 비방하고 속여서 끝없이 나쁜 짓을 짓는 자는

(2. 不應鬪遘)

〔**合註**〕

"이간질을 해서 싸움을 빚어낸다"고 함은 서로를 부추겨서 싸움을 하게 하는 발단이니, 이는 비록 진실을 말할지라도 오히려 범犯이거든,

하물며 비방하고 속임이겠는가.

〔小發〕 미루어 보건대, 군신 간을 참소하여 어지럽히고 골육 사이를 이간질하는 것들이 모두 그런 것이다.

犯輕垢罪.

가벼운 죄가 된다.

(三 結罪)

◎중죄와 경죄의 성립

이 계는 6연緣을 갖추면 죄가 성립된다.

1. 중생일 것

2. **중생이라고 생각할 것**. 지계와 지계 아님의 6구句로 분별해야 하나니, 3구는 약간의 중죄요, 4구는 약간의 경죄이다.

3. **이간질하려는 마음이 있을 것**. 바로 이것이 업의 주主이다.

4. **허물을 말할 것**. 진실이건 진실이 아니건 불문한다.

5. **사람에게 향하여 말할 것**. 만일 계 없는 사람에게 향하여 말하면 저절로 중계에 속하며, 만일 법은 같이하나 그와는 친우가 아닌 이에게 향해 말하면 저절로 제13의 방훼계謗毁戒에 속한다.

△ 여기는 바로 싸움을 붙이겠다는 생각으로 그의 친우에게 말하기 때문에 진실이건 진실이 아니건 간에 모두 범죄이며, 만일 이 사람에게 말하려던 것이 잘못하여 저 사람에게 말했으면 방편죄가 성립된다.

6. **그 사람이 알아차릴 것**. 말마다 죄가 성립된다.

◎ **개차를 잘 알라**

『보살계본』에서 이르기를 "또 보살이, 여러 유정들이 나쁜 벗에게 포섭되어 친애하면서 떨어지지 않는 것을 보면, 보살은 가엾이 여기는 마음으로 이익되게 하고 안락하게 하려는 의락意樂를 내어 능력껏 이간질을 해서 악우惡友와 떨어지고 서로가 친애하지 않게 하면서 장차 오랜 세월동안 의義도 없고 이利도 없음을 받지 않게 한다. 이와 같이 이롭게 하려는 마음으로 이간질하는 말을 하여 남의 애정을 떨어지게 해도 위범한 바가 없으며 많은 공덕이 생긴다"고 했다.

◎ **이숙의 과보**

제6중계 중에서의 설명과 같다.

⑳ 산 것은 놓아주고, 죽게 된 것은 구제하라

若佛子.

너희 불자들아

初 標人
二 序事
三 第二段을 총체로 맺다
△ 여기는 初의 標人이다.

以慈心故. 行放生業. 一切男子是我父. 一切女人是我母. 我生生無不

從之受生. 故六道衆生. 皆是我父母.

자비로운 마음으로 산 것을 놓아주어야 한다. 온갖 남성은 모두가 나의 아버지이고, 온갖 여성은 모두가 나의 어머니이니, 내가 날 때마다 그들을 의지하지 않음이 없다. 그러므로 육도의 중생은 모두 나의 부모인 것이다.

二의 序事에서
1. 六親이 아니어도 제도해야 한다.(非親應度)
A. 육친처럼 생각한다.
B. 慈觀을 기억하게 한다.
2. 이 육친을 제도해야 한다.
3. 擧非結過
△ 여기는 A의 想念如親이다.

〔合註〕

"자심慈心으로써 세 가지 자심을 통틀어 닦는다. 1은 생연자生緣慈이니, 곧 육도가 모두 나의 부모라고 관觀한다. 2는 법연자法緣慈이니, 곧 지수화풍이 나의 신체인 줄 관한다. 3은 무연자無緣慈이니, 곧 세세생생 태어나는 가운데서 불생불멸하는 상주의 법을 깨친다.

而殺而食者. 卽殺我父母. 亦殺我故身. 一切地水是我先身. 一切火風是我本體. 故常行放生. 生生受生. 常住之法. 教人放生. 若見世人殺畜生時. 應方便救護. 解其苦難. 常敎化講說菩薩戒. 救度衆生.

그들을 잡아먹는 것은 곧 나의 부모를 죽이는 것이며, 나의 옛 몸을 먹는 것이다. 온갖 지·수·화·풍의 사대는 모두가 나의 본래 몸이니, 그러므로 항상 산 것을 놓아주어야 한다. 세세생생에 몸을 받아 나는 것은 항상 머무는 법이니 남을 가르쳐서 산 것을 놓아주게 할 것이며, 사람들이 짐승을 죽이려는 것을 보면 방편을 다해서 구하여 액난을 면하게 해 줄 것이며, 항상 보살계를 일러주어 교화해서 중생을 제도해야 한다.

(B. 令憶慈觀)

〔發隱〕

"그들을 잡아먹는다" 함은 사람과 축생을 겸해서 한 말이다.

"중생을 죽인다"면 유독 자기 부모를 죽이는 것만이 아니라 자기 자신도 죽이는 것이다. 왜냐하면 중생들은 똑같이 사대를 받아 몸을 삼음으로 남을 죽이는 그것이 바로 자기를 죽이는 것이 되기 때문이다.

〔合註〕

"남을 시켜서도 산 것을 놓아준다" 함은 이 삼연자비를 사람들에게 개시하는 것이니, "구호"하면 그의 현재의 액난을 면하게 하는 것이요, "교화하고 강설"하면 그의 미래의 고인苦因을 뽑아 주어 미래의 고난을 받지 않게 한다. "구救" 이것은 고를 뽑는 것이요, "도度" 이것은 낙樂을 주는 것이다.

若父母兄弟死亡之日. 應請法師講菩薩戒經律. 福資亡者. 得見諸佛.

生人天上.

만일 부모와 형제의 제삿날이면 법사를 청하여 보살계와 경전을 강의하게 하여 죽은 이의 내생의 복을 빌어 부처님을 뵙고 인간과 천상에 나게 해야 한다.

(2. 是親應度)

〔合註〕

"부처님을 뵙고 인간과 천상에 가 난다" 함은 부처님을 뵙고 법을 들어서 항상 인·천의 무리 안에서 수도하고 영원히 축생인 난처難處를 여의어야 비로소 구경의 방구放救라고 한다.

〔發隱〕

"강연의 복으로 부처님을 뵙는다" 함은 이 계는 바로 삼세제불의 근본이라 계가 있는 데는 곧 부처님이 계시기 때문이요, 부처님 멸도 후에는 계가 스승이 되기 때문이다.

"인간과 천상에 난다" 함은 이 계는 바로 중생인 모든 불자들의 근본이라 오계는 인간에 와 나고 십선十善은 하늘에 가 나는 것이니, 지금의 이 계 중에는 모두 겸비해 있기 때문이다.

그러므로 한 부처님으로부터 차츰차츰 여러 부처님에게 전하였고 천궁으로부터 인간 세계까지 두루 전파한 것이니, 그것을 강의하면 제불의 광명이 거듭 널리 퍼져서 인·천의 길을 환히 열어 준다. 죽기 전에 그 귀에 스치기만 해도 죽으면 그 어두운 식識을 인도해 주거늘,

어찌 복을 비는데 부처님을 뵙고 인간 천상에 가 나게 되지 않겠는가.

若不爾者. 犯輕垢罪.

만약 이와 같이 하지 않으면 가벼운 죄가 된다.

(3. 擧非結過)

◎**중죄와 경죄의 서립**

이 계는 4연을 갖추면 죄가 성립된다.

1. 고통받는 중생일 것
2. 고통받는 중생이라고 생각할 것
3. 자비심이 없을 것
4. 앉아서 보기만 하고 구제하지 않을 것. 일마다 죄가 성립되나니, 신명을 구하지 않으면 이것이 일과一過요, 혜명慧命을 구제하지 않으면 또한 일과죄一過罪이다.

〔용인되는 사항〕

만일 구제하고자 하는데도 힘이 미치지 못하면, 지극한 마음으로 부처님의 명호를 외거나 혹은 그를 위해 설법하면서 혜명慧命의 인연을 구제하게 되면 범죄가 없다.

◎**개차를 잘 알라**

차遮만이 있고 개開는 없다.

◎이숙의 과보

구제하지 않으면 세 가지 자비법문의 이익을 잃게 되고, 구제하면 세 가지 자비법문을 성취한다.

如是十戒. 應當學. 敬心奉持. 如滅罪品中廣明一一戒相.

이와 같이 열 가지 계를 마땅히 배우고 마음으로 받들어 지녀야 하나니, 멸죄품 가운데 하나하나의 계상戒相을 널리 밝혔다.

(三 總結第二段)

㉑성내지 말고 때리지 말며 원수를 갚지 말라

若佛子.

너희 불자들아

初 標人
二 序事
△ 여기는 初의 標人이다.

不得以瞋報瞋. 以打報打. 若殺父母兄弟六親. 不得加報. 若國主爲他人殺者. 亦不得加報. 殺生報生. 不順孝道.

마구 성냄으로써 성냄을 갚지 말고 때림으로써 때리는 것을 갚지 말라. 만일 부모나 형제 육친을 죽였다 해도 원수를 갚지 말 것이며, 임금을 남이 죽였더라도 원수를 갚지 말아야 하나니, 산 사람을 죽여서 원수를 갚는 것은 효도에 따르는 일이 아니다.

二의 序事에서
1. 不應
2. 擧況
3. 擧非結過
△ 여기는 1의 不應이다.

〔發隱〕
부처님의 뜻은, 성을 내고 때리는 것에 도로 성을 내고 때리는 것으로 갚지 않아야 한다는 것이니, 그렇게 되면 사람들이 다시는 은덕으로써 성내고 때리는 것에 보답하고자 하지 않을 것이라는 말씀이다.

『대반야경』 21에서 이르기를 "보살이 싸움을 하고 성을 내고 욕설을 하다가 이내 스스로가 회개하면서, '나는 일체중생들이 마치 다리(교량)와 같이 밟는다 해도 참고 받으면서 마치 귀머거리 같고 벙어리같이 해야 할 터인데, 어떻게 나쁜 말로써 남에게 갚겠느냐. 나는 이 깊고 깊은 무상보리를 깨뜨리지 않아야겠다'고 한다"라고 했다.

또 『대반야경』 20에서 이르기를 "보살이 설사 손발과 몸을 베이고 찍히고 했다 해도 역시 성을 내거나 나쁜 말을 해서는 안 된다. 왜냐하면 내가 무상보리를 구함은 유정이 생사하는 뭇 고통을 구제하여 안락을 얻게 하기 위함인데, 어찌하여 그에게 도리어 나쁜 일을 할 수가 있겠는가"라고 함이 바로 이런 뜻들이다.

천지는 만물을 살게 함을 근원으로 삼는다. 그리고 부모도 낳는 부류이다. 그가 내 부모의 삶을 해치면 나도 그 부모의 삶을 해치게 되므로, 하나의 삶을 죽이면 하나의 삶에 보복함이 나의 삶에 이익됨도 없고 그의 삶에 손해만 더하여서 삶은 더욱 적어지면서 죽임은 더욱 많아지나니, 천지의 화和를 어그러뜨리고 화육의 근원을 손상하게 된다. 이 어찌 효라 할 수 있겠는가.

〔合註〕

"효도에 따르는 일이 아니다" 함은 다른 이가 살해를 당하면 반드시 숙인夙因이 있는지라 쾌快한 뜻으로 원수를 갚게 되어 미래의 원결만 거듭 늘어나게 하나니, 죽은 이를 사랑하는 소이가 아니다.

尚不畜奴婢. 打拍罵辱. 日日起三業. 口罪無量. 況故作七逆之罪.

노비를 길러 꾸짖고 때려 날마다 세 가지 업을 일으켜서 한량없는 죄를 짓지 말 것이거늘 하물며 짐짓 일곱 가지 역죄를 지어서야 되겠느냐.

(2. 擧況)

〔發隱〕

하나의 노비까지 들었으니 그 나머지는 알 만하다. 그러므로 도리에 합하면 형이 죄 있는 이에게 가해질 뿐이요, 도리가 아니면 벌이 아무 죄 없는 이에게는 미치지 않는 것이니, 이는 큰 가운데 지극히 바른 도이다.

사람들은 이르길, "불법은 너무 자慈에만 치우쳐서 집이나 나라에 기여하지 못한다"고 하나, 그는 거의 이런 것들을 상고하지 못해서이다.

〔合註〕

"칠역죄七逆罪"란 마치 맹자(孟軻)가 "남의 아버지를 죽이면 남도 그의 아버지를 죽이며 남의 형을 죽이면 남도 그의 형을 죽이나니, 자기 부형을 죽이는 것과는 서로 한 지척 사이의 거리에 불과하다"고 함과 같나니, 이제 내가 아버지를 위하여 원수를 갚으면 그도 나의 아버지에게 원수를 갚게 된다. 또 장래의 아버지를 해치는 인因을 심었기 때문에 원수를 갚을 것이니, 곧 칠역七逆이라 이름붙일 수 있다.

而出家菩薩. 無慈報讎. 乃至六親中故報者. 犯輕垢罪.

출가한 보살로서 자비한 마음이 없이 복수하되 육친의 원수에 이르기까지 원수를 갚으면 가벼운 죄가 된다.

(3. 擧非結過)

〔合註〕

맺으면서 이르기를 "출가한 보살로서"라 함의 뜻은 "재가보살은 오히려 국법을 겸용兼用할 수 있으므로 곧바로 원수를 갚게 된다"는 것을 드러내었으나, 출가한 이는 단연코 불가하다.

◎중죄와 경죄의 성립

이 계는 5연緣을 갖추면 죄가 성립된다.

1. 원수일 것

2. 원수라고 생각할 것

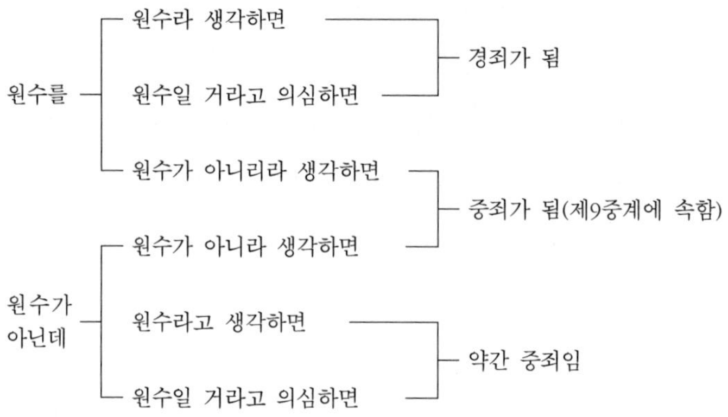

3. 보복하겠다는 마음이 있을 것

4. 성을 내며 보복하는 일을 할 것

5. 그 사람이 알아차릴 것

그를 받아서 때리고 욕설하고 하면 경죄가 성립되고, 만일 생명을 살해하면 결국 제1살계殺戒에 귀속한다.

〔小合〕 재가보살은 곧장 원수를 갚되 재판관의 법률에 의한 판결로 사사로운 감정이 없이 때리거나 죽이게 되면 모두 범죄가 없다. 혹은 사사로운 행으로 보복하거나 혹은 뇌물을 주어 관부官府에 부탁하여 도에 지나친 형벌로 다스리면 하나하나의 형욕刑辱마다 경죄가 성립되며, 해명害命하면 중죄가 성립된다.

〔兼制〕(出戒本經)

○다른 이를 미워하고 원망할 때

만일 보살이 다른 이에게 미워하는 마음을 꼭 갖고 있으면서 버리지 아니하면 — 염오범染汚犯

○은혜를 갚지 아니할 때

다른 이에게 은혜를 받고서도 미워하는 마음으로 그와 똑같게 또는 더 많이 그에게 보답하지 아니하면 — 염오범(보살은 원수는 갚지 않지마는 은혜는 갚아야 한다)

만일 게을러서거나 하면 — 비염오범非染汚犯

〔용인되는 사항〕

만일 방편을 썼는데도 능력이 없거나 방편으로 그를 조복하게 함에서거나 은혜를 갚고자 하는데도 그가 받지 않거나 하면	범죄가 없음

◎개차를 잘 알라

차遮만 있을 뿐 개開는 없다.

◎이숙의 과보

원수를 갚으면 서로가 원수가 되어서도 해치면서 다시는 쉴 날이 없게 되며, 갚지 아니하면 원한이 풀리어서 영원히 원수가 됨이 없다.

㉒교만한 생각을 버리고 법문을 청하라

若佛子.

너희 불자들아

初 標人
二 序事
△ 여기는 初의 標人이다.

初始出家. 未有所解. 而自恃聰明有智. 或恃高貴·年宿. 或恃大姓高門·大解·大福·大富饒財七寶. 以此憍慢. 而不諮受先學法師經律.

처음 출가하여 아직 이해를 못하면서 스스로 지혜가 총명하다고 믿거나 지위가 높고 나이가 많은 것을 믿거나 문벌이 훌륭한 것을 믿거나 복이 많고 재물이 넉넉한 것을 믿고서 교만한 생각으로 먼저 배운 법사에게 경과 계율을 배우기를 꺼려하지 말아야 한다.

二의 序事에서
1. 스스로가 믿고 교만하다.
2. 교만을 내게 되는 對境을 둔다.
3. 擧非結過
△ 여기는 1의 自恃憍慢

〔合註〕

"처음 출가하여"라 함은 그가 법에 물이 듦이 아직 갊지 못함을 밝힌다.

"아직 이해를 못하면서"라 함은 불법 중에서 바른 이해가 없다는 것이니, 이미 법에 물듦이 아직 갚지 못하고 바른 이해가 아직 열리지 못했으면 다시는 교만하지 않아야 할 터인데, 그 법에 물듦이 아직 깊지 못하고 바른 이해가 아직 열리지 못한지라 왕왕 교만을 내기가 쉽다.

스스로가 믿는 일에는 무릇 일곱 가지가 있다. 1은 세간에서 지혜가 총명하다고 믿고, 2는 지위가 높다고 믿으며, 3은 나이가 많은 것을 믿고, 4는 문벌이 훌륭하다고 믿으며, 5는 크게 알고 있다고 믿고, 6은 복이 많다고 믿으며, 7은 재물이 넉넉하다고 믿는 것이다.

其法師者. 或小姓年少·卑門·貧窮·下賤·諸根不具. 而實有德. 一切經律盡解.

그 법사가 비록 나이가 젊고 문벌이 보잘 것 없고 가난하고 감관이 온전하지 못하더라도 진실로 도덕이 있고 경과 율을 잘 알면

(2. 出慢之境)

〔合註〕

"그 법사"라 함은 작은 성바지(어떤 姓을 가진 사람)면 큰 성바지가 아니요, 나이가 젊으면 나이가 많지 아니하며, 문벌이 보잘 것 없으면 문벌이 훌륭하지 못하고, 가난하면 재물이 넉넉지 못하며, 미천하면 지위가 높지 못하고, 감관이 온전치 못하면 총명하거나 크게 앎이 없다.

"진실로 도덕이 있다" 하면 이는 참된 수행이 있음이요, "경과 율을

잘 안다" 하면 이는 바른 이해가 있는 이이니, 해解와 행行이 다 같이 아름답거늘 어찌하여 다시 종성種姓을 논할 수 있겠는가. 이제 와서 묻고 받지 아니하면 그 허물을 어떻게 할 것인가.

而新學菩薩. 不得觀法師種姓. 而不來諮受法師第一義諦者. 犯輕垢罪.

처음 배우는 보살은 이런 법사를 찾아가 그의 문벌 등을 보지 말아야 한다. 그런데 와서 이런 법사에게 제일의제를 배우지 않으면 가벼운 죄가 된다.

(3. 擧非結過)

◎중죄와 경죄의 성립

이 계는 4연緣을 갖추면 죄가 성립된다.

1. 법사일 것
2. 법사라고 생각할 것

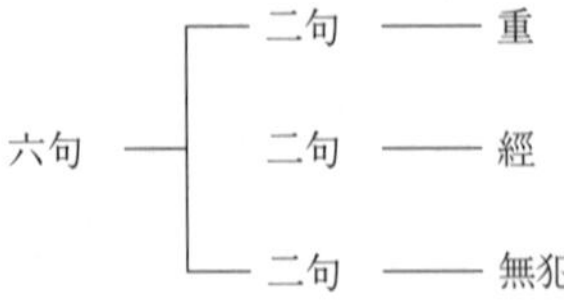

3. 교만한 마음이 있을 것. 바로 이것이 업의 主이니, 앞의 제6계의 "성내거나 괴로워함"과는 다르다.

4. 묻고 받지 아니할 것. 물어야 하고 묻지 않아야 하는 것마다

죄가 성립된다.

〔兼制〕 법사를 업신여기고 비방할 때

설법한 이를 업신여긴다 함은 공경심을 내지 않고 비웃으며 헐뜯으면서 문자에만 집착하고 진실한 이치에 의지하지 아니하면 이는 염오범染汚犯이다.(出戒本經)

◎ 개차를 잘 알라

차遮만이 있고 개開는 없다.

◎ 이숙의 과보

교만하면 정법의 종자를 잃고 완우頑愚하면서 누렬陋劣해지고, 법을 중히 여기면 지혜가 열리고 밝아져서 보리菩提가 더욱 자라난다.

㉓ 교만한 생각으로 편벽되게 설하지 말라

若佛子.

너희 불자들아

初 標人
二 序事
△ 여기는 初의 標人이다.

佛滅度後. 欲以好心受菩薩戒時. 於佛菩薩形像前自誓受戒. 當以七日佛前懺悔. 得見好相便得戒. 若不得好相. 應二七三七. 乃至一年. 要得好相. 得好相已. 便得佛菩薩形像前受戒. 若不得好相. 雖佛像前受戒. 不名得戒.

부처님께서 열반하신 뒤에 좋은 마음으로 보살계를 받들려면 불보살의 형상 앞에서 서원을 세우고 계를 받되 7일 동안 불보살께 참회하여 좋은 징조가 보이면 계를 얻을 것이니라. 만약 좋은 징조가 보이지 않으면 14일, 21일, 1년이라도 좋은 징조가 보일 때까지 참회하여야 한다. 그리하여 좋은 징조가 보이면 불보살의 형상 앞에서 계를 받을 것이며, 좋은 징조가 보이지 않으면 불상 앞에서 계를 아무리 받아도 계를 얻은 것이 아니다.

二의 序事에서
1. 법사 없이 스스로가 받다.
2. 법사에게서 법사에게로 전해 받다.
3. 擧非結過
△ 여기는 1의 無師自受이다.

〔發隱〕
반드시 좋은 징조를 얻어서 법사 없이 스스로 받아야 이에 증명할 수 있다. 그러나 징조 중에는 악마의 일이 여러 가지이므로 수행한 이는 그를 삼가야 할 것이다.

若先受菩薩戒法師前受戒時. 不須要見好相. 何以故. 是法師師師相

授. 故不須好相. 是以法師前受戒時卽得戒. 以生至重心故便得戒. 若千里內無能授戒師. 得佛菩薩形像前自誓受戒. 而要見好相.

그러나 만약 먼저 보살계를 받은 법사에게 계를 받게 되면 좋은 징조가 필요 없다. 이 법사에게서 법사에게로 서로 전하여 받은 것이므로 좋은 징조가 필요치 않다. 그러므로 법사에게서 계를 받으면 계가 얻어지며, 계를 소중하게 여기는 마음을 내기 때문에 계가 얻어진다. 만약 천 리 안에 계를 일러줄 법사가 없으면 불보살의 형상 앞에서 서원을 세우고 계를 받되 좋은 징조를 보아야 한다.

(2. 師師相授)

〔合註〕

"법사에게서 법사에게로 서로 전하여 받은 것이므로 좋은 징조가 필요하지 않다" 함은 차츰차츰 전하여 온 것이라 바로 이들이 여래의 적손이며 역시 법신이 항상 머무른다.

그러므로 율장에서 이르기를 "계율을 지닌 이 사람이 바로 補佛處이다"고 했다.

"지극히 소중하게 여기는 마음을 낸다" 함은 법사를 마치 부처님처럼 여기는 것이다.

"좋은 징조가 보이지 아니하면 계를 얻은 것이 아니다" 함은 스스로가 서원을 세우고 계를 받음이 이와 같이 어려움을 밝히고, "지극히 소중하게 여기는 마음을 내어야 계를 얻는다" 함은 법사로부터 받는 계 또한 쉽지 아니함을 밝힌다.

若法師自倚解經律. 大乘學戒. 與國王太子百官以爲善友. 而新學菩薩來問若經義律義. 輕心惡心慢心. 不一一好答問者. 犯輕垢罪.

만약 법사가 경과 율과 대승법을 잘 알고 임금이나 태자와 벼슬아치와 사귀고 있는 것을 빙자하여 새로 배우는 보살이 경과 율을 묻는데 업신여기는 생각과 나쁜 생각과 교만한 생각으로 낱낱이 잘 일러주지 아니하면 가벼운 죄가 된다.

(3. 擧非結過)

〔合註〕

이미 받아 얻고 나면 먼저 통달한 이(先達)에게 묻고 청하는 것인데, 선달先達이 어찌 업신여기면서 잘 일러주지 아니하겠는가.

〔小發〕 위 문장에 이은 대문으로서, 법사가 없으면 불상의 앞에서 계를 얻고 받되 이와 같은 것은 어렵고, 법사에게서 서로 이어받아 계를 얻음은 이렇게 쉽다. 그렇다면, 법사의 계승이야말로 진실로 큰 것이어서 법사가 된 이면 이런 뜻을 체달하여 자비로 지시하면서 그들을 대하기를 마치 아들처럼 여겨야 옳을 터인데, 안으로는 배운 바에 의지하고 밖으로는 사귄 바를 믿고서 크게 교만을 일으키면서 잘 일러주지 아니할 수 있겠느냐. "업신여기는 생각"이라 함은 오는 그 사람을 홀대하는 것이요, "나쁜 생각"이라 함은 인색하고 시새우는 것이며, "교만한 생각"이라 함은 스스로가 복福과 혜慧를 믿는 것이다.

〔小合〕 살피건대, 우익대사는 보살계를 배우는 법과 거듭하여 보살계를 일러주는 법을 정하였다.(合註雜集 중에서 보라)

『학보살계법學菩薩戒法』의 서문에서 이르기를 "불전에서 스스로가 서원하고 계를 받는 것은, 『범망경』에서 비롯하였고 『지지경地持經』과 『영락경瓔珞經』 등에서 상술하였으니, 이제 모든 경의 행법을 참고해 보자.

△ 『보살계법』의 발문에서 이르기를 '가만히 살피건대, 비구의 수계에는 율에 일정한 형식이 있어서 오부五部가 비록 다르기는 하나 대동소이하기 때문에 오로지 사분四分에 좇아 삭제한 후에 번거로운 문장을 내쳐버려야 하거니와, 보살의 수법受法에는 경과 논이 각각 달라서 『범망경』·『영락경』·『지지경』·『선계경先戒經』 등의 심지관心地觀 등에 미쳐서는 교화 받는 기류機類가 이미 다른지라 상詳과 약略이 서로 다르나니, 그러므로 제정한 취지와 교행敎行 등에 각각 자기 뜻을 토로하여 과조科條를 증설한다. 비록 말씨가 아름답고 뜻이 상세하여 다 같이 그 지극함을 다했다손 쳐도, 그러나 혹은 뜻이 문장으로 인하여 숨겨져서 도리어 경론의 통쾌하고 직접이고 민첩한 것보다는 못하다.

지금 『범망경』의 수법受法에서는 이미 그 전傳을 잃고 겨우 영략影略만이 남은지라, 오직 『지지경』과 『영락경』만이 적확하게 의존하고 계승할 수가 있으므로, 삼가三家의 것을 공경히 참작하여 하나의 법식을 모아 이룬 것이니, 바라는 것은 상세함과 간략함의 그 중간에 알맞도록 하여 일러주는 이와 받는 이가 모두 명백하고 간편하고 쉽게 얻음으로써 번잡한 허물을 면하게 할 따름이다'고 했다.

또 『비니후집문변毘尼後集問辨』에서 이르기를 '(문) 『수계갈마문受戒羯磨文』 중에서는 만일 일러주는 이가 없으면 불상 앞에서 스스로 받을 수 있다고 했고, 『범망경』에서는 스스로가 서원하고 수지하되 반드시 좋은 징조를 얻어야 하고 좋은 징조를 얻지 못하면 계를 얻는 것이 아니라고 했다. 이를 어떻게 회통할 것인가.

(답) 수계란 것은 하나의 사항이라 모름지기 인연으로 논하여야 한다. 인因은 속마음의 은근함과 정중함이요, 연緣은 일러주고 받는 것의 분명함이다. 수증修證에 결부하면 인의 깊음을 귀히 여기고 교도敎道에 결부하면 연의 갖춤을 빌린다.

그러므로 비구의 율장에서는 주지승보住持僧寶의 자체를 엄히 하여 오로지 뭇 연緣만을 중하게 여겼고, 『영락경』·『지지경』에서는 보리에 나아가고 향하는 길을 열면서 인지因地만을 관觀했을 뿐이니, 『범망경』에서 최초에 계를 제정할 때는 이치로 보아 두 가지 법으로 나란히 도와야 했기 때문에 비록 스스로가 받는 것을 허락하기는 했으나 반드시 징조를 보는 것을 종기終期로 삼았다.

또 알아야 한다. 마치 『기신론』에서 밝힌 바와 같아서, 혹은 어떤 중생은 대비大悲 때문에 발심하기도 하고, 혹은 정법이 멸하려 하므로 법을 보호하는 인연 때문에 발심하기도 하며, 또 부처님의 색상을 보고 발심하기도 한다. 여기의 『범망경』에서 정한 것은 좋은 징조를 보게 하여 그로 하여금 보리를 내며 나아가게 하려는 까닭이요, 『지지경』에서 그 불상 앞에서 수계할 수 있다고 허한 것은 그가 이미 발심한 이임을 지칭할 뿐이다. 그렇다면, 『범망경』은 법을 세움에 엄격하고 『지지경』은 사람을 가림에 엄격해서이니, 역시 서로가 표리가 된다'고 했다.

또 『영락경』에서 이르기를 '제불·보살이 계신 앞에서 받으면 상품계라 하고, 법사에게서 전해 받으면 중품계라 하며, 천 리 안에 법사가 없으므로 불상 앞에서 스스로 받으면 하품계라고 한다'고 했다.

또한 좋은 징조를 본다고 하는 말이 없기는 하나 오히려 대충 말하여 외연外緣에서 본 분별일 뿐이며, 또 어떤 논에서 이르기를 '증상심增上心을 내면 증상계를 얻는다"고 했고, 또 이르기를 "마음이 그지없기 때문에 계 또한 그지없다'고 했나니, 이렇다면 역시 내인內因에서 보면 상·중·하로 나눌 수 있다.

이제 사람들이 계를 구함에는 크게 자신을 살피되, 과연 생각 생각마다 비지悲智와 상응할 수 있어서 위로는 정법을 짊어지고 아래로는 함생含生을 가엾이 여겨져야 곧장 『영락경』과 『지지경』을 좇을 수가 있다.

혹여 불도를 바란다 하더라도 비지가 아직 깊지 못하면 모름지기 『범망경』 법문의 '천 리 안에 계를 일러줄 법사가 없으면 반드시 좋은 징조를 보아야 한다'는 설을 꼭 잡아 지녀야 할 것이다.

다시 혹은 현재 밝은 법사가 있는데도 마음에 교만이 있어서 그로부터는 수계를 구하지 않고 불상을 향해서 이를 구한다면, 두 경에서도 모두 허락하지 않는 바요 오회五悔도 끝내 성공하지 못할 것이니, 이미 멀리 극동極東에 나아가려 했다면 어찌 인지因地에서 참되지 아니함을 용납하겠는가. 호걸지사豪傑之士는 단연코 자기自欺 자광自誑하지 않아야 하리라"라고 하였다.

◎중죄와 경죄의 성립

이 계는 4연을 갖추면 죄가 성립된다.

1은 법을 구하는 사람일 것.

2는 법을 구하는 사람일 것.

3은 교만한 마음이 있을 것.

4는 편벽된 설명이 입으로부터 나올 것. 말마다 죄가 성립된다.

◎개차를 잘 알라

차遮가 있을 뿐 개開는 없다.

◎이숙의 과보

법에 인색하면 어리석어지고, 교만하면 비루하고 하렬해지며, 인색하지도 않고 교만하지도 아니하면 공덕과 지혜가 저절로 장엄된다.

㉔불법을 익히고 배워라

若佛子.

너희 불자들아

初 標人
二 序事
△ 여기는 初의 標人이다.

有佛經律大乘法. 正見正性正法身. 而不能勤學修習.

부처님의 경과 율과 대승법과 바른 지견과 바른 성품과 바른 법신이 있음에도 불구하고 부지런히 배우지 아니하여

二의 序事에서
1. 배울 것을 배우지 아니한다.
2. 배우지 말아야 할 것을 밝힌다.
3. 擧非結過
△ 여기는 1의 應學不學이다.

〔合註〕

"경과 율과 대승법"이라 함은 보살장을 통틀어 가리킨다.

"바른 지견"이란 만행에서의 아는 것이요, "바른 성품"이란 올바른 인의 성품이며, "바른 법신"이란 올바른 과의 성품이다.

而捨七寶. 反學邪見二乘外道俗典. 阿毘曇雜論一切書記.

칠보七寶를 버리고 도리어 삿된 소견으로 이승과 외도의 속전과 아비담과 잡론 등 일체의 여러 글들을 배우겠는가.

(2. 明不應學)

〔發隱〕

"칠보七寶"에는 두 가지 뜻이 있다. 1은 수승하다는 뜻이니, 온갖 교敎의 편벽되고 하열한 것에서 뛰어났기 때문이다. 2는 이롭게 구제한다는 뜻이니, 일체중생에게 공덕과 법法·재財를 줄 수 있기 때문이다.

〔合註〕

"삿된 소견"이란 아래 문장의 모든 법을 통틀어 지칭한 것으로서, "이승"은 편공에 떨어진 이요, "외도"는 그 잘못된 생각을 고집하고 있는 이며, "속전俗典"은 겨우 세상일이나 써 놓은 책이요, "아비담"은 이승의 논이며, "잡론"은 곧 외도의 이론이요, "일체서기一切書記"는 곧 속전에 써 놓은 세론이니, 온갖 세간에 있는 서적과 전설이다.

〔發隱〕

이승에서 일으켜 이것에서 그쳤거니와, 비록 얻은 바에 천심淺深과 우열이 있다손 치더라도 부처님의 대승 경전에 대해 보면 모두가 사견이요 와력瓦礫이며 니사泥沙이다. 취사할 줄 모른다면 법을 간택하는 안목이 어디에 있겠느냐.

지금의 계는, 사람들이 소승을 택하면서 대승을 버릴까 두렵기 때문에 금제를 더한 것이요 성문을 가벼이 여기라는 말은 아니다. 새로 배우는 이은 지견이 얕으므로 부디 소홀함이 없게 하라.

是斷佛性. 障道因緣. 非行菩薩道者. 若故作者. 犯輕垢罪.

이 같은 일은 불성을 끊는 것이며 도에 장애가 되는 인연으로 보살도를 행하는 것이 아니니, 만약 짐짓 그러한 일을 하면 가벼운 죄가 된다.

(3. 擧毘結果)

〔合註〕

"불성을 끊는다" 함은 이승은 보리의 싹을 태우고 외도는 정각의 종자를 쪼개버린다는 말이다.

"도에 장애가 되는 인연"이라 함은 안으로는 정해正解에 미혹되는 인이요, 밖으로는 정수正修를 어지럽히는 연이다.

〔發隱〕

(문) 앞에서는 "배대향소계背大向小戒(제8계)"라 말했고, 그 다음에는

"벽교僻教(제15계)"라 말했으며, 여기서는 "불습不習"이라 말했고, 뒤에서는 "잠념暫念(제34계)"이라고 말하고 있는데, 이 사계四戒는 남용을 한 것 같다.

(답) 첫째는 뜻이 잘못되게 살리기 때문이요, 둘째는 가르침이 편벽되게 인도되기 때문이요, 셋째는 안연하게 소승을 익히면서 대승 배울 생각을 하지 않기 때문이요, 넷째는 권도權道로 때로는 소승을 익히기는 하나 천천히 대승 배울 것을 도모하기 때문이다. 그러므로 서로가 남용된 것이 아니다.

◎중죄와 경죄의 성립

한결같이 소승만을 익히면 이는 차업遮業일 뿐이다. — 비염오범毘染汚犯임

한결같이 외도만을 익히면 성性·차遮의 두 업이다. — 염오범染汚犯임

〔용인되는 사항〕

만일 뛰어나게 총명하여 빨리 受學할 수 있거나
오랫동안 배운지라 잊지 않았거나
생각하다가 뜻을 알았거나
불법을 구족하게 관찰하여 不動智를 얻었거나
하루에 늘 3분의 2는 불경을 수학하고 3분의 1은 外典을 수학한다면

— 범죄가 없음

〔兼制〕

보살인 비구·비구니가 성문의 비니를 배우지 아니하면 역시 경구죄가 된다.

〔釋義〕『계본경戒本經』에서 이르기를 "만일 보살이 여래의 바라제목차 중에서 비니가 차죄遮罪라고 건립함은 중生을 보호하기 위해서요 믿지 않는 이로 하여금 믿게 하고 믿는 이면 더욱 넓게 함에서이니, 성문과 똑같이 배울 것이다. 왜냐하면 성문은 자신을 제도하되 남을 수호함도 버리지 않거든 하물며 보살로서 제일의로 제도함이겠는가.

또 차죄가 소리少利와 소작少作과 소방편少方便에 머무른다면, 보살은 이 계는 같이 배우지 말아야 한다. 첫째 친척 아닌 이에게 옷을 달라는 계, 둘째 마음대로 주는 것을 받는 계, 셋째 바리때를 많이 받는 계, 넷째 자신이 실 등을 빌어다 옷을 만들게 하는 계, 다섯째 와구와 방석을 받는 戒, 여섯째 금·은·돈을 받는 계 등이니, 이 여섯 가지 계만은 성문에게는 그 자신을 위한 것이라 못하게 했거니와 보살은 그가 남을 위한 것이라면 인정된다. 그렇다면 그 밖의 244계는 모두가 같이 배워야 한다는 것이 분명해진다. 만일 배우지도 않고 지니지도 않는다면 벌써 비구계를 범한지라 역시 보살계도 범한 것이다. 그 죄는 성문에 비하여 한층 더하다.

이 보살비구는 보살사미 등과는 같지 않기 때문이니, 곧 보살사미는 역시 십계와 위의법을 배우게 된다.

보살우바새가 아니기 때문에, 만일 배우지 않고 지니지 아니하면 성문의 사미에 비하여 역시 한층 더해진다.

대개 칠중이 이 보살계를 받을 적에는 곧 오계·십계·육중六重·육수六隨·250계 등을 들어서 모두가 전해지므로 무진계체無盡戒體가 되나니, 모두가 보살로서는 배워야 한다.

그러므로 경문에서는 "이승의 아비담을 배우는 이는 죄가 된다"고만 말하였고, "비니를 학습하면 죄가 된다"고는 말하지 않은 것은, 비니야말로 대승·소승에 다 통하는 길이요 원래부터 이승에만 단순히 속하지 않았기 때문이다"라고 했다.

◎ **개차를 잘 알라**

사도와 소승이 동일하다고 보이면서 유도하여 인접하게 될 때

◎ **이숙의 과보**

한결같이 소승을 익히면 보리에 장애되고, 외도를 익히면 애견愛見에 떨어진다.

㉕ 대중을 잘 통솔하라

若佛子.

너희 불자들아

初 標人
二 序事
三 結罪
△ 여기는 初의 標人이다

佛滅度後. 爲說法主. 爲行法主. 爲僧坊主. 教化主. 坐禪主. 行來主.

부처님께서 열반하신 뒤에 법을 말하는 주인이 되거나 법을 행하는 주인이 되거나 절의 주인이 되거나 교화하는 주인이 되거나 참선하는 주인이 되거나 나다니는 일을 맡게 되거든

二의 序事에서
1. 대중의 주인되는 예를 든다.
2. 明應
3. 不應
△ 여기는 1의 出衆主이다.

〔**合註**〕

"법을 말하는 주인"이라 함은 바로 지금의 법사요, "법을 행하는 주인"이라 함은 청규를 맡은 이로서 또한 율사일 수도 있으며, "절의 주인"이라 함은 안거하는 방사 등을 맡은 이로서 지금의 직원直院이요, "교화하는 주인"이라 함은 사람들에게 권하여 복업福業을 짓게 하는 이며, "참선하는 주인"이라 함은 참선 익히는 일을 맡은 이로서 마치 승당僧堂의 수좌 같은 이들이요, "나다니는 일을 맡은 이"라 함은 잠시 동안 왔다 가는 객에 대한 일을 맡은 이로서 지금에는 지빈知賓이라고 한다.

應生慈心. 善和鬪諍. 善守三寶物. 莫無度用. 如自己有.

마땅히 자비로운 마음으로 다투는 것을 화해시키고 삼보의 물건을 잘 수호하여 자기의 물건과 같이 함부로 쓰지 말아야 한다.

(2. 明應)

〔義疏發隱〕

세 가지 일이 있어야 한다. 1은 자심慈心이니, 중생과 함께하려는 즐거움을 말한다. 2는 다툼을 잘 화합시킴이니, 법대로 다툼을 소멸시킨다. 3은 삼보의 물건을 잘 수호함이니, 알맞은 일에 시설하고 사용할 것이요 서로 넘나들며 사용하지 아니한다.

서로 뒤섞어서 사용하는 데는 두 가지가 있다. 1은 세 가지는 그 중에서 특별히 서로 뒤섞어서 사용할 수 없나니 마치 불물佛物을 승가용으로 할 수 없는 것이 그것이다. 2는 한 가지는 그 중에서 특별히 서로 뒤섞어서 사용할 수 없나니, 마치 식량을 대는 승물에다 승당을 지으면 화가火枷지옥에 떨어짐과 같은 것이 그것이다.

而反亂衆鬪諍. 恣心用三寶物者.

만약 대중의 질서를 문란하게 하고 다투게 하며 삼보의 물건을 함부로 쓰면

(3. 不應)

〔義疏發隱〕

다만 뒤의 두 가지 일만 예거例擧하고 "불생자심不生慈心"이라고 들지 않은 것은, 이 두 가지 일은 그것이 바로 자심이 없는 것이다. 만일 자심으로 아래를 향하면 반드시 대중을 수호하고 편안하게 하기 때문이요, 자심으로 위를 향하면 반드시 삼보의 물건을 잘 지키기 때문이다.

犯輕垢罪.

가벼운 죄가 된다.

(三 結罪)

◎**중죄와 경죄의 성립**

다툼을 잘 없애지 못하면 일마다 허물이 성립된다.(만일 싸우는 일을 일으키면 따로 性罪가 된다)

물物을 잘 수호하지 아니하면 사용하는 데마다 과過가 성립된다.(만일 三寶의 物을 互用하면 저절로 盜戒에 속한다)

◎**개차를 잘 알라**

차遮가 있을 뿐 개開는 없다.

◎**이숙의 과보**

다툼을 잘 없애지 않으면 파승破僧의 방편죄가 되고, 물物을 잘 수호하지 아니하면 빈궁과 곤고의 과보를 초래하거니와, 잘 화합시키고 잘 수호하면 대중을 잘 통솔하게 되어서 온갖 것에 걸림이 없다.

㉖ 혼자만 이양을 받지 말라

若佛子.

너희 불자들아

初 標人
二 序事
三 結罪
△ 여기는 初의 標人이다.

先在僧坊中住. 後見客菩薩比丘來入僧坊舍宅城邑. 若國王宅舍中. 乃至夏坐安居處. 及大會中.

먼저 와서 승방僧房에 머물러 있을 때 보살이나 비구나 손님으로 오거나 집이나 도시, 임금이 지은 절과 안거安居하는 곳에나 큰 법회 중에 오는 것을 보거든

二의 序事에서
1. 客이 왔을 때
2. 明應
3. 不應
△ 여기는 1의 客至이다.

〔**合註**〕

"보살"은 대사大士들을 말하며, "비구"는 성문들을 말하나니, 모두에게는 이양利養의 몫이 있어야 한다.

"국왕의 택사宅舍"라 함은 임금이 지어 준 절을 말한다.

先住僧應迎來送去. 飮食供養. 房舍臥具. 繩牀木牀. 事事給與. 若無物. 應賣自身及男女身. 割自身肉賣. 供給所須. 悉以與之.

먼저 와 있는 대중은 일어나 마중하고 배웅해야 하며, 음식으로 공양하고 방과 이부자리와 평상과 좌복 등 필요한 것을 주어야 한다. 만약 줄 물건이 없거든 자기의 몸이나 아들딸의 몸이나 자기의 살을 베어 팔아서라도 필요한 것을 공급하고 주어야 한다.

2의 明應에서
A. 예배하고 영접하며 공급해야 한다.
B. 차례에 따라 초청을 받게 한다.
△ 여기는 A의 應禮接供給이다.

〔合註〕

"자기 몸 등을 팔아서라도"라 함은 중한 것을 들어 경한 것에 견준 것이니, 몸을 팔고 살을 깎아서도 오히려 공급해야 하거든, 하물며 본래 모두에게 몫이 있는 이양이겠는가.

〔發隱〕

승니로서 만일 도중徒衆에 있으면서도 아직 머리를 깎지 않았으면, 모두 남녀라고 일컬을 수가 있다.

若有檀越來請衆僧. 客僧有利養分. 僧坊主應次第 差客僧受請. 而先

住僧獨受請. 而不差客僧者. 僧坊主得無量罪. 畜生無異. 非沙門. 非釋種姓.

만약 신도가 와서 대중을 청하면 손님으로 온 스님도 공양을 받을 자격이 있으므로, 손님으로 온 스님도 공양을 받도록 해야 한다. 승방주가 마땅히 차례대로 손님으로 온 스님을 구분하여 청을 받도록 해야 한다. 먼저 있던 스님들이 초청을 받고 손님으로 온 스님이 초청을 받지 못하게 되면 절을 맡은 스님은 한량없는 죄를 얻을 것이며 짐승과 다를 것이 없고 사문이 아니며 불제자가 아니니

(3. 不應)

犯輕垢罪.

가벼운 죄가 된다.

(三 結罪)

◎**중죄와 경죄의 성립**

이 계는 4연을 갖추면 죄가 성립된다.

1. 객이 있을 것. 이양의 분分을 얻어야 할 이가 계내界內에 와 있을 때.
2. 객이 있다고 생각할 것. 6구句 중 2구는 중죄, 2구는 경죄, 2구는 무범無犯.
3. 혼자 받겠다는 마음이 있을 것. 바로 이것이 이 업의 주主이다.
4. 공양에 보내는 일이 끝났을 것

만일 僧次를 알고서 그 사람이 확실하게 왔는데도 보내지 아니하면	——	경구죄임	——	보내지는 때에, 界外서거나 다시 올 이가 있는데 그가 차지하는 몫이 없게 되기 때문이다.
만일 差出을 끝마치고 별도로 딴 사람에게 주었을 때, 그 사람은 자신이 청을 받지 말아야 함을 알면서도 시주의 집에 가서 밥과 옷을 받고 5전을 가지게 되었다면 짐승과 다름이 없다.	——	差出에 책임을 맡은 이와 똑같이 중죄가 성립됨		

〔兼制〕

객이 왔는데도 승중僧中의 물物의 분分을 주지 않거나 일어나서 영접하지 아니하면 경구죄가 성립된다.

◎개차를 잘 알라

차遮가 있을 뿐 개開는 없다.

◎이숙의 과보

『자비도량참법慈悲道場懺法』에서 자세히 설명한 바와 같다.

㉗별청을 받지 말라

若佛子.

너희 불자들아

初 標人

二 序事

三 結罪

△ 여기는 初의 標人이다.

一切不得受別請. 利養入己.

자기만을 따로 청하는 초청을 받아 자기만의 이양을 취하지 말라.

二의 序事에서

1. 하지 말아야 함을 표시한다.
2. 하지 말아야 함을 풀이한다.
3. 하지 말아야 함을 結言한다.

△ 여기는 1의 標不應이다.

〔發隱〕

갖가지의 자기만을 따로 청하는 초청은 모두 받을 수 없는데도 이익을 받아들이면 자기 혼자서 차지하는 것이 된다.

而此利養. 屬十方僧. 而別受請. 卽是取十方僧物入己.

이런 이양은 시방의 스님들과 함께 받아야 할 것이니, 혼자만의 초청을 받으면 시방의 스님들 몫을 자기 혼자서 차지하는 것이며

(2. 釋不應)

〔合註〕

“이것은 시방의 스님네 몫을 자기 혼자 차지한다”고 함은 위 문장을 이어받은 대문으로서, 받아서는 안 되기 때문이다.

시주가 복을 닦음에는 두루 평등한지라 온갖 이양의 보시는 본래 시방의 스님네들에게 다 속해 있는데, 그대가 따로 받음으로 말미암아 저 시방의 스님네로 하여금 이양을 얻지 못하게 한 것이므로, 멀리는 시방 스님네 몫을 탈취했다는 뜻이 성립된다.

及八福田中. 諸佛聖人. 一一師僧父母病人物自己用故.

여덟 가지 복전 가운데 부처님과 성인과 여러 스님들과 아버지와 병든 이 등의 물건을 혼자서 수용하는 것이므로

(3. 結不應)

〔合註〕

“팔복전八福田”에는 다 같이 승차僧次로 이양을 얻어야 된다는 뜻이 있나니, 마치 부처님이 혹은 화신으로 스님이 되기도 함과 같다. 그 나머지는 알 만하다.

犯輕垢罪.

이는 가벼운 죄가 된다.

(三 結罪)

◎**중죄와 경죄의 성립**

이 계는 3연緣을 갖추면 죄가 성립된다.

1은 이것이 별청別請일 것.

2는 별청이라고 생각할 것.

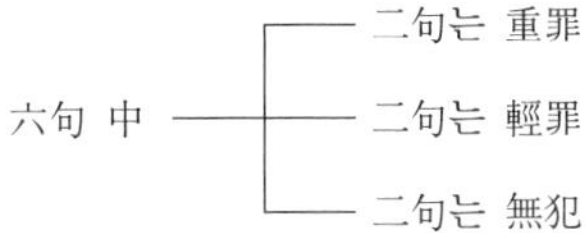

3은 받아 마쳤을 것. 죄가 성립됨.

〔**용인되는 사항**〕

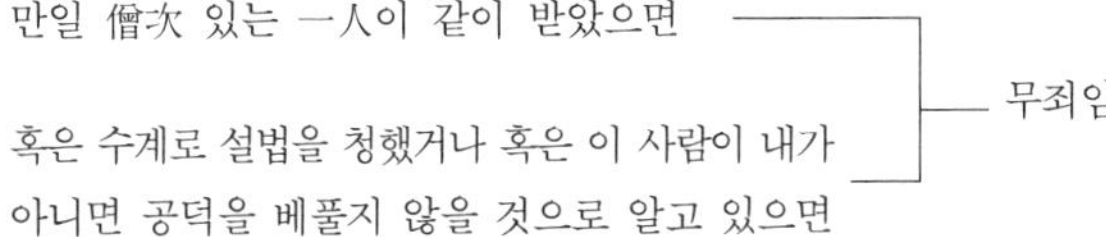

◎**개차를 잘 알라**

『계본경』에서 이르기를 "단월檀越이 와서 '자기의 집이거나 절 안이거나 그 밖의 다른 집까지 와야 의식과 갖가지 중구衆具를 보시하겠다'고 청할 때에, 보살이 성을 내고 교만한 마음으로 받지도 않고 가지도 아니하면 이는 염오범染汚犯이니라.

범하지 않은 것은, 병이 들었거나 기력이 없어서거나 미쳤거나 먼 곳이었거나 가는 길에 있을 재난을 두려워해서거나 알면서도 받지 아니함이 그로 하여금 조복되게 함이거나 먼저 청을 받았거나 선법을 닦으면서 잠시도 폐지하고 싶지 않고 미증유한 법을 들어서 이익 되는 뜻과 결정된 논을 얻으려 함에서거나 청한 이가 속이면서 괴롭히려는 것을 알았거나 여러 사람들의 미워하는 마음을 보호함에서거나 승가의 제도를 보호하기 위해서 등등이다"라고 했다.

〔解曰〕

이것은 대중들을 통솔하기 위해서 받는 공양이요, 따로 받는 것이 아니다.

또 이르기를 "어떤 단월이 금·은·진주·유리 등의 갖가지 보물을 보살에게 보시할 때, 만일 성을 내고 교만한 생각으로 거역하면서 받지 아니하면 이는 염오범染汚犯이니, 중생을 버리기 때문이다. 게을러서 받지 않으면 비염오범非染汚犯이다.

범하지 않은 것은, 받고 나면 반드시 탐착이 날 것을 알았거나 혹은 시주가 후회를 내겠거나 혹은 시주가 미혹을 하겠거나 혹은 시주가 가난으로 괴로워하겠거나 또는 이는 삼보물이요 이는 도둑질한 물건임을 알았거나 만일 받고 나면 많은 괴로움이 있을 것을 알았거나(이른바 살육·포박 형벌·재물의 탈취·책망을 당하게 되는 따위) 할 때이다"라고 했다.

이야말로 받는다면 대중을 위해서요, 자신이 차지하려는 것이 아니다.

◎ **이숙의 과보**

이미 멀리 시방 스님네의 몫을 탈취했다는 뜻이 있으므로, 역시 도계盜

戒의 등류等流이다.

㉘ 스님네를 따로 초청하지 말라

若佛子.

너희 불자들아

初 標人
二 序事
三 結罪
△ 여기는 初의 標人이다.

有出家菩薩. 在家菩薩. 及一切檀越請僧福田求願之時. 應入僧坊問知事人. 今欲請僧求願. 知事報言. 次第請者. 卽得十方賢聖僧.

출가한 보살이나 집에 있는 보살이나 여러 신도들이 복전인 스님들을 초청하여 소원을 이루고자 할 때 마땅히 승방에 들어가서 소임을 가진 이에게 물을 것이니 '저는 지금 스님들을 초청하여 소원을 이루고자 합니다' 하거든, 소임을 가진 이는 '차례대로 스님을 초청하여야 시방의 거룩한 스님을 얻습니다'라고 대답해야 한다.

二의 序事에서
1. 해야 함을 표시한다.
2. 해야 함을 풀이한다.
3. 하지 않아야 한다.

△ 여기는 1의 標應이다.

〔合註〕

"차례대로 스님을 초청하여야 시방의 거룩한 스님을 얻습니다"라고 함은 범부와 성인은 측량하기 어려운지라 망령되이 분별을 내지 말아야 하기 때문이다.

而世人別請五百羅漢菩薩僧. 不如僧次一凡夫僧.

그런데 세상 사람들이 오백나한이나 보살을 따로 청하는 것은 차례에 따라 한 사람의 범부 스님을 초청하는 것만 못하다.

(2. 釋應)

〔發隱〕

『사십이장경四十二章經』에서 "악인에게 밥을 대접하는 것으로부터 여래에게 공양하는 것까지의 복덕은 그 승열이 하늘과 땅 차이"라는 이것은 전田을 논한 것이요, 이 경에서 이른 것은 바로 심心을 논한 것이다. 때에 따라 중하게 취한다 해도 서로가 장애는 없다.

그러나 "이 성인이 범부 스님을 초청한 것보다 못하다" 함은 평등하게 공양할 것을 논했을 뿐이요, 스승 구하는 것을 논한 것은 아니다. 스승을 구하면 명明에 나아가고 암闇을 버리며 현賢을 친하고 우愚를 멀리하는 것이기에, 갖춘 안목으로 방도를 참구할 것이거늘 어찌하여 간택하지 않을 수 있겠는가.

若別請僧者. 是外道法. 七佛無別請法. 不順孝道.

만약 따로 스님을 청한다면 이는 외도들이 하는 법이다. 과거칠불過去七 부처님은 따로 청하는 법이 없으며 효순하는 도가 아니니

(3. 不應)

〔**發隱**〕

승차僧次에 의하여 청하는 일은 과거칠불 때부터 정해진 법인지라, 부처님의 가르침을 따르지 않는다면 이는 거역이다.

또 평등하게 스님을 보면서 모두가 공경해야 하겠거늘 간택한 바가 있다면, 이는 마치 아버지는 공경하면서 어머니는 업신여기는 것과 같나니 어찌 효도에 어긋나지 않겠는가.

〔**合註**〕

칠불七부처님이란, 1은 비바시불毘婆尸佛 또는 유위불維衛佛이라 하나니, 번역하면 승관勝觀이다. 2는 시기불尸棄佛 또는 식기불式棄佛이라 하나니, 번역하면 화火이다. 3은 비사부불毘舍浮佛 또는 비사바불毘舍婆佛 또는 수비불隨比佛 혹은 수기불隨棄佛이라 하나니, 번역하면 변일체자재徧一切自在이다.(이 세 분의 세존은 모두가 과거의 장엄겁 동안에 세상에 나오셨다)

4는 구류손불拘留孫佛 또는 구루진불拘樓秦佛이니, 번역하면 소응단所應斷이다. 5는 구나함모니불拘那含牟尼佛이니, 번역하면 금적金寂 또는 금선金仙이다. 6은 가섭불迦葉佛이니, 번역하면 음광飮光이다.

7은 석가모니불 또는 석가문불釋迦文佛이니, 번역하면 능인적묵能仁寂默이며 능유能儒라고도 번역한다.(이 네 분의 여래는 모두 현겁 동안에 세상에 나오셨다)

경 가운데 곳곳에서 매양 칠불을 인용하여 증의證義하거니와, 그분들은 다 같이 이 국토에 계셨기 때문이며, 또 근간 100소 겁 동안 이내의 장수천들은 모두가 일찍이 친견했다.

若故別請僧者. 犯輕垢罪.

짐짓 스님들을 따로 초청하면 가벼운 죄가 된다.

(三 結罪)

◎중죄와 경죄의 성립

성문율에 의거하건대, 만일 승차 중에서 한 사람을 청하려 하면 나머지 분에서 따로 지명하여 청구하는 것은 범죄가 아니라고 했나니, 이는 똑같이 해야 하나 만일 일률적으로 승차에서 청하면 더욱 좋다.

◎개차를 잘 알라

법사를 친히 하고 벗을 취함에는 잘 간택해야 함과 같은 것은 마치 설법하고 수계에는 중인衆人을 화도化度하는 것이라, 그 재덕才德이 모두 훌륭한 이를 간택하여 청하게 됨과 같은 것이니, 범죄가 아니다.

◎이숙의 과보

별청別請하면 평등 무상無相한 법문에 어긋나고 광대 원만한 복덕을 잃을 것이요, 별청하지 아니하면 한 방울의 물이 바다에 들어가면 단번에 바닷물과 한 몸이 되는 것과 같다.

㉙나쁜 직업을 갖지 말라

若佛子.

너희 불자들아

初 標人
二 序事
△ 여기는 初의 標人이다.

以惡心故. 爲利養.

나쁜 마음으로 이양을 위하여

二의 序事에서
1. 惡心을 밝힌다.
2. 일곱 가지 사례를 나열한다.
3. 擧非結過
△ 여기는 1의 明惡心이다

〔合註〕

“나쁜 마음”이란, 낌새를 알아채고 중생을 이익 되게 하려는 마음이 아님을 밝힌다.

販賣男女色. 自手作食. 自磨自舂. 占相男女. 解夢吉凶. 是男是女. 呪術. 工巧. 調鷹方法. 和合百種毒藥·千種毒藥·蛇毒·生金銀毒·蠱毒.

남색과 여색을 팔거나, 자기 손으로 음식을 만들거나, 맷돌에 갈고 방아를 찧거나, 남녀의 상을 보고 점을 치고 길흉을 해몽하거나, 아들딸을 예언하며 주문과 교묘한 술법을 쓰거나, 매를 길들이거나, 여러 가지 독약과 금은의 독과 벌레의 독을 만들겠느냐.

(2. 例七事)

〔合註〕

이양을 위해 하는 일곱 가지 일을 함께 나열했나니, 1은 색色을 파는 것이요, 2는 음식을 만듦이요, 3은 점을 치고 상을 보고 해몽을 함이요, 4는 주문과 술법을 씀이요, 5는 재주를 부림이요, 6은 매를 길들임이요, 7은 독약이다.

都無慈愍心. 無孝順心. 若故作者. 犯輕垢罪.

이것은 자비로운 마음과 효순하는 마음이 없는 것이니, 짐짓 범하면 가벼운 죄가 된다.

(3. 擧非結過)

〔發隱〕

"자비롭다"면 사물을 마치 자기처럼 보겠거늘 어찌 차마 제 몸을 살리기 위하여 사물을 해롭게 하겠으며, "효순"하다면 중생을 마치 나의 부모처럼 보겠거늘 어찌 차마 아들의 몸을 살리기 위하여 어버이를 상하겠는가. 자慈와 효심이 없다면 제 몸 살 것만을 알 뿐이거니, 어찌 뒷일까지 염려하겠는가.

◎ **중죄와 경죄의 성립**

독약을 섞이게 되는 때에는 경죄가 성립되거니와, 만일 중생을 해치게 되면 그에 따라 살죄殺罪가 성립된다. 매를 길들이는 것도 역시 그러하다.

〔兼制〕

출가인에게는 사사四邪와 오사五邪와 팔예八穢까지를 모두 이 계에서 겸제兼制하고 있다.

사사四邪라 함은 1은 앙구식仰口食이니, 얼굴을 위로 성수星宿을 쳐다보면서 천문으로 성쇠를 따지는 직업 등이다. 2는 하구식下口食이니, 논밭을 갈며 식목을 심는 등이다. 3은 방구식方口食이니, 사방을 돌아다니면서 권세 있고 귀한 이들에게 아부하며 붙어사는 등이다. 4는 유구식維口食이니, 의술과 점술 따위의 잡기로 생활해 가는 따위이다.

오사五邪라 함은 1은 괴상한 형상을 나타내어 이끗을 구하는 것이요, 2는 자기 공덕을 말하여 이끗을 구하는 것이요, 3은 점상占相으로 사람의 길흉을 말하여 이끗을 구하는 것이요, 4는 호언장담으로 위세를 가장하여 이끗을 구하는 것이요, 5는 저곳에서 이끗을 얻으면 이곳에서 칭찬하고 이곳에서 이끗을 얻으면 저곳에서 칭찬하여 이끗을 구하는 것이다.

팔예八穢라 함은 1은 전택과 원림이요, 2는 식물을 심어 수확을 거둠이요, 3은 곡식과 비단을 저축함이요, 4는 노복을 기름이요, 5는 짐승을 기름이요, 6은 돈과 귀한 보물이요, 7은 짐승의 털로 만든 요와 가마솥이요, 8은 상아와 금으로 장식한 침대와 여러 귀중한 물건이다.

또 『선생경善生經』에서 이르기를 "만일 우바새로서 농사를 짓는 이가 정수淨水와 육지에서 심는 것을 구하지 아니하면, 실의죄失意罪가 된다"고 했다.

〔小合〕 "정수淨水"라 함은 벌레가 없는 물을 말하며, "육지에서 심는 것"이라 함은 육지에서 나는 곡맥穀麥 등이니, 물을 사용하지 아니하면 벌레가 상하게 된다.

◎ **개차를 잘 알라**

출가인은 혹여 우연히 점·상相·주·술·공교工巧를 사용하여 근기에 따라 중생을 유도하면서 불도에 들게 하기도 하나니, 이익을 바라는 마음이 아닌지라 역시 범죄가 없다.

주술은 병을 치료하고 재난을 구제하는 데 소용되기 때문에, 대승·소승의 양편에서 역시 공통하게 지니고 있다.

◎이숙의 과보

『치문경훈緇門警訓』에서 이르기를 "요사이 학문을 강의하는 이들은 이익과 명예만을 오로지 힘쓰면서 오사五邪를 부끄러워하지 않고 팔예八穢를 많이 지니며, 덧없는 세속만을 따르거니 어찌 성인의 말씀을 생각하고 있겠는가.

스스로가 강단의 마당으로 내려가 여러 햇수를 지냈으면서도 정법淨法에 이르러서는 하나도 몸에 적셔지지 못했거늘, 어찌 날마다 쓰이고 드는 바를 알겠는가.

더러운 물건 아님이 없는 것이 상자와 주머니에 쌓이게 됨은, 이는 다 같이 재물에 대한 범죄이거늘, 법을 업신여기고 마음을 속이면서 스스로가 그의 척戚에 끼쳐주고 있다.

율을 배우는 이는 알면서도 짐짓 범하고 있거늘, 그 밖의 종宗에 있는 이야 굳이 말할 것까지도 없다.

그 누가 과보는 마음에 따라 이루어지는 줄을 알겠으며, 어찌 결과는 원인으로 말미암아 맺어지는 줄 믿겠는가.

현재 입은 가사가 몸에서 떠나면 오는 세상에서는 소나무 잎이 몸을 감을 것이요, 사람이 되면 태어난 곳마다 가난하여 때가 낀 더러운 옷을 입게 되고, 축생이 되면 부정한 데에 떨어져서 털과 깃에 비린내가 나겠거든, 하물며 대승·소승으로서 정법淨法을 통달하고 밝히겠는가. 만일 깊이 믿게 된다면 어찌 봉행을 꺼리겠는가"라고 했다.

㉚ 속인들과 세속의 일을 도모하지 말라

若佛子.

너희 불자들아

初 標人
二 序事
三 第三段을 總結한다
△ 여기는 初의 標人이다.

以惡心故. 自身謗三寶. 詐現親附. 口便說空. 行在有中. 經理白衣. 爲白衣通致男女. 交會婬色. 作者縛著.

나쁜 마음으로 삼보를 비방하면서도 거짓으로 좋아하는 척하며, 입으로는 공空하다고 말하면서 행은 유有에 있고, 속인들과 세속의 일을 도모하고, 속인을 위하여 남녀를 모아서 음란한 짓을 하게 하여 온갖 속박을 지으며

二의 序事에서
1. 총체로 犯戒를 들다.
2. 공경할 때를 말하다.
3. 擧非結過
△ 여기는 總擧犯戒이다.

〔發隱〕

"악심惡心"이라 함은 삼보三寶 중에 있으면서도 좋은 마음을 내지 않는

것이요, "좋아하는 척한다"고 함은 실은 비방하는 생각을 품고 있다는 것이다.

말을 하면 입마다 공空하다고 말하면서 평소에 하는 행行은 때마다 유有에 있으며, 속인과 뒤섞어 통하면서도 더러운 업에 부끄러워하지 않나니, 이들이야말로 계를 범한 사람이다.

모든 호시好時에는 문득 부끄러워하고 두려운 생각을 일으켜 차츰차츰 닦아 모아야 할 터인데, 다시 멋대로 굴면서 뜻을 가다듬지 않으면 아래서 말한 바와 같으리라.

於六齋日. 年三長齋月.

육재일과 삼장재월三長齋月에

(2. 所敬之時)

〔合註〕

육재일六齋日이란 매월마다 6일씩이니, 초8일·14일·15일·23일·29일·30일이다. 만일 월月이 작으면 28일과 29일이다.

이 6일의 초8일과 23일에는 사천왕四天王의 사자가 세간을 순행하면서 선과 악을 조사하며 살핀다.

14일과 29일에는 사천왕의 태자가 세간을 순시하며, 15일과 30일에는 사천왕이 몸소 세간을 돌아다닌다.

만일 선을 닦는 이가 많은 것을 보면 제천들이 기뻐하면서 그 국계國界를 보호하거니와, 만일 선을 닦는 이가 적은 것을 보면 천들이 근심하고 좋아하지 않으면서 국계에 재난이 많게 한다.

그러므로 부처님이 재가가 남녀에게 삼보에만 귀의한 이거나 오계를 받은 이거나 보살계를 받은 이거나를 막론하고 이 6일을 만나면 모두가 하루 낮과 하룻밤 동안을 팔계재법八戒齋法을 수지하도록 제정하셨다.

불비시식不非時食을 재齋라고 하며 불살계不殺戒 등의 팔계와 함께 조성되었으므로 이름하여 팔관계재八關戒齋라 하나니, 팔계와 재라는 말이다.

정속情俗을 걸어 닫고 출세간의 정인正因을 짓는 것이다.

팔계란, 1은 불살不殺이요, 2는 부도不盜요, 3은 불음不婬이니, 사음邪婬·정음正婬을 막론하고 모두 끊는다. 4는 불망어不妄語요, 5는 불음주不飮酒며, 6은 불착향화만不著香花鬘하고 불향도신不香塗身이요, 7은 불가무창기不歌舞倡伎하고 불왕관청不往觀聽이며, 8은 부좌고광대상不坐高廣大牀이다.

"삼장재월三長齋月"이라 함은 비사문천왕이 사주四洲를 분담하여 진수鎭守하는데 정월과 5월과 9월에는 이 남섬부주를 진수하기 때문에, 부처님은 재가의 남녀에게 이 한 달이 다하기까지는 재법齋法을 위와 같이 수지하도록 정하셨다.

作殺生劫盜. 破齋犯戒者. 犯輕垢罪.

산 것을 죽이고 도둑질 등을 해서 재를 깨뜨리고 계를 범하면 가벼운 죄가 된다.

(3. 擧非結過)

〔發隱〕

이는 중죄 위에 다시 경죄를 범한 것으로, 마치 사형을 범한 사람에게는 따로 그 밖의 악이 있어도 법은 용서되지 않거니와 다시 종아리를 더 치도록 한 것과 같다.

〔合註〕

이 계의 옛 이름은 불경호시계不敬好時戒이다. 『의소義疏』에서 이르기를 "삼재三齋와 육재六齋는 다 같이 귀신이 힘을 쓰는 날이다. 이 날에 선을 닦아야 복은 다른 날에 비해 뛰어나다. 그런데 지금의 좋은 때를 이지러뜨리고 방자하게 다시 범한다면 범한 바의 일과 편篇에 따라 죄가 성립된다. 이때의 이날만은 마땅히 '잊지 않아야 한다'는 하나의 계가 더 보태진다.

처음 이르기를 '칠중七衆에게 다함께 제정된 것이므로 모두가 좋은 때를 공경해야 한다'고 했고, 두 번째로 이르기를 '재가자에게만 제정한 것으로서, 연年의 3월과 월月의 6일은 본래부터 재가자를 위한 것이다. 출가한 이는 목숨을 마치도록 재를 지니는 것이라 시절은 말할 것 없다'고 한다"라고 했다.

지금 경문의 어세語勢를 살피건대, 도리어 출가자 편에서 과過가 정해진 것같이 되어 있다. 그러므로 과목科目을 바꾸어서 "경리백의계經理白衣戒"라고 한 것이다.

대의大意는, 출가한 사람의 법에서는 백의를 권유하고 가르쳐서 해탈을 얻게 하고 재계를 지니게 해야 할 터임에도 도리어 입으로는 공하다고 말하면서 행은 유에 있으므로 그를 다스리기 위한 것이다.

내지 육재와 삼재의 좋은 때에 그들로 하여금 복을 짓고 선을 닦게 할 수 없으면서 도리어 살도殺盜 등의 일을 짓게 하고 있으니, 어찌 몸으로써 삼보를 비방하는 것이 아니겠는가.

◎중죄와 경죄의 성립

다만 속인들과 세속의 일을 도모하는 것만으로도 죄가 성립된다.

△ 이른바 살생·겁도劫盜와 재를 파괴하고 계를 범한 일은 이는 속인 스스로가 짓는 일이요 출가인이 그를 시켜서 하게 하는 것은 아니다.

다만, 속인을 위해 남녀를 모아서 음란한 짓을 하게 한지라 살도 등을 위해 원연遠緣을 짓는 것을 면치 못한 것이니, 그러므로 이것을 추궁하면서 그것을 해서는 안 된다는 것을 나타낼 뿐이다.

만일 진실로 그에게 살생과 겁도를 가린다면 성업性業을 겸해 얻는 것이니, 저절로 살도의 계에 속하게 된다.

◎개차를 잘 알라

차遮만 있을 뿐 개開는 없다

◎이숙의 과보

속인들과 같이 일을 도모하면 역시 사명邪命에 속하므로 앞에서(제29계) 설명한 바와 같다.

△ 또 좋은 때를 공경하지 아니하면 제천이 근심하면서 재난과 이변을 초치하거니와, 좋은 때를 공경하면 제천이 기뻐하면서 나라를 보호하

고 상서를 내린다.

如是十戒. 應當學. 敬心奉持. 制戒品中廣明.

이와 같은 열 가지 계를 마땅히 배우고 공경하는 마음으로 받들어 지녀야 한다. 재계품 가운데에서 널리 밝혔다.

(3. 總結第三段)

㉛ 값을 치르고 구해내라

佛言. 佛子.

부처님께서 말씀하셨다. 너희 불자들아

初 標人
二 序事
三 結罪
△ 여기는 初의 標人이다.

佛滅度後. 於惡世中. 若見外道. 一切惡人. 劫賊.

부처님께서 열반하신 뒤의 나쁜 세상에서 만약 외도와 온갖 나쁜 사람들과 도둑들이

二의 序事에서

1. 파는 이를 밝힌다.
2. 파는 대상을 말한다.
3. 구해내야 한다.

△ 여기는 1의 能賣이다.

〔合註〕

"나쁜 세상"이라 함은 바로 대사大士가 자慈를 일으키고 비悲를 운용할 시기다.

〔小發〕 나쁜 세상(惡世)이란 부처님이 계신 세상에는 사람들이 착하여 이런 일이 없겠지마는 악세에서만은 있게 되는 것이므로, 보살은 악세에서는 착한 일을 일으켜야 된다 함을 밝힌 것이다.

賣佛菩薩父母形像. 及賣經律. 販賣比丘比丘尼. 亦賣發菩提心菩薩道人. 或爲官使. 與一切人作奴婢者.

부처님과 보살과 부모의 형상을 팔거나 경전과 율문律文을 팔고, 비구와 비구니를 팔며, 또한 발심한 보살과 도인을 팔아서 관청의 하인이 되게 하거나 여러 사람의 종이 되게 하는 것을 보면

(2. 所賣)

〔義疏〕

"부처님과 보살의 형상을 파는 것"을 보면서도 값을 치루어 구해내지 아니하면 손상과 욕됨이 너무 심한지라 대사의 행이 아닐 것이므로, 능력껏 값을 치루어 구해내야 한다.

〔發隱〕

“부모”라 하면 나와 남의 부모를 겸해서 말한 것이므로 효자가 그의 부모를 공경하면 남의 부모에게까지 미치거든, 하물며 대사大士이겠는가.

而菩薩見是事已. 應生慈心. 方便救護. 處處教化取物. 贖佛菩薩形像. 及比丘比丘尼. 發心菩薩. 一切經律.

보살은 이 일을 보고는 마땅히 자비로운 마음을 내어 방편을 다해 구원하되 가는 곳마다 교화하여 재물을 구해서 부처님의 형상과 보살과 비구와 비구니와 발심한 보살과 온갖 경전과 율문을 구해내야 한다.

〔合註〕

“방편을 다해 구원한다” 함은 그 마음(心)과 힘(力)을 다할 것이요 편안히 앉아서 보고만 있지 말라는 것이다.

〔發隱〕

“교화教化하여 값을 구한다” 함은 만일 자기가 그를 속바칠 수 있는 자력資力이 없다면 널리 타인他人들에게 마음을 내도록 권할 것이요 앉아서 보고만 있지 말라는 것이다.

若不贖者. 犯輕垢罪.

만약 구해내지 않으면 가벼운 죄가 된다.

(三 結罪)

◎ **중죄와 경죄의 성립**

이 계는 4연을 갖추면 죄가 성립된다.

1. **속 바쳐야 할 대상일 것.** 높으신 형상이거나 경·율·승僧·인人 등을 말한다.
2. **속 바쳐야 한다고 생각할 것.** 6구 가운데 2구는 중重, 2구는 경輕, 2구는 무죄이다.
3. **값을 치루고 구해내야겠다는 마음이 없을 것**
4. **그것으로 하여금 업신여기고 욕되게 했을 것**

〔**용인되는 사항**〕

힘이 미치지 못하면 비범非犯이다.(설령, 힘이 미치지 못한다 해도 막연하게 관심을 두지 않으면 역시 범죄이다)

◎ **개차를 잘 알라**

차遮가 있을 뿐 개開는 없되, 혹여 법대로 경전을 유통하게 하면 범한 것이 아니다.

◎ **이숙의 과보**

구해내지 아니하면 이리二利를 잃고, 구해내면 이엄二嚴을 구족한다.

㉜ 중생을 해롭게 하지 말라

若佛子.

너희 불자들아

初 標人
二 序事
三 結罪
△ 여기는 初의 標人이다.

不得販賣刀仗弓箭.

칼과 몽둥이와 활과 살을 팔지 말며

二의 序事에서
1. 살생하는 기구를 팔다
2. 저울과 말을 두다
3. 세도를 믿고 빼앗다
4. 결박하다
5. 성공을 깨뜨리다
6. 고양이와 살쾡이를 기르다
△ 여기는 1의 殺具이다.

〔合註〕

"칼과 몽둥이와 활과 살"이라 함은 남을 해롭게 하는 기구이다.

畜輕稱小斗.

가벼운 저울과 작은 말(斗)을 두지 말며

(2. 稱斗)

〔**合註**〕

"가벼운 저울과 작은 말"이라 함은 속이기 위해 둔 기구이니, 짧은 자 또한 그런 종류이다.

또 무겁게 만든 저울과 큰 말·긴 자 등을 써서 자기에게 가져 들어와도 역시 이 금제禁制와 같다.

그러나 두고 사용한 것에 결합시켜 경죄가 성립될 뿐이나, 만일 옮겨 다니면서 사취詐取하며 그 사람으로 하여금 깨닫지 못하게 한다면 저절로 도계盜戒에 속한다.

因官形勢. 取人財物.

관청의 세도를 믿고 남의 것을 빼앗거나

(3. 勢取)

〔**合註發隱**〕

"관청의 세도를 믿고"라 함은 핍박하여 빼앗고 위력을 쓰면 자慈를 상한 것이므로 경죄가 성립되나니, 이는 자기 관위官位의 세력을 믿고 하거나 혹은 남의 관위의 세력을 빌려서 하는 것이기도 하다. 만일 그의 소유가 아닌데도 취한다면 역시 도계盜戒에 속한다.

害心繫縛.

해롭게 할 생각으로 결박하거나

(4. 繫縛)

〔合註發隱〕

"결박한다" 함은 그의 지체를 해롭게 하는 것이나, 만일 죄인을 결박한다면 그렇지는 아니하다.

破壞成功.

남의 성공을 깨뜨리지 말며

(5. 破壞)

〔合註發隱〕

"성공을 깨뜨린다"고 함은 그가 이룩하는 업을 깨뜨리는 것이니, 업이 성취되려 하는데 도리어 폐지시키고 파괴되게 하는 것이다.

長養猫狸猪狗.

고양이·살쾡이·돼지·개 따위를 기르지 말아야 한다.

(6. 猫狸)

〔**合註**〕

"고양이와 개"는 쥐 따위를 상해할 수 있으므로 이는 중생으로 하여금 중생을 해롭게 하는 것이며, "돼지"는 마지막에는 죽이는 데로 갈 것이므로 이는 길러서는 끝내 살해를 입게 한 것이다.

『우바새계경』에서 이르기를 "고양이와 살쾡이를 기르면 죄가 되고, 돼지와 양 등을 기르면 죄가 되며, 누에를 치면 죄가 된다"고 했나니, 세속의 금제도 이러하거늘 승僧이면 알 만하다.

이상의 모든 일은 모두가 자심慈心이 있는 이로서는 해야 할 바가 못 된다.

若故養者. 犯輕垢罪.

만약 짐짓 그러한 일을 하면 가벼운 죄가 된다.

(三 結罪)

◎중죄와 경죄의 성립

일에 따라 죄가 성립된다.

◎개차를 잘 알라

차遮가 있을 뿐 개開는 없다.

◎이숙의 과보

이는 살도계殺盜戒의 이숙異熟들과 같다.

㉝삿된 것을 보거나 하지도 말라

若佛子.

너희 불자들아

初 標人
二 序事
△ 여기는 初의 標人이다.

以惡心故.

너희는 나쁜 마음을 가지고

二의 序事에서
1. 나쁜 마음
2. 사례를 열거하다
3. 총체로 맺다
△ 여기는 1의 악심이다.

〔合註〕

"나쁜 마음"이란 기미를 알며 중생을 이롭게 하는 것이 아님을 밝히나니, 바로 이것이 삿된 생각들이다.

觀一切男女等鬪. 軍陣兵將劫賊等鬪.

남녀가 싸우는 것과 군대가 진을 치고 싸우는 것과 도둑들이 싸우는 것을 보지 말라.

2의 列事에서
A. 싸움하는 것을 보다
B. 오락을 하다
C. 여러 가지 놀이를 하다
D. 점을 치다
E. 심부름을 하다
△ 여기는 A의 諍鬪이다.

亦不得聽吹貝鼓角. 琴瑟箏笛箜篌. 歌叫妓樂之聲.

또 소라를 불고 북치고 거문고를 타며 비파를 뜯고 피리를 불고 공후를 튕기면서 노래하고 춤추고 음악 하는 것을 듣거나 구경하지 말라.

(B. 娛樂)

〔**合註**〕

"패貝"는 소라이다. 7현으로 된 것은 "금琴"이고, 25현으로 된 것은 "슬瑟"이다.

"쟁箏"은 몸통이 대(竹)이고 13줄이며, "공후箜篌"는 몸통이 대이고 24줄이다.

不得樗蒲·圍棊·波羅塞戲·彈碁·六博·拍毱·擲石投壺·牽道八道

行城.

또 저포놀이·바둑·장기·공놀이·주사위놀이·제기차기·돌팔매·화살 던져 넣기·말놀이·팔도행성 등을 하지 말라.

(C. 雜戲)

〔合註〕

"저포樗蒲"는 곧 지금의 투전이요, "바라색희波羅塞戲"는 곧 지금의 장기이며, "탄기彈棊"는 한나라 궁인宮人들이 화장품 상자로 노는 놀이요, "육박六博"은 곧 지금의 쌍육雙六이며, "박국拍鞠"은 곧 지금의 척구(踢毬, 擊球)며, "척석투호擲石投壺"라 함은 옛날에는 돌을 썼지마는, 지금은 화살을 쓰는 놀이이다.

"견도팔도행성牽道八道行城"이라 함은 가로와 세로로 여덟 줄씩 되어 있는데 말(棊)로써 왔다 갔다 하는 놀이로서 서역의 놀이이다.

爪鏡蓍草. 楊枝. 鉢盂. 髑髏. 而作卜筮.

또 거울·갈대·버들가지·발우·해골 등으로 점을 치지 말며

(D. 卜筮)

〔合註〕

"조경爪鏡"은 곧 원광圓光의 법이요, "시초蓍草"는 곧 역괘易卦며, "양지楊枝"는 곧 양류신楊柳神이요, "발우鉢盂"는 물을 넣어 휘젓는 법이며,

"촉루髑髏"는 곧 귀에 알려 주어서 아는 법이다.

不得作盜賊使命.

도둑의 심부름을 하지 말라.

(E. 使命)

〔發隱〕

싸움에는 흉악한 마음이 일어나고, 오락에는 음일婬佚한 마음이 일어나며, 여러 가지 놀이에는 산란한 마음이 일어나고, 점을 치는 데는 미혹되어 집착하는 마음이 일어나며, 심부름에는 속이려는 마음이 일어나나니, 일마다 도를 어지럽히는 것이므로 하지 말아야 한다.

〔小合〕 합주合註에서 이르기를 "이 다섯 가지는 모두 사업邪業에 속한다"고 했다.

一一不得作. 若故作者. 犯輕垢罪.

이것들을 하나라도 하지 말아야 하나니, 만약 짐짓 하면 가벼운 죄가 된다.

(3. 總結)

〔小合〕 살피건대, 영지율주靈芝律主가 이르기를 "요사이 석자釋子들은 소문과 실제를 모두 상실했다. 글씨를 좀 잘 쓰면 초성草聖이라 일컫고, 속전俗典을 통했으면 자칭 문장文章이라 하며, 택지擇地를 좀 하면 산수山水라 이름하

고, 복술卜術을 하면 삼명三命이라 부르고 있으니, 어찌 뜻에 집을 버리고 부처님을 섬긴다면 속류俗流의 이름을 따르겠는가.

본래는 세상을 싫어하고 뛰어 오르면서 습기와 생사하는 업을 뒤집으려 한 것인데, 이름을 팔고 이利를 구하면서 세도에 아부하고 능력을 자랑하고 있으니, 몸에는 방포方袍를 걸쳤으되 마음은 덧없는 세속에 물들어 있어서 죽기까지 부질없이 지낸다면 진실로 슬픈 일이로다"라고 했다.

◎중죄와 경죄의 성립

일에 따라 경죄가 성립된다.

〔兼制〕

만일 보살이 게으름을 피우면서 잠에 빠져서 마음껏 즐기거나 또는 비시非時에 양量을 모른다면, 이는 염오범染汚犯이다.(出戒本經)

〔용인되는 사항〕

병이 들었거나 기력이 없어서거나 먼 여행으로 너무 피로했거나 그것을 끊게 하기 위하여 欲의 방편을 일으켜 꺼잡고 다스리느라 고 성품을 날카로운 번뇌를 다시 자주자주 일으킨다 해도	범죄가 없다

◎개차를 잘 알라

혹은 기미를 알아 중생을 이익 되게 하는 따위이다.

또 출가인이 의려疑慮를 결단하려고 하여, 스스로가 『원각경圓覺

經』에 있는 염취표기법拈取標記法과 『점찰경占察經』의 척삼륜상법擲三輪相法과 『대관정경大灌頂經』의 범천신책백수梵天神策百首 등은 의용依用할 수도 있다.

◎이숙의 과보

싸움 따위를 보면 정도正道에 방해가 되어 이세二世의 이익을 잃게 되고, 보지 아니하면 모든 들뜸과 뉘우침들이 떠나서 정혜定慧가 쉬이 생긴다.

㉞잠시라도 보리심을 여의지 말라

若佛子.

너희 불자들아

初 標人

二 序事

△ 여기는 初의 標人이다.

護持禁戒. 行住坐臥. 日夜六時讀誦是戒. 猶如金剛. 如帶持浮囊. 欲度大海. 如草繫比丘.

계율을 잘 보호하고 지니되 걷거나 섰거나 앉거나 눕거나 밤낮 여섯때에 금강과 같이 계를 독송해야 한다. 마치 구명대를 타고 바다를 건너는

것과 같이 해야 하며, 풀에 묶였던 비구와 같이 하여

二의 序事에서

1. 明應

A. 대승의 戒를 수호하다

B. 대승의 信을 내다

C. 대승의 心을 내다

2. 不應

3. 結罪

△ 여기는 A의 護大乘戒이다.

〔合註〕

"금강"이란 온갖 것을 파괴할 수 있되 온갖 것에 파괴는 당하지 아니한다.

"부낭浮囊"이란 바다를 건너는 구명대인데, 비유는 『대열반경』에서 나왔다.

〔小發〕 "객이 구명대를 가지고 바다를 건너는데, 나찰이 그를 구걸했다. 흔들림이 없으면서 허락하지 않자 반을 구걸하다가 뒤에는 터럭만큼만 구걸했지마는 모두 다 주지 않았다"는 것이니, 이 비유는 지계자가 생사의 바다 안에 있으면서 번뇌라는 나찰이 중계重戒를 부수려고 할 때 경구죄의 한 작은 티끌만큼의 것까지도 깨뜨릴 수 없게 한다는 것이다.

"풀에 묶였던 비구"라 함은 부처님이 세상에 계실 때, 어느 한 비구가 길을 가다가 도둑들에게 옷을 다 빼앗겼다. 그가 소리 내거나 하면 대중들이 뒤를 쫓아올까 염려해서 그의 생명을 해치려 하자, 그 안에 비구의 법을 아는 한 도둑이 있다가 다른 도둑들에게 말하되 "죽일 필요는 없다. 생풀에다 그의 손발을 묶어 놓기만 해도 그들의 계는 초목조차도 상하게 하지 않는지라 움직이지 않을 것이다"라고 했다. 도둑들은 그의 말대로 묶어 놓고 떠났다. 비구는 계를 지키다가 차라리 죽을지언정 꼼짝하지 않고 있었다. 도둑들은 멀리 떠나갔고, 뒤에 길을 가던 사람이 와서 그를 풀어주었다.

여기서는, 대사大士가 이 보리심계菩提心戒를 지키는 것 또한 성문이 율의를 지키다가 차라리 죽을지언정 범하지는 않는 것처럼 해야 한다 함을 밝혔다.

常生大乘善信. 自知我是未成之佛. 諸佛是已成之佛.

항상 대승에 대한 신심을 낼 것이며, '나는 아직 이루지 못한 부처이며, 부처님은 이미 이루신 부처님'이라고 알아

(B. 生大乘信)

〔發隱〕

위 문장에 이은 대문으로서, 비록 계를 잘 지킨다 하더라도 바른 믿음이 없으면 그 계는 산선散善에 그칠 뿐이다.

여기서는 "중생과 부처님이 본래 두 마음이 없는지라 중생은 결정코 장차에는 부처가 될 것이며, 특히 이미 이룬 부처와 아직 이루지 못한 부처로만 구별되므로 진실로 부처님이 먼저 되고 부처님이 뒤에 되는 데에 무엇이 다르겠는가"고 알아야 한다는 것이다. 이른바 이렇게 믿을 수 있으면 계품戒品이 벌써 구족한 사람이다.

發菩提心. 念念不去心.

보리의 마음을 내어 잠깐이라도 마음에서 여의지 말아야 한다.

(C. 發大乘心)

〔發隱〕

위 문장에 이은 대문으로서, 비록 바른 믿음이 있다 하더라도 발심하지 아니하면, 그 믿음은 헛된 믿음이 될 뿐이다.

여기서는 "나의 마음이 곧 제불의 마음이기 때문에 위로는 제불의 무상보리를 구하고, 나의 마음이 곧 중생의 마음이기 때문에 아래로는 중생을 교화하여 똑같이 정각을 이룬다"고 함을 알아 찰나 동안의 마음에서도 이 생각을 버리지 말아야 하므로, "잠깐이라도 마음에서 여의지 말아야 한다"고 말한 것이다.

若起一念二乘外道心者.

만약 잠깐이라도 이승이나 외도의 마음을 내면

(2. 不應)

〔發隱〕

옛날, 사리불이 과거 먼 겁 동안에 보리심을 내어 대보시를 행하고 있었다. 어떤 바라문이 그에게 눈을 구걸하므로 사리불은 말했다. "이 눈은 나의 몸에 있어서 아주 크게 소용이 있지마는, 그대에게 보시한다면 아무 쓸모가 없습니다"고 했으나, 그 바라문은 굳이 눈을 달라고 고집하므로 사리불은 눈을 도려내어서 주었다.

바라문은 눈을 얻자 한 번 보고 던져버리고는 거기 가서 침을 뱉으며 더럽다고 말하면서 발로 짓이겨놓고 떠나가 버렸다. 사리불은 말하기를 "아까 그대에게 말하기를 '이 눈은 소용이 없다'고 말했는데도 그대는 굳이 달라 하고서는 이제 또 천히 여기며 버리기까지 하는구려. 중생은 완열頑劣하여 애초부터 교화할 수 없구나. 일찍이 자신이나 제도함이 낫겠다"고 하고, 마침내 대승심에서 물러나 도로 소승법을 익히다가, 석가불 때에 이르러서야 비로소 아라한을 증득했다. 한 번 자기나 제도하겠다는 생각을 했다가 대선리大善利를 잃게 되었나니, 삼가지 않을 수 있겠는가.

이승二乘이 외도라 함은 보리심을 여의고 보리의 원願을 버린지라 곧 외도라고 하나니, 그러므로 똑같이 이승을 외도라 한다.

犯輕垢罪.

가벼운 죄가 된다.

(3. 結罪)

◎중죄와 경죄의 성립

이승의 마음을 일으키면 생각 생각마다 비염오범非染汚犯이요, 외도의 마음을 일으키면 생각 생각마다 염오범染汚犯이다.

◎개차를 잘 알라

만일 권도權道로 이승과 외도에 들어감이, 그를 교화하기 위해서라면 좋다.

◎이숙의 과보

잠깐이라도 이승의 마음을 내면 역시 보리에 장애가 되고, 한 번이라도 외도의 마음을 내면 역시 출세出世에 장애가 되나니, 생각 생각마다 보리심뿐이면 3종의 불퇴에 도달하게 된다.

㉟원을 내어라

若佛子.

너희 불자들아

初 標人
二 序事
三 結罪
△ 여기는 初의 標人이다.

常應發一切願. 孝順父母師僧.

항상 마땅히 온갖 원을 일으켜 부모와 스승에게 효순하기를 원하고

二의 序事에서

1. 願의 體를 드러내다.

A. 孝順하기를 원한다.

B. 좋은 스승 만나기를 원하다.

C. 착한 벗 만나기를 원한다.

D. 잘 가르쳐주기를 원한다.

E. 十住 닦기를 원한다.

F. 十行 닦기를 원한다.

G. 十回向 닦기를 원한다.

H. 十地 닦기를 원한다.

I. 수행하기를 총체로 원한다.

J. 맺으면서 지계하기를 원한다.

2. 明應

3. 不應

△ 여기는 A의 願孝順이다.

〔合註〕

"원願"이라 함은 마음을 착한 경계에 반연하면서 훌륭한 일을 희구함을 말한다.

"항상 내야 한다" 함은 이른바 이것을 한 번만 내는 것이 아니요 자주자주 내어서 보리심으로 하여금 잇달으면서 끊어지지 않게 해야 한다.

"일체의 원"이라 함은 십원十願을 통틀어 가리킨다.

〔發隱〕

"효孝를 계戒"라고 하기 때문에 첫 번째의 원을 곧 효라고 했다.

願得好師.

좋은 스승 얻기를 원하고

(B. 願得師)

〔發隱〕

위 문장에 이은 대문으로서, 부모의 은혜를 갚고 삼보를 이어서 오奧하게 함에는 모두가 스승의 가르침을 힘입기 때문에, "좋은 스승 얻기를 원한다"고 하였다.

"호好"라 함은 지智와 행行을 쌍으로 갖춤을 말하나니, 지만 있고 행이 없으면 무엇으로 나의 덕을 이루겠으며, 행만 있고 지가 없으면 무엇으로 나의 미혹함을 깨우치겠는가. 그러므로 제자는 비록 신심을 갖추었다 하더라도 좋은 길잡이를 만나지 못하면 마치 아름다운 재목에 공장工匠이 서투르면 마침내 그릇을 못 쓰게 해버린 것과 같으리니, 진실로 통탄할 일이다.

열 가지 원(十願) 중에서는 좋은 스승 만나는 것이 가장 긴요하다.

(문) 위에서는 '사승師僧'이라 했고, 여기서는 또 '호사好師'라고 하니, 뜻이 중복된 것 같다.

(답) 위에서는 스승을 받들되 효로써 하는 것이요, 여기는 스승을 간택하되 명明으로써 하는 것이므로, 서로가 남용된 것이 아니다.

同學善知識.

함께 공부하는 좋은 도반을 만나

(C. 願得友)

〔發隱〕

비록 좋은 길잡이를 만났다 하더라도 현명한 벗을 만나지 못했으면 들음이 있어도 언론으로 힐난하는 자료가 모자라고, 행하려고 해도 곁에서 도와주는 이익이 적으므로 서로가 보면서 의지함이 없거늘 덕업德業이 어찌 이루어지겠는가.

常教我大乘經律.

항상 나에게 대승의 경전과 계율을 가르치고

(D. 願善教)

〔發隱〕

훌륭한 스승과 벗이 나에게 대승의 경율을 가르쳐주어서 이승과 모든 외도에 떨어지지 않게 하기를 원한다.

十發趣.

십발취와

(E. 願修住)

〔發隱〕

위 문장에 이은 대문으로서, 무엇을 대승이라 하느냐 하면, 삼십심三十心으로부터 십지심十地心에 이르고 묘각妙覺을 증득하는 것까지가 그것이다.

"발취發趣"라 함은 대심大心을 발기하여 묘한 도에 나아가 든다는 것이니, 십주十住의 이치가 있기 때문이다.

十長養.

십장양과

(F. 願修行)

〔發隱〕

더욱 자라도록 북돋우어 기르면 쌓이고 포개져서 갈수록 이룩되나니, 십행十行의 이치가 있기 때문이다.

十金剛.

십금강과

(G. 願修向)

〔發隱〕

법계에 수순하여 들어서 견고하여 동요하지 않나니, 십회향十回向의 이치가 있기 때문이다.

十地.

십지를

(H. 願修地)

〔發隱〕

(해석은 前文에서 보라) 발취로부터 여기에 이르기까지 모두가 사우師友로부터 얻게 된다.

使我開解. 如法修行.

나로 하여금 환히 알게 하고, 법대로 수행하게 하고

(I. 總願修行)

〔發隱〕

위와 같은 대승의 법은 사師와 우友에 의지하는지라, 법마다 환히 알게 하고 법대로 수행하게 하기를 원한다.

화엄에서는 신信·해解·행行·증證이 도에 드는 시종始終이 되어 있는데, 여기서는 신증信證을 말하지 않은 것은 해는 반드시 신으로 말미암기 때문이요, 행은 반드시 증을 마지막으로 하기 때문이다.

堅持佛戒.

부처님의 계를 굳게 지니어

(J. 結願持戒)

〔合註〕

심지법문에서 계는 그의 근본이 되므로 불계佛戒를 지니지 않는다면 무엇으로 말미암아 진취進趣하게 되겠는가. 그러므로 지계하기를 원한 것이다.

〔小發〕 "결언結言으로 지계하기를 원한 것"은 이 경의 근본 취지가 계를 견지堅持하지 아니하면 심지는 벌써 상실한 것이라, 성현의 도과道果가 무엇에서 발생되겠는가.

〔發隱〕

대저 "효孝를 계戒"라고 한지라 효순에서 비롯하여 지계에서 마치게 되며, 계는 모든 원을 관통하면서 처음을 이루고 마지막을 이룬다.

왜냐하면 1은 계는 곧 부모와 스님과 삼보에게 효순하는 것이니, 앞에서 이미 설명했기 때문이다.

2는 부처님이 세상에 계시는 동안에는 부처님을 스승으로 삼거니와 부처님이 멸도하신 후에는 계를 스승으로 삼기 때문에 계가 곧 좋은 스승이다.

3은 계를 벗으로 삼아 신심身心을 돕는지라 험한 길을 지나가게 되면 계가 곧 선지식이 된다.

4는 이 계는 율이라고 이름할 뿐만이 아니라, 위로는 천불千佛의 전심傳心이라는 묘리妙理에 계합하고 아래로는 중생의 마음을 바로잡는다는 기의機宜에 합치되므로 묘리에도 계합하고 기의에도 합치하니, 계는 곧 대승의 경이다.

5는 이 계로 말미암아 대도에 나아가 듦으로 계는 곧 십발취이다.

6은 이 계를 보전하고 지니면 법신을 북돋우게 되므로 계는 곧 십장양이다.

7은 교묘하게 지계하면 동요됨이 없으므로 계는 곧 십금강이다.

8은 이 심지의 대계大戒에 의하여 성聖의 과위에 여유 있게 오르므로, 계는 곧 십지이다.

9는 계로써 마음을 껴잡으면 단번에 심지가 밝아짐이 마치 진실로 이행한 것과 같나니, 계는 곧 환히 알게 하고 수행하게 한다.

이러므로 알라. 이 계는 모든 대원을 통합하여 갖추지 않는 바가 없기 때문에 '맺으면서'라고 한다.

寧捨身命. 念念不去心.

차라리 몸과 목숨을 버릴지언정 잠깐 동안이라도 마음속에서 사라지지 않기를 원해야 하나니

(2. 明應)

若一切菩薩不發是願者.

만약 보살이 이러한 원을 세우지 아니하면

(3. 不應)

〔發隱〕

"대원大願을 내지 아니하면" 악마에게 포섭되며, 뜻이 이미 견고하지 않는지라 행은 장차 타락하리니, 삼가지 않을 수 있겠는가.

犯輕垢罪.

가벼운 죄가 된다.

(三 結罪)

◎중죄와 경죄의 성립

만일 대원이 없으면 대과大果를 굳게 정하기 어려우며, 낼 것을 내지 아니하면 그때마다 죄가 성립된다.

◎개차를 잘 알라

차遮가 있을 뿐 개開는 없다.

◎이숙의 과보

원願을 내지 아니하면 결정된 훌륭한 이익을 잃게 되고, 계속해서 내면 부처가 되고 죄를 소멸시킬 수 있나니, 발취심發趣心 중에서 설명한 것과 같다.

㊱서원을 세워라

若佛子.

너희 불자들아

初 標人
二 序事
△ 여기는 初의 標人이다.

發是十大願已. 持佛禁戒. 作是誓.

이미 열 가지 큰 원을 내고 나서는 부처님의 금계를 지니고 이러한 서원을 세우되

二의 序事에서
1. 勸함을 표시하다.
2. 서원을 세우다.
3. 過를 정하다.
△ 여기는 1의 標勸이다.

〔合註〕
"서誓"라 함은 반드시 굳은 마음으로 용맹스럽게 스스로 맹세하면서 불퇴할 것을 바라는 일이다.

원願은 그의 앞에서 인도하고, 서誓는 그의 뒤에서 몰아댄다. 또 원願은 덕德에 나아가고 선善을 닦음으로 역용力用을 삼고, 서誓는 비非를 막고 악을 없애는 것으로 공능을 삼는다.

〔小發〕 망심은 있을 수 없음을 뜻하고 정심正心은 없을 수 없음을 뜻한다. 만일 서원하는 마음과 뜻이 나지 아니하면 도가 무엇에서 이룩되겠는가. 『증일아함경』 38경에서 이르기를 "비구가 서원을 세우지 아니하면 끝내 불도를 이룩하지 못하리라"고 했다.

서원하는 복은 헤아릴 수 없으며 감로가 이르게 되었다가 멸진하는 곳이니, 때문에 원한 뒤에는 반드시 서誓를 세워야 한다.

〔合註〕

"십대원十大願"이란 앞의 계 중 십원十願을 가리킨다.

寧以此身投熾然猛火. 大坑刀山. 終不毁犯三世諸佛經律. 與一切女人作不淨行.

'차라리 이 몸을 사나운 불 속이나 깊은 함정이나 날카로운 칼날 위에 던질지언정 결코 삼세 부처님의 계를 어기어 온갖 여인들과 부정한 행위를 하지 않으리라'고 서원을 세워라.

二의 發序에서

1. 欲染에 대한 서원이다.
2. 供養에 대한 서원이다.
3. 恭敬에 대한 서원이다.
4. 六根에 대한 서원이다.
5. 중생제도에 대한 서원이다.

△ 여기는 1의 欲染之誓이다.

〔合註〕

세운 서원에는 13절節이 있는데 합쳐서 5과科로 한다.

〔小合〕 제2과와 제4과는 각각 5절節씩이나, 나머지 과는 각各 1절씩이다.

처음의 1절은 욕염欲染에 대한 서원이다. 율 가운데에서 이르기를 “사나운 불이나 날카로운 칼산은 한평생의 신명身命을 상할 뿐이나 여인과의 음욕은 지옥에 떨어져서 한량없는 고통을 받으며 겸하여 법신法身의 혜명慧命까지 손상시키기 때문에, 차라리 칼과 불속에다 던질지언정 비범행非梵行은 하지 말아야 한다”고 함과 같다.

대저 남녀가 집에서 사는 것은 오히려 세간의 정법인데도 이런 서원을 엄숙하게 하거든, 하물며 고자가 도리를 거역하고 상도常道를 어지럽힌다면 또 무슨 말을 더하겠는가.

〔小發〕 첫머리에 욕염欲染에 대해 서원한 것은, 몸으로 욕염을 내되 그 음욕은 여인에서 이룩되는 것이므로, 은애恩愛의 바다가 깊어지고 생사의 뿌리가 단단해짐은 여색보다 더한 것이 없다. 때문에 첫머리에 서원하게 했다.

진실로 이글거리는 화로와 날카로운 칼날은 색신色身을 한때만 파괴하거니와, 꽃과 같은 화살과 꿀 묻은 칼끝은 혜명慧命을 만겁에 빠뜨리나니, 고苦 중에서도 분명한 고요, 고에 중重과 경輕이 있기는 하나 차라리 이를 참을지언정 그것은 하지 않겠다는 맹세요, 영구히 끊겠다는 지극한 말이다.

율律과 아함경 중에서, 부처님은 들판에 불이 나서 활활 타오를 때 여러 비구들을 위하여 이 모든 서원을 말씀하시자, 근기가 성숙된 이는 단번에 혹염惑染을 끊었거니와 아직 성숙되지 못한 이는 죄가 두려워서 사계捨戒하였으나 부처님은 그것을 중지시키지 아니하셨나니, 진실로 그 법문을 깨뜨리려고 하지 않음에서였다.

내지 이과二果의 성인도 견혹見惑이 이미 끊어졌지마는 음욕의 습기가 앞에 나타난지라, 환속해서 처를 얻고 살며 끝내 파계하지는 아니했다.

대개 법대로 사계捨戒하면 장래에는 오히려 출가할 수도 있거니와, 만일 근본을 한 번 깨뜨리면 끝내 도품道品이 아니거늘, 어찌 차마 성현의 당기가 세워진 가운데서 이 비예鄙穢한 일을 할 수가 있겠는가.

이 서원은 출가한 보살이 전혀 세울 바요, 재가한 보살은 사음하는 경계에서만 세울 것이며 정음正婬은 끊을 바가 아니다.

그러므로 요사이 출가한 보살들은 크게 자신을 살필지니, 만일 이 습기가 본래 경하거나 비록 중하다 하더라도 잘 억제할 수 있으면 승가 무리에서 있을 수 있거니와, 만일 번뇌의 습기가 강하여 스스로가 억제할 수 없으면 떳떳하게 사계를 할 것이요 부디 파계는 하지 말 것이다.

사계하여 환속하며 현재에는 비록 비구와 사미의 위를 잃기는 하지마는 오히려 보살 우바새가 되었다가 장래에는 역시 사미와 비구가 될 수도 있거니와, 만일 한 번 계체를 깨뜨리면 보살계·비구계·사미계·우바새계가 모두 파계되지 아니함이 없으며, 일일일야의 팔관재계까지도 모두 다 다시는 받을 수 없게 된다.

비록 보살계법에서 "좋은 징조를 보면 다시 받게 된다"는 과조科條가 있다 하더라도 징조를 본다는 한 가지 일만으로 어찌 용이하다고 말을 하겠는가. 생각하고 생각해야 하며, 삼가고 삼갈지어다.

復作是願. 寧以熱鐵羅網. 千重周匝纏身. 終不以此破戒之身. 受於信心檀越一切衣服. 復作是願. 寧以此口吞熱鐵丸. 及大流猛火. 經百千劫. 終不以此破戒之口. 食於信心檀越百味飮食. 復作是願. 寧以此身臥大流猛火. 羅網熱鐵地上. 終不以此破戒之身. 受於信心檀越百種牀座. 復作是願. 寧以此身受三百矛刺身. 經一劫二劫. 終不以此破戒之身. 受於信心檀越百味醫藥. 復作是願. 寧以此身投熱鐵鑊. 經百千劫. 終不以此破戒之身. 受於信心檀越千種房舍屋宅. 園林田地.

또 '차라리 이 몸을 뜨거운 무쇠의 그물로 천 겹을 얽을지언정 결코 파계한 몸으로는 신심이 있는 신도가 보시하는 옷을 입지 않으리라'고 서원을 세워라.
또 '차라리 이 입으로 빨갛게 타는 철환과 불덩이를 백 천 겁 동안 삼킬지언정 파계한 입으로는 신심이 있는 신도의 모든 음식을 결코 먹지 않으리라'고 서원을 세워라.
또 '차라리 이 몸을 맹렬한 불의 그물로 둘러싸인 뜨거운 쇠판 위에 눕힐지언정 파계한 몸으로는 신심이 있는 신도의 온갖 의자와 좌복을 결코 받지 않으리라'고 서원을 세워라.
또 '차라리 이 몸이 한 겁이나 두 겁 동안 3백 자루의 창에 찔리는 고통을 받을지언정 파계한 몸으로는 신심이 있는 신도의 여러 가지 약을 결코 받지 않으리라'고 서원을 세워라.
또 '차라리 이 몸이 끓는 가마솥에 들어가서 백천 겁을 지낼지언정 파계한 몸으로는 신심이 있는 신도가 제공하는 방과 집과 절과 숲과 땅 등 일체를 결코 받지 않으리라'고 서원을 세워라.

(2. 供養之誓)

〔合註〕

"신심이 있는 신도"는 본래가 수도하는 사람에게 공양하기 위함인데, 파계한 이가 공양을 받는다면 고통의 과보가 반드시 심하리라.

〔小發〕 의복·음식·침구·의약·택사·전원을 신심 잇는 신도가 우리에게 공양하는 까닭은 복을 구하기 위한 것이다. 우리에게 계덕戒德이 없다면 무엇으로 그를 감당하겠는가. 그러므로 중한 서원을 세워서 스스로를 방호하는 것이다.

이야말로 계를 파하지 않겠다는 서원이요 공양을 받지 않겠다는 서원이 아니다.

〔小發〕『대보적경』89에 이르기를 "부처님이 가섭에게 말씀하셨다. '나는 언제나 말하노니, 차라리 이글거리는 철판으로 옷을 해서 입을지언정 파계한 몸으로써 가사는 입지 않겠으며, 차라리 빨갈게 타는 처란을 삼킬지언정 파계한 입으로써 신심 있는 이의 음식은 먹지 아니하리라'"고 함이 바로 이것이다.

어떤 이는 말하되, "신시信施는 녹이기 어려우므로 마침내 자신이 생업을 경영하려 한다"고 하나, 물을 마시고 흙을 밟는 것이 유독 국왕만의 공양이 아니라는 것은 생각하지 않는구나.

이미 파계한 죄조차 구제함이 없으면서 게다가 사명邪命의 허물까지 범하고 있으니, 참으로 슬픈 일이로다.

〔發隱〕

앞 문장에서는 "작시서언作是誓言"이라 했다가 여기서는 "작시원作是願"이라 했는데, 원을 이렇게 세운다는 것이니, 순수하게 이르자면 원 중에서도 "용렬"하다는 뜻이다.

復作是願. 寧以鐵鎚打碎此身. 從頭至足. 令如微塵. 終不以此破戒之身. 受於信心檀越恭敬禮拜.

또 '차라리 쇠망치로 이 몸을 깨뜨려 머리에서 발끝까지 가루를 만들지언정 파계한 몸으로는 신심이 있는 신도의 예배를 결코 받지 않으리라'고 서원을 세워라.

(3. 恭敬之誓)

〔合註〕

이것도 파계하지 않겠다는 서원이요, 예배를 받지 않겠다는 서원은 아니다.

어떤 이는 이르되, "계덕戒德이 많이 이지러졌는지라 마침내 몸을 숙이고 예배에 답하라"고 하여 심지어는 천신에게 예배하듯 백의白衣를 공경하는데, 이미 파계한 죄조차도 구제함이 없으면서 게다가 출가인의 의식조차 망그러뜨리니, 역시 어리석은 일이로다.

〔發隱〕

선덕先德이 말하되 "몸을 굽혀서 예배할 때 꼿꼿이 서서 받는 것은, 진실로 자기를 이롭게 하는 덕이 있는 것이 아니요 그 해가 적지 아니하다"고 했으나, 이것은 약석藥石의 이론이다.

지금 사람들은 말하되 "공양은 남의 보시를 받는 것이라 오히려 부끄러움이 생기기도 하나 예배는 남의 재물을 손해한 것이 아니다"라고 하면서 조금도 부끄러워할 줄 모르니, 아! 애석하도다.

復作是願. 寧以百千熱鐵刀矛. 挑其兩目. 終不以此破戒之心. 視他好色. 復作是願. 寧以百千鐵錐劖刺耳根. 經一劫二劫. 終不以此破戒之心. 聽好音聲. 復作是願. 寧以百千刃刀. 割去其鼻. 終不以此破戒之心. 貪嗅諸香. 復作是願. 寧以百千刃刀. 割斷其舌. 終不以此破戒之心. 食人百味淨食. 復作是願. 寧以利斧. 斬破其身. 終不以此破戒之心. 貪著好觸.

또 '차라리 백천 자루의 뜨거운 칼이나 창으로 나의 두 눈을 뽑을지언정 파계한 마음으로는 예쁜 모양을 결코 보지 않으리라'고 서원을 세워라.
또 '차라리 백천 자루의 송곳으로 귀를 찌르면서 한 겁이나 두 겁을 지낼지언정 파계한 마음으로는 아름다운 소리를 결코 듣지 않으리라'고 서원을 세워라.
또 '차라리 백천 자루의 칼로 코를 벨지언정 파계한 마음으로는 좋은 냄새를 결코 맡지 않으리라'고 서원을 세워라.
또 '차라리 백천 자루의 칼로 혀를 끊을지언정 파계한 마음으로는 결코 맛있는 음식을 탐하지 않으리라'고 서원을 세워라.

또 '차라리 날카로운 도끼로 나의 몸을 찍을지언정 파계한 마음으로는 결코 부드러운 감촉을 탐하지 않으리라'고 서원을 세워라.

(4. 六根之誓)

〔合註〕

오근五根에서 보며 오진五塵에 대하나니, 모두가 파계하는 마음이 주가 되는지라 곧 의근意根을 바로잡기 위해서다.

"남의 맛있는 음식을 먹는다" 함에서, 앞에서는 파계한 입으로 남의 음식을 받는다는 말이요, 여기서는 삿된 마음으로 맛있는 음식을 탐하지 않는다는 말이니, "맛있는 음식을 탐착한다"는 것은 바로 파계한 마음을 말하는 줄 알아야 한다.

〔發隱〕

육근이 대경對境에 물이 듦은 마치 원숭이가 나무를 만남과 같다.

만일 중하게 서원한 것 아니면 자립이란 진실로 어려운 일이다. 그러므로 물物인데도 "칼과 창"이라고 했고, 칼과 창인데도 "이글거리는 쇠"라고 했으며, 이글이글하는 쇠인데도 "백천 자루"라고 했으니, 고통의 극심함이 어찌 말로 비유할 수 있겠느냐.

차라리 이런 고통을 받을지언정 예쁜 모양을 보지 않겠다는 것이니, 이렇게 맹세하는 마음은 대체로 얼마나 용맹스러우면서 격렬한가를 알기조차 어렵다. 이耳·비鼻의 오근 또한 그와 같다.

(문) "음식을 받는다"는 일절은 전후에서 말을 하고 있는데, 그 뜻은

서로가 남용된 것 같다.

(답) 앞은 사사四事의 종류에서 말한 것이라 주로 공양에 응할 수 없다는 데서의 말이요, 뒤는 육근의 종류에서 말한 것이라 주로 정情을 억제할 수 없다는 데서의 말이므로 서로가 남용되지 아니했다.

復作是願. 願一切衆生. 悉得成佛.

또 모든 중생이 다 같이 부처가 되기를 서원해야 하나니

(5. 度生之誓)

〔發隱〕

앞의 4까지는 자기 자신의 제도요 여기의 5는 남을 제도하는 것이니, 자리이타로 다함께 정각을 이루자는 것이다. 만일 이런 서원으로 불도에 회향함이 없다면 앞에서의 모든 서원은 바로 인·천의 복보거나 이승의 소과小果에 그칠 따름이다.

(문) 중생이 성불하기 원함에는 자비심일 뿐이다. 그를 비교하면서 맹화와 열철熱鐵 등으로 비유하는데 앞과 뒤의 말의 뜻이 유사하지 않거늘, 어떻게 서誓라 하겠는가.

(답) 만일 맹세하는 뜻에 결심이 아니면 무엇으로 널리 중생을 제도하겠는가. "지옥이 아직 텅 비지 아니하면 맹세코 부처가 되지 않겠다"고 한 그 용맹과 격렬함은 어떤 것이겠는가. 어찌 그런 말을 하며 서원하지 않을 수 있겠는가.

而菩薩若不發是願者. 犯輕垢罪.

만약 보살이 이러한 서원을 세우지 않으면 가벼운 죄가 된다.

(三 結罪)

〔發隱〕

(문) 원願은 바람이 많은 말이요, 서誓는 주저呪詛와 비슷한 말씨이다. 수행에는 본래가 벗어나려고 함인데, 어떻게 자칫하면 지옥을 일컫고 있는가.

(답) 서誓는 원하는속에서도 용렬勇烈하다는 뜻이요, 주저呪詛는 원한의 가운데서도 독해毒害라는 뜻이거늘, 어째서 원願을 원怨으로 삼겠으며 용렬을 독해로 삼겠는가.

세간에는 마술사들이 있어서 마술을 가르치되 문을 닫고 구멍조차 막아 놓고는 험한 말로써 그의 신근信根을 굳게 하고 나쁜 저주로는 그의 바깥 틈을 막으면서 종신토록 가려 막고 오랜 겁을 한데 처넣어 벗어날 수 없게 하니, 슬픈 일이로다.

◎중죄와 경죄의 성립

경계에 부딪쳐서 서원을 세우지 아니하면 그 일마다 허물이 성립된다.

◎개차를 잘 알라

차遮가 있을 뿐 개開는 없다.

◎이숙의 과보

서원을 세우지 아니하면 결정코 불퇴하는 이익을 잃게 되고, 내게 될 때마다 견고하게 진취되는 이익을 얻게 된다.

㊲위험한 곳에 가지 말라

若佛子.

너희 불자들아

初 標人
二 序事
三 結罪
△ 여기는 初의 標人이다.

常應二時頭陀. 冬夏坐禪.

항상 마땅히 봄·가을의 두타행頭陀行을 할 때나 여름·겨울의 참선을 할 때나

二의 序事에서
1. 다니거나 머물러야 하는 시기
2. 다니거나 머무르면서 해야 할 일
3. 다니거나 머무르지 않아야 한다.
△ 여기는 1의 應遊止時이다.

〔合註〕

"항상 마땅히 두 때에 두타를 해야 한다"고 함은 봄·가을이 가장 알맞은 때라 돌아다니면서 중생을 교화해도 방해와 손해가 없어서다.

'두타頭陀'는 혹은 이르기를 '두다杜多'라고 하기도 하는데, 번역하면 두수抖擻이다.

두타에 12법이 있나니, 모두 이는 좋은 일을 멀리 여의는 수행이라 성인들이 칭찬하는 바다. 1은 아란야 처소에 있다. 2는 항상 걸식하여 생활한다. 3은 차례로 걸식을 한다. 4는 한 자리에서 먹고 거듭 먹지 아니한다. 5는 바리 안에 있는 것만으로 만족한다. 6은 정오가 지나면 과실즙·석밀石蜜 등도 마시지 아니한다. 7은 누더기를 입는다. 8은 삼의 외에는 쌓아두지 아니한다. 9는 무덤 곁에서 머무른다. 10은 나무 밑에서 머무른다. 11은 한 데에 앉는다. 12는 앉기만 하고 눕지 아니한다.

"겨울과 여름에 참선을 한다" 함은 너무 춥고 너무 더우므로 언제나 고요히 앉아 있어야 한다.

結夏安居. 常用楊枝·澡豆·三衣·缾·鉢·坐具·錫杖·香鑪奩·漉水囊·手巾·刀子·火燧·鑷子·繩牀·經·律·佛像·菩薩形像. 而菩薩行頭陀時. 及遊方時. 行來百里千里. 此十八種物. 常隨其身. 頭陀者. 從正月十五日. 至三月十五日. 八月十五日. 至十月十五日. 是二時中. 此十八種物常隨其身. 如鳥二翼.

여름 안거를 할 때는 언제나 버들가지·비누·가사·물병·발우·좌구·석장·향로·거르는 주머니·수건·칼·부싯돌·족집게·노끈으로 된 평상·경전·율문·불상·보살상을 지녀야 한다. 보살은 두타행을 할 때나 백리나 천리가 떨어진 여러 곳을 가더라도 이 열 여덟 가지 물건을 지니고 다녀야 한다. 두타행을 하는 때는 정월 15일로부터 3월 30일까지와 8월 15일로부터 10월 15일 사이이니, 이 두 철 동안 열여덟 가지 물건을 몸에서 떠나지 않게 하되 마치 새의 두 날개와 같게 해야 한다.

> 2의 應遊止事에서
> A. 十八종의 物을 지녀야 한다.
> B. 보름마다 戒를 외워야 한다.
> △ 여기는 A의 十八種物이다.

〔**合註**〕

"여름 안거를 할 때"라 함은 여름에 나다니면 더욱 도에 방해가 되기 때문에 9순 동안은 결제하고 있어야 한다.

"버들가지(楊枝)"는 입을 깨끗이 하려는 까닭이요, "비누"는 몸을 깨끗이 하려는 까닭이다.

"삼의三衣"는 1이 승가리僧伽梨로서 상의라 하고, 2가 울다라승鬱多羅僧으로서 중의라고 하며, 3이 안타회安陀會로서 하의라고 한다.

"병"에는 세 가지가 있다. 1은 정병淨缾으로서 물을 담았다가 공양하고 마신다. 2는 수용병隨用缾으로서 물을 담았다가 손 등을 씻는다. 3은 촉병觸缾으로서 대소변 때에 씻는다.

"발우"는 제대로 말하면 "발다라鉢多羅"이니, 번역하면 응기應器이다. 체體·색色·양量의 세 가지 모두가 규정에 상응해서이니, 체體는 기와와

철의 두 가지 재료로 쓰고 금·은·동·나무·칠보七寶 등으로써는 사용할 수 없다. 색色은 깨 등으로 쪼여서 만들며, 양量은 그 크기에 따라 상·중·하로 나누는데 가장 커도 3승升을 넘지 못하며 가장 작은 것이면 반半승들이이다.

"좌구坐具"는 범어로 니사단尼師壇이며 여기 말로는 수좌의隨坐衣이니, 몸을 보호하고 옷을 보호하며 와구를 보호하려는 까닭에서다.

"석장錫杖"은 현성賢聖임을 입증하는 표시요, "향로"는 청정함을 닦기 위해 이바지하며, "물 거르는 주머니"는 중생들을 구제하기 위한 기구이다.

"수건"은 때를 없애기 위해 쓰이는 바요, "칼"은 길이는 세 손가락을 넘지 못하고 넓이는 한 손가락을 넘지 못하나니, 편리하게 쓰려는 까닭이다.

"부싯돌"은 열에 대비하는 음식을 위해서요, 겸하여 어둠도 없애기 위해서다.

"족집게"는 코털 등을 뽑기 위해서요, "노끈으로 된 평상"은 처소에 따라 머물러 살기 위해서이니, 위의 모두는 갖가지로 소용되는 물건들이다.

"경"은 한 마음에 계합되고, "율"은 삼업을 규제하며, "불상"은 마음의 극과極果를 표시하고, "보살의 형상"은 뜻하는 참된 인因에 의탁하기 위해서다.

모두가 일용에 절실한 물건이요 또한 사실에 즉하여 법을 표시하기 때문에 "새의 두 날개와 같게 한다"는 것으로 비유하고 있다.

그가 법의 이치를 모르면 18물物에만 마음을 쏟아 힘쓰게 된다.

본디 대사大士가 지니는 넓은 규법이 아니므로 만일 끝내 명칭과 이치만을 고상하게 이야기하면서 사상事相을 소홀히 하게 되면 역시 부처님의 본의를 그르칠까 두려워서이니, 반드시 사리事理가 다 같이 구비되어 두 날개에 손상이 없게 되기를 바랄 뿐이다.

若布薩日. 新學菩薩半月半月常布薩. 誦十重四十八輕戒. 若誦戒時. 當於諸佛菩薩形像前誦. 一人布薩. 卽一人誦. 若二人三人至百千人. 亦一人誦. 誦者高座. 聽者下座. 各各披九條七條五條袈裟. 若結夏安居時. 亦應一一如法.

포살하는 날은 새로 발심한 보살에게 보름마다 포살하되 불보살의 형상 앞에서 열 가지 큰 계와 마흔여덟 가지 가벼운 계를 외워야 하나니, 계를 외울 때는 반드시 불보살의 형상 앞에서 해야 하고, 한 사람이 포살하여도 한 사람이 외우고, 두 사람, 세 사람, 백 사람, 천 사람이 포살하여도 한 사람이 외워야 하며, 외우는 이는 높은 자리에 앉고 듣는 이는 낮은 자리에 앉아야 하며, 저마다 지위에 따라 구조·칠조·오조의 가사를 입어야 하며, 여름 안거 때도 하나하나 법대로 해야 한다.

(B. 半月誦戒)

〔合註〕

포살에서 "새로 발심한 보살"만을 든 것은 구학보살久學菩薩은 스스로가 잘할 것이므로 말할 것이 없어서다.

"구조九條·칠조七條·오조五條의 가사를 입는다" 함은 구조는 곧 승가리요 칠조는 울다라승이며 오조는 안타회이니, 이는 비구와 비구니에 한해서 말한 것이다.

만일 식차마나式叉摩那와 사미와 사미니라면 만조의縵條衣의 착용만이 허락될 뿐이니, 무봉가사無縫袈裟라고 한다. 재가의 2중衆도 송계誦戒와 입단入壇할 때는 역시 무봉의를 착용할 수 있지마는 그 외에는 착용하지 못한다.

그러나 『선생경』에서 이르기를 "만일 우바새가 승가리와 발우와 석장을 저축하지 아니하면 실의죄失意罪가 된다"고 했다. 이것은 특히 저축하게 하기 위해 정한 것이요 평소에 수용하게 하기 위한 제정이 아니다.

또 승가리 등은 곧 만조縵條의 의복으로서 세 가지 법호를 붙였나니, 이른바 무봉無縫의 삼의는 비구의 구조·칠조·오조와는 같지 아니하다.

"하나하나 법대로 해야 한다" 함은 법대로 18물을 갖추며 법대로 계를 외우는 따위이다.

〔發隱〕

"결동안거結冬安居"라고 말하지 않았으나 문장에서 생략한 것이다.

若行頭陀時. 莫入難處. 若惡國界. 若惡國王. 土地高下. 草木深邃. 師子虎狼. 水火風難. 及以劫賊. 道路毒蛇. 一切難處. 悉不得入. 頭陀行道. 乃至夏坐安居. 是諸難處. 皆不得入.

두타행을 할 때는 험난한 곳에 들어가지 말아야 하나니, 나쁜 임금이 통치하는 나라의 국경이나 나쁜 임금이 통치하는 나라와 땅바닥이 고르지 않은 곳과 초목이 무성한 곳과 사자와 호랑이가 있는 곳과 물과 불과 바람의 재난이 있는 곳과 도둑이 나오는 외딴 길과 독사가 많은 곳 등 온갖 위험한 곳에는 가지 않아야 한다. 두타행을 할 때만이 아니고, 여름 안거를 할 때도 이와 같이 위험한 곳에는 들어가지 말아야 하니

(3. 不應遊止)

〔發隱〕

사람의 몸은 얻기도 어려우나 감히 도기道器가 될 수 있다. 마치 배승상裵丞相이 이른바 "육도 중에서 마음을 바로잡아서 보리에 나아갈 수 있는 자는 오직 인도人道만이 가능할 뿐이다"라고 함과 같다.

이러므로 염심染心으로 나아감을 알아차려야 하나니, 비록 가죽주머니라고 부르기는 하나 성도聖道에서 살피게 되면 실로 중한 기器가 되므로 모름지기 귀히 여기고 보전해야 한다.

그런데도 삼가지 않고 유행하면서 일찍 죽기를 달게 여긴다면, 이는 얻기 어려운 몸을 경솔하게 포기하는 것이요 도에 이를 기器를 멋대로 상하게 하는 것이다.

인욕의 힘이 아직 충실하지 못한지라 위험에 다다랐을 제는 크게 괴로워하면서 악처惡處에 떨어지게 되기 때문에 "상실하게 되는 일이 중하다"고 말한다.

지금의 신학승新學僧으로서 밤에 다님을 금하지 않은 이, 국법을

준수하지 않은 이, 천시天時의 풍한風寒을 삼가지 않은 이, 지기의 음습을 피하지 않은 이들이 있어 말하기를 "인명을 용천龍天에 맡긴다"고 하거니와 실인즉 터럭만큼도 보는 데가 없다. 일찍 죽게 되는 화는 소疏에도 밝힌 글이 있나니, 삼가지 않을 수 있겠는가.

〔小合〕 요사이의 자살하는 풍습을 살피건대, 독이 사람의 마음에 퍼져 있다. 몸이 석자釋子가 되었으니 마땅히 경책과 권장을 더하여야 할 터인데, 마침내는 몸으로 그를 범하는 이도 있다.

대저 요서夭逝하는 화는 옛날에도 밝은 교훈이 있다. 근본을 변화시켜 위험을 가한다면 그의 고통이야말로 한이 없나니, 슬픈 일이로다.

若故入者. 犯輕垢罪.

만약 짐짓 들어가면 가벼운 죄가 된다.

(三 結罪)

〔發隱〕

(문) 보살은 똑같이 구계九界를 유전하며 지옥까지도 들어가서 중생을 제도하나니, 이른바 행하기 어려운 일을 능히 행하고 참기 어려운 일을 능히 참는 것이 그것이다. 여기서는 난처難處를 보면서도 피한다면, 무엇이 이승 또는 범부와 다르겠는가.

(답) 초심보살은 인력忍力이 아직 충실하지 못하므로 험한 일을 겪고 위험한 데로 들어가면 헛되이 죽기만 할 터인데 무엇이 도움 되겠는가. 그의 지혜 배가 견고하고 정밀하게 된 뒤를 기다려서야 비로소 고해에

유행할 수가 있다.

다만, 그것이 중생을 이롭게 함만 있다면야 반드시 난을 피하면서 구차하게 면하려고 할 것까지는 없다.

◎중죄와 경죄의 성립

이 계는 3연緣을 갖추면 죄가 성립된다.

1. **위험한 처소일 것.** 나쁜 나라의 지경 등을 말한다.
2. **위험한 처소라고 생각할 것.** 6구에서 2구는 중, 2구는 경, 2구는 무범無犯.
3. **그곳으로 갔었을 것.** 들어갔을 때부터 걸음걸음마다 죄가 성립된다.

[용인되는 사항]

혹은 먼저는 위험한 곳이 아니었는데, 들어가 있을 때에 위험한 일이 갑자기 일어났으면, 범죄가 없다.

[兼制]

그 밖의 18가지 사물을 구비해야 할 터인데 구비하지 않았거나, 보름마다 외우는 계율을 혹은 외우지 않았거나 또는 비록 외웠다 하더라도 법대로 하지 않았으면 일에 따라 죄과가 성립된다.

◎개차를 잘 알라

혹은 법을 구하기 위해서나 혹은 중생을 제도하기 위해서라면 위험을 무릅쓰고 들어가도 범죄가 아니다.

◎**이숙의 과보**

위험을 만나면 도에서 물러나는 인연을 많이 짓게 되거니와, 돌아다니지 않으면 몸과 마음으로 하여금 도에 나아가게 할 수 있다.

㊳높고 낮은 차례를 어기지 말라

若佛子.

너희 불자들아

初 標人
二 序事
三 結罪
△ 여기는 初의 標人이다.

應如法次第坐. 先受戒者在前坐. 後受戒者在後坐. 不問老少. 比丘·比丘尼. 貴人國王·王子. 乃至黃門·奴婢. 皆應先受戒者在前坐. 後受戒者次第而坐.

마땅히 법답게 높고 낮은 차례를 찾아 앉되 먼저 계 받은 이가 앞에 앉고, 뒤에 계 받은 이는 아래에 앉아야 하느니라. 나이가 많고 적은 것을 가리지 말고, 비구·비구니·임금·임금의 아들 내지 내시와 종 등은 저희끼리 모여 앉되 저마다 먼저 계 받은 이가 앞에 앉고 뒤에 받은 이는 차례를 따라 앉아야 한다.

二의 序事에서

1. 明應

2. 不應

3. 總結

△ 여기는 1의 明應이다.

〔合註〕

"법답게"라 함에는 두 가지가 있나니, 1은 칠중七衆 전체에 통한 일반적인 이론이요, 2는 수계의 차서에 한한 특별한 이론이다.

"앉은 것"에도 두 시기가 있나니, 1은 계를 외우는 때요, 2는 평상시이니, 모두 문란해서는 안 된다.

"나이가 많고 적은 것을 가리지 말라"는 데도 두 가지 뜻이 있다. 1은 곧 칠중에 관한 통론通論의 뜻이요, 2는 계차戒次에 관한 별론別論의 뜻이다.

1의 통론이란, 백납百臘의 비구니는 초하初夏의 비구 앞에 앉지 못한다. 설령 비구니가 보살계를 받고 역시 백납을 지냈다 해도 여전히 초하의 소승 비구 앞에 앉지 못하거든, 하물며 이 보살 비구이겠는가. 비구는 바로 그보다 위의 중衆이기 때문이다.

식차마나가 비록 나이가 백세요 혹은 보살계를 받고서 이미 백납을 경과했다 하더라도, 모든 대승·소승의 비구와 비구니 앞에는 앉지 못한다. 아직 이는 승가의 수數에 들지 못했기 때문이다.

사미가 비록 나이가 백세요 혹은 보살계를 받아서 백납을 경과했다 하더라도, 내지 소승의 식차마나 앞에도 앉지 못한다.

사미니가 비록 나이가 백세요 혹은 보살계를 받아서 역시 백납을 지냈다 하더라도, 내지 소승의 사미 앞에도 앉지 못한다.

우파새가 비록 나이가 백세요 보살계를 받아서 역시 백납을 지냈다 하더라도, 내지 소승의 구오驅烏사미 앞에도 앉지 못하거든 하물며 사미며 비구 등이겠는가.

그러므로 『선생경』에서 이르기를 "우바새가 만일 비구거나 사미의 앞에 가게 되면 실의죄失意罪가 된다"고 했다.

그러므로 그것이 가는 데서 보며 정한 것이므로 앉으면 역시 죄가 있을 것이요, 여기서는 앉은 데서 보며 정한 것이므로 다닐 때도 역시 죄가 있는 줄 알 것이다.

2의 별론이란, 비구와 비구니의 중衆 같은 이도 모두 대승·소승의 두 가지의 계차를 겸해서 논해야 한다. 대승에 있으면 대승에서요 소승에 있으면 소승에서이니, 절대로 대승으로 소승을 빼앗아서는 안 된다.

그러므로 문수文殊가 사왕闍王의 청에 응했을 때 오히려 본디부터 가섭에게 사양했어야 하고 연후에 잠시 동안 그의 앞에 있었다면, 평상시로서의 계차를 문란하게 하지 않았음이 분명하다.

그 밖의 오중五衆도 각자 보살계의 차서만을 논할 것이요, 나이의 많고 적음은 논하지 않아야 한다 함을 쉽게 알 수가 있다.

"비구·비구니와 귀인" 등이라 함은 먼저 칠중의 높고 낮은 차례를 매겨서 신분을 정한 뒤에야 각각 저희끼리 계차를 매긴다는 것이다.

비구의 계차를 다 매기고 나면, 그런 뒤에야 비구니의 계차를 매긴다는 것이니, 그 밖의 삼중에 대해서는 말하지 않았으나 경문에서 생략되었을 뿐이다.

"귀인"은 곧 국왕과 왕자 등을 통틀어 지칭한 것으로서, 이들은 비록 재가의 이중이란 이름은 같다 하더라도 저마다 끼리끼리 분류되어야 하나니, 왕자가 아무리 보살의 대계를 받았다 하더라도 아직 출가하지는 않았는지라 군君인 부父 앞에는 앉을 수가 없다. 그러므로 저희끼리 따지게 된다.

"내지"라고 함은 뛰어넘으면서 생략하다는 말이니, 그 뜻 안에는 "장자·재관·바라문·거사 등도 따로따로 저희끼리 모여 차례로 앉는다"는 것을 드러낸다.

이들은 세간법 안에서는 혹은 벼슬의 상하를 매기고 나이와 덕의 높낮이를 매길 것이로되, 원래 정해진 구분이 없기 때문에 여기서는 수계의 차례만을 매겨야 한다.

莫如外道癡人. 若老若少. 無前無後. 坐無次第. 如兵奴之法.

어리석은 외도들과 같이 나이가 많은 사람이나 나이 적은 사람 할 것 없이 서로 선후를 가리지 않고 차례를 마치 병졸이나 종들이 하는 것과 같이 하지 말라.

(2. 不應)

我佛法中. 先者先坐. 後者後坐.

우리 불법에는 앞사람이 앞에 앉고 뒷사람이 뒤에 앉는 것이니

(3. 總結)

而菩薩一一不如法次第坐者. 犯輕垢罪.

만약 보살이 법답게 낱낱이 차례를 찾아 앉지 아니하면 가벼운 죄가 된다.

(三 結罪)

〔合註〕

"낱낱이"라 함은 결언結言으로서 통론·별론의 두 가지를 지칭하나니, 모두가 법대로 해야 하며 두 가지의 때에서도 모두 차례를 찾아 앉아야 한다.

〔小合〕(문) 군·신·부·자·주主·복僕이 똑같이 보살계를 받았다면 오히려 저희끼리 한 동아리가 되어야 할 터인데, 무엇 때문에 율 가운데에서 "신臣이 먼저 구족계를 받고 왕이 뒤에 구족계를 받았다면 왕은 하좌下座가 되고, 자子가 먼저 구족계를 받고 부父가 후에 구족계를 받았다면 부父가 하좌가 되며, 종이 먼저 구족계를 받고 주인이 후에 구족계를 받았다면 역시 주인이 하좌가 된다"고 했는가.

(답) 비구계법은 출세의 상相을 나타낸 것으로서 세간의 법에 속한 것이 아니기 때문이다. 군이 만일 허락하지 아니하면 신臣은 출가할 수가 없고, 부모가 허락하지 아니하면 자는 출가할 수 없으며, 주인이 허락하지 아니하면 노복은 출가할 수 없거니와, 이미 군부君父와 주인이 출가를 허락했다면 일단 출가하는 때에 신·자·노비라는 이름과 지위를 영원히 버리게 된다. 그러므로 군부와 주인이 후에 구족계를 받았다면 곧 그를 상좌로 삼을 것이요, 만일 군부와 주인이 집에 산다면 역시 그를 존자의 복전으로 삼아야 한다.

그러므로 오천축국의 출가인 법에서는 설령 군부와 주인을 만났다 해도 똑같이 단월이라 부르며, 군부와 주인이 이미 출가한 신·자·노비를 만나면 반드시 모두가 머리 조아려 예배하고 그 출가한 이는 반드시 꼿꼿이 서서 받게 되며 절대로 예배에 답하는 의식이 없다.

이것은 부처님이 세상에 계실 때만 그런 것이 아니요, 당나라 때 현장玄奘과 의정義淨 스님이 몸소 서건西乾에 가서 그 일을 직접 보았다. 그러므로 부모가 도리어 예배하는 것이 분명한 일이요 괴이하게 여길 것이 없다.

대저 보살계법은 세간과 출세간에 다 통하면서 속제俗諦를 무너뜨리는 것이 아니기 때문에, 비록 보살계를 받았다 하더라도 군은 그대로가 군이요 신은 원래대로 신이니, 부자와 주복主僕 역시 그와 같다. 만일 그 명名과 위位를 어지럽히면서 계차를 한데 합해 매기려 한다면, 세간의 법이 안립되지 못하리라.

(**문**) 만일 일단 출가할 때에 신자臣子와 노비의 명과 위를 영원히 버렸다 하면, 아마 군도 없고 부도 없다 하여 유생들에게 비방을 받을 것이 아니겠는가.

(**답**) 헛된 이름만을 버린 것이요 은의恩義는 버리지 않았기 때문이다. 율에서 "비구는 마음을 다하고 힘을 다해 부모에게 효양해야 하고 만일 효도로 봉양하지 아니하면 중죄가 된다"고 규정되어 있다. 내지 불모佛母가 열반하셨을 때 부처님도 오히려 손수 관을 드셨다.

또 비구의 몸이 산림에서 살고 있기 때문에 군을 섬기는 예가 없겠지마는, 만일 왕의 공양을 받고 왕과 사이가 가깝게 된다면 역시 일에 따라 충忠을 바치기도 해야 한다.

이것이 곧 세간에서의 충효를 폐지하지 않는 것이거든, 하물며 법대로 수행하여 지교至敎를 널리 유통하고 천天·용龍으로 하여금 기뻐하면서 나라를 수호하고 백성을 보호하게 하며 과거와 현재의 부모로 하여금 똑같이 고해를 여의게 함이겠는가.

이것이야말로 다시 출세에서의 충효를 성취하는 것이니, 그렇다면 대충大忠과 대효大孝에서 그 누가 출가한 이보다 더한 이가 있겠는가. 이런 대의大義가 있으므로 반드시 소소한 허명과 허위虛位는 논할 거리조차 못된다.

(문) 보살계법이 속제를 무너뜨리지 않는다는 그런 이치는 진실로 그렇기는 하다. 마치 앞에서 이른 바의 "대승에 있으면 대승이요, 소승에 있으면 소승이다"라고 함과 같아서, 역시 그 예로 말하면 "진리에 있으면 진리요 범속에 있으면 범속이다"고 할 수 있으리라. 이제 출가한 사람이 이미 보살계법을 받았다면, 군과 부와 주인을 만났을 때 역시 세속의 법으로 같이할 수가 있는가.

(답) 앞에서 말한, "대승에 있으면 대승이요 소승에 있으면 소승이다"라고 함은 대승과 소승이 비록 다르기는 하나 비구에 한해서 모두 일컬었기 때문이다.

지금 예로 든 "범속에 있으면 범속"이라 한 것은, 그대는 보살인 비구와 사미가 아니고 보살인 우바새라는 것인가.

만일 그대의 말이 실로 보살 우바새라 한다면 비구와 사미의 수數에 들지 않은 이거늘, 어떻게 대승·소승이 두루 같은 이중二衆에게 계차戒次를 매길 수 있다는 것인가.

만일 우바새 몸으로 사미와 비구의 대열에 섞여 들려 한다면, 출세의 상相을 크게 무너뜨리는 것이 된다. 이미 보살계는 세간의 상도 무너뜨리지 않거늘, 어찌 도리어 출세간의 상을 무너뜨릴 수 있겠는가. 세간·출세간의 상을 모른다면, 모두 속제로 건립해도 모두 파괴할 수 없다고 하리라.

그러므로 출가한 보살은 그대로 출가의 의칙儀則을 행할 것이요 재가의 보살은 재가의 의칙을 따르게 되는 이것이 곧 세간·출세간에 다 통한다고 하리니, 그를 말하여 "진리에 있으면 진리요, 범속에 있으면 범속이다" 해도 역시 모두가 될 수 있다.

(문) 보살의 대계는 미래 세상이 다하기까지 받은 것이 되고 불과에 이르기까지 뻗게 되는 것이라, 가위 지극히 높고 지극히 훌륭하며 지극히 묘하고 지극히 광대하다. 그런데도 무엇 때문에 이 계를 받은 이는 오히려 세간의 명과 위를 그대로 두면서도, 출가의 계법은 받아도 일생 동안에 불과하고 뻗어도 나한까지 뿐이거늘 도리어 군부와 주인의 예배를 받을 수 있다는 것인가.

(답) 광대함을 논하면 보살계법보다 더한 것이 없고 존중함을 논하면 출가의 율의보다 더한 것이 없다. 이는 성현의 당상幢相이요 출세간의 꽃다운 표지이며, 승가 수레바퀴에 매다는 바요 불법에 관계되는 바로서, 비단 군부와 주인의 예경만을 받을 수 있을 뿐만 아니라, 이미 사천왕과 제석천의 예경도 받고 있고, 이미 범왕梵王의 예경도 받고 있으며, 대천계의 주인 마혜수라의 예경도 받고 있다.

또 비구와 비구니에게 뿐만이 아니요, 비록 사미라 하더라도 역시 군부와 주인의 예경을 받을 수 있다.

군부 등이 비록 오계와 보살계를 받았다 하더라도 여전히 집에서 살고 있으면 아직은 정음正婬을 끊지 못하는지라, 온전히 음욕을 끊고 영원히 생사의 고인苦因을 끊은 사미보다는 못하기 때문이다.

군부 등이 비록 연年에 세 번 월月에 여섯 번씩 팔계재八戒齋를 받는다 하더라도 죽기까지 비시非時에는 먹지 않으면서 영원히 생사의 증상연增上緣을 여읜 사미보다는 못하기 때문이다.

군부 등이 비록 오계와 보살계를 받았다 하더라도 오히려 꽃다발을 쓰고 향을 몸에 바르며 노래하고 춤을 추며 연기를 하게 하고 가서 구경하며 높고 넓게 잘 꾸민 평상에 앉고 있으면서 재일에 한해서만 잠시 동안 그렇게 계를 지니는지라, 그것을 모두 영원히 버려버린 사미보다는 못하기 때문이다.

군부 등이 비록 오계와 보살계를 받고 연年에 세 번 월月에 여섯 번씩 팔계재를 받는다 하더라도 오히려 금·은·보물을 저축하고 법대로 이익을 도모하며 위로는 섬기고 아래로는 양육하는지라, 승가에 의지해 살면서 도법을 방해하는 것을 여의고 위의와 바른 생활로 모두 다 극히 청정한 사미보다는 못하기 때문이다.

그러므로 법답게 출가하여 계를 지니기만 하면 비록 군주와 부모며 천룡·귀신의 예경을 받는다 하더라도 진실로 허물이 없다. 또한 군부 등으로 하여금 복취福聚를 증장하게 하는 그 공이야말로 다시금 생각하기조차 어렵다. 만일 출가한 진실한 덕이 없어서 도리어 군부와 천신에게 예배를 한다면 또한 무엇으로 그 파계한 죄를 구제할 것인가. 불법의 위의를 괴란壞亂할 뿐이라 그 허물만이 증가할 뿐이다.

아아, 슬프다. 말세에 출가한 이가 이름만이 있고 의義가 없으면서 모두가 다 견문만을 탐하여 비루한 일만 익히고 있으니, 남을 위해 정법을 말한들 그 누가 믿은 이 있겠는가.

애오라지 구장舊章이나마 기술하여 사람들로 하여금 점차로 출세의 유궤遺軌나 알게 할 뿐이다.

또 이 출세의 궤식軌式은 곧 보살계 중에서 나오게 되며 또한 모두가 보살계 안에 포함되어 있다. 그러므로 보살계를 광대하다고 일컫고 겸하여 존중의 이치가 갖추어지게 된다.

만일 이 칠중에 대한 규정된 자리를 폐지하려 한다면, 벌써 존중의 이치도 없고 광대함의 이치도 잃게 된다.

(문) 출가의 계법이 그렇게 존중하다면, 무엇 때문에 『법화경』에서 상불경常不輕 비구는 사부대중들에게 다 같이 예배하다가 수기를 받고 부처가 되었는가.

(답) 이는 바로 원해圓解를 처음 여는 것으로서 경하하면서도 가엾게 여겨서이니, 그때의 근기를 살펴보매 응당 대승의 연緣으로 심으면서 억지로 다스리게 해야 했다. 때문에 이는 파격적인 행문行門을 지은 것이요 일반적인 길인 궤식이 아니다. 만일 실로 통상적인 수행문이라면, 세존께서 옛날 이미 이로 말미암아 육근이 청정하게 되었으므로 당연히 이 법으로 사중四衆에게 교시했어야 했거늘, 어찌 그리 인색하셨겠는가.

대소승의 율문에서 다 같이 "승은 속인에게 예배하지 않는다"고 제정하고 있나니, 크게 관계되는 바가 있는 줄 알아야 한다.

또 소승율에서는 겨우 "도리어 속인에게 예배하지 않아야 한다"고 하여 말이 오히려 평이하거니와, 대승의 경율에 이르면 "보살이 앉았을 때에 왕과 장자를 보고서 일어나면 죄가 된다. 만일 먼저 가부하고 앉았다가 왕과 장자를 보고서 무릎을 꿇으면 죄가 된다. 만일 먼저 옷을 바로잡지 않았다가 왕과 장자를 보고서 얼굴을 만지며 매무시를 고치면 죄가 된다. 만일 왕과 장자가 나쁜 말을 할 적에 그의 뜻을 따라 칭찬하면 죄가 된다"고 하여 말씨와 뜻의 매우 엄격함이 소승의 율에 비해 더욱 심하다.

또한 어스름이 보건대, 말세 동안에 백의白衣의 습기는 날로 오만해지고 치문緇門의 체통은 날로 야비해지므로 이 엄한 금령을 시설해서 그 만분의 일이라도 만회하기를 바라는 것이리라.

그렇다면 재가보살이 좋은 마음으로 불계佛戒를 받았다면 반드시 출가한 대승·소승의 중을 존경하여야 한다. 비록 파계하고 무계無戒한 무리라 하더라도 역시 업신여기지 말고, 모름지기 상왕象王이 사냥꾼에게 대한 것과 같이 하고 나찰이 죄인에게 대한 것과 같이 하여야 비로소 부처님을 공경하고 계를 공경한다 하리라.

그리고 출가한 보살은 반드시 대소승의 율의를 잘 배우고 잘 행하여 인천의 예경을 받음으로써 승僧의 체면이 욕되지 않고 복전이 될 수 있게 되기를 바란다.

본디부터 헛일에 겸손하거나 공경하지 않고, 더욱 당당한 승의 상相만을 믿고서 공복고심空腹高心으로 현성의 표지를 함부로 욕되게 하지 말지니, 그렇게 되면 사람 몸을 길이 보전 못할까 두려워진다. 입은 가사를 한 번 잃게 되면 그 고통이야말로 바야흐로 깊어지리니, 부디 서로가 한껏 힘쓸지어다.

◎**중죄와 경죄의 성립**

이 계는 3연을 갖추면 죄가 성립된다.

1. **차례대로가 아닐 것**. 통론·별론의 두 가지를 말한다.

2. **차례대로가 아니라고 생각할 것**. 6구 중 2구는 중, 2구는 경, 2구는 무범이다.

3. **그대로 잘못 앉을 것**. 앉은 이와 앉게 한 이가 다 같이 범죄이며, 낱낱이 앉는 데마다 죄가 성립된다.

◎**개차를 잘 알라**

마치 문수와 가섭이 아사세왕의 청에 응했을 때와 또 하좌 혹은 사미 등이 설법하기 위해 법좌에 오를 때와 같다.

◎ 이숙의 과보

계율을 공경하지 아니하면 정법을 멀리 여의게 되며, 계상戒相에 의해 공경하면 훌륭한 이익이 나게 됨은 마치 옛날 새끼 원숭이와 코끼리와의 인연과 같나니, 자세한 것은 경율에 실려 있다.

㊴ 복과 지혜를 닦아라

若佛子.

너희 불자들아

初 標人
二 序事
三 第四段을 總結한다
△ 여기는 初의 標人이다.

常應敎化一切衆生. 建立僧坊山林園田. 立作佛塔. 冬夏安居. 坐禪處所. 一切行道處. 皆應立之.

항상 마땅히 일체중생을 교화하되 승방을 짓고 산과 숲과 전원과 밭을 마련하고 탑을 쌓고 겨울과 여름 안거에 참선할 곳과 도 닦을 도량을 마련해야 한다.

二의 序事에서
1. 복을 닦으라.

2. 지혜를 닦으라.
3. 擧非結過
△ 여기는 1의 修福이다.

〔發隱〕

"승방"은 대중들이 모이는 데요, "산과 숲"은 대중을 가려주어 그늘지게 하는 데며, "전원(園)"은 대중으로 하여금 머물러 살 수 있게 하는 데요, "밭"은 대중으로 하여금 양식을 얻게 하는 데다.

"불탑"이 세워지면 대중들이 첨앙瞻仰하고 의지할 장소가 있게 되고, "안거"가 정해지면 대중들이 참선을 수행하기 쉽게 된다.

"온갖 도 닦을 곳"이라 함은 대중들이 도업을 닦아 나아갈 처소를 통틀어 논한 것이다. 이런 일을 마련한다면 그 복이야 알 만하다.

『요집경要集經』 제10에서 이르기를 "부처님이 말씀하셨다. '그때 도인과 속인으로 변화해 가면서 다투어 잿밥을 위하여 강의를 했고 강압으로 재물을 구하여 탑사를 짓고 수리하였나니, 경에 의지해도 합당하지 않을뿐더러 도리어 앞으로의 죄만을 초래했다'"고 하셨다.

이 말은 "비리非理로 모화募化하여 자신이 짓고 수리하는 탑사에 보태고, 공물을 사사로이 쓰면서 원인을 속이고 결과를 어둡게 한다"는 것이니, 이른바 천당에 아직 나아가기도 전에 지옥이 먼저 이루어졌다는 것이다. 이렇게 복을 닦는다면 죄로 피함만 같지 못하나니, 학자는 밝히 가리지 아니할 수 없으리라.

而菩薩應爲一切衆生. 講說大乘經律. 若疾病·國難·賊難. 父母兄弟

和尚阿闍黎亡滅之日. 及三七日. 四五七日. 乃至七七日. 亦應講說大乘經律. 一切齋會求願. 行來治生. 大火所燒. 大水所漂. 黑風所吹船舫. 江湖大海羅刹之難. 亦讀誦講說此經律. 乃至一切罪報. 三惡八難七逆. 杻械枷鎖. 繫縛其身. 多婬·多瞋·多愚癡·多疾病. 皆應講此經律.

또 보살은 마땅히 일체중생을 위하여 대승경전과 대승 계율을 설해야 하며, 병이 유행할 때, 재난이 일어날 때, 도둑이 번성할 때, 부모·형제·화상·아사리가 죽은 날과 죽은 지 7일, 14일 내지 49일에도 대승경전과 율을 읽고 설해야 한다. 또 여러 가지 재를 차리고 복을 구할 때나 일상생활을 위해서나 화재를 만나고 수재를 만나 물에 떠내려 갈 때나 배가 폭풍을 만났을 때나 강이나 바다에서 나찰의 난을 만났을 때에도 경과 율을 읽고 설해야 하며, 그 밖에 온갖 죄보를 받거나 세 가지 나쁜 세계에 나고 여덟 가지 액난을 만나고 일곱 가지 역적의 죄를 짓고 수갑과 쇠고랑과 칼과 오랏줄에 묶이었을 때에도 경과 율을 읽고 설해야 한다. 또 음란한 마음과 성내는 마음과 어리석은 마음이 치성하고 병이 들었을 때에도 이 경과 율을 읽어야 한다.

(2. 修慧)

〔發隱〕

"질병"이라 함은 이 경과 율로 중생의 무명의 숙환을 치료할 수 있기 때문이요, "나라의 재난"이라 함은 이 경과 율로 심왕心王을 수호할 수 있기 때문이며, "도둑의 재난"이라 함은 이 경과 율로 악마를 꺾고 깨뜨릴 수 있기 때문이요, "부모와 사장師長이 죽은 날"이라 함은 이 경과 율로 단명斷冥의 식識을 돕고 인도할 수 있기 때문이며, "재齋를 차리고 복을 구한다" 함은 이 경과 율로 행원行願을 만족시킬 수 있기 때문이요, "오가면서 생활을 한다" 함은 이 경과 율로 법과 재물을 구족할 수 있기 때문이다.

"큰 화재"라 함은 이 경과 율로 번뇌의 불길을 없앨 수 있기 때문이요, "큰 수재"라 함은 이 경과 율로 은애恩愛의 강물을 바짝 말릴 수 있기 때문이며, "폭풍이 분다"고 함은 이 경과 율로 고해에서 뱃사공이 되어 중생들을 건너 줄 수 있기 때문이요, "온갖 죄의 과보"라 함은 이 경과 율로 지옥에서의 큰 사령서赦令書가 되어 모든 업장을 없앨 수 있기 때문이다.

"세 가지 나쁜 세계에 나고, 여덟 가지 액난을 만나며, 일곱 가지 역적의 죄를 짓는다" 함은 이 경과 율로 악을 변화하여 선으로 하고 재난을 바꾸어서 상서로 하며 역을 돌이켜서 순으로 할 수 있기 때문이요, "수갑과 쇠고랑과 칼과 오라줄"이라 함은 이 경과 율로 신심身心의 안팎 모든 속박과 집착을 해탈시킬 수 있기 때문이다.

"음란한 마음과 성내는 마음과 어리석음이 많은 마음"이라 함은 이 경과 율로 삼독을 소멸시키고 청정한 마음과 자비로운 마음과 지혜로운 마음을 내게 할 수 있기 때문이다.

요약하여 말하면, 계는 능히 악을 그치고 선을 행하게 하며 널리 중생을 제도한다는 것이니, 역시 어디서 머무른들 이롭지 않겠으며 무엇을 구한들 얻지 못하겠는가.

而新學菩薩若不爾者. 犯輕垢罪.

하물며 새로 배우는 보살이 그렇게 하지 않으면 가벼운 죄가 된다.

(3. 擧非結過)

◎ **중죄와 경죄의 성립**

능력껏 닦아야 하고 연緣을 만나면 해야 하는데도 하지 아니하면 낱낱이 죄가 성립된다.

만일 미워하는 마음에서라면 — 염오범染汚犯

게을러서라면 — 비非염오범

〔용인되는 사항〕

힘이 미치지 못해서면 범죄가 없다.(『戒本經』에서의 이른바, 少利와 少作과 少方便에 머무르는 것이다)

◎ **개차를 잘 알라**

혹은 항상 참선하고 계를 외우는 등의 온갖 훌륭한 일을 닦는다면, 다른 일을 경영할 겨를이 없다.

◎ **이숙의 과보**

닦지 아니하면 두 가지의 장엄을 잃게 되고, 닦으면 보리의 자량이 저절로 증장한다.

如是九戒. 應當學. 敬心奉持. 梵壇品當廣明.

이 아홉 가지 계를 마땅히 배우고 공경하는 마음으로 받들어 지녀야 한다. 범단품에서 마땅히 널리 밝혔느니라.

(三 總結第四段)

㊵가려서 계를 일러주지 말라

若佛子.

너희 불자들아

初 標人
二 序事
△ 여기는 初의 標人이다.

與人受戒時. 不得揀擇. 一切國王王子. 大臣百官. 比丘·比丘尼·信男·信女·婬男·婬女. 十八梵天. 六欲天子. 無根二根. 黃門奴婢. 一切鬼神. 盡得受戒.

다른 이에게 계를 일러줄 때는 사람을 가리지 말아야 한다. 임금·임금의 아들·대신·벼슬아치·비구·비구니·남자신도·여자신도·음란한 남자·음란한 여자·18범천·육욕계천의 사람·뿌리(根)를 갖지 않은 이·뿌리를 둘 가진 이(二根者: 兩性者)·내시·종·귀신에 이르기까지 모두가 계를 받도록 해야 한다.

二의 序事에서
1. 가리지 말아야 한다.
2. 가려야 한다.
3. 擧非結過
△ 여기는 1의 不應揀이다.

〔**合註**〕

"가리지 말아야 한다" 함은 품류品類를 가리지 말아야 한다는 것이니, 국왕으로부터 귀신에 이르기까지 모두에게는 불성이 있는지라 모두 그 품류에 따라 보살도를 행할 수 있기 때문에, 모두에게 계를 받도록 해야 한다.

應教身所著袈裟. 皆使壞色. 與道相應. 皆染使青黃赤黑紫色. 一切染衣. 乃至臥具. 盡以壞色. 身所著衣. 一切染色. 若一切國土中國人所著衣服. 比丘皆應與其俗服有異. 若欲受戒時. 師應問言. 汝現身不作七逆罪不. 菩薩法師. 不得與七逆人現身受戒. 七逆者. 出佛身血. 殺父. 殺母. 殺和尚. 殺阿闍黎. 破羯磨轉法輪僧. 殺聖人. 若具七逆. 卽現身不得戒. 餘一切人盡得受戒.

몸에 입은 가사는 모든 빛깔을 합하여 본래의 빛깔을 잃게 해서 법답게 해야 하며, 푸른빛·누른빛·붉은빛·검은빛·검붉은 빛으로 물들일 것이며, 일체의 의복과 이부자리에 이르기까지 빛깔을 없앨 것이며, 옷은 모두 물을 들이되 여러 나라의 속인이 입는 옷과 비구의 옷이 다르게 하여야 한다. 보살이 계를 받고자 할 때 법사는 마땅히 계 받는 사람에게 '그대는 현재의 몸으로 일곱 가지 역죄를 짓지 아니 하였는가?'라고 물어야 하며, 보살계를 주는 법사는 일곱 가지 역죄를 지은 사람에게는 계를 일러주지 않아야 한다.
일곱 가지 역죄란 것은, 부처님 몸에 피를 내게 한 것과 아버지를 죽인 것과 어머니를 죽인 것과 화상을 죽인 것과 아사리를 죽인 것과 승단의 화합을 깨뜨린 것과 성인을 죽인 것이다. 이 일곱 가지 역죄를 지은 사람은 현재의 몸으로 계를 받을 수 없으나 그 밖의 사람은 누구나 계를 받을 수 있다.

(2. 應揀)

〔合註〕

역시 가려야 하는 데에 두 가지가 있으니, 1은 형의形儀요, 2는 업장業障이다.

"몸에 입는 가사"라 함은 형의를 가리게 한 것이다.

범어로 "가사"는 여기 말로 "염의染衣"라고도 하고 "괴색壞色"이라고도 하고 "와구臥具"라고도 하나니, 출가한 이가 입는 의복으로서 한데 합쳐 부른 이름이다.

"청·황·적·흑·자색"이라 함은 율에서는 세 가지로 괴색을 정하였는데 청과 흑과 목란木蘭이다. 그런데 여기서는 다섯 가지로 정해져 있다.

미사새부彌沙塞部를 살피건대, 만일 청색의靑色衣이면 흑색과 목란으로 물을 들여 깨끗이 하고, 흑의黑衣이면 청색과 목란으로 물을 들이며, 목란의木蘭衣는 청색과 흑색으로 물을 들이나니, 이것을 壞色-이라 한다. 여기서도 그래야 할 것이다.

"비구는 모두 속인이 입는 옷과는 다르게 하여야 한다" 함은 비구와 비구니의 몸이 곧 승보임을 밝히나니, 그러므로 특히 삼종전三種田의 옷으로 정함은 영원히 범속과는 달리하기 위해서다.

식차마나 등의 오중은 괴색으로 하여야만 하되 함부로 비구와는 같게 하지 말아야 한다.

〔小發〕『법멸진경』에서 이르기를 "법이 멸하려 할 때는 가사가 저절로 하얗게 변해지나니, 그러므로 옷이 희면 법이 멸하는 상인 줄 알라"고 했다. 이 중에서는 백의는 높은 자리에 앉는 것을 금제하고 있다. 그렇다면 도와 속은 치의緇衣와 백의로써 구별되는 줄 알지니, 삼가지 아니할 수 없다.

〔合註〕

"현재의 몸으로 7역죄逆罪를 짓지 아니하였는가?고 물어야 한다"고 함은 업장業障을 가려내도록 가르치려는 것이다. 7역七逆의 업이 성립되면 결정코 무간지옥에 떨어지는 장계障戒의 품品인 까닭이니, 전생의 죄는 알 수 있는 것이 아니고 계의 장애도 되지 않기 때문에 "현재의 몸"만을 묻는 것이다.

"부父"라 함은 이 몸은 바로 그가 끼쳐주신 몸이므로 만일 의부義父 등이면 역죄가 아니다.

"모母"라 함은 이 몸이 그로부터서 태어났는지라 만일 적서嫡庶 등이면 역죄가 아니다.

"화상"이라 함은 비구에는 두 분이 있나니, 1은 십계十戒의 화상이요, 2는 구족계具足戒의 화상이다.

비구니에는 세 분이 있나니, 1은 십계의 화상니和尙尼요, 2는 식차마나에게 육법六法을 일러주는 화상니며, 3은 구계具戒의 화상니이니, 모두가 비구로써는 하게 하지 못한다.

식차마나에는 두 분이 있나니, 1은 십계의 화상니요, 2는 육법의 화상니이다.

사미와 사미니에게는 모두 한 분이니 곧 십계를 일러준 이이다.

"아사리"라 함은 비구에는 다섯 분이 있다. 1은 십계 아사리요, 2는 구계를 받을 때의 교수 아사리며, 3은 구계를 받을 때의 갈마 아사리요, 4는 의지依止 아사리요(겨우 한 밤을 의지한 이까지도 포함된다), 5는 교독教讀 아사리(그로부터 一四句偈를 받았거나 혹은 그의 뜻을 해설 받았거나 한 이까지 포함된다)이다.

비구니에는 일곱 분이 있다. 구계를 받을 때에 비구승 중에서의 갈마 아사리와 육법 아사리니를 더 가한다.

식차마나에는 세 분이 있나니, 1은 십계 아사리요, 2는 육법 아사리며, 3은 교독 아사리이다.

사미와 사미니에게도 각각 두 분이 있나니, 1은 십계 아사리요, 2는 교독 아사리이다.

우바새와 우바이에게는 각각 세 분이 있나니, 1은 오계를 일러준 아사리요, 2는 팔관계재를 일러준 아사리이며, 3은 교독 아사리이다.

또 만일 보살계를 일러준 아사리가 있게 되면, 칠중에는 각기 한 분씩이 가해진다.

"파갈마승破羯摩僧"이라 함은 아주 소수면 8인까지도 성립되나니, 모두가 이들은 비구로서 4인씩 4인씩 각자 파당을 만들고는 일대계一大界 안에서 따로따로 설계說戒하기도 하고 별도로 갖가지 갈마를 짓기도 한다.

"파전법륜승破轉法輪僧"이라 함은 최하 9인까지면 성립되나니, 그 중 1인이 자칭 부처님이라 하면서 그 4인 비구에게 별도로 그의 교를 따르도록 유도할 때, 그 나머지 4인 비구는 정도를 지키면서 따르지 않는지라 2부部로 분열된다. 계내·계외를 막론하고 다만 법을 그르치게 하면서 설법하는 것이니, 마치 제바달다 등을 파법륜破法輪이라고 한다.

"성인聖人"이라 함은 소승에서는 사과四果요 대승에서 발취發趣 이상이다.

出家人法. 不向國王禮拜. 不向父母禮拜. 六親不敬. 鬼神不禮. 但解法師語. 有百里千里來求法者. 而菩薩法師. 以惡心瞋心. 而不卽與授一切衆生戒者. 犯輕垢罪.

출가한 사람은 임금에게 절하지 아니하며, 부모에게 절하지 아니하며, 육친에게 절하지 아니하며, 귀신에게 절하지 아니해야 한다. 법사의 말을 알아들을 수 있는 사람이 백 리나 천 리를 걸어와서 계법을 구하는데, 법사가 나쁜 마음으로 모든 중생이 받을 수 있는 계를 일러주지 아니하면 가벼운 죄가 된다.

(3. 擧非結過)

〔合註〕

대저 "부모와 국왕에게도 절하지 아니하고 육친과 귀신에게도 절을 하지 않되, 법사의 말을 알아들을 수 있는 이"라면 그가 법사를 고대하는 것이 얼마나 중하였겠으며, "백 리나 천 리를 걸어왔다"면 그의 법을 구하는 마음이 얼마나 간절했겠는가. 그런데도 일러주지 않고 당기當機를 저버리는 것은 너무 심하지 아니한가.

"나쁜 마음과 성내는 마음"이란, 기미를 알아 중생을 이롭게 하려는 마음이 아님을 밝힌다.

"모든 중생의 계"라 함은 이 대계大戒는 본시 모든 중생이 다 같이 받을 수 있어서, 저 비구계와 사미계처럼 품류를 가려서 일러주어야 하는 것과는 같지 아니함을 밝힌다.

〔發隱〕

(문) 경에서 "백 리나 천 리를 걸어와서 구하는데도 일러주지 아니하면 경구죄가 된다"고 하였으니, 그로 하여금 삼계三戒를 이지러뜨려서 아직 받지 못하게 했고, 천 리를 가벼이 여기면서 와서 구하는데도 일러주지 않았거늘 어찌 범죄가 아니겠는가.

(답) 악심과 진심에서 일러주지 아니하면 범죄라는 것이요 "악심도 없고 진심도 없으면서 일러주지 아니하면 역시 범한다"고는 말하지 아니했다. 대저 일러주지 않는다는 것은 마지막까지 일러주지 않는다는 것이 아니고 그것을 부처님의 명제明制와 합치시키면서 뒤에 일러주려 했다면 무슨 죄가 있겠는가.

(문) 앞 문장의 배대향소계背大向小戒(第八戒)와 불습학불계不習學佛

戒(第二十戒)와 잠념소승계暫念小乘戒(第三四戒)에서는 혹은 이승의 경 익히는 것을 허락하지 않기도 하고 혹은 이승의 율 받는 것을 허락하지 않기도 했으며 혹은 이승의 마음 내는 것을 허락하지 않기도 했다. 그렇다면 곧장 보살계를 받는 것이 경의 뜻에 합치하지 않겠는가.

(답) 익히고 배우고 받아 지님을 허락하지 않은 것은 이미 보살계를 받은 이를 위해 말한 것이다. 이미 그 대계를 받고서 다시 그 소계를 따른다면 거꾸로 행하고 도리어 타락하는 것이거늘 어찌 죄가 없다 할 수 있겠는가.

만일 아직 대계를 받지 못했다면 이미 받은 바가 없었거늘 또 무엇을 저버릴 것이 있기에 "배대향소背大向小 등"이라고 말하겠는가. 대장경을 두루 열람해도 성문계를 받지 않고서 곧장 보살계를 받는다는 말은 한마디도 없거늘 어디에서 근거한 것이기에 그렇게 말하는가.

(문) 사미가 보살계를 받을 수 없다면 사미는 귀신과 축생 등이거나 재가의 이중二衆보다 못하다는 것인가. 어째서 그도 받을 수가 있는데 도리어 받을 수가 없다고 하는가.

(답) 재가와 출가의 체제는 저절로 구별된다. 재가자는 반드시 오계를 받아야 보살계를 받을 수 있으며, 출가하여 머리를 깎고 염의를 입은 이는 반드시 비구계를 받아야 보살계를 받을 수 있다. 귀신·축생의 암컷과 수컷 등도 받을 수 있는 것은 이미 오계를 받았기 때문이요 오계를 아직 받지 못했다면 일러줄 수가 없으리니, 사미처럼 아직 구계를 받지 못한 이에 준할 것이다.

대저 삼보三寶라는 이름은 비구계로 인해서 이루어지므로 사미는 아직 삼보의 부류와는 함께할 수 없다.

분명히 말해서, 사미가 곧장 대계를 받는다면 비구의 계가 못쓰게 될 것이요, 비구계가 못쓰게 되면 승보가 망그러지며, 승보가 망그러지면 삼보는 이지러지리라. 하나로 해서 삼보를 이지러뜨린다면 그 손실이야말로 이루 말할 수조차 없게 된다.

◎**중죄와 경죄의 성립**

이 계는 4연을 갖추면 죄가 성립된다.

1. **계를 받을 수 있는 그릇일 것.** 7역逆이 아니고, 또 형의形儀가 법다워야 한다.
2. **받을 만하다고 생각할 것.** 6구句 중 2구는 중, 2구는 경, 2구는 무범.
3. **가리겠다는 마음이 있을 것.** 혹은 그는 하천한 이라 하며 미워하기도 하고, 그는 가난하다는 등으로 성을 내는 것이니, 바로 이것이 업의 主가 된다.
4. **받을 수 없게 했을 것.** 사람을 거절할 때마다 죄가 성립된다.

〔용인되는 사항〕

만일 받을 수 없는 이인 줄 알면 범죄가 없다.

〔小合〕『보살계갈마문』에서 이르기를 "모든 보살로서 보살계를 일러주려 할 적에는, 먼저 보살의 법장法藏과 마달리가摩怛理迦와 보살의 학처學處와 범처상犯處相을 말하여 그로 하여금 듣고 받게 해야 하며, 혜慧로써 그가 '자신이 의락意樂한 바인가. 보살계를 받음에 사택思擇할 수 있는가. 남의 권고 때문이 아닌가. 남을 이기기 위한 것이 아닌가'라고 자세히 살핀다.

이를 견고한 보살로서 보살의 『정계율의淨戒律儀』를 받을 수 있는 이다라고 하는 줄 알 것이다"라고 했다.

또 이르기를 "청정한 믿음이 없는 이면 그로부터 받지 않아야 하나니, 이렇게 받게 되는 정계淨戒에서는 처음부터 신해信解가 없는지라 나아가 들 수도 없고 잘 생각하지도 못한다.

간탐이 있는 이거나 간탐에 가리워진 이거나 크게 욕심이 있는 이거나 희족喜足이 없는 이면, 그로부터는 받지 않아야 한다.

정계를 깨뜨린 이거나 모든 학처에 공경함이 없는 이거나 계율의에 엄하지 않는 이면, 그로부터는 받지 않아야 한다.

분한忿恨이 있는 이거나 많이 참지 못한 이거나 다른 이의 위범違犯을 견뎌내지 못한 이면, 그로부터는 받지 않아야 한다.

게으르고 느린 이거나 너무도 탐착하여 밤낮 잠을 자며 기대기 좋아하고 눕기 좋아하며 사람들과 어울리기 좋아하고 장난질을 좋아하는 이면, 그로부터는 받지 않아야 한다.

산란한 이거나 최하로 우유를 짜는 동안만큼도 선심善心으로 하나의 연緣에 머물러서 수습修習할 수 없는 이면, 그로부터는 받지 않아야 한다.

어두워 꽉 막힌 이거나 어리석은 무리이거나 극히 마음이 하열한 이거나 보살의 수다라와 마달리가를 비방하는 이면, 그로부터는 받지 않아야 한다"고 했다.

〔解曰〕

이들은 모두 법기法器 아닌 이를 가리는 것이거늘, 어찌 무조건 가림이 없어야 한다고 말할 수 있겠는가.

또 그 사람이 본래 받으려 하지 않는데도 억지로 수계受戒하게 하면 역시 경구죄가 된다.

◎ **개차를 잘 알라**

마치 사문 도진道進이 담무참曇無讖에게 보살계를 받으려고 청했더니, 담무참은 허락하지 않으면서 참회를 하라고 명하였다. 칠일칠야를 참회한 뒤에 담무참에게로 가서 일러주기를 청하자, 담무참은 크게 성을 내면서 대답조차 아니했다.

도진은 "아직 업장業障이 소멸되지 못해서구나" 하고, 다시 정성을 다하여 예참한 지 3년이 다 되어서야 꿈에 석가문부처님이 계법戒法을 일러주셨다.

다음날, 담무참에게로 가서 꿈을 말하고자 하여 몇 걸음도 떼기 전에 담무참은 깜짝 놀라 일어나면서 "장하도다. 벌써 계를 얻었구나. 내가 그대를 위해 증명하리라"고 하고, 그 다음에 불상 앞에서 다시 계상戒相을 말해 주었다.

이것이야말로 기미를 알아 이익 되게 하려고 미리 일러주지 않았던 것이니, 비록 크게 성을 내었다 하더라도 악심惡心과 진심瞋心에서가 아니다.

◎이숙의 과보

망령되이 간택하면 법에 인색하다는 죄를 얻어서 두 가지 이익을 잃게 되고, 잘 간택하면 권속을 장엄해서 광명이 법의 문에 드러난다.

㊶이익을 위하여 스승이 되지 말라

若佛子.

너희 불자들아

初 標人
二 序事
△ 여기는 初의 標人이다.

教化人起信心時. 菩薩與他人作教誡法師者. 見欲受戒人. 應教請二師. 和尚阿闍黎二師. 應問言. 汝有七遮罪不. 若現身有七遮罪者. 師不應與受戒. 若無七遮者. 得與受戒. 若有犯十戒者. 應教懺悔. 在佛菩薩形像前. 日夜六時誦十重四十八輕戒. 苦到禮三世千佛. 得見好相. 若一七日. 二三七日. 乃至一年. 要見好相. 好相者. 佛來摩頂. 見光見華. 種種異相. 便得滅罪. 若無好相. 雖懺無益. 是人現身亦不得戒. 而得增益受戒. 若犯四十八輕戒者. 對首懺悔. 罪便得滅. 不同七遮. 而教誡師於是法中. 一一好解.

사람을 교화하여 신심을 내게 하고자 할 때 보살이 계를 일러주는 법사가 되었으면 계를 받고자 하는 사람에게 화상과 아사리를 청하도록 해야 하며, 이 두 계사는 반드시 '그대는 계를 받을 수 없는 일곱 가지 역죄를 짓지 않았는가'라고 물어야 한다. 만약 일곱 가지 역죄를 지었으면 계를 일러주지 않아야 하며, 일곱 가지 역죄를 짓지 않았으면 계를 일러주어야 한다. 만약 열 가지 큰 계를 범하였으면 불보살의 형상 앞에서 참회하게 하되 밤과 낮의 여섯때에 큰 계와 마흔여덟 가지 가벼운 계를 외우게 하며, 삼세의 천 부처님께 정성을 다해 예배하여 좋은 상서를 보아야 하느니, 1·7일이나 2·7일 3·7일 내지 1년이라도 좋은 상서를 보아야 하느니라.

좋은 상서란 부처님께서 정수리를 만져 주시거나 광명이나 연꽃 등의 기이한 일이 나타나는 것으로 이러한 일이 나타나면 죄가 소멸한 것임을 알아야 한다. 그러나 그러한 좋은 상서가 없으면 참회하여도 소용이 없으며, 그러한 사람은 현재의 몸으로는 계를 얻지 못하지만 내생에는 계를 받을 이익을 얻게 된다. 만약 마흔여덟 가지 가벼운 계를 범하였으면 법사에게 참회하여도 죄가 없어지나니, 계를 아주 받을 수 없는 일곱 가지 역죄와는 다르다.

계를 일러주려고 하는 법사는 이러한 법을 일일이 잘 알아야 하나니

二의 序事에서

1. 잘 알아야 함을 밝힌다.
2. 이해하지 못함을 밝히다.
3. 擧非結過

△ 여기는 1의 明解이다.

〔合註〕

"계를 일러주는 법사"란 곧 교수 아사리이다. 비구계법比丘戒法에서는 승僧 중에서 받기 때문에, 화상과 갈마 아사리는 모두 현재한 비구에서 맡게 해야 한다.

보살계법에서는 시방의 제불보살 앞에서 받으므로, 현재의 법사가 교수 아사리로 될 수 있을 뿐이다.

"두 스승을 청하도록 해야 한다" 함은 본존불을 청하여 화상을 삼으므로 이 국토에서 그분은 바로 석가부처님이며, 보처補處의 대사大士를 청하여 아사리를 삼으므로 이때는 곧 미륵이니, 이 분들이 두 스승이 되거니와, 글 가운데에서는 화상과 아사리의 두 스승이라고 되어 있다.

"물어야 한다" 함은 이는 일러주는 법사가 물어야 한다. 이것은 두 스승을 아직 청하기 전에 먼저 그에게 차遮와 난難을 물어야 하는 것이니, 칠차七遮가 없음을 알고 나서야 두 스승을 청하도록 한다.

그러므로 『보살선계경』에서 말하기를 "시방제불·보살·대덕이시여, 들으소서. 지금 아무개가 세 번 설할 때에 벌써 시방의 제불과 보살승으로부터 보살계를 얻었습니다. 설한 이는 저(我)요 받는 이는 아무이며, 저는 아무개를 위한 증인입니다. 대사는 시방의 한량없는 제불과 보살승이시며, 소사小師는 바로 저의 몸입니다"라고 했다.

또 보살계를 받음에는 이미 본불을 화상으로 삼고 보처를 아사리로 삼으므로, 역시 시방불을 같은 단壇의 존증尊證으로 삼고 시방의 보살을 동학의 선우로 삼는다.

여기서 존증과 동학 청하는 일을 말하지 않은 것은, 역시 비구의 수계처럼 두 스승만을 청해서다. 다른 경에서는 역시 오위성사五位聖師

를 갖추어 청한 데도 있거니와 근기를 따라 넓게 또는 간략하게도 하기 때문에 동일하지가 않다.

"열 가지 계를 범했다"고 함은 일찍이 이 보살의 대계를 받아서 깨뜨리기도 했거나 혹은 일찍이 비구계·사미계 및 오계 등을 받아 그 근본을 깨뜨리기도 했기 때문이니, 좋은 징조를 보아야 된다. 만일 본래 수계하지 않았을 때는 살殺·도盜 등의 업을 지었다 해도 그것은 세간의 성죄性罪가 있을 뿐이요, 계를 범했다고 말하지도 아니하며 또한 물을 필요도 없다. 다만 7역죄逆罪만은 물어야 한다.

"현재의 몸으로는 계를 얻지 못한다" 함은 대계 받는 것을 거듭 허락하지 않는다는 것이요, "계를 받을 이익을 얻는다" 함은 내생에 계를 받을 수 있는 훌륭한 인을 짓는다는 것이다.

"알리고 참회한다" 함은 청정한 대소승의 대중들에게 그 죄를 자수하고 다시 짓지 않겠다고 맹세하는 것이니, 이른바 작법참作法懺이다.

〔發隱〕

"삼세의 천 부처님"이라 함은 삼세에는 각각 천 불씩이 계신다.

"부처님께서 정수리를 만져 주신다"고 함은 부처님이 옛날에 백복百福으로 장엄된 도라면수兜羅緜手로 병자를 만져 주시면 병이 이내 나았으니, 지금 오셔서 정수리를 만지시는데 죄가 어찌 소멸되지 않겠는가.

"광光"이라 함은 밝게 비춘다는 뜻으로서 흑업黑業이 소멸되는 모양이요, "화華"라 함은 열려 펴진다는 뜻으로서 결박이 풀리는 모양이다.

또 이 "좋은 징조"는 성스럽다는 마음을 짓지 않아야 죄가 소멸되는 경계라 하나니, 만일 성스럽다는 알음알이를 내면 이내 뭇 삿된 데에 떨어진다.

若不解大乘經律若輕若重是非之相. 不解第一義諦. 習種性·長養性·性種性·不可壞性·道種性·正法性. 其中多少. 觀行出入. 十禪支. 一切行法. 一一不得此法中意.

만약 대승의 경과 율 가운데서 가볍고 크고 옳고 그른 것을 잘 알지 못하거나 제일의제를 알지 못하거나 습종성習種性·장양성長養性·성종성性種性·불가괴성不可壞性·도종성道種性·정법성正法性과 그 가운데 들고 나는 여러 가지 관행觀行과 십선지十禪支와 온갖 수행의 법을 알지 못하고, 이러한 법들의 참뜻을 하나도 알지 못하면서

(2. 不解)

〔合註〕

"가볍고 크고 옳고 그릇 것"이라 함은 가벼우면 참회하기가 쉽고 크면 참회하기가 어려우며, 범했으면 참회해야 하고 범한 것이 아니면 참회할 필요가 없다.

만일 경죄를 중죄라 말하고 중죄를 경죄라 말하며 범한 것이 범한 것이 아니라 하고 범한 것이 아닌데 범했다고 하면, 그 사람으로 하여금 의심을 결단하여 죄에서 벗어나게 할 수가 없다.

"제일의제第一義諦"라 함은 바로 이것이 계의 체성이요 또한 심지心地의 정인正因이며 당주當住의 극과極果이다.

"습종성習種性·장양성長養性"이라 함은 공의 관을 닦고 익히어 점차

로 자라게 함이니, 곧 십발취심이다.

"성종성性種性·불가괴성不可壞性"이라 함은 가假의 성性을 분별하여 속제俗諦로 건립하기 때문에 무너뜨릴 수 없나니 곧 십장양심이다.

"도종성道種性"이라 함은 중中의 도道로 능히 통달함을 말하나니, 곧 십금강심이다.

"정법성正法性"이라 함은 성위聖位에 증득하여 듦을 말하나니, 곧 십지와 등각·묘각이다.

"많고 적은 관행에 들고 난다"고 함은 발취면 가로부터 공에 들어가고 장양이면 공에서 나와 가로 들어가며, 금강이면 두 치우침을 돌려서 중도로 들어가고, 십지면 범부로부터 성인으로 든다.

또 습종성이면 공관이 아직 적되 장양성이면 공관이 많으며, 성종성이면 가관이 아직 적되 불가괴성이면 가관이 많으며, 도종성이면 중관이 아직은 적되 정법성이면 중관이 많다.

또 삼관三觀을 차례로 수습하면 적고, 만일 일심 가운데서 수습하면 많다.

"십선지十禪支"라 함은 곧 4선禪에 작용되는 희喜와 낙樂 등의 십지十支이다.

"경중시비輕重是非를 알지 못하면" 계상戒相에 어둡고 "제일의제를 알지 못하면" 계의 이치에 어두우며, "습종성 등을 알지 못하면 도공道共과 정공定共의 갖가지 차별에 어둡다.

계상에 어두우면 의심을 결단하여 죄에서 벗어날 수가 없고, 계리戒理에 어두우면 참 믿음과 참 이해를 가르쳐 인도할 수가 없으며, 도공·정공의 차별에 어두우면 사람으로 하여금 수증에 나아가 들게 할 수 없나니, 하나의 소경이 뭇 소경들을 인도하는 격이라 하겠다.

而菩薩爲利養故. 爲名聞故. 惡求多求. 貪利弟子. 而詐現解一切經律. 爲供養故. 是自欺詐. 亦欺詐他人. 故與人授戒者. 犯輕垢罪.

보살이 이양과 명예를 위하여 굳이 구하고 탐욕스럽게 구하며, 제자를 탐내어 모든 경과 율을 아는 척하면 이는 공양을 받기 위하여 자기와 남을 속이는 것이니, 짐짓 계를 일러주면 가벼운 죄가 된다.

(3. 擧非結過)

〔發隱〕

『불장경佛藏經』 제4에서 이르기를 "비록 범부로서 청정하게 계를 지니고 이양을 탐내지 않으면서 많이 들어 널리 비유함이 마치 대해와 같다 하더라도 다만 청정한 제일실의第一實義만을 설하면서 말한 바가 그와 같고 또한 그와 같이 행한다면, 사리불아. 이와 같이 설하는 이면 나는 설법을 듣고서 '이제 이양을 탐하고 이익을 위해 법사가 되었구나'라고 할 것이어늘 어찌 범하지 않을 수가 있겠느냐"라고 했다.

대저 명리는 나에게 있고 부운浮雲의 허물은 하늘에 있다. 그 얻음이 심히 작은 것은 삿된 알음알이가 사람에게 들어가서 흑색이 하얀 비단에 물을 들인 것이요, 그 해가 심히 많은 것은 자기의 조그마한 이익 때문에 그의 신심을 그르친 것이다. 그가 만일 타락한다면 법사도 똑같이 떨어지리니, 삼가지 않을 수 있겠는가.

(문) 여기에 있는 "대승의 경과 율 등을 모르면서"라고 한 글과 제18계

인 "무해작사無害作師"라는 것과는 어떻게 구별되는가.

(답) 거기서는 오로지 "아는 것이 없어서"요 여기는 겸하여 "이양을 위해서"이니, 뜻은 "이양을 위한다"는 것이 더 중하기 때문에 앞의 계와는 구별된다.

◎중죄와 경죄의 성립

이 계는 2연緣을 갖추면 죄가 성립된다.

1. 이양을 위하는 마음일 것
2. 제자로 받아들였을 것

〔小合〕 앞의 "아는 것이 없이 스승이 되는" 계는 허물이 이름(名)을 좋아하는 데에 있고, 여기서는 곧 이익(利)을 좋아하는 데에 있나니, 명리는 모두가 생사의 근본이요 보리의 큰 장애라 그 죄는 다 같다. 그러므로 모두 결언에서 이르길 "자기와 남을 속인다"고 했다. 그러나 이양을 위하는 이가 그 마음은 더욱 비열하다.

〔兼制〕

탐리貪利를 위해 받들어 섬김은 가축을 기르는 권속이라, 이는 염오범染汚犯이다.(出戒本經)

◎개차를 잘 알라

차遮일 뿐이요 개開는 없다.

◎**이숙의 과보**

법문을 파괴함은 악률의惡律儀의 죄보다 더 심하다.

㊷ 나쁜 사람에게 계를 설하지 말라

若佛子.

너희 불자들아

初 標人
二 序事
△ 여기는 初의 標人이다.

不得爲利養故. 於未受菩薩戒者前. 若外道惡人前. 說此千佛大戒. 邪見人前亦不得說. 除國王. 餘一切不得說.

이양을 위하여 보살계를 받지 아니한 사람과 외도와 나쁜 사람들에게는 천 부처님께서 설하신 큰 계를 설하지 말라. 이 삿된 견해를 가진 사람들에게도 설하지 말 것이니, 국왕을 제외하고는 나머지 모든 사람들에게 설하지 말아야 한다.

二의 序事에서
1. 說해서는 안 될 對境을 든다.
2. 說해서는 안 될 까닭을 든다.
3. 擧非結過
△ 여기는 1의 所不說境이다.

〔合註〕

"설계說戒"라 함은 보름마다 계를 외는 일이다.

"국왕을 제외한다" 함은 불법을 부촉 받은 국왕이기 때문이다.

是惡人輩. 不受佛戒. 名爲畜生. 生生之處. 不見三寶. 如木石無心. 名爲外道. 邪見人輩. 木頭無異.

이들 악한 무리들은 부처님의 계를 받지 않았으므로 축생이라 하나니, 세세생생에 삼보를 보지 못하며, 나무와 돌같이 마음이 없으므로 외도라 하고, 삿된 소견을 가진 사람들이라 하며 나무토막과 다를 것이 없다.

(2. 出不說故)

〔合註〕

헛되이 났다가 쓸데없이 죽기 때문에 "축생"이라 하며, 완고하고 깨달음이 없기 때문에 "목석木石"과 같다.

〔小發〕 이 악인의 무리들은 귀가 있어도 계의 이름조차 듣지 못하고, 눈이 있어도 계의 광명을 보지 못하며, 코가 있어도 계의 향기를 맡지 못하고, 혀가 있어도 계의 맛을 맛보지 못하며, 몸이 있어도 계의 땅을 밟지 못하고, 마음이 있어도 계의 모양이 나타나지 아니한다. 육근이 어스레하거늘 축생 또는 목석과 무엇이 다르겠는가. 그들을 향해서 법을 말하면 환히 모를 뿐만이 아니라 도리어 비방을 하게 되기 때문에 설하지 않아야 한다.

〔合註〕
배각背覺하고 합진合塵하여 항상 진리 밖에서 살고 있으므로 외도라 한다.

而菩薩於是惡人前說七佛教戒者. 犯輕垢罪.

그러므로 보살이 이러한 사람들 앞에서 과거칠불께서 가르치신 계를 설하면 가벼운 죄가 된다.

(3. 擧非結過)

〔發隱〕
앞의 계는 가리라는 것이요, 여기서는 악인을 경계한 것이니, 이른바 간택하지 않은 가운데서도 명확히 구별해야 함이 저절로 명백해지며, 비悲와 지智가 쌍행雙行하는 도이다.

만일 간택하지 않을 것을 고집하면서 함부로 계를 설한다면 심히 마땅한 일이 아니니, 마땅히 법을 중히 여기는 마음을 내어야 한다. 부디, 그를 쉽게 보이어 그들로 하여금 어리석고 완고함만 갑절 더하여서 넘보게 하는 일이 없게 하라.

〔小合〕(문)『비니후집문변』에서 이르기를 "『범망경』에서는 '아직 보살계를 받지 않은 사람 앞에서는 칠불께서 가르치신 계를 포살하면 경구죄가 된다'고 했다. 만일 외울 때만 못하게 하고 강할 때는 막지 않는다면, 외울 때는 겨우 문구나 말하거니와 강할 때는 그 뜻과 이치를 갖추 풀이하는데, 통발을 중히 여기고 물고기는 가벼이 여긴 격이거니 어찌 뜻이 있다 하겠는가.

(답) 비구의 계법은 승륜僧倫에 관계된지라 적주賊住를 막기 위해서도 모두를 못하게 하고 있거니와, 보살계법은 오도五道를 널리 거두는지라 뜻을 풀이해서 발심하게 하는 일은 금할 바 아니다. 다만 계를 외울 때에 죄를 들추어서 참회하는 일이 아직 받지 못한 이로 하여금 알게 함은 합당하지 않음이 있을까 해서 짐짓 "설하지 말라"고 한 것뿐이다.

(문) 참죄갈마 중에는 소승에게 향하여 참회하는 것을 허락했거니와, 『범망경』 중에서는 아직 보살계를 받지 못한 이의 앞에서는 이 천 불의 대계를 설하지 말라고 했다. 오히려 그들을 향해 설하지도 못하게 했거든, 하물며 그들을 향해서 죄를 참회할 수 있겠는가. 이를 어떻게 회통할 것인가.

(답) 소승은 비록 아직은 보살계를 받지 않았다 하더라도 이는 주지승보住持僧寶라 참회를 받을 만하다. 또 성문인은 비록 아직은 장자가 그의 부친임을 모르고는 있으나 진실로 그 장자의 진짜 아들이므로, 그 밖에 아직 계를 받지 못한 모든 이들과는 비교될 바 아니다.

보름마다의 설계說戒에서는 그들을 나가게 함이 이는 포살에서의 상규常規요 역시 물리치고 있는 미묘한 뜻이거늘, 이를 고집하면서 그것을 힐난하지는 말아야 한다.

◎중죄와 경죄의 성립

이 계는 4연을 갖추면 죄가 성립된다.

1은 아직 계를 받지 않은 사람일 것. 아직 보살계를 받지 못한 이를 말한다.

2는 아직 받지 않은 사람이라고 생각할 것. 6구 중 2구는 중죄, 2구는 경죄, 2구는 무범이다.

3은 그를 위해 설하겠다는 마음이 있을 것. 혹은 이양을 위해서 하는 등을 말한다.

4는 그 사람이 듣게 되었을 것. 이때로부터 죄가 성립된다.

◎개차를 잘 알라

차遮가 있을 뿐 개開는 없다.

◎이숙의 과보

설하면 정법을 업신여기는 것이요, 설하지 아니하면 정교正敎를 수호하는 것이 된다.

㊸ 계를 범할 생각을 일으키지 말라

若佛子.

너희 불자들아

初 標人
二 序事
△ 여기는 初의 標人이다.

信心出家. 受佛正戒. 故起心毀犯聖戒者. 不得受一切檀越供養. 亦不得國王地上行. 不得飮國王水.

믿는 마음으로 출가하여 부처님의 바른 계를 받고서 짐짓 생각을 내어 계를 파괴한 이는 모든 신도의 공양을 받지 못하며, 불법을 부촉 받은 임금의 국토에 다니지 못하며, 그 나라의 물도 마시지 못한다.

二의 序事에서
1. 보시를 맡음이 마땅하지 아니하다.
2. 사람과 귀신에게 비방을 당하다.
3. 擧非結過
△ 여기는 1의 受施不宜이다.

〔發隱〕

『아비달마구사석론』에서 이르기를 "근본죄를 범하는 이면, 부처님은 그 사람에게 대중이 같이 밥을 먹고 같이 사는 데서는 한 숟가락의 밥을 먹거나 한 발꿈치의 땅도 밟는 것을 허락하지 아니한다"고 했다.

이를 살펴보건대, 파계한 비구는 천지가 비록 넓다 하더라도 붙어살 만한 곳이 없는 줄을 알지니, 단나檀那가 비록 많다 하더라도 한 방울의 물도 녹이기 어려울 것이니 두려워하지 않을 수 있겠는가.

五千大鬼常遮其前. 鬼言大賊. 若入房舍城邑宅中. 鬼復常掃其脚迹. 一切世人皆罵言. 佛法中賊. 一切衆生. 眼不欲見. 犯戒之人. 畜生無異. 木頭無異.

5천의 큰 귀신들이 항상 앞을 가로막고 큰 도둑이라고 말할 것이며, 만약 시골의 집에 들어가거나 도시의 집에 들어가면 귀신이 다시 그 발자국을 쓸어버리고, 세상 사람들은 불법을 도둑질하는 사람이라고 꾸짖으며, 모든 중생들은 계를 깨뜨린 이 사람을 보지도 않을 것이다.

계를 범한 사람은 축생과 다를 것이 없고 나무토막과 다를 것이 없나니

(2. 人鬼所毁)

〔合註〕

출가 보살이라 하면 본래 신심으로 수계하기 때문에 일체의 공양을 받을 수 있고 천·인·귀신의 공경을 받을 수 있거니와, 만일 받았다가 짐짓 깨뜨리면 온갖 공양을 받을 수도 없고 귀신과 세인에게 천대를 받게 된다.

계를 깨뜨려서는 안 됨이 이러함을 볼 수 있거니, 어떻게 마음을 내어 짐짓 그를 깨뜨리려 하겠는가. 비록 아직은 깨뜨리지 않았다손 쳐도 먼저 이미 지닌 그 마음에 따라 죄가 성립된다.

〔小發〕 지계한 사람은 선신이 몸을 보호하고, 파계한 무리면 악귀가 그의 몸을 따른다. 왜냐하면 선과 악의 기분이 저절로 서로가 느끼기 때문이니, 마치 세상의 귀인에게는 수레와 말과 종이 가호呵護한 것과 같고, 세상의 죄인에게는 수갑과 쇠고랑과 옥졸 들이 막고 금하는 것과 같다.

이 악귀들이 있게 되면 그의 앞길을 장애하기 때문에 위덕이 날로 소멸되어서 하는 일마다 불리해지고, 죽을 때는 지옥으로 끌고 들어가므로 신심身心의 고통이 심하고 신식神識이 혼미해진다.

〔發隱〕

"그 발자국을 쓸어버린다"고 함은 경에서 말씀하되 "현성이 경을 외고 도를 행한 곳은 그 땅이 모두 금강이 된다"고 했다. 지금 이 악인이 유행한 곳은 그 땅이 모두 다 더럽고 오염되었거늘, 귀신이 어찌 그의

발자국을 쓸어버리지 않을 수 있겠는가.

"불법 중의 도둑"이라 함은 파계한 악인을 말하나니, 이른바 부처의 옷을 훔쳐 입고 부처의 밥을 훔쳐 먹으면서 불법 중에 있으면서도 도리어 불법을 해치고 있으니, 큰 도둑이 아니고 무엇이겠는가.

若故毁正戒者. 犯輕垢罪.

만약 바른 계를 짐짓 깨뜨리면 가벼운 죄가 된다.

(3. 擧非結過)

〔小合〕 영지율주가 이르기를 "슬프다. 요즈음 강의를 하는 이, 배움은 경과 거리가 멀고 행은 속되고 어리석구나. 세상에 아첨하고 시세에 쓸리어 강사가 되어서는 자리를 지키며 사사四事를 풍부하게 받으면서 오는 제자들을 많이 모아놓고 오사五邪에 붙어 따르며 이양을 많이 구하고 있거늘, 그 누가 삼보를 크게 들날린다고 생각하겠는가. 한 몸을 헛되이 장식할 줄만 알고 율의를 잘 지키지 못하거니, 어찌 대중에게 궤범이 될 수 있겠는가. 통솔할 때는 억측으로 말미암아 망령되이 조규條規를 세워서는, 짐짓 벌로 쌀을 내고 향을 속바치며 옷을 태우고 막대기로 치는 등의 벌을 두어서, 마침내는 승가의 종풍을 함부로 흐리게 하고 있다. 불법은 세속을 교화하고 도는 사람이 넓힘에 있거늘, 그 누구에게 이를 맡겨야 할 것인가. 슬프도다"라고 했다.

또 이르기를 "요사이 선을 하고 강講을 하는 이는 각기 자기 종宗을 숭상하면서 계율은 단번에 잊어버리거든, 하물며 업신여기고 조롱을 더하면서 후생後生들을 미혹시킴이겠는가. '지계하면 한갓 제 자신을 구속한 것이요, 도를 배우면 수고 않고 붙잡게 된다'고 말하고 있거늘 어찌 단장壇場에게 서원을 세우면서 죽기까지 견고히 지닐 것을 생각조차 하겠는가.

계가 아니면 승으로 됨이 없고, 계가 아니면 무엇으로 신시信施를 받겠는가. 아비지옥의 고초는 본래 은혜를 망각했기 때문이요, 벙어리와 소경은 진실로 법을 비방했기 때문이다. 금언으로 꾸짖고 금제하심은 분명히 장래를 위한 것이므로, 후학으로서 총명한 이여, 부디 인자하신 교훈을 따를지어다"라고 했다.

또 이르기를 "십송율에서 '모든 비구들이 비니 배우기를 폐지하고 수다라와 아비담을 독송하므로, 세존은 갖가지로 꾸짖으면서 내지 비니가 있음으로 말미암아 불법이 세간에 머무르게 된다'고 하셨다"고 했으며, 십송율 중에서 부처님은 "비구로서 오하五夏 이전에는 오로지 율부律部에만 힘쓸 것이요, 만일 지범持犯을 통달하여 비구로서의 일을 변별하게 되면 그 연후라야 경론을 학습할 수 있다"고 제정하셨는데, 지금은 차례를 뛰어서 배우고 있고 행은 벌써 차서를 잃고 있으니 도에 들어가게 될 까닭이 없다.

대성께서 꾸짖으신 것은 끝내 헛되이 그러한 것 아니다. 요사이는 계품戒品에 겨우 적시기만 하면 이내 교를 듣고 참선을 하고 있다. 승가로서의 행의行儀는 하나도 환히 아는 것이 없거든, 하물며 계율을 경멸하고 비니를 비방함이겠는가.

율 배우기를 물리치면서 소승이 되고, 지계를 소홀히 하면서 상에 집착하게 된다. 이리하여 진속에 헷갈리어 흉완兇頑을 멋대로 하면서, 술과 고기를 즐겨 먹으면서도 자칭 방술을 통했다 하며 음행하고 성을 내면서도 도를 통달했다고 일컫고 있으니, 아직 성지聖旨도 궁구하지 못했으면서 진승眞乘을 잘못 알았도다.

계를 반드시 가벼이 여기려 했으면 그대로 무엇 때문에 단에 올라서 받았으며, 율을 반드시 깨뜨리려 했다면 그대는 어째서 머리를 깎고 옷에 물을 들였었는가. 이는 곧 계를 업신여김은 바로 제 자신을 업신여김이요, 율을 깨뜨림은 도리어 제 자신을 깨뜨리는 것이다.

망정妄情은 익히기 쉽되 정도正道는 듣기가 어렵나니, 세속을 구제하고 무리에서 뛰어남은 만분의 일조차도 없다. 청하거니와 성인의 가르침을 자세히 살피면서 좇음이 없을 수가 있겠는가"고 했다.

또 이르기를 "요사이 참선하되 강의하는 무리들은 배우는 바가 비록 다르기는 하나 아직 계를 받지 않은 이는 없다. 만일 본래부터 지니기 위함이었다면 계품이 발생되거니와, 이와 반대로 헛되이 받기만 했다면 결정코 계는 없다. 그렇다면 무엇을 가져서 승보가 되겠으며, 무엇으로써 신시信施를 녹일 것인가. 부질없이 머리를 깎고 염의만을 입은 것이라면 마침내 먹고 살기 위한 수단일 뿐이리라.

또 방등의 대승은 마음에서 알기만 하면 되고 형식이나 복색에 구애하지 않는다 하리니, 정명거사淨名居士와 화엄의 선지식들은 인연 따라 중생을 교화했고 형의形儀를 빌리지 아니했다. 지금 이미 방술을 통했거니 왜 수고롭게 머리를 깎고 염의를 입었는가. 자기를 잘 반성하면서 스스로가 머리를 어루만져 보아야 하리라"고 했다.

또 이르기를 "요사이 선을 하고 강의를 한 이들은 '대승은 사상事相에 구애하지 않는다'고 하면서, 비단옷으로 아름답게 차리고 빨강·파랑 빛으로 곱게 장식하고는 멋대로 정情을 탐하고 성교聖教를 어기고 있으니, 어찌 형악衡岳에서 쑥과 버들개지만을 먹으면서 풍상을 막았다는 말을 듣지 않았겠는가. 천태는 40년 동안 한결같이 누더기만을 입었으며, 영가永嘉는 곡식은 먹지도 않았고 명주옷은 입지도 않았으며, 형계荊溪는 굵은 무명베로 옷을 해 입었고 평상 하나만으로 살았으니, 진실로 대승도 깊이 알아야만 고행을 숭상하게 된다.

청컨대, 조사의 덕을 자세히 살피어 삿된 풍속에 물들지 말고, 곧 교敎를 받아 몸을 수행하게 되면 참 불자이리라"고 했다.

◎중죄와 경죄의 성립

이 계는 3연緣을 갖추면 죄가 성립된다.

1은 범할 것.

2는 범한 것이라고 생각할 것.

3은 범하겠다는 마음을 낼 것. 생각 생각마다 경구죄이다.

〔兼制〕

오개五蓋의 마음을 내어 깨달음을 열지 아니하면, 이는 염오범이다.(出戒本經)

◎개차를 잘 알라

차일 뿐이요 개는 없다.

◎이숙의 과보

멋대로 짐짓 생각을 내면 증상계增上戒를 장애하고 증상심을 장애하며 증상혜增上慧를 장애하여 경구죄가 되거니와, 만일 깨달음을 열면 계의 뿌리가 견고해지고 정혜가 원만해질 수 있다.

㊹경전에 공양하라

若佛子.

너희 불자들아

初 標人
二 序事
△ 여기는 初의 標人이다.

常應一心. 受持讀誦大乘經律.

항상 한결같은 마음으로 대승의 경과 율을 받아 지니고 읽고 외우며

二의 序事에서
1. 권하며 수지하기를 드러내다.
2. 권하는 사례를 따로따로 열거하다.
3. 擧非結過
△ 여기는 1의 標勸受持이다.

〔發隱〕

"한결같은 마음"이라 함은 두 가지 마음이 없는 것을 말한다. 한결같은 마음으로 산란하지 않아야 비로소 지니며 외운다고 한다.

한결같은 마음은 염불을 함에는 사事가 있고 이理가 있나니, 이것에도 으레 그러하다.

사일심事一心이라 함은 마음으로 계를 지키되 지니면서 바꾸지 아니하고 외우면서 잊지 아니하며, 배역하는 뜻도 없고 분산하는 뜻이

없으며, 마음에서 계를 어기지 않고 계 또한 마음을 어기지 아니함을 "한결같은 마음"이라 한다.

이일심理一心이라 함은 마음이 계에 그윽해져서 지니지 않으면서도 지니고 지니면서도 지니는 상相이 없으며, 외우지 않으면서도 외우고 외우면서도 외우는 상이 없으며, 곧 마음 이것이 계요 계가 곧 마음이며 능지能持와 소지所持를 보지도 않고 유범有犯과 무범無犯이 쌍으로 융통함을 일심이라고 한다.

剝皮爲紙. 刺血爲墨. 以髓爲水. 析骨爲筆. 書寫佛戒. 木皮穀紙. 絹素竹帛. 亦悉書持. 常以七寶. 無價香華. 一切雜寶爲香囊. 盛經律卷.

가죽을 벗겨서 종이를 삼고, 피를 뽑아 먹을 삼고, 뼛속의 기름으로 벼루의 물을 삼고, 뼈를 쪼개어 붓을 삼아서 부처님의 계를 써야 하며, 나무껍질과 종이와 비단과 흰 천과 대에 써서 지니되 칠보와 좋은 향과 온갖 보배로 주머니나 함을 만들어 경전과 율문을 담아야 한다.

(2. 別列勸事)

〔合註〕

공양에는 다섯 가지가 있다. 1은 수지受持요, 2는 독讀이요, 3은 송誦이요, 4는 서사書寫요, 5는 향화와 여러 가지 보배로 공양하는 것이다.

"가죽을 벗겨서 종이로 삼는다" 함은 중한 것을 들어서 경한 것에 견준다.

〔小發〕 "가죽을 벗기고" "피를 뽑는다"는 등에는 두 가지가 있다. 1은 몸의

피와 살은 生命에 관계되는 바라 세속에서는 지극히 보배로이 여기고 중하게 여기는데 그 생명을 버리면서 혜명을 유통시킨다는 것이요, 2는 사대란 허망하고 거짓이라 마지막에는 썩고 마는 것이므로 세간에서는 지극히 쓸모없는 것인데 그 쓸모없는 것을 버리면서 대용大用을 성취한다는 것이다. "곡穀"의 글자는 '殼(각殼)'으로도 되었고 그 밑에 '목木'이 붙기도 하고 '화禾'가 붙기도 하였으나 '곡식 곡穀'으로 되었다면 잘못이니, '곡穀이란 곡식이기 때문이다.

여기서의 "곡穀"은 바로 '닥나무'이니, 종이를 만들 수 있기 때문이다.

若不如法供養者. 犯輕垢罪.

만약 이 같이 법답게 공양하지 아니하면 가벼운 죄가 된다.

(3. 擧非結過)

〔義疏發隱〕

경전은 불모佛母이므로 공양해야 하며, 그렇지 아니하면 죄가 된다.

삼세제불께서 모두 경으로부터 나오기 때문에 "불모"라고 하며, 부모를 소홀히 여기면서 공양하지 아니함이 바로 불효인데 오히려 계라고 이름할 수 있겠는가.

〔小合〕 남산율주가 이르기를 "불상과 경교經敎는 주지의 신령한 형의形儀로서 다 같이 이는 우리들이 존경할 바이니, 지진至眞과 똑같이 보아야 한다. 이제 세속에 물이 든 승니는 거개가 불법을 받들지 않고 다 같이 교敎의 그물에 어리석어서 안으로는 정신正信이 없고 지견知見도 고원하지 못해서 대절大節을 이지러뜨리고 있다. 혹은 형상의 앞에 있으면서도 서로가 희롱하

면서 비법非法된 말을 하며 눈을 들고 팔을 걷고서 성상聖像의 거동을 특히 가리키기도 하고, 혹은 우뚝이 오만하게 앉아서 외탄畏憚한 생각이 조금도 없기도 하며, 비록 경상經像을 보더라도 일어나 맞이하면서 받들지도 않아서 속인들로 하여금 깔보고 비웃게 하여 정법을 손감시킨다.

그러므로 승기율 중에서는 '사람들에게 절을 하되 불법에서 대하지 말고, 내지 번기와 일산을 걸 때에도 형상을 밟지 말고 따로 사다리를 놓고 오르라'고 했다. 이런 글로 증명하건대 공경할 곳을 명확하게 구별하여 있으니, 이미 많은 허물을 알았으면 더욱 더 삼가야 하리라.

당전堂殿이나 탑묘에 이를 때는 마치 얼음을 밟듯 깊은 곳에 다다르듯 해야 하고, 형상과 경교經敎는 반드시 송구하게 여기면서 여기에 공경을 더하면 도道와 속俗이 법 받들 줄을 공통하게 알 것이요 성현들에게 그의 신심이 알려지리니, 마치 왕을 대하는 신하가 어른으로 섬기면서 역시 회견할 수 있음과 같다. 범정凡情은 당해내기 어렵나니, 성법聖法을 준수해야 한다" 고 했다.

◎**중죄와 경죄의 성립**

법을 공경하는 마음이 없기 때문에 죄가 된다.

◎**개차를 잘 알라**

차가 있을 뿐이요 개는 없다.

◎**이숙의 과보**

법을 업신여기면 정법을 멀리 여의게 되어 지혜의 종자를 잃고, 법을 공경하면 태어나는 데마다 언제나 묘법을 만난다.

㊺ 중생을 항상 교화하라

若佛子.

너희 불자들아

初 標人
二 序事
△ 여기는 初의 標人이다.

常起大悲心.

항상 자비로운 마음을 일으켜

二의 序事에서
1. 대비심 일으킬 것을 권하다.
2. 悲心의 사례를 열거하다.
3. 擧非結過
△ 여기는 1의 勸起悲心이다.

〔合註〕

"대비심"이라 함은 일체중생과 삼세제불은 나와 더불어 신身과 심心이 둘이 없고 차별이 없음을 알아 그 성덕性德의 고苦를 뽑아 주면서 성덕의 약樂을 주려는 것이다.

〔小發〕 자慈를 말하지 않은 것은, 자慈는 낙을 주고 비悲는 고를 뽑는 것이라 고를 뽑는 것이 낙을 주는 것보다는 더 급한 일이다. 또 고가 떠나면 그대로가 낙이라 비悲는 자慈를 겸하였기 때문이다. 그러므로 부처님을 찬탄하면서

"대비 세존이시여" 하고, 관음을 찬탄하면서 "대비 보살이여"라고 한다. 진실로 대승·소승으로 분별되는 까닭이 바로 여기에 있나니, 보살을 배우는 이는 잠깐이라도 이 마음을 잊어서는 안 되기 때문에 "항상 일으키라"고 했다.

若入一切城邑舍宅. 見一切衆生. 應當唱言. 汝等衆生. 盡應受三歸十戒.

도시나 시골의 집에 들어가 온갖 중생들을 보면 마땅히 부르며 말하되 '너희는 마땅히 삼보에 귀의하여 열 가지 큰 계를 받으라'고 할 것이며

2의 列悲心事에서
A. 사람들을 보며 발심하게 한다.
B. 짐승을 보며 발심을 하게 한다.
C. 방소마다 볼 때마다 발심하게 한다.
△ 여기는 A의 見人令發心이다.

〔發隱〕

오계는 말하지 아니하고 십계만을 말한 것은, 오계는 인천의 인因이요 십계는 보살의 도道이기 때문이다.

若見牛馬猪羊一切畜生. 應心念口言. 汝是畜生. 發菩提心.

만약 소·말·돼지·양과 같은 모든 축생들을 보면 마땅히 마음으로 생각하고 입으로 말하여 '너희들 축생은 보리의 마음을 내라'고 해야 한다.

(B. 見畜令發心)

〔合註〕

"마음으로 생각하고 입으로도 말해야 한다" 함은 몸이 같은 법성의 힘을 요달하여 감통하고 개오開悟하게 하기를 바라서이다.

而菩薩入一切處山林川野. 皆使一切衆生發菩提心.

보살은 산과 숲과 강과 들을 갈 때 그곳에서 여러 중생을 만나면 그들로 하여금 보리의 마음을 내도록 해야 할 것이니

(C. 隨方隨見令發心)

是菩薩若不發敎化衆生心者. 犯輕垢罪.

보살이 만약 중생을 교화할 마음을 내지 않으면 가벼운 죄가 된다.

(3. 擧非結過)

◎중죄와 경죄의 성립

이 계는 4연緣을 갖추면 죄가 성립된다.

1은 중생일 것.

2는 중생이라고 생각할 것.

3은 교화하려는 마음이 없을 것.

4는 교화를 하지 아니했을 것. 교화해야 할 데를 만났으면서도 교화하지 아니하면, 그 일마다 죄가 성립된다.

〔兼制〕

〔小發〕 합주合註에서 이르기를 "대사大士가 중생을 교화하는 데는 사섭법四攝法에서 벗어나지 아니한다. 1은 보시이니, 재財와 법法과 무외無畏의 세 가지로서 마치 간慳·진瞋·살殺·도盜 등에서 정해진 바와 같다. 2는 애어愛語이니, 이 계에서 정해 있다. 3은 이익이며, 4는 동사同事이다.(戒本經 중에서는 역시 이 계에 속해져 있다)

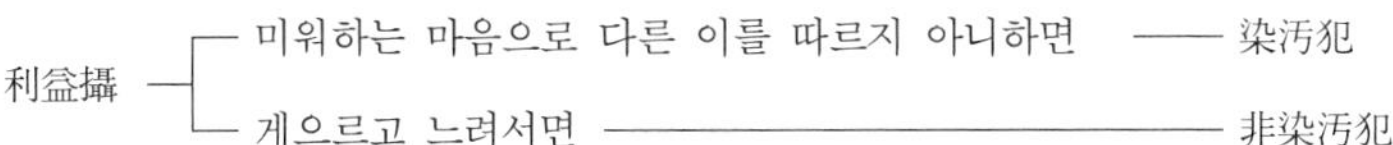

〔용인되는 사항〕

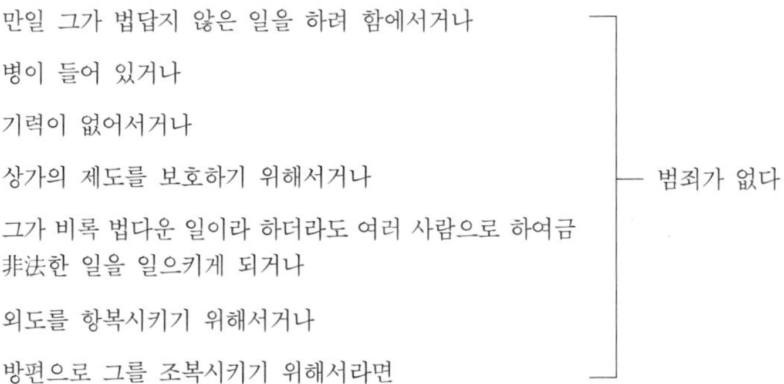

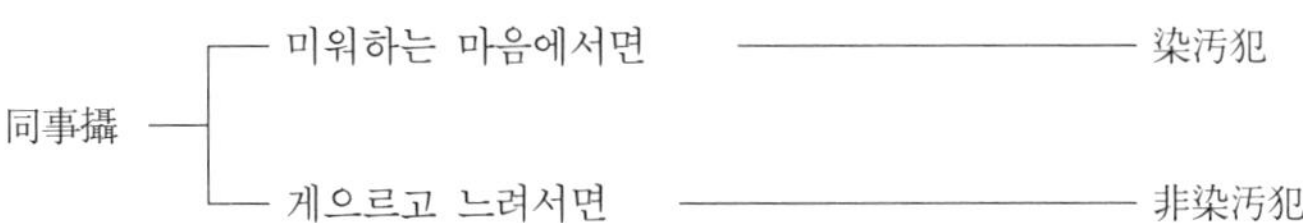

〔小合〕 중생이 하는 일을 보면서도 그와 함께 일을 하지 않는 것으로서, 이른바 여러 가지 일을 생각하거나 길을 같이 가거나 법대로 이익을 불리거나

농사일을 하거나 소를 치거나 싸움을 화해시키거나 길한 일로 만나거나 복된 일을 하거나 할 때 서로가 같이 행동하지 않는 것이니, 비염오범이다.

〔용인되는 사항〕

병이 들었거나 기력이 없어서거나 그 자신으로서 힘써 주선할 수 없어서거나 그 자신에게 많은 벗들이 있거나 그가 하는 일이 非法이요 非義이거나 방편으로 그를 조복하려 함에서거나 먼저 다른 이에게 허락을 했었거나 그와는 원한이 있거나 선업을 닦느라 잠시도 그만둘 수 없어서거나 성품이 암둔해서거나 여러 사람의 뜻을 보호하기 위해서거나 상가의 제도를 보호하기 위해서라면	범죄가 없다

◎개차를 잘 알라(원래 생략되어 있음)

◎이숙의 과보

교화하지 않으면 두 이익을 잃게 되고, 교화하면 이리二利가 더욱 자라난다.

㊻ 법을 설할 때는 위의를 지키라

若佛子.

너희 불자들아

初 標人
二 序事
△ 여기는 初의 標人이다.

常行敎化. 起大悲心. 若入檀越貴人家一切衆中. 不得立爲白衣說法. 應在白衣衆前. 高座上坐.

항상 마땅히 사람을 교화하며 대비심을 일으켜야 한다. 귀한 신도의 집이나 모든 대중 가운데 들어가거든 재가자를 위하여 서서 법을 설하지 말고 마땅히 재가 대중들 앞에 높은 자리에 앉아서 법을 설해야 하느니라.

二의 序事에서
1. 普說을 총체적으로 밝히다.
2. 따로 四衆을 위하다.
3. 擧非結過
△ 여기는 1의 總明普說이다.

〔**合註**〕

"고좌高座"라 함은 자리의 높고 낮은 것으로 말하며, "상좌上坐"라 함은 앉는 차례의 상하로 말한다.

法師比丘. 不得地立爲四衆說法. 若說法時. 法師高座. 香華供養. 四衆聽者下坐. 如孝順父母. 敬順師敎. 如事火婆羅門.

법사인 비구는 땅에 서서 사부대중에게 법을 설해서는 안 된다. 법을 설할 때 법사는 반드시 높은 자리에 앉고 향과 꽃으로 공양하도록 해야 하며, 듣는 대중은 아래에 앉되 부모에게 효순하듯 하며 스승의 가르침을 공경하기를 불을 섬기는 바라문 같이 해야 한다.

(2. 別爲四衆)

〔發隱〕

"사화事火"라 함은 바라문이 불을 섬기되 공경과 예배를 극진히 하므로 그것을 빌려와 비유한 것이니, 사법邪法을 섬기는 마음으로 정교正敎 섬기기를 바라서이다.

승니로서 비록 도가 있어서 존경할 만하다 하더라도 마침내 도로써 법을 파괴함은 어려운 일이니, 고좌高座와 하좌下坐의 제도는 승니의 일이기 때문에 그만두면서 행하지 않아서는 안 된다.

其說法者若不如法說. 犯輕垢罪.

그 법을 설하는 자가 만약 법답지 않게 설하면 가벼운 죄가 된다.

(3. 擧非結過)

〔合註〕

"법답지 않게 설한다"고 함은 설법하는 의식을 따르지 아니함을 말하는 것이지, 뒤바뀌게 잘못 설하는 것을 말함이 아니다.

◎중죄와 경죄의 성립

이 계는 3연을 갖추면 죄가 성립된다.

1은 법답지 아니할 것.

2는 법답지 않다고 생각할 것.

3은 법을 설했을 것.

만일 명리를 위해서라면 — 염오범

만일 잊거나 잘못해서라면 — 비염오범

이것에는 또 앉는 것에 의거하여 말을 하는데, 만일 율에 준하면 아래서 열거한 바와 같나니, 모두가 법을 설하지 말아야 한다.

〔小合〕 사람들은 누웠고 자기는 앉았거나, 사람들은 앉았는데 자기는 섰거나, 사람들은 자리에 있는데 자기는 자리에 있지 않거나, 그 사람은 높은 자리에 앉았는데 자기는 낮은 자리에 있거나, 사람은 앞에서 가는데 자기는 뒤에서 가고 있거나, 그 사람은 경행하는 곳이 높은 데가 있는데 자기의 경행처는 낮은 데에 있거나, 사람들은 길에 있는데 자기는 길이 아닌 데에 있거나, 옷으로 머리를 맸거나 머리를 덮었거나 머리를 샀거나 허리에 찼거나, 가죽신을 신은 자이거나 나막신을 신은 자이거나, 탈것에 올라 있거나, 몽둥이를 가진 자이거나, 칼을 가진 이거나, 창을 가진 이거나, 일산을 가진 이거나 한 이에게는 설하지 말아야 한다.

〔용인되는 사항〕

오직 병자만을 위해 설법한 것이면 모두가 범죄가 아니다.

◎ 개차를 잘 알라

『승기율』에서 이르기를 "만일 비구가 탑에 관한 일과 승가에 관한 일을 위하여 왕이거나 지주에게 갔을 때 그가 말하되 '비구여, 나를 위해 법을 설해 주십시오'라고 하면 '일어나라'고 말을 하지 말지니, 그가 의심을 낼까 두려워서이다. 만일 곁에 사람이 서 있으면 서 있는 사람을 위해서 설한다는 생각을 할 것이니, 왕이 비록 듣고 있다 하더라도 비구에게는 무죄이다.

또 비구가 눈이 아파서 그 사람이 막대기를 가지고 앞에서 끌고 있을 때는 그를 위해 설해도 무죄이며, 또 비구가 두렵거나 험한 길에 있을 적에 그를 지켜주는 사람이 말하되 '존자여, 저를 위해 법을 설하소서'라고 하여 설하여 주면 비록 그가 칼과 몽둥이를 가졌다 하더라도 죄가 없다.

◎ 이숙의 과보

법답게 설하지 아니하면 피차 모두에게 법을 업신여기는 죄를 초래하게 되고, 법답게 설하면 피차 모두에게는 법을 공경하는 이익이 있게 된다.

㊼ 옳지 못한 법으로 제재를 하지 말라

若佛子.

너희 불자들아

初 標人
二 序事
△ 여기는 初의 標人이다.

皆已信心受佛戒者.

신심으로 계를 받은 이가

二의 序事에서
1. 受戒人임을 표시하다.
2. 制限하는 사례들을 밝히다.
3. 擧非結過
△ 여기는 1의 標受戒人이다.

若國王太子百官. 四部弟子. 自恃高貴. 破滅佛法戒律. 明作制法. 制我四部弟子. 不聽出家行道. 亦復不聽造立形像. 佛塔經律. 立統官制衆. 使安籍記僧. 菩薩比丘地立. 白衣高座. 廣行非法. 如兵奴事主. 而菩薩正應受一切人供養. 而反爲官走使. 非法非律. 若國王百官好心受佛戒者. 莫作是破三寶之罪.

만약 임금의 아들과 벼슬아치와 사부제자四部弟子들이 자기가 고귀하다고 스스로 믿고 불법과 계를 없애기 위하여 제재를 가하고 법을 만들어 자신의 사부제자를 제한하되 출가하여 도 닦는 것을 막거나 불상과 탑과 경과 절을 짓지 못하게 하고, 통제하는 관리를 두어 중이 되는 것을 제한하고, 승적을 만들어 스님들의 이름과 행적을 기록하고, 비구는 땅에 서고 속인은 높은 자리에 앉도록 하는 그러한 불법을 자행하거나 또는 병졸과 종처럼 다루지 말아야 한다. 보살은 마땅히 모든 사람의 공양을 받을 것이거늘 도리어 벼슬아치의 부림을 당하면 그릇된 법이며 그릇된 율이니라. 만약 임금이나 벼슬아치들이 좋은 마음으로 부처님의 계를 받았으면 삼보를 파괴하는 죄를 범하지 말아야 하느니

(2. 明制限事)

〔合註〕

"사부四部"라 함은 거사와 거사의 부인과 동남과 동녀이다.

"출가하여 도 닦는 것을 막는다"면 승보가 끊어지고, "불상과 탑 짓는 것을 막는다"면 불보가 끊어지며, '경과 율의 조성을 막는다"면 법보가 끊어진다.

〔發隱〕

"승적을 만들어 스님네의 이름을 기재한다" 함은 장부를 만들어서 승명僧名을 기재하고는 많고 적음의 수효를 두어서 더 늘리지 못하게 제한하려는 것이다.

대저 승려는 세상 밖에서 유행하므로 마땅히 방령放令하여 자여自如

하게 해야 할 터인데, 하나의 판도版圖를 정해놓고 승적에 편입시키려 하면 되겠느냐.

애석하도다. 말세에서는 왕과 관리가 된 이로서 승사僧寺에 들어와 짐짓 승적을 만드는 것은 적게 보았거니와, 승니가 된 이로서 민간으로 와 아이들을 낳은 뒤에 스스로 호적에 가입시키는 것은 많이 보았을 뿐이니, 슬픈 일이로다.

"땅에 서고, 부림을 당하는 것"에 이르러서도 역시 승려의 허물이요 왕과 관리의 허물이 아니다. 머리를 들고서 새의 보금자리를 높이 보다가는 진창에 나뒹그러지나니, 세 번의 조명詔命으로도 신信 조사를 돌리지 못했으니 빠른 걸음에는 자국조차 없다. "땅에 서고, 부림을 당하는 것"은 승려 스스로가 취한 것이 아니고 무엇이겠는가.

若故作破法者. 犯輕垢罪.

만약 짐짓 불법을 파괴하면 가벼운 죄가 된다.

(3. 擧非結過)

〔發隱〕

정관貞觀 9년 조칙에 "천하 모든 고을의 사찰이 있는 곳에서는 각각 승과 니를 만들되 덕행이 정명精明한 이만을 취하도록 힘쓸지니, 그 속된 무리에 빠져서 혹은 귀신을 거짓 침탁하여 망령되이 요괴한 일을 전하거나 혹은 의원과 무당임을 잘못 일컬으면서 옳지 않은 도로 이익을 구하거나 혹은 살갗과 몸을 단근질하면서 속인과 어리석은 이를 놀라게 하거나 혹은 벼슬아치에게 나아가 뇌물을 받도록 부탁하거나 하는 이런 무리들이야말로 성교聖教를 크게 이지러뜨리는 일이니라. 짐의 뜻은 호지함에 있고 반드시 너그럽게 용서함은 없나니, 관청으로 하여금 내율內律에 의부依附하고 금과金科를 참조하여 조제條制를 분명히 하게 함이 마땅할 것이로다"라고 했다.

이는 곧 비록 제한한 바가 있기는 하나 이 계를 범하지 않았다. 왜냐하면 승니의 횡포는 법을 파멸케 하는 까닭이라, 세간에서 도를 맡은 이가 좇으면서 잘못을 억제하면 불법이 오래 보존될 수 있으면서 폐가 없기 때문이다. 이는 순전히 승을 편안하게 함이요 승을 병들게 함이 아니거든, 하물며 내율과 금과를 참조 이용할 것을 조칙함이겠는가. 곧 순전히 왕법에 맡긴 것이 아니니, 문왕文王 같은 이야말로 참으로 대사大士의 선권善權이라 말할 수 있으며 범량凡量으로서는 측량할 만한 것이 아니리라.

〔小合〕 남산율주가 이르기를 "또 도리어 오르내리면서 밟고 함이 마치 자기의 장택莊宅처럼 하면서 중승衆僧의 방房과 당堂을 속인들이 사용하며 헐어 무너뜨리고 욕되게 하면서도 뜻에는 부끄러워하는 바가 없고, 도인을 굴종시키면서 속인을 받들게 함이 마치 종이 주인 섬기듯 하게 함이 바로 사법寺法의 파멸이라고 한다"고 했다.

〔小續〕 원주原註에서는 이르기를 "그 심한 이는 중승을 때리고 욕설하고 하면서 갖가지로 비법非法한 일을 한다"고 했다. 요약하여 말하건대, 승으로부터 힘으로 강탈하고 빌려 쓰고 요구하는 것이며, 내지 시체를 승원에다 머물러 두고 사내를 온통 슬프게 하고 무덤을 놓아두고 목욕을 시키는 따위이니, 모두가 비법이다.

〔小合〕 영지靈芝의 석釋에서 이르기를 "이 과조科條의 대자大字는 다 같이 사고寺誥를 인용했다. 그러므로 주註로써 도우리라. 걸청乞請은 곧 요구하는 것이요, 살펴보기를 청하는 모든 일들은 그때에는 오히려 그러했거니, 이제 무엇을 괴이할 거리로 여기겠느냐. 다시 전당에서는 여연瀘宴을 베풀고 승사僧寺의 주방에서는 짐승을 잡아 죽였고 여러 가지 물건들을 맡겨두고 양식을 저장해 놓았으며, 혹은 뜰에 모아서 활쏘기를 하기도 하고 도량에서 대오를 편성하기도 했으며, 혼인을 하고 생산을 하는 등의 더러운 일들은 말로 하기조차 어려웠다.

이것은 수도하는 대중의 비재非才로 말미암아서이니, 어찌 유독 속유俗儒만의 무식일 뿐이겠느냐. 매양 법문이 엎어지고 멸망됨을 한탄하거니와 그 누가 이를 부지扶持할 것이며, 다시금 지옥 과보의 쓰라린 고통을 슬퍼하거니와 그 누가 장차 구제할 것인가. 반드시 값은 식견 있는 이면 어찌 다시금 생각해 보지 않겠는가. 이러므로 알라. 화와 복은 문이 없으며 그 사람만이 부를 뿐이니, 능력껏 구제하고 전하면서 힘쓸지어다"라고 했다.

◎ **중죄와 경죄**

이 계는 4연을 갖추면 죄가 성립된다.

1. 이는 삼보의 일일 것
2. 삼보의 일일 것이라고 생각할 것
3. 제한하겠다는 마음이 있을 것
4. 제한하는 일을 했을 것. 일마다 죄가 성립된다.

◎개차를 잘 알라

마치 미륵이 옛날 국왕이 되어서 비법을 거짓 설치하여 제한함으로써 정법을 흥성시켰음과 같다.

◎이숙의 과보

제한하면 삼보를 단멸시키는 대죄를 얻게 되고, 제한하지 아니하면 삼보를 널리 보호하는 공덕을 초래하게 된다.

㊽불법을 파괴하지 말라

若佛子.

너희 불자들아

初 標人
二 序事
△ 여기는 初의 標人이다.

以好心出家. 而爲名聞利養. 於國王百官前說佛戒者. 橫與比丘比丘尼菩薩戒弟子作繫縛事. 如獄囚法. 如兵奴之法. 如師子身中蟲. 自食師子肉. 非餘外蟲. 如是佛子自破佛法. 非外道天魔能破.

좋은 마음으로 출가하였음에도 명예와 이익을 위하여 임금과 벼슬아치들 앞에서 부처님의 계를 설하면서 방자하게도 비구와 비구니와 보살계를 받은 사람을 구속하고 징계하되 감옥에 죄인을 가두듯이 하고 병졸과 종을 다루듯이 해서야 되겠느냐. 마치 이것은 사자의 몸에서 생긴 벌레가 사자의 살을 먹는 것이지 다른 벌레가 먹지 못하는 것과 같으니, 불제자 스스로가 불법을 파괴하는 것이지 외도나 마군이 불법을 파괴하는 것이 아니다.

二의 序事에서
1. 법을 파괴하지 말아야 한다.
2. 불법을 보호해야 함을 밝힌다.
3. 擧非結過
△ 여기는 1의 不應破法이다.

〔合註〕

"임금과 벼슬아치들"이라 함은 이미 불계佛戒를 받은 이를 지칭한다. 비록 이들은 법을 같이한 사람들이라 그들의 앞에서 보살계는 설할 수 있다손 치더라도, 그들의 앞에서 방자하게도 비법非法으로 벌을 다스리게 해서는 안 된다.

제자에게 허물이 있으면 법대로 벌을 다스리게 해야만 하며, 구속하고 징계하되 마치 감옥에 죄인을 가두듯이 하거나 병졸과 종을 다루듯이 해서 출가의 궤식軌式을 해쳐서는 안 된다는 것이다.

〔小合〕 남산율주가 이르기를 "모든 경과 율을 다 조사해 보아도 훈계와 치벌治罰을 위해서 비구에게 태장笞杖 치는 것을 용인한 데는 없다. 석가의 일대 교화에서도 다 같이 없는데, 말대에 와서 왕왕 이런 일이 있음을 보게 되거니와 이야말로 법이 멸망되는 징조이다.

『대집경』에서 이르기를 '만일 도인이거나 속인이 파계 또는 무계無戒한 비구를 때리는 죄는 만억의 불신佛身에서 피를 내는 것보다 더 중하다.

왜냐하면 그분은 출요出要의 도와 내지 열반의 도를 보일 수 있는 사람이기 때문이다'라고 했다"고 했다.

〔發隱〕

"사자의 살을 먹는" 것은 그 몸속의 벌레일 뿐이다.

불법이 서면서 뭇 악마들은 소멸할지언정 뭇 악마들이 불법을 파괴할 수는 없나니, 불법을 파괴한 이는 교 안의 사람일 뿐이다. 이런 말까지 하기에 이른다면, 참으로 슬픈 일이 아닐 수 없다.

〔義疏發隱〕

내중內衆에게 허물이 있으면 내법內法에 의하여 치죄하고 문책해야 하는데, 그를 속인이거나 바깥사람들에게 죄를 말하여 그로 하여금 국법에 의해 치죄하게 한다면 청청한 교화에 욕을 끼치기 때문에 파법破法이라 한다.

호법護法의 마음에 어긋나기 때문에 제정한 것이니, 승僧은 내內요 속인俗人은 외外다. 승에게 허물이 있으면 승법에 의하여 다스리고 책문해야 하며, 외부의 형벌로써 내중을 욕되게 함은 마땅한 일이 아니다.

『당서唐書』에, 현경 원년顯慶元年 오월의 칙조에는 "천하의 승니로서 범법을 한 이가 있으면, 승률僧律로써 다스릴 것이요 백성과 같은 죄목으로써는 하지 말라"고 했다. 왕과 관의 호법함도 이와 같거늘, 승이 도리어 법을 파괴하면 되겠느냐.

若受佛戒者. 應護佛戒. 如念一子. 如事父母. 不可毁破. 而菩薩聞外道惡人以惡言謗破佛戒之聲. 如三百矛刺心. 千刀萬杖打拍其身. 等無有異. 寧自入地獄. 經於百劫. 而不一聞惡人以惡言謗破佛戒之聲. 而況自破佛戒.

만약 부처님의 계를 받았으면 마땅히 부처님 계를 보호하되 외아들을 생각하듯이, 부모를 섬기듯이 하여 파괴되지 않도록 해야 한다. 보살은 외도와 나쁜 사람들이 부처님의 계를 모욕하는 것을 들으면 마치 3백 자루의 창이 심장을 찌르는 듯이 여겨야 하며, 수천 개의 칼과 몽둥이로 몸을 찌르고 때리는 것과 같이 여겨 '차라리 내 몸이 지옥에 들어가 백 겁 동안을 지낼지언정 나쁜 말로 부처님의 계를 비방하는 소리를 한 번이라도 듣지 않음이 좋다'고 해야 할 것이거늘 하물며 스스로 부처님의 계를 깨뜨리고

(2. 明應護法)

〔合註〕

"외아들을 사랑하듯 한다" 함은 사랑의 지극함에 비유한 것이요, "부모를 섬기듯이 한다" 함은 공경의 지극함에 비유한 것이다.

또 아들을 사랑함이 곧 자비심이요, 어버이를 섬김이 곧 효순하는 마음이다.

〔發隱〕

"불계를 깨뜨린다" 함에서, 첫째는 이미 불계를 받았으면서 법을 수호하

지 아니함을 바로 불계를 깨뜨린다고 하며, 둘째는 승이 불계를 받으면서 자신을 욕되게 함을 바로 불계를 깨뜨린다고 한다.

教人破法因緣. 亦無孝順之心. 若故作者. 犯輕垢罪.

사람을 시켜 그로 하여금 불법을 깨뜨리는 인연을 지어 효순하는 마음이 없도록 하겠느냐. 만약 짐짓 이 같은 일을 하면 가벼운 죄가 된다.

(3. 擧非結過)

〔發隱〕

어떻게 오르지 "남만을 시켜서 불법을 깨뜨리게 하여" 죄가 성립되느냐 하면, 이 계가 그것으로서 저 왕과 신하로 하여금 승을 다스려서 욕되게 하기 때문이니, 법을 보호할 줄 모르면서 도리어 법을 파괴하고 삼보를 거역한다면 효순함이 어디에 있겠는가. 때문에 죄가 된다.

(문) 악한 승이 있어서 드러나게 간해도 좇지 아니하고 묵묵히 내쫓아도 깨닫지 못하면서 세간의 강상綱常을 범하고 나라의 헌전憲典을 모독하여 내법內法으로는 다스릴 수가 없는 이라면 어떻게 할 것인가.

(답) 이것은 권세 있는 데에 맡기는 일이 마땅하므로 한 가지만을 고집하지 말 것이다. 호법을 고집하다가 도리어 법을 파괴하기에 이르게 되거든, 하물며 문장 가운데 "방자하게도 비구와 비구니 등"이라 함이겠는가. "방자하게도(橫)"라는 한 글자는 아무 죄가 없는 이에 대한 것임을 밝힌다.

◎중죄와 경죄의 성립

이 계는 5연을 갖추면 죄가 성립된다.

1은 부처님의 제자일 것. 대소승의 칠중으로서 변죄邊罪를 범하지 않았고 사계捨戒하지 않은 이임을 말한다.

2는 부처님의 제자일 거라고 생각할 것. 6구 중 2구는 중죄, 4구는 경죄이다.

〔小合〕 비록 불제자가 아니라 하더라도 역시 구속하거나 징계하는 일은 하지 말아야 하기 때문이다. 다만 그런 일은 드물기 때문에 특히 정하지는 않았을 뿐이다. 혹은 진손계瞋損戒 중에 포함되어 있기도 하다.

3은 치벌治罰하려는 마음이 있을 것. 그 사람으로 하여금 욕을 받게 하려 하는 것이니, 바로 이 업에서의 주主이다.

4는 남에게 대해서 할 것. 국왕 또는 백관 등을 말한다.

〔小合〕 같이 계가 있는 이이기 때문에 겨우 경죄가 성립되거니와, 만일 아직 계를 받지 않은 이에게 벌을 다스리게 한다면 저절로 제6중계에 속한다.

5는 벌을 다스렸을 것. 일마다 죄가 성립된다.

◎개차를 잘 알라

오탁악세 가운데 선법을 잘 호지하는 비구가 왕이나 대신의 힘에 의해 호적에 올라 스스로를 방어하기 위해 어쩔 수 없이 무기를 드는 것은 『대반열반경』에서도 밝힌 바와 같다. 그러나 법으로 다스려 다른 사람을 벌주는 일은 하면 안 된다.

◎이숙의 과보

그런 일은 하면 법문을 파괴하고 승려를 욕되게 하는 죄가 있게 되고, 하지 아니하면 중승衆僧으로 하여금 더욱 더 안락하게 한다.

如是九戒. 應當學. 敬心奉持.

이 아홉 가지 계를 마땅히 배우고 공경하는 마음으로 받들어 지녀야 한다.

(三 總結第五段)

(3) 총체적으로 맺다

諸佛子. 是四十八輕戒. 汝等受持. 過去諸菩薩已誦. 未來諸菩薩當誦. 現在諸菩薩今誦.

너희 불자들아, 이 마흔여덟 가지 가벼운 계를 너희는 받아 지녀야 한다. 과거의 보살들이 이미 배웠고, 미래의 보살들도 마땅히 배울 것이며, 현재의 보살들이 지금 배우고 있다.

〔合註〕

여기서 48경계를 총결하며, '가. 중계와 경계의 상相을 나열'하는 대과大科가 끝났다.

〔發隱〕

계를 받는다 함은 가슴에 품은 마음을 꼭 붙잡아서 산란하지 아니하고, 뜻한 생각을 잡고 지녀서 잊어버리지 아니함을 밝힌다.

〔義疏〕

삼세의 보살이 외우는 것을 든 것은 권하기 위해서다.

3. 대중이 봉행할 것을 권하다

1) 외우게 될 법을 들다.
2) 사람들에게 유통할 것을 부촉하다.
3) 유통의 이익을 밝히다.
4) 거듭 봉행하기를 권하다.
5) 때에 대중들이 기뻐하다.

1) 외우게 될 법을 들다

諸佛子聽. 十重四十八輕戒. 三世諸佛已誦當誦今誦. 我今亦如是誦.

여러 불자들은 자세히 들으라. 이 열 가지 큰 계와 마흔여덟 가지 가벼운 계는 삼세의 모든 부처님께서 이미 외우셨고, 마땅히 외우실 것이며, 지금도 외우시고, 나도 이같이 외우나니

2) 사람들에게 유통할 것을 부촉하다

汝等一切大衆. 若國王·王子·百官·比丘·比丘尼·信男·信女. 受持菩薩戒者. 應受持讀誦解說書寫佛性常住戒卷. 流通三世. 一切衆生. 化化不絕.

너희 모든 대중과 임금과 임금의 아들과 벼슬아치와 비구와 비구니와 믿음이 있는 남자와 믿음이 있는 여자 등 이 보살계를 받은 모든 사람은 불성이 항상 머무는 이 계를 마땅히 받아 지니고 읽고 외우고 해석하여 설하고, 붓으로 써서 삼세의 모든 중생들에게 펼치어 교화하는 일이 끊이지 않게 해야 한다.

〔合註〕

앞에 수계를 권한 문장 안에서는 "음남婬南·음남婬女·황문黃門·귀축鬼畜" 등까지 갖추어 열거했었는데, 여기서 "신남信男·신녀信女"만을 말한 것은, 이미 계를 받은 이들이라 모두 제일 청정함이라는 것을 드러낸 것이다.

"불성이 항상 머무는 계"라 함은 이 계가 세상에 있게 되면 불성의 인연이 되는 이치가 소멸하지 아니한다.

〔發隱〕

현재로 말미암아 과거와 미래도 그러할 것임을 아나니, 사나舍那로부터 일어나 천불千佛로, 천불에서 백억의 석가로, 백억의 석가에서 보살로, 보살에서 중생으로, 교화하고 다시 전하여 교화하면서 차츰차츰 서로의 인因을 펴 나가므로 이치로 보아 그지없다.

3) 유통의 이익을 밝히다

得見千佛. 爲千佛授手. 世世不墮惡道八難. 常生人道天中.

그리하여 천 부처님을 뵙고 수기를 받고 세세생생에 세 가지 나쁜 세계와 여덟 가지 액난 속에 떨어지지 말며 항상 인간이나 천상에 나도록 하여라.

〔合註〕

간략하게 세 가지 이익을 들었나니, 1은 성인을 뵈옴이요, 2는 고苦를 여읨이요, 3은 낙樂을 얻음이다.

『의소』에서 이르기를 "수수授手라 함은 계를 지닌 사람은 부처님과는 서로가 이웃이 되어서 멀지 않다 함을 밝힌다"고 했다.

"세세생생에 떨어지지 아니하고, 항상 인간이나 천상에 가 난다" 함은 여의게 되고 얻게 되는 바가 어찌 여기서 그치겠는가마는, 범정凡情에서 기뻐하고 싫어하는 바만을 들면서 그로써 권하게 될 뿐이다.

〔發隱〕

이 심지계는 악을 물리치는 전진前陣이니, 세세생생에 그를 호지하거늘 어찌 악도와 팔난에 떨어질 수 있겠는가.

이 심지계는 선을 운반하는 초장初章이니, 세세생생에 그를 인도하거늘 어찌 인도나 천상 안에 가 나지 않을 수 있겠는가.

"여읜다" 하고 "얻는다"고 함은 잠시 범정을 따르는 것이요, 충분히 다 말해서 모두 다 여의는 것이라면 삼도를 여의고 육도를 여의고 이승을 여의고 권위보살權位菩薩을 여의는 것이며, 모두 다 얻는 것이라면 사람이 되고 천이 되고 나한이 되고 보살이 되고 여래가 되는 것이니, 이렇게 하여 여읠 바가 없는 것을 여의고 얻을 바가 없는 것을 얻기에 이른다. 그러므로 "어찌 그것에 그치겠는가"라고 했다.

범정은 천근하여 아직은 알거나 깊이 듣지 못했는지라, 낮추어서 하찮은 것으로 기뻐함과 싫어함을 따르면서 말했을 뿐이니, 본래 심지는 마침내 고와 낙의 상이 없거늘 또 어디에 그 여읨과 얻음이 용납될 수 있겠는가.

4) 거듭 봉행하기를 권하다

我今在此樹下. 略開七佛法戒. 汝等大衆. 當一心學波羅提木叉. 歡喜奉行. 如無相天王品勸學中一一廣明.

내가 지금 이 보리나무 아래서 7불의 계를 대략 설하였나니, 너희 대중은 한결같은 마음으로 이 바라제목차를 배우고 기쁘게 받들어 행해야 한다. 무상천왕품無相天王品의 권학勸學 가운데 하나하나 널리 밝힌 것과 같다.

〔發隱〕

대략 설한 것에도 두 가지 뜻이 갖추어져 있다. 1은 능설能說한 사람은 칠불만이 아니니, 이른바 삼세의 모든 부처님이 다 같이 설하셨다. 2는 소설所說의 계는 십중계와 48경계만이 아니니, 이른바 털끝만큼의 것까지 그것이다.

5) 때에 대중들이 기뻐하다

三千學士. 時坐聽者. 聞佛自誦. 心心頂戴. 歡喜受持.

이때 모였던 삼천대천세계의 보살계를 받은 무리와 앉아 있던 청중들은 부처님의 말씀을 듣고 마음으로부터 공경하면서 받들어 기쁘게 받아 지녔다.

〔合註〕

"삼천"이란 삼천세계 안의 보살계를 같이 지닌 이들을 말한다.

이상으로 대과 'II'의 정시법문正示法門을 다 마친다.

III. 유통하여 세간을 이롭게 하는 분分

1. 결론하여 보이다
   1) 심지품 설했음을 두루 다 맺다.
   2) 모두 十住處에서 설했음을 간략히 들다.
   3) 설하신 법을 밝히다.
   4) 대중의 봉행을 밝히다.
2. 게송으로 찬탄하다

1. 결론하여 보이다

1) 심지품 설했음을 두루 다 맺다

爾時釋迦牟尼佛. 說上蓮華臺藏世界. 盧舍那佛所說心地法門品中. 十無盡戒法品竟. 千百億釋迦亦如是說.

이때 석가모니 부처님께서 위와 같이 연화대장세계의 노사나불께서 설하신 심지법문품 중의 열 가지 다함이 없이 계법을 설하여 마치시고, 천 백억의 석가모니 부처님께서도 당신의 회상에서 또한 이 같이 설하시되

〔合註〕

이 중에서, 먼저는 이 석가가 설했음을 결結하여 마치고, 다음에는 그 밖의 석가들이 설했음도 결하여 마친다.

〔發隱〕

십중만을 들고 48경계를 들지 않은 것은 이 십계의 이치에는 무진함을 포함했기 때문이니, 십계를 들면 일체의 계가 모두 다 포함되거든 하물며 48경계이겠는가.

2) 모두 십주처에서 설했음을 간략히 들다

從摩醯首羅天王宮. 至此道樹下. 十住處說法品. 爲一切菩薩. 不可說大衆. 受持讀誦解說其義亦如是. 千百億世界. 蓮華藏世界. 微塵世界.

마혜수라천왕궁으로부터 보리나무 아래 이르기까지 십주처十住處에서 설하신 법문을 설하셨으며, 여러 보살들과 많은 대중이 받들어 지니고 읽고 외우게 하기 위하여 그 뜻을 해석하여 설하심도 이와 같이 하셨다. 또 천백억의 세계와 연화장세계의 티끌같이 많은 세계에서도

〔合註〕

이 중에서도 역시, 먼저 이 석가의 십주처十住處에서의 설법을 결하여 마치고, 다음에 그 밖의 석가의 십주처에서의 설법을 결하여 마친다.

"미진세계微塵世界"의 아래에 "역여시설亦如是說"이라는 4자가 빠져 있다.

3) 설하신 법을 밝히다

一切佛心藏·地藏·戒藏·無量行願藏·因果佛性常住藏. 如是一切佛. 說無量一切法藏竟.

모든 부처님의 심장心藏·지장地藏·계장戒藏·무량행원장無量行願藏·인과불성상주장因果佛性常住藏 등 모든 부처님께서 설하신 한량없는 법장法藏을 설하여 마치시니

〔合註〕

앞의 5구는 별別이 되고 마지막 1구는 총總이 된다.

다섯의 별구 중에서도 각각 통通과 별別의 두 가지 뜻은 갖추어져 있다.

심장心藏에서는, 통에서 보면 일체제법은 모두 심心에 속해 있거니와 별에서 보면 30심心만을 가리킨다.

지장地藏에서는, 통에서 보면 일체제법이 모두 지地라 하겠거니와 별에서 보면 십지十地만을 가리킨다.

계장戒藏에서는, 통에서 보면 온갖 법이 모두 계라 하겠거니와 별에서 보면 십중과 뭇 경계 등만을 가리킨다.

무량행원장無量行願藏에서는, 통에서 보면 역시 온갖 법을 다 거두거니와 별에서 보면 육도의 만행과 대사十大의 원왕願王 등만을 가리킨다.

인과불성상주장因果佛性常住藏에서는, 불성은 인도 아니고 과도 아니면서도 인과는 불성을 여의지 아니했다. 그러므로 이르기를 "대승의

인이란 모든 법의 실상實相이요, 대승의 과란 역시 모든 법의 실상이다"라고 한다. 실상은 곧 불성의 다른 이름이다. 여기의 인 또한 불성이요 과 또한 불성이다. 불성이 상주한다면 인과 또한 모두가 상주한다.

통에서 보면 일체의 법은 모두 인과불성상주의 장이라 하겠거니와 별에서 보면 불성의 본원품本源品 등에서와 같다.

〔發隱〕

"일체불一切佛"이라 함은 아래 열거한 바와 같은 모든 장藏이니, 시방삼세의 일체여래가 다 같이 지니고 계신다.

첫째 심장心藏이라 함은 본각本覺인 마음(心)의 체성으로서 허공을 다 겹쳐 싸고 법계를 벌여 싸고 있나니, 온갖 만법이 그 속에 다 갖추어져 있음이 마치 보장寶藏과 같기 때문에 장藏이라 한다.

둘째 지장地藏이라 함은 마음의 체성이 평등하여 둘이 없으므로 지地라 하나니, 온갖 착한 공덕을 내기 때문에 장이라 한다.

셋째 계장戒藏이라 함은 마음의 체성은 과過를 여의고 비非가 끊어졌으므로 계戒라 하나니, 지止·범持·작作·범犯이 섬세하게 다 갖추어져 있기 때문에 장이라 한다.

넷째 행원장行願藏이라 함은 마음의 체성이 그로부터 선한 일을 내게 되므로 행行이라 하고 그로부터 선한 생각이 있게 되므로 원願이라 하나니, 한량없는 행문行門이 마치 대해의 다함이 없는 것과 같고 한량없는 원문願門이 마치 허공의 그지없는 것과 같기 때문에 장이라 한다.

다섯째 인과장因果藏이라 함은 마음의 체성에서 닦을 바가 비롯하므로 인因이라 하고 증득할 바가 끝나게 되므로 과果라 하나니, 인은 과의 바다를 겸하고 있으므로 인지因地는 그지없고 과는 인의 근원에 통하므로 과해果海는 한없기 때문에 장이라 한다.

여섯째 불성상주佛性常住라 함은 마음의 체성은 불생불멸하고 무거무래無去無來하며 천진天眞한 불성은 잔잔하면서 항상 머무르나니, 자성은 범부와 성인을 겸하고 고금에 두루 미치며 광대하고 두루하여 측량할 수 없기 때문에 장이라 한다.

첫째로 말하길 심心이요, 둘째로 말하길 지地요, 셋째로 말하길 계戒이니, 바로 이 계가 심지계心地戒임을 밝혔다.

큰 행과 큰 원은 이 계로 말미암아 생기고, 바른 인과 바른 과는 이 계로 말미암아 얻어지며, 상주하는 불성은 이 계로 말미암아 증득되나니 장하구나, 계여! 이야말로 지극한 것이로다.

위 문장에 이어서 이와 같은 한량없고 그지없는 모든 부처님들께서는 한량없고 그지없는 온갖 법장法藏을 설하신 것이니, 대개 이 여섯 가지에 그치지 않을 뿐이다.

4) 대중의 봉행을 밝히다

千百億世界中. 一切衆生受持. 歡喜奉行. 若廣開心地相相. 如佛華光王七行品中說.

천백억 세계에 있는 모든 중생들도 받아 지니고 기쁘게 받들어 행하였다. 만약 심지의 온갖 모습들을 널리 열고자 한다면 불화광칠행품 가운데 설한 것과 같으니라.

〔合註〕

"상상相相"이라 함은 심지心地는 상이 없으면서 온갖 상을 갖추고 있나니, 겹치고 겹쳐서 그지없으며 총과 별로도 생각하기 어렵다.

2. 게송으로 찬탄하다

게송으로 찬탄함을 셋으로 나눈다.
1) 법을 지니는 이익을 찬탄하다.
2) 법을 배우는 일의 차례를 매기다.
3) 중생 제도하는 원을 발하다.

1) 법을 지니는 이익을 찬탄하다

明人忍慧強. 能持如是法. 未成佛道間. 安獲五種利. 一者十方佛. 憫念常守護. 二者命終時. 正見心歡喜. 三者生生處. 爲諸菩薩友. 四者功德聚. 戒度悉成就. 五者今後世. 性戒福慧滿. 此是諸佛子.

밝은 이는 지혜 많아
이런 법문 지니오니

부처 되기 전에라도
다섯 이익 얻나니라.

첫째로는 시방불이
항상 수호하시옵고,
둘째로는 죽을 때에
바른 소견 기뻐하고,

셋째로는 세세생생 날 때마다
보살들과 더불어 벗이 되고,
넷째로는 공덕이 산더미처럼 모여서
지계바라밀을 성취하고,

다섯째는 다음 세상에
성계로 복과 지혜 가득하니
이를 일러 불자라 하나니라.

〔**合註**〕

"밝은 이(明人)"라 함은 여래의 비밀한 장藏을 잘 아는 이이니, 비록 이는 육안이라 하더라도 불안佛眼이라고 한다.

"지혜"는 안인安忍으로서 곧 정력定力을 지칭하나니, 慧만이 있으면서 인忍이 없으면 광혜狂慧라 하고, 인만 있으면서 혜가 없으면 우정愚定이라고 한다.

또 이승은 정은 많고 혜가 적으므로 불성을 보지 못하고, 권위보살權位菩薩은 혜가 많고 정이 적으므로 비록 불성을 보기는 하나 분명히 알지 못한다. 그러므로 인과 혜가 함께 강해야 밝은 이가 되어 바야흐로 "이런 법문을 지닐 수 있다"는 것이다.

"모든 부처님이 수호하신다"고 함은 모든 부처님들은 모두가 이 법으로부터 나오심이 마치 불모佛母와 같나니, 그러므로 이를 지니는 이는 부처님과 기분氣分이 교접한다.

또 이 법을 지니지 아니하면 불의 종성種性을 끊고, 이 법을 잘 지니면 불의 혜명慧命을 잇나니, 그러므로 모든 부처님은 항상 어여삐 여기면서 지법持法한 사람을 수호한다.

"죽을 때에 바른 소견으로 기뻐하고"라 함은 이미 불안佛眼을 갖추고 있는지라 가령 철륜鐵輪이 이마 위에서 돌고 있다 해도 정혜가 원명하므로 끝내 잃지 아니한다.

"세세생생 날 적마다 보살들과 벗이 된다" 함은 위位가 대각大覺과 같으므로 참으로 이는 불자佛子이니, 온갖 보살들도 모두가 나와 배움이 같았었다.

"공덕이 모여서 계바라밀을 다 성취한다"고 함은 계는 일체 공덕의 무더기로서 마치 땅이 만물을 내서 양육할 수 있음과 같나니, 이제 항상 이렇게 믿음으로 계품이 이미 구족하게 되고 계품이 이미 구족하면 온갖 공덕의 무더기가 모두 구족하게 성취된다.

"성계性戒로 복과 혜가 원만하다" 함은 이 성계를 통달하면 온전한 성품에서 수행이 일어나고 온전한 수행이 성품에 있게 되나니, 온전한 성품에서 수행이 일어나기 때문에 복은 혜로 말미암아 원만해지고 온전한 수행이 성품에 드러나기 때문에 혜는 복으로 말미암아 원만해진다.

또 성계는 곧 정인正因의 이체理體로서 법신의 덕에 해당하고, 성계를 지님은 곧 연인緣因의 복선福善으로서 해탈의 덕에 해당하며, 계의 성품을 깨침은 곧 요인了因의 지혜로서 반야의 덕에 해당한다.

여기서 "오는 세상에 원만해진다"고 함은 관행으로부터 원만해져서 구경에 이르기까지 원만해진다는 것이다.

이 다섯 가지 이익을 얻으면 진짜 이는 불자라 장차 불위佛位를 이어받기 때문에 "이를 불자라고 한다"고 했다.

〔小隱〕

1은 제불께서 지닌 이를 수호하는 이익이다. 이 계는 바로 일체제불의 심지로서, 중생이 계를 지니면 불법이 흥하고 중생이 계를 깨뜨리면 불법이 멸망하거니, 지계한 사람을 부처님이 어찌 자비로 어여삐 여기면서 위신으로 가호하여 그로 하여금 하는 일마다 끝까지 이룩되게 하지 않겠느냐.

2는 죽을 때에 기쁘게 하는 이익이다. 파계한 사람은 죽어서 악도에 떨어지므로 마음에 두려움이 생기거니와 계를 지니면서 죽으면 정견正見이 환히 나타나면서 스스로가 죽은 뒤에는 반드시 부처님 앞에 날 것을 알거늘, 어찌 기뻐하지 않겠느냐.

3은 보살과 벗이 되는 이익이다. 이 계는 모든 보살들이 지니는 바라 계를 지니는 이는 곧 보살의 무리이다. 세세생생에 있는 데마다 어찌 관음과 함께 행하고 보현과 같이 머무르면서 보리 중에서의 같은 권속이 되지 않겠느냐.

4는 뭇 선이 성취되는 이익이다. 계는 모든 선을 위한 공덕의 근본이다.

지계하면 온갖 공덕이 모여 빠뜨려지지 아니함은 마치 공덕에 한량없는 바라밀이 있는 것과 같나니, 아무렇거나 그 중 하나를 일으켜도 지계의 바라밀은 깨뜨려진다. 이렇게 계바라밀이 이미 성취되었으니 그 밖의 바라밀의 성취는 그 예로써도 알 수 있다.

5는 복과 혜를 쌍수雙修하는 이익이다. 심지의 계는 곧 불성이다. 불성의 본체는 허물을 여의고 잘못이 끊어졌기 때문에 성계性戒라고 하며, 이 성계 중에는 복과 지혜가 모두 갖추어져 있다. 성性의 선善으로 말미암아 만행이 같이 닦아지고 성性의 영靈으로 말미암아 만법이 함께 밝아지므로 "복과 지혜가 원만하다"고 한다.

2) 법을 배우는 일의 차례를 매기다

2) 序學法事에서
①法體를 관찰한다.
②持戒의 相을 보호한다.

①법체를 관찰함

智者善思量. 計我著相者. 不能生是法. 滅壽取證者. 亦非下種處. 欲長菩提苗. 光明照世間. 應當靜觀察. 諸法眞實相. 不生亦不滅. 不常復不斷. 不一亦不異. 不來亦不去. 如是一心中. 方便勤莊嚴. 菩薩所應作. 應當次第學. 於學於無學. 勿生分別想. 是名第一道. 亦名摩訶衍. 一切戲論惡. 悉從是處滅. 諸佛薩婆若. 悉由是處出.

지혜로운 이는 잘 생각하라.
나라고 하는 상相에 집착한 이
이러한 법을 믿을 수 없고,
고요함만을 취하는 이
보리의 종자도 심지 못하리.

보리의 싹이 자라나서
밝은 빛으로 세간을 비추려면
마땅히 고요하게
관찰해야 하네.

모든 법의 참된 모양
나지 않고 죽지도 않으며
항상한 것도 끊어진 것도 아니고
같지도 다르지도 아니하며
오지도 가지도 아니하네.

한결같은 한 마음으로
방편을 다해 장엄하고
보살들이 해야 할 일 차례로 따라 배우며
유학과 무학을
분별하는 생각 내지 말라.

이를 일러 제일의 도라 하고
마하연이라 하네.
일체의 나쁜 희론
여기서는 모두 없어지고
부처님의 반야지혜가
이로부터 생겨나네.

〔合註〕

심지법문心地法門의 십무진계十無盡戒를 모두 이치대로 증득하고 성性에 칭합하면서 닦으면 이른바 중도中道의 요의了義로서 쓸모없는 이론의 법이 없거니와, 범부가 유有에 집착하고 이승이 공空을 증득하는 것은 모두가 참된 인因에 배반되기 때문에 종자種子가 아니다.

"고요하게 관찰해야 한다" 함은 "고요함"은 "지止"의 다른 이름이요, "살핌"은 곧 "관觀"으로 세밀하게 살피는 것이니, 지관이 둘이 아니라야 참된 수행이다.

"모든 법의 참된 모양"이라 함의 "제법"은 곧 십계十界와 십여十如의 권실權實의 법이다. 상相을 관찰하면 원래가 허망이라 지적하여 진술할 만한 것이 없나니, 곧 환혹幻惑이어서 진眞이 아니요 허가虛假이어서 실實이 아니다. 성性을 관찰하면 원래가 진실이라 본래의 여래장이니, 곧 모양도 없고 모양이 되지도 아니함을 "참된 모양"이라고 한다.

청정하여 본디 그대로이기 때문에 "나지 아니하고", 업을 따라 나타나기 때문에 "없어지지도 아니하며", 또 업을 따라 나타나기 때문에 나되 곧 나는 것이 아니고, 청정하여 본디 그대로이기 때문에 없어지되 역시 없어진 것도 아니다.

불변不變하되 수연隨緣하기 때문에 "항상하지도 아니하고", 수연하되 불변이기 때문에 "끊어지지도 아니하며", 이理는 사事를 따르기 때문에 "같지도 아니하고", 사事는 이理를 따르기 때문에 "다르지도 아니하며", 미迷는 어디로부터 온 바가 없기 때문에 "오지도 아니하고", 오悟는 없어지는 바도 없기 때문에 "가지도 아니한다."

〔小發〕 이 법이란 곧 이 계법戒法이다. 이 계는 바로 중생의 근본 심지이다. 그러나 이 심지는 유와 무에 속하지 않은 것이로되, 나의 몸을 헤아리면서 환상幻相에 집착하면 유에 집착한 이요, 수명을 없애가면서 적멸만을 취하면 무에 집착한 이이다. 이는 모두가 싹을 태우고 종자를 망가뜨리는 것이거늘 묘선妙善의 계법이 무엇으로 말미암아서 나겠느냐. 그러므로 지혜로운 이로 하여금 잘 생각하게 한다.

지혜로운 이라 함은 앞의 "명인明人"이다. 잘 생각함에도 두 가지가 있다. 1은 바르게 생각함이요, 2는 자세히 생각함이다.

참되고 바른 지혜를 일으켜 다시 관觀을 자세히 살피면, 앞의 허망한 계탁計度은 모두 보리의 종자가 아님을 알 것이니, 진실로 도道의 묘苗를 더욱 자라게 하려면 광명을 빛나게 내서 방소方所 없이 비추게 하라. 그러면 밖을 향해 내달으면서 구할 필요가 없게 되며, 오직 진실하여 거짓이 아닌 상주하는 상相을 고요히 관찰함에 있을 뿐이다.

"고요히 관찰한다" 함은 진주를 찾으려면 물결이 고요하여야 하며 물이 움직이면 찾기가 어려워진다.

"참된 모양"이라 함은 생멸과 단상 등의 상相은 모두 환망이요 참이 아니며 거짓이요, 참이 아니로되 이 진실한 상은 본래부터 물物이 없는지라 나지도 아니했다. 나지도 않았다면 없어진 것이로되 역시 분명하게 항상 알므로 없어지지도 아니했다.

찰나 동안도 머무름이 없는지라 항상하지도 아니한다. 항상하지 않다면 끊어진 것이로되 다시 만고 동안 한결같으므로 끊어지지도 아니한다. 종류가 다르고 합하기 어려우므로 동일하지도 아니한다. 동일하지 않다면 다른 것이로되 또 몸이 같아서 나누기가 어려우므로 다르지도 아니하다. 맞이해도 그가 오는 데를 알지 못하므로 오지도 아니한다. 오지 않는다면 간 것이로되 또한 따라가도 그가 가는 데를 알지 못하므로 가지도 아니한다.

〔合註〕

이와 같이 모든 법은 바로 일심一心이다. 이와 같은 "일심"이 곧 30심心이요 십지十地며 중계와 경계의 체성이다. 이 체성을 깨친 연후에야 "방편을 다해 장엄하게 된다."

"일심" 이것은 정인正因의 이성理性이요, "정관靜觀" 이것은 요인了因의 혜성慧性이며, "방편" 이것은 연인緣因의 선성善性이다.

또 관찰과 지계를 모두 "방편으로 장엄한다"고 하나니, "관찰"은 곧 이理의 방편이라 지혜의 장엄이라고 하며, "지계"는 곧 사事의 방편이라 공덕의 장엄이라고 한다.

또 계품戒品이 구족함은 전혀 이理를 깊이 믿음에서 연유하고, 심지心地가 증진함은 전혀 사事를 힘서 닦음에서 연유한다. 그러므로 "계가 청정하므로 말미암아 혜가 청정하고 혜가 청정하므로 말미암아 계가 청정하나니, 마치 두 손으로 씻을 적에는 결코 앞뒤가 없는 것과 같다"고 했다.

또 방편을 부지런히 쓰면서 고요히 관찰하지 아니하면 유위와 유루라 장엄되는 바가 없고, 고요히 관찰하면서 방편을 부지런히 쓰지 아니하면 바짝 마른 공적이라 장엄할 수가 없다. 그러므로 일심 중에서 방편을 다해 장엄해야 하나니, 이것이 바로 보살로서 해야 할 일이요 응당 차례대로 배우게 해야 한다.

이것이 바로 학學의 일이라 제2문門에 떨어져 있다고 말하지 말라. 성性에 칭합한 수행이 학이요 곧 무학無學임을 모름에서이니, 무학의 도중道中에서 왕성하게 학을 익히라.

비록 "차례"라고 함이 바로 공중의 새 자취와 같아서 점차의 법문과는 같지 않다 하더라도, 도리어 극원極圓이요 극돈極頓의 진리라 털끝만큼도 분별이 없나니, 그러므로 경계하면서 분별되는 생각을 내지 말게 하라.

〔小發〕 이와 같은 일심은 지현至玄하고 지묘至妙하여 불가사의하나니, 마땅히 교혜巧慧와 방편으로써 장엄해야 한다. 이 장엄이 보살로서 해야 할 바요 차례대로 배움이 본디부터 마땅하다.

그러나 배울 것 있고 배울 것 없음에서 분별을 하지 말라. 왜냐하면 배울 것이 있다고 말하면 만행이 어지러워져서 한 생각도 얻을 수 없으리니 실상實相의 심지心地는 소호小毫도 불어남이 없기 때문이다. 배울 것이 없다고 말하면 한 생각도 나지 아니하여 온 체성이 구족하여지나니 실상의 심지는 소호도 흠결이 없기 때문이다.

이 심지 중에서는 다만 생·멸·斷·상의 온갖 상이 없어야만, 바로 이것이 장엄이요 바로 이것이 학學이다.

〔合註〕

지음이 없는 묘한 수행은 전혀 이성理性이 같으므로 제1도道라 하고, 배울 것 없는 묘한 성품은 참 수행을 일으키므로 마가연이라고 한다. 마하연은 번역하면 대승이니, 자기와 남을 실어서 대열반의 성에 같이 들게 한다는 것이다.

이 제1도로써 범부·외도·이승의 갖가지 희론을 없앨 수 있고, 이 마하연으로써 제불의 살바야薩婆若의 과果를 낼 수가 있다. 살바야는 번역하면 일체지지一切智智이니, 일심삼지一心三智요 구경에 얻는 극과라고 하는 전체를 일괄하여 부르는 이름이다.

제1도로 말미암아 마하연의 승乘을 운반할 수 있고, 마하연으로 말미암아 살바야의 지地에 도달할 수 있으며, 살바야로 말미암아 희론이 없는 진리에 묘하게 계합되나니, 범망의 심지야말로 과가 통하고 인이 겸하여 이치가 이의 끝까지에 이르렀다.

〔小發〕 학·무학을 비록 분별하려 하나 역시 분별할 수가 없다. 분별이 없는 곳에 중도가 완연하므로 이를 제1도道라 하나니 조금이라도 분별이 있으면 곧 두 가지 뜻이 되기 때문이며, 마하연이라고도 하나니 조금이라도 분별이 있으면 곧 이승이 되기 때문이다.

또 이 실상의 심지는 마치 큰 불더미와 같나니, 세간에서 이른바 유에 집착하고 무에 집착하여 피彼를 헤아리고 아我를 헤아리는 등의 만류천가萬類千家의 모든 희론의 땔나무가 이 속에 들어가기만 하면 소멸되어 남는 것이 없기 때문이다.

또 이 실상의 심지는 마치 큰 창해와 같나니, 여래께서 지혜와 변재와 신통과 삼매며 일체종지一切種智와 공덕과 법재法財를 얻게 된 까닭은 이

속에서 나왔고 그지없기 때문이다.

이에 이른다면, 보리의 싹으로 말미암아 보리의 열매를 맺으며 지智의 광光과 혜慧의 불길이 두루 비추게 되거늘 무엇이 궁窮하겠는가.

삼세의 고금과 시방세계의 일체 중생들은 소경이 시력을 얻은 것과 같고 어둠에서 등불을 얻은 것과 같지 아니함이 없기 때문에 "광명이 세간을 비춘다"고 한다. 대명인大明人이 아니고서야 어찌 심지 중의 이러한 묘한 이치를 잘 생각할 수 있겠는가.

② 지계의 상相을 보호함

是故諸佛子. 宜發大勇猛. 於諸佛淨戒. 護持如明珠. 過去諸菩薩. 已於是中學. 未來者當學. 現在者今學. 此是佛行處. 聖主所稱歎.

그러므로 불자들아,
큰 용맹 어서 내어
부처님의 청정한 계율
밝은 구슬같이 보호하세.

지난 세상 보살들도
이것으로 공부했고,
현재·미래 모든 보살
여기에서 배우나니,
이것이 부처님 행하시는 곳이니,

세존께서 찬탄하셨고

〔合註〕

일심의 실상에 돌아가려 하면 모름지기 심지법문을 닦아야 하며, 심지법문을 닦고자 하면 모름지기 제불의 정계淨戒를 지녀야 한다. 그러므로 총결하며 계상戒相을 호지할 것을 권하면서 맺고 있다. 이로써 도에 들어가 닦아 나아갈 근본으로 삼고 있다.

"보호하기를 마치 명주明珠처럼 한다"고 함은 〔발은發隱〕에서 이르기를 "1은 정결함의 뜻이니, 호지하되 더러움에 물들지 않게 한다. 2는 원만함의 뜻이니, 호지하되 이지러지지 않게 한다. 3은 광명의 뜻이니, 호지하되 어둡게 하지 아니한다"고 했다.

이제 다시 그를 해석해 보면, 정결은 해탈의 덕이요, 원만은 법신의 덕이요, 광명은 반야의 덕이다.

그러나 광명·정결·원만은 모두가 이 명주가 지닌 상대相大의 덕일 뿐이다. 상대의 덕 중에는 완연히 세 가지 뜻이 갖추어져 있다. 만일 더 널리 드러낸다면 명주의 체體는 바로 더할 나위 없는 지극한 보배요, 상相은 원만하고 밝고 깨끗하며, 용用은 보물을 비 내려서 가난을 구제하는 것이니, 체는 법신이 되고 상은 반야가 되며 용은 해탈이 되어서 삼취묘계三聚妙戒에 배대하면 법에 대한 비유가 시원스럽다.

그러므로 삼세의 모든 보살이 배우는 바요 바로 이것이 부처님이 행하는 데이니, 인과가 같이 부합되거늘 어찌 성인들이 찬탄하지 않을 수 있겠는가.

"성주聖主"라 함은 성인 중에서도 성인이다.

〔發隱〕

위에 이어진 대문으로서, 이 실상의 심지로 말미암아 정계淨戒를 내기 때문에 지니지 아니할 수 없으며, 계품은 지니기는 어렵되 잃기는 쉽기 때문에 그를 지니되 용맹을 내지 아니할 수 없다.

3) 중생 제도하는 원을 발하다

我已隨順說. 福德無量聚. 迴以施衆生. 共向一切智. 願聞是法者. 悉得成佛道.

나도 이미 따라서 설하였네.
한량없는 이 복덕의 산더미를
중생에게 돌려보내
일체지혜로 향하나니
이 법문 듣는 이는
모두 속히 성불하여지이다.

〔合註〕

"부처님들도 이 계를 외우므로 나도 지금 외운다"고 하셨으니 이를 이름하여 수隨라 하고, "부처님들이 보름마다 법답게 설하시므로 나도 지금 법답게 설한다"고 하셨으니 이를 이름하여 순順이라 한다.

이와 같이 수순隨順하면서 설하면 "복덕이 저절로 한량없게 되며", 자기 사사로이 쓰지 않기 때문에 모두 "중생들에게 돌려보낸다."

또 중생들로 하여금 이승과 삼유三有에 떨어져 있게 하지 않기 때문에 다함께 일체지로 향하게 된다.

또 "이 법문 듣기를 원한다" 함은 한 번 귀에라도 스치면 영원히 도의 종자가 되며, 듣고 나서 능히 생각하고 또 생각하고 나서 잘 닦으므로 모두가 불도를 이루나니, 본래 보리심을 내어야 이 계를 받게 되고 지금 이 계를 외우므로 거듭 보리에 회향하게 된다.

"중생에게 돌려보냄"은 곧 아래로 교화하는 마음이라 그를 이름하여 비悲라 하며, "일체지로 향하여" 모두가 불도를 이룸은 곧 위로 구하는 마음이라 그를 이름하여 지智라 한다.

상구上求로 말미암아서야 하화下化를 할 수 있고 하화로 말미암아서야 상구라고 하나니, 비悲와 지智가 쌍으로 운용됨을 보리심이라 한다.

심心·불佛·중생衆生의 셋이 차별 없음을 통달함으로 말미암아 마음과 부처 또한 같기 때문에 상구해야 하고 불과 중생이 같기 때문에 하화해야 하나니, 이 상구하고 하화하는 마음을 냄으로 말미암아 보살의 대계를 수득受得하게 되며, 이 보살대계를 지님으로 말미암아 비와 지의 두 수레바퀴가 원만해질 수 있다.

고인이 이르기를 "승나僧那를 세움에는 마음에서 비롯하고 대비大悲를 마지막으로 하여 어려운 데로 나아간다"고 하였나니, 명자위名字位의 보리로부터 곧장 구경위究竟位의 보리에 나아간다 하겠다.

이 게찬偈讚은 다 같이 14행行인데, 『의소義疏』에서는 해석하지 않았다. 혹 이르기를 "여기서는 게를 다 외워 마쳤는지라 한데 모아 총결하는 서원의 게이다"라고 하기도 한다.

지금 문장의 뜻을 상고하건대, 비록 단순히 계만을 정하는 법인 것 같기는 하나 역시 상품上品까지 통틀어 결론한 것이라 할 수 있다.

10중계과 48경계는 곧 능력能歷인 심지위차心地位次의 법이요, 30심心과 10지地는 곧 지계하는 사람이 인으로부터 과에 이르는 소력所歷의 위位이기 때문이다.

마치 『대불정경』에서 '3점차漸次는 능력이 되고 55위位는 소력이 되므로 능과 소가 합하여 60성위聖位'라고 부르는 것처럼, 여기서는 능으로써 소를 따르면 계가 곧 심지요, 소로써 능을 따르면 심지가 곧 계이니, 통틀어 맺는다 한들 무엇을 의심할 것이 있겠는가.

범망경보살계본휘해

하편下篇

◎ 성性·차遮·칠중七衆·대大·소小의 표기表記(性業·遮業과 七衆의 구분과 대승·소승의 같고 다름이다)

"성업性業"이란, 비록 불계佛戒를 받지 않았다 하더라도 세간법에서도 으레 죄가 되는 것이니, 부처님의 금제禁制를 기다릴 것도 없이 그 일 자체가 죄악이 되기 때문이다.

"차업遮業"이란, 부처님이 그를 제정하여 막아 못하게 하는 것이니, 犯하면 破戒의 죄가 된다.

"칠중七衆"이란 1이 비구중이요, 2가 비구니중이요, 3이 식차마나중이요, 4가 사미중이요, 5가 사미니중이요, 6이 우바새중이요, 7이 우바이중이다. 여기의 앞 5중은 바로 출가 제자들이요, 뒤의 2중은 재가 제자들이다.

"대大"라 함은 대승의 칠중을 말하고, "소小"라 함은 성문의 칠중을 말한다.

〔小合〕『합주合註』에서 성性·차遮의 2업業을 해석하며 이르되, "(문) 아직 계를 받지 아니한 이면 하나의 죄만을 얻을 뿐이나 이미 계를 받은 이면 도리어 두 개의 죄를 얻게 되므로 계를 받아서 죄의 길을 부르지 말아야 할 것이니, 손해만이 있고 이익이 없으니 말이다.

(답) 불계를 받으면 이내 불위佛位에 들어가므로 모두 제일 청정한 이라

하나니, 그 공덕을 어찌 사의할 수나 있겠느냐. 그 지니는 이만이 공덕의 힘이 크나니, 그러므로 깨뜨리는 이는 죄업이 갑절 더 깊다. 공덕의 힘이 크므로 반드시 굳게 지녀야 하고, 죄업이 갑절 더 깊으므로 반드시 범하지 말아야 한다"고 했다.

『오계상경五戒相經』에 대한 영봉靈峰의 『전요箋要』에서 이르기를 "무릇 실계失戒를 논함에는 근본의 사중죄를 깨뜨려야 한다. 비인非人과 축생 등을 살생함과 같은 데서는 성죄性罪라 비록 중하기는 하나 무작無作을 어기는 죄에서는 오히려 점차 경하게도 된다. 말하자면, 참회할 수 있는 데서는 이를 참회하여 무작을 어긴 죄를 제거시키면 삼도를 면하게 되거니와, 성죄까지 다 없앤다는 말은 아니다. 마치 하나의 생명을 살해하면 반드시 하나의 생명으로 갚아 주는 것과 같나니, 짐짓 살해하면 본디부터 짐짓 갚아야 하고 잘못 살해하면 역시 잘못 갚아 주어야 한다.

비록 전혀 수계하지 않았다 해도 반드시 죄는 있을 것이나, 부처님이 정한 살생계는 받아 지녀서 범하지 아니하면 영원히 윤회를 끊을 수 있고, 설령 우연히 범했다 해도 지극한 마음으로 참회하면서 영원히 다시는 짓지 아니하면 역시 삼도를 면할 수 있기 때문에 참회해야 한다고 할 뿐이다.

만일 염불하면서 정토에 나가기를 구하지 아니하면, 무엇으로 해서 갚아야 하는 고를 영원히 벗어나겠느냐"라고 했다.

또 이르기를 "파계한 죄는 비록 취상참取相懺으로 말미암아 소멸되면 삼도에는 떨어지지 않는다 하더라도, 그러나 세간에서의 성죄性罪는 그대로 남아 있기 때문에 인연이 이르러서 만나게 되는 때는 거듭 숙채宿債를 갚아야 한다. 다만 열반에 들거나 혹은 서방에 왕생해야 그를 벗어나서 과보를 받지 않을 뿐이다. 경계하지 않을 수 있겠느냐"고 했다.

홍일율주弘一律主가 이르기를 "계에 귀의하는 공덕은 경론 등에서 널리 찬탄

했고, 보편적으로 말해서 그 과보는 인간·천상에 국한하여 있기 때문에 부지런히 청정한 행을 닦아 미타의 정토에 나기를 바라야 한다"고 했다.

송宋나라 영지 원조율사靈芝元照律師가 이르기를 "1은, 도에 들어감에는 반드시 시작이 있어야 한다. 2는, 마음에서 바라면 반드시 마지막이 있다. 시작이 있다고 함은 계를 받으면 뜻을 오로지 하여 받들어 지니면서 어느 때라도 모든 진경塵境에 대하게 되면 항상 받은 계체戒體를 기억하되 옷을 입거나 밥을 먹거나 행주좌와 어묵동정에서 잠시라도 잊지 말아야 한다는 것이다. 마지막이 있다고 함은 마음으로 정토에 귀의하여 결정코 왕생하기를 서원하는 것이다"라고 했다.

오탁악세의 말법시대에 혹업惑業이 깊이 얽히고 관습慣習은 끊기 어렵거늘, 무엇으로 말미암아 닦고 증득할 것인가.

그러므로 석가는 오십여 년 동안 세간에 계시면서 한량없는 법을 설하여 제도할 만한 이는 모두 다 제도하셨고, 아직 제도하지 못한 이에게는 모두 제도할 수 있는 인연을 지어 놓으셨다.

그 인연이 비록 많기는 하나 나아가 들기가 어렵거니와, 정토의 법문만은 바로 수행의 지름길이다. 그러므로 모든 경론에서 정토를 치우치게 칭찬해 놓았으며, 불법이 멸망되어 다하여도 이 『무량수경無量壽經』만은 백 년 동안 세간에 남아 있으면서 시방에서 권하고 찬탄하고 있나니, 진실로 헛되이 그런 것은 아니다.

戒名	性業과 遮業	七衆의 구분	대승과 소승의 同異
一. 殺戒	계를 받지 않은 사람이 性罪만이 있게 되나, 이미 계를 받은 이면 성죄와 遮罪의 두 죄가 다 있게 된다.	七衆이 다 같이 禁制된다.	대승과 소승이 전혀 같지 않다. 같은 것은 다 같이 살생하지 말라는 것이요, 다른 것은 大士는 낌새를 보아 살생할 수도 있나니, 저 開遮에서 설명한 바와 같다. 또 대사는 二師(和尙과 아사리)를 살해하면 逆罪가 되거니와, 성문은 重罪가 성립될 뿐이다. 대사는 四趣 중생을 살해하면 앞의 구분에서와 같지마는, 성문은 귀신을 살해한 것은 天을 살해한 것과 같고 축생을 살해하면 더 약간 輕하다. 대사는 몸을 버려도 失戒가 되지 않고 죄가 성립됨은 앞에서의 설명과 같거니와, 성문은 몸을 버림과 동시에 계도 따라 다하고 다시는 죄가 성립되지 아니한다.
二. 盜戒	性業과 遮業이 다 해당된다. 남의 依報를 침범하고 남의 外命인 재산을 강탈함으로써 남으로 하여금 근심하고 고통 되게 한 것이므로, 국법에서도 죄를 다스리기 때문이다.	右와 같다.	대승과 소승이 전해 같지 아니하다. 같은 것은 다 같이 훔치지 말라는 것이요, 다른 것은 대사는 낌새를 보아 훔칠 수도 있나니, 저 開遮에서 밝힌 바와 같다. 예로부터 이르기를 "성문은 부처님이 멸도한 후에 佛物을 훔치면 輕罪이거니와, 보살은 언제나 重하다"고 했다. 지금의 승기율 중에 의거하건대, "寺主가 塔物을 僧에게 공양할 때 값어치가 五錢이 되면 중죄가 성립되거든, 하물며 자신이 수용함이겠는가"고 했다. 또 畢陵伽婆蹉가 도둑의 배위에서 단월의 두 아들을 데

			려다가 그 부모에게 돌려주었으나, 盜心이 없었기 때문에 계를 범한 것은 아니라고 했다. 역시 낌새를 보아 뜻을 지은 것이라면, 반드시는 한결같이 大승과 다르다고는 할 수 없겠다.
三. 婬戒	예로부터 이르기를 "性罪는 아니고 遮罪일 뿐이다"라고 했다. 正婬에서 말하면 그렇다 할 수 있겠으나 만일 邪婬에 관한 일이라면 역시 性業과 遮業에 다 해당된다. 만일 재가보살이 일일일야 동안의 팔관재를 받을 적에 正婬을 끊는 데서 보면 차업뿐이라고 말할 수도 있다.	출가한 五衆에게는 온전히 음욕을 끊는 것이요, 재가의 二衆은 사음만을 禁制했다. 자기의 처첩에게 있어서도 非時와 非處는 금제되며, 또 月의 六齋日과 年의 三齋月 등에 만일 八關戒를 받을 때라면 邪婬 또는 正婬을 막론하고 모두가 다 금제된다. 범하면 모두가 重罪이다.	대승과 소승이 약간만 같지 아니하다. 소승에서는 꿈을 꾸면서 失精을 하면 범죄가 아니며 혹 이르길 "마음에 자책하기만 하면 된다"고 하였거니와, 대승에서는 꿈속에서도 음행을 하면 깨어나서 참회함과 동시에 번뇌를 꾸짖어야 되므로 성문보다는 갑절 더하다.
四. 妄語戒	성죄와 차죄가 다 해당된다.	칠중에게 다 같이 금제된다.	대승·소승 다 같이 금제된다.
五. 酤酒戒	이것은 차죄일 뿐이니, 국법으로써도 금하지 않았기 때문이다. 그러나 이는 惡律儀에 속한 것으로서, 비록 계율을 받은 사람이 아니라 하더라도 이런 일을 하게 되면 역시 고의 과보를 초래하게 된다. 그러므로 특히 大士를 위해서 엄한 금령을 두게 된 것이다.	右와 같다.	대승과 소승이 전혀 같지 않다. 소승이 술을 만들면 "해서는 안 된다"고 정해 있을 뿐이며 술을 팔면 販賣戒(輕第十二)에서와 같거니와, 대승에서는 술을 만들면 방편죄가 성립되며 팔게 되면 중죄가 성립된다.
六. 說四衆過戒	성죄와 차죄 다 해당된다.	右와 같다.	대승과 소승이 다르다. 소승은 第一篇을 설하면 第二를 범하고 第二篇을 설하면 第三을 범하며 第三篇 이하를 說하면 모두가 第七聚를 범하게 되거니와, 大士는 악을

			가리고 선을 들날려야 되므로 중죄를 설하면 같이 중죄가 되고 경죄를 설하면 같이 경죄가 된다.
七. 自讚毁他戒	右와 같다.	右와 같다.	대승과 소승이 다르다. 大士는 이익과 안락하게 함이 근본이 되기 때문에 중죄이거니와, 소승이 자찬하면 第七聚를 범하게 되고 毁他하면 第三篇을 범하게 된다. 합해서 정해 있지 않다.
八. 慳惜加毁戒	右와 같다.	右와 같다.	대승과 소승이 다르다. 대승에서는 親疎를 가리지 말고 구걸하면 모두 주어야 하고 주지 않으면서 도리어 욕설까지 하면 모두가 범죄인 것이니, 중생을 제도하는 것까지 서원했기 때문이다. 소승은 제자에게 한해서 법을 가르쳐주지 않으면 第七聚를 범하게 되었고 재물을 주지 않은 것은 정해 있지 아니하며, 욕설을 하면 일에 따라 각각 성립된다. 합해서 중죄로 하지 아니했다.
九. 瞋心不受悔戒	右와 같다.	右와 같다.	大士는 중생 거두어줌이 본래 임무라 남을 교화하는 도를 어겼기 때문에 중죄이거니와, 소승은 자기 이익만을 위한지라 남에게 성을 내면 第七聚를 범하게 된다.
十. 謗三寶戒	右와 같다. 邪見이 근본이나 거기에 입의 허물이 가해진다.	右와 같다.	대승과 소승이 다르다. 大士는 중생들의 교화가 임무이기 때문에 중죄가 되거니와, 소승은 "살생해도 과보가 없고 음행해도 도에 장애가 안되며 세계는 끝이 있고 끝이 없다"고 말하면 다 같이 惡見이므로 말할 때마다 第七聚를 범하게 된다. 세 번 간해도

			그만두지 아니하면 第三篇이 성립되고, 다시 그만두지 않거나 나쁜 소견을 내어 버리지 아니하면 갈마를 하게 된다. 비록 내쫓지는 않는다 하더라도 다스리는 법이 가장 엄한 것은 그로 하여금 악견을 영원히 버리게 하려는 까닭이다. 그러나 끝내 중죄는 성립되지 아니한다.
이상은 十重戒며, 이하는 四十八輕戒이다.			
一. 不敬師友戒	성업과 차업 둘 다 해당된다.	칠중에게 다 같이 禁制된다.	대승과 소승이 같다.
二. 飮酒戒	차업이다.	右와 같다.	대승·소승이 다 같이 금제된다.
三. 食肉戒	차업이다.	右와 같다.	대승과 소승이 전혀 같지 아니하다. 소승에서는, 처음에 세 가지의 淨肉 즉 1, 자기를 위하여 죽임을 보지 않은 것. 2, 자기를 위하여 죽인 것이란 말을 듣지 않은 것. 3, 자기를 위하여 죽인 것이 아닌가 하고 의심되지 않은, 이 고기만을 허락된다. 또 부정한 육류로서 먹지 못하도록 금한 9종·10종의 不淨肉 등이 있으며, 그 밖에는 금제되지 않는다. 大士는 자비심을 품어야 되므로 모두 다 끊도록 되어 있다. 또 물에 벌레가 있는 줄을 알거나 혹은 벌레가 있을 것이라고 의심하면서도 보지도 않고 거르지도 않고서 마시거나 사용하는 것은, 대승·소승에게 다 금제시키고 있다. 또 누에고치에서 실을 켜내

			는 것은 대승·소승에게 다 같이 금제하였다. 대승에서는 중생들을 위하여 憍奢耶 등을 저축할 수는 있지만 자기수용을 위해서는 안 된다. 짐승의 털은 소승에서는 금제되지 않았고, 대승에서도 특히 금제된 것은 없지마는 『불정경』 중에서 역시 겸하여 언급되었으므로, 사용하지 아니하면 더욱 좋다.
四. 食五辛戒	右와 같다. 더러운 냄새는 청정한 법에 방해가 되므로 금제했다.	右와 같다.	대승·소승이 다 같다. 대승은 過를 막는 이치가 깊으므로 소승과 비교해서 대략 중하다.
五. 不敎悔罪戒	차업이다.	칠중이 전혀 같지 아니하다. 비구는 칠중의 죄를 지적해야 된다. 비구니는 六衆의 죄를 지적할 수 있으며, 비구의 죄는 지적하지 못한다. 만일 비구의 친척이거나 그와 아는 이에게 사사로 권하고 간하는 것은 무죄이다. 식차마나는 五衆의 죄를 지적할 수 있으며, 비구와 비구니의 죄는 지적할 수 없다. 사미는 四衆의 죄를 지적할 수 있으며, 이 위의 三衆의 죄는 지적할 수 없다. 사미니는 三衆의 죄를 지적할 수 있으며, 위의 四衆의 죄는 지적할 수 없다.	대승·소승 다 같이 금제된다.

		在家三衆은 자기들끼리의 죄는 지적할 수 있으며, 出家五衆의 죄는 지적할 수 없다. 만일 친히 아는 사이라 사사로 권하거나 간하는 것은 모두 죄가 없다. 또 在家二衆으로서 이양을 같이하는 일이 없는 이와는, 지적하지 않는 것과 포살을 같이하는 두 가지 허물이 있을 뿐이다.	
六. 不供給請法戒	右와 같다. 정신을 돕는 이익을 상실하기 때문에 제정한다.	칠중에게 똑같이 제정했다.	대승·소승이 전혀 같지 아니하다. 소승은, 아직 五夏가 차지 못했거나 율장을 외우지 못한 이는 계율 지닌 사람이 온 것을 보면 법을 청해야 하며, 그 밖의 것은 제정되지 아니했다. 대승은, 求法에 싫증냄이 없이 모두에게 청해야 한다.
七. 不往請法戒	차업이다.	右와 같다.	대승·소승이 약간 다르며, 앞에서의 설명과 같다.
八. 心背大乘戒	성업과 차업에 다 해당된다. 이승을 꾀하면 차업일 뿐이나 외도를 꾀하면 성업까지 겸하게 되나니, 이것은 邪見이기 때문이다.	右와 같다.	대승과 소승이 전혀 같지 아니하다. 소승은 본래부터 익히고 있는 것이므로 범죄가 아니다. 외도를 꾀할 때에 責心罪가 되며, 가겠다는 마음을 낼 때부터 걸음걸음마다 참회해야 할 죄가 성립된다. 외도의 설법을 듣고 마음에 조금이라도 받아들이지 않고서 후회하고 돌아오면 오히려 참회하고서는 함께 살도록 허락되거니와, 만일 한마디 말이라도 마음속에 받아들이어 그 법을 한 터럭만큼이라도

			봉행하게 되면 비구계를 잃게 되고 重難이 이룩되므로, 현재 몸으로는 다시는 僧의 몸이 되는 것이 허락되지 아니한다.
九. 不看病戒	차업이다.	右와 같다.	대승과 소승이 전혀 같지 아니하다. 소승은 師友와 법을 같이하는 이로서 같은 방에서 기거하는 승니만이 간호해야 하며, 이 밖의 것은 제정되어 있지 아니하다. 大士는 큰 서원으로 중생까지 제도해야 되므로 모두를 간호해야 된다.
一○. 畜殺具戒	성업과 차업의 두 업에 다 해당된다.	右와 같다. 싸움에 필요한 기구는 옛날 開國王의 왕자와 같다. 그 밖에 살생에 쓰는 기구는 道와 俗이 모두 금제된다.	대승과 소승이 다 같다.
一一. 國使戒	右와 같다. 제정한 목적은 이양 때문이며, 이것은 서로를 해치는 인연을 짓게 된다.	칠중에게 똑같이 제정되어 있다.	대승과 소승에게 다 같이 금제된다.
一二. 販賣戒	성업과 차업에 다 해당된다.	칠중에게 전혀 같지 아니하다. 재가한 이의 농사일을 위해 기르는 소는 범죄가 아니다. 그러나 『선생경』에 의거하건대, 먼저 청정한 보시를 지은 연후라야 수계할 수 있으며, 그렇지 아니하면 失意罪가 된다.	右와 같다.
一三. 謗毁戒	右와 같다.	칠중에게 똑같이 제정되어 있다.	대승과 소승이 같다.

一四. 放火焚燒戒	차업이다.	右와 같다.	右와 같다.
一五. 僻教戒	외도로써 교화하면 성업과 차업이 다 해당되며, 二乘으로 교화하면 이것은 遮業일 뿐이다.	右와 같다.	대승과 소승이 전혀 같지 아니하다. 같은 것은, 다 같이 외도로써는 교화하지 말라는 것이요, 다른 것은 소승은 본래부터 소승을 익히고 있는 터라 범죄가 아니다.
一六. 爲利倒說戒	차업이다.	右와 같다.	대승과 소승이 같다. 소승은 소승법에 의하여 사람을 가르치되, 역시 그 뜻을 숨기지 말아야 한다.
一七. 恃勢乞求戒	성업과 차업의 두 업에 다 해당되며, 盜戒의 等流이기 때문이다.	右와 같다.	대승과 소승에게 다 같이 금제한다.
一八. 無解作師戒	차업이다.	예부터 이르기를 "비구와 비구니는 모두 범죄거니와 그 밖의 五衆은 스승이 되는 일이 없으므로 제정되어 있지 않다"고 했다. 지금의 『선생경』 중의 것을 살피건대, "재가의 보살도 재가의 제자를 기를 수 있으므로 역시 동일하게 제정된 것도 같으나, 재가는 비록 제자를 기르기는 하나 계를 일러주는 일이 없기 때문에 범죄는 되지 않는다"고 하리라.	대승과 소승이 다 같이 금제된다. (註1: 뒤를 보라)
一九. 兩舌戒	성업과 차업에 다 해당된다.	칠중에게 다 같이 제정되어 있다.	대승과 소승이 같다.
二〇. 不行放救戒	차업이다.	右와 같다.	대승과 소승이 전혀 같지 아니하다. 소승은 권속을 구하지 아니하면 죄가 있다 했고, 그 밖의 것은 제정되어 있지 않다. 대

			사는 크게 자비해야 되므로 모두를 다 구해야 한다.
二一. 瞋打報讐戒	성업·차업에 다 해당한다. 벌써 자비와 인욕을 훼상했고, 다시 미래의 원한을 맺었기 때문이다.	右와 같다.	대승과 소승이 다 같이 금제된다.
二二. 憍慢不請法戒	右와 같다. 교만하기 마치 높은 산과 같으면 법의 물이 머무르지 않으므로, 유전과 교화의 이익이 상실되고 學을 참구하는 방법에 어긋난다.	右와 같다.	대승과 소승이 전혀 같지 아니하다. 소승은 청해야 될 이에게 교만하면서 청하지 아니하면 범죄며, 그 나머지는 교만해서는 안 되나 모두에게 청하라는 것은 제정되어 있지 않았다. 대승은 법을 구함이 主務인지라, 모두에게 청해야 하고 모두에게 교만해서는 아니 된다.
二三. 憍慢僻說戒	右와 같다. 이끌어 들이면서 교훈하는 도에 어긋난다.	右와 같다. 모두가 다 설법할 수 있기 때문이다.	대승·소승이 같다. 소승에서도 편벽되게 설하는 것은 허락되지 않기 때문이다.
二四. 不習學不戒	한결같이 소승만을 익히면 차업일 뿐이요, 한결같이 외도만을 익히면 성업·차업에 다 해당한다.	右와 같되, 각각 급한 바는 있다. 비구는 먼저 이 경과 二部律을 익혀야 하고, 비구니는 먼저 이 경과 비구니의 具戒를 익혀야 하며, 식차마나는 먼저 이 경과 二六法을 익혀야 하고, 사미의 남녀는 먼저 이 경과 十戒威儀를 익혀야 하며, 재가자는 먼저 이 경과 우바새계를 익혀야 하고 힘이 남으면 두루 익히는 것도 허락된다.	대승·소승이 전혀 같지 아니하다. 같은 것은, 다 같이 本法을 먼저 익혀야 하며 또한 외도를 익히지 말아야 한다. 다른 것은, 대승은 비니를 배우지 아니하면 범죄요, 소승은 이 경을 배우지 않아도 범죄는 아니다.

二五. 不善知衆戒	遮業이다.	比丘와 比丘尼는 온전히 범죄로되, 그 밖의 五衆은 僧가의 일을 모르므로 범죄는 아니다. 만일 職을 맡게 되었다면, 역시 범죄이다.	대승·소승이 다 같이 금제된다.
二六. 獨受利養戒	성업과 차업의 둘에 다 해당된다. 僧次로 僧을 청할 때는, 무릇 界內에 있는 이면 모두가 받을 이양의 分이 있어야 하는데도 이제 객승에게 받지 않게 한다면, 시주의 마음에 어긋나고 이양을 탐내어 혼자만이 받는 것이라, 이는 盜戒의 等流이다.	비구와 비구니는 온전히 범죄로되, 그 밖의 五衆은 승가의 일을 모르는지라 범죄는 아니다. 혹은 때로 초청을 받아 가서 음식을 분배할 때에 치우치게 후대 또는 박대하거나 치우치게 있게도 하고 없게도 하면, 모두 輕垢罪가 된다. 『선생경』에서 이르기를 "승가 중에 음식을 주면서, 만일 어느 스승을 위해 맛있는 것으로 가리거나 지나치게 더 주면, 이 우바새는 失意罪가 된다"고 했다.	대승과 소승이 다 같이 금제된다.
二七. 受別請戒	차업이다. 시주로 하여금 평등한 마음을 잃게 하고, 시방 스님네가 함께 받아야 할 이양을 잃게 하기 때문에 제정했다.	出家五衆은 다 같이 범죄이나, 재가인은 이양을 받을 일이 없다. 『선생경』에서 이르기를 "만일 우바새가 招提僧의 침구와 평상을 받으면 失意罪가 된다"고 했다. 역시 이 계로 겸제되어야 한다.	대승과 소승에서 제정된 것이 동일하지 아니하다. 소승에서는, 별청에 대중이 가서 먹는 것은 막고 있으나 만일 4인 중에서 어느 한 사람이라도 승차에 해당한 이가 있으면 범죄가 되지 아니하며, 따로따로 청을 받는 일은 막지 않고 있다.
二八. 別請僧戒	右와 같다. 田이 다 전이 아니다라고 분별하면 그 마음이 협렬해지고 평등한 법	칠중에게 다 같이 제정되어 있다.	대승과 소승이 같다.

	문을 수순하지 않기 때문이다.		
二九. 邪命戒	성업·차업에 다 해당된다. 그러나 色을 팔고 독약을 만드는 등의 세 가지는 성죄까지 겸해 있으나 그 나머지는 차죄일 뿐이다. 또 요사이에 매를 기르는 것은 많은 사냥을 하기 위한 것이므로 이는 역시 성죄이며, 혹은 損害衆生戒(第三二)에 속하기도 한다.	出家五衆에게는 온전한 범죄이며, 재가인에게는 "色을 팔고, 매를 기르고, 독약을 만드는 세 가지만을 제외하고, 그 밖의 것은 법대로 하면서 생활하기 위한 것이라면 범죄가 아니다.	대승·소승이 다 같이 금제된다.
三〇. 經理白衣戒	차업이다.	출가한 五衆은 온전히 범죄이니, 어느 때라도 속인과는 세속의 일을 같이 도모하지 말 것이다. 재가의 二衆은, 이미 보살계를 받은 이가 好時를 공경하지 아니하면 역시 범죄이다. 『선생경』에서 이르기를 "만일 우바새로서 1개월 동안에 엿새 동안 팔계를 수지하면서 삼보에게 공양하지 못한다면 失意罪가 된다"고 했다. 그 밖에는 세속의 법대로 하는 혼인 등에 관한 일은 금제하지 아니했다. 만일 살생·劫盜·破齋·犯戒면 저절로 그 일에 따라 따로따로 죄가 성립된다.	右와 같다.
三一. 不行救	右와 같다.	칠중에게 다 같이 금제된다.	대승·소승이 전혀 같지 아니다.

贖戒			소승이 부모를 贖바치지 아니하면 죄가 된다 했고, 그 밖의 제정은 보이지 아니한다. 大士는 널리 보호함이 임무인지라 모두 다 값을 치루고 구해내야 한다.
三二. 損害衆生戒	성업과 차업에 다 해당된다.	右와 같다. 『선생경』에서 이르기를 "만일 우바새가 생활을 위하여 장사를 하면서 저울과 말로써 물건을 팔았다면, 일설에는(값을 정한 뒤에는 먼저의 물건을 물리쳐 더 나은 것으로 교환할 수는 없다) 고 했으며, 말로 되고 저울에 다는 물건일 때 앞의 사용이 공평했는가를 확인은 하되 만일 그것이 공평하지 않았다면 공평하게 해주도록 말을 해야 하고 만일 그렇게 해주지 아니하면 失意罪가 된다"고 했다. 〔解曰〕 재가한 이도 오히려 이렇거든, 하물며 출가한 이겠는가.	대승·소승에게 다 같이 금제된다.
三三. 邪業覺觀戒	도둑의 심부름하는 것만이 성업과 차업에 다 해당되거니와, 그 밖의 것은 차죄일 뿐이다.	출가의 五衆은 온전히 범죄거니와, 재가한 이는 삼보에게 공양할 때에 풍류를 잡힐 수 있고, 출가한 이도 자기 스스로는 할 수 없되 역시 속인을 시켜서 하는 것은 허락된다. 또 投壺는 『禮記』에 근본을 두었고, 蓍龜는 『易書』에 근본하고	右와 같다.

		있거니와, 재가인에게는 범죄가 없다고 해야 할 것이다.	
三四. 暫離菩提心戒	이승의 마음을 일으키는 이것은 차업일 뿐이다. 외도의 마음을 일으키면 성업·차업의 두 가지 업이 된다.	칠중에 다 같이 제정되어 있다.	대승·소승이 전혀 같지 아니하다. 같은 것은, 외도의 마음을 일으키지 말라는 것이며, 이승은 그가 본래부터 익히고 있는 일이다.
三五. 不發願戒	차업이다.	右와 같다.	대승과 소승이 다르다. 소승이 만일 생사에서 속히 벗어나기를 원하지 않고 인·천의 後有의 상속을 희구한다면, 역시 責心罪를 범한다.
三六. 不發誓戒	右와 같다. 退하려는 마음을 막기 위해서다.	出家五衆은 모두가 범죄이며, 재가인은 공양을 받는 일이 없고 다만 육근으로 중생 제도의 서원이 있을 뿐이다.	대승·소승이 전혀 같지 아니하다. 같은 것은, 앞의 四誓는 다 같고 律과 아함에서 모두 자세히 밝히고 있다. 다른 것은, 소승의 제5의 중생 제도하는 서원을 제정하지 아니했다.
三七. 冒難遊行戒	右와 같다. 제정한 목적은 위험한 곳에 가지 말라는 데에 있고, 겸하여 18物을 구비할 것과 법답게 계를 외우라는 것을 제정했다. 대개, 위험한 곳에 들어가면 일찍 죽게 될까 해서요, 위험한 데에 있으면 염려가 되어 상실되는 일이 중하다. 大士는 비록 법을 위해 몸을 잊어야 하나, 손해를 초래하고 모든 유생들과 원수 짓는 일은 어찌 삼가지 않아야 하겠는가. 비록 살신성인하는 일	칠중이 다 같이 금제된다. 『선생경』에서 이르기를 "만일 우바새가 위험한 곳에서 벗이 없이 혼자 가면 失意罪가 된다"고 했다. 이것에 준한다면, 만일 할 일이 있어서 많은 벗과 함께 같이 갔다면, 범죄가 아니라고 할 것이다. 또 이르기를 "우바새가 만일 국가의 법제를 범하면 失意罪가 된다"고 했으니, 역시 이 계가 兼攝해야 할 것이다.	대승과 소승이 전혀 같지 아니하다. 같은 것은, 위험한 곳에 들어가지 말라는 것이다. 다른 것은, 大士에게는 18物로 정해져 있으나 성문에게는 6物만 몸에 지니도록 하였으니, 삼의와 좌구와 바리와 물 거르는 주머니이다. 그 밖의 것은 정해 있지 아니하다. 大士로서 1인이 포살하면 곧 1인이 외우거니와, 성문에서는 4인 이상 있어야 1인을 차출하여 높은 자리에 앉혀 놓고 외우며, 만일 3인 또는 2인이면 서로가 향하면서 포살하고, 만일 1인이면 마음속으로 포살을 생각한다. 자세한 것은 律中에서와 같

	이 있다손 치더라도 역시 "命을 아는 이면 바위와 담장 아래에는 서지 않는다"고 하겠다.		으나, 아직 구족계를 받지 못한 이면 먼저 알게 함이 마땅치 않으므로, 자세히 설명하지 아니한다.(註二)
三八. 乖尊卑次第戒	차업이다.	칠중에게 다 같이 제정되어 있다.	대승과 소승이 다 같다.
三九. 不修福慧戒	右와 같다.	右와 같다.	대승·소승이 전혀 같지 아니하다. 성문은 하안거할 때에 방사를 수리해야 한다 했고, 그 밖의 때에는 제정하지 아니했다. 大士는 어느 때에도 福業을 닦아야 한다.
四○. 揀擇受戒戒	右와 같다.	비구와 비구니는 전부가 범죄이며, 그 밖의 五衆은 계를 일러주는 일이 없으므로 제정되지 않았다.	대승과 소승이 전혀 같지 아니하다. 소승은 먼저 허락했다가 후에 거절하면 범한 것이거니와, 허락하지 않았으면 범죄가 없다. 대승은 끌어들여 교화함이 근본이라 일러주지 아니하면 곧 범죄이다.
四一. 爲利作師戒	右와 같다. 법의 교화를 깊이 무너뜨리기 때문이다.	비구와 비구니는 전부가 범죄이다. 나머지 五衆에게는 授戒하는 일이 없다. 다만 이양을 위하여 제자들을 끌어들이게 되면 역시 범죄이다.	대승·소승이 다 같이 금제된다. 소승에서의 師德은 앞에서의 설명과 같다.
四二. 爲惡人說戒戒	右와 같다. 미리 사람에게 설하면 뒤에 받을 때는 殷重히 여길 수가 없다. 그러므로 半月마다 說戒할 때는 반드시 먼저 아직 大戒를 받지 않은 이면 나가게 한다.	칠중에게 다 같이 제정되어 있다.	대승·소승이 전혀 같지 아니하다. 소승은 언제라도 사미 등에 향하여 五篇罪의 名을 설해서는 안 된다. 그에게 만을 五篇의 名義를 알게 하면, 문득 盜法의 重難이 이루어지기 때문이다. 대승은 보름마다 誦戒할 때는

			모름지기 아직 받지 못한 이면 나가게 해야 하며, 그 밖의 때는 논하지 아니했다.(註三)
四三. 故起犯戒心戒	성업·차업이 다 해당되나니, 계율을 경시하기 때문이다.	右와 같다. 그리고 출가인은 세간의 복전이 되므로 그 책임은 갑절 더 중하다.	대승·소승이 다 같이 금제된다. 소승은 이른바 輕戒罪이니, 범하게 되는 죄에 따라 다시 하나의 輕戒罪가 가해진다. 대승도 이 예에 따른다. 또 大士는 마음가짐이 성문보다 엄하므로 만일 본래부터 짐짓 범하려는 마음이 없었다면 다만 일에 따라 그 本罪만이 성립되고, 이 죄는 가해지지 아니한다. 만일 곧장 이런 마음을 일으켰으나 아직은 일을 범하지 않았으면, 소승은 責心뿐이요 대승은 참회하여야 한다.
四四. 不供養經典戒	차업이다.	칠중에게 다 같이 제정되어 있다.	대승·소승이 전혀 같지 아니하다. 소승은 비니를 외워 지니지 아니하면 죄가 성립되며, 대승은 五事를 닦아야 하고 또 삼보에게 공양하지 아니하여도 범죄이다.(註四)
四五. 不化衆生戒	右와 같다. 큰 서원에 어긋나기 때문이다.	右와 같다.	소승에게는 남을 교화하는 이치가 없으므로, 제정되지 아니했다.
四六. 說法不如法戒	차업이다.	右와 같다. 사미 등에게도 높은 상에 앉는 것을 허락하였기 때문이며, 속인도 一句와 一義를 설하는 것 역시 법답게 해야 하기 때문이다. 또 『선생경』에서 이르기를 "승가에서 만일 설법을 들어 찬탄하지	대승과 소승이 다 같이 금제된다.

		아니하고 문득 자신이 지어서 한다면, 이는 우바새로서 失意罪가 된다"고 했나니, 역시 여기의 兼制이다.	
四七. 非法制限戒	성죄와 차죄의 둘이 다 해당되나니, 선법을 장애하기 때문이다.	재가 二衆은 전부가 범죄이나, 출가한 五衆은 자재로운 권세가 없으며 설령 능력에 따라 非法으로 제한한다면 역시 범죄이다.	대승·소승이 다 같이 금제된다.
四八. 破法戒	右와 같다. 법의 문을 깨뜨리고 욕되게 하기 때문이다.	出家五衆은 다 같이 범죄이며, 在家의 二衆이 만일 佛의 제자를 치벌한다면 저절로 前戒의 兼制에 속할 것이며, 그 죄는 더욱 심하다. 자세한 것은 『地藏十輪經』 중에서 널리 꾸짖은 것과 같다.	대승·소승이 다 같이 금제된다.

〔註一〕

『의소義疏』에서 이르길, "대승에서 법사가 된 이는 반드시 이는 출가한 보살로서 오덕五德을 구족해야 되나니, 1은 지계요, 2는 십랍十臘이요, 3은 율장을 앎이요, 4는 선사禪思를 통함이요, 5는 혜장慧藏을 깊이 연구한 이이다"라고 했나니, 집사什師가 전한 바를 융사融師가 필수筆受한 것으로 지금까지 유전하고 있다. 이것이 그 정설正說이다.

다음에는, 『지지地持』에서 이르기를 "반드시 계덕戒德이 엄명嚴明하고 삼장을 잘 알아야 하며, 그에게 공경하는 마음을 낼 만하여야 그로부터 받을 수 있다. 그렇지 아니하면 죄가 된다"고 했다.

『사분율四分律』에서 이르길, "오법五法을 성취하지 아니하면, 남에게 구족계를 일러줄 수 없고 남의 의지사依止師가 될 수도 없으며 사미를 기를 수조차도 없다. 1은 계요, 2는 정이요, 3은 혜요, 4는 해탈이요, 5는 해탈지견이니, 또 사람으로 하여금 이 오법에 견고하게 머무르도록 가르칠 수도 없다. 또 오종의 비법非法을 성취하면 남에게 구족계를 일러주거나 의지사가 되거나 사미를 기르거나 할 수가 없나니, 1은 신信이 없고 2는 참慚이 없고, 3은 괴愧가 없고, 4는 게으르고, 5는 잊음이 많은 이이다.

또 다섯 가지가 있나니, 증상增上의 계를 깨뜨리고 증상의 견見을 깨뜨리고, 증상의 위의를 깨뜨리고, 들음이 적고, 지혜가 없는 이이다.

또 다섯 가지가 있나니, 남의 병을 돌봐주지 아니하고, 방편으로 처소에 머무르지 아니하고, 의심을 파해 주지 못하고, 악견을 버리도록 가르치지 아니하고, 십납十臘이 차지 못한 이이다.

또 다섯 가지가 있나니, 범犯과 불범不犯과 경輕과 중重을 알지 못하고, 십납이 차지 못한 이이다.

또 다섯 가지가 있나니, 제자에게 증上의 위의와 증상의 정행淨行과 증상의 바라제목차와 백白과 갈마羯磨를 가르쳐줄 줄 모르는 이이다.

또 다섯 가지가 있나니, 증상계增上戒와 증상심增上心과 증상지혜增上智慧를 알지 못하고, 백을 모르고, 갈마를 모르는 이이다.

하나하나에 위와 반대된 이면 남에게 구족계를 일러줄 수 있고 의지사가 될 수 있으며 사미를 기를 수 있다"고 했다.

『승기율』에서 이르길, "십법이 성취되면 사람을 출가시키고 구족계를 일러줄 수 있나니, 1은 지계요, 2는 아비담을 많이 들었음이요, 3은 비니를 많이 들었음이요, 4는 계를 배웠음이요, 5는 정을 배웠음이요, 6은 혜를 배웠음이요, 7은 죄를 잘 벗었고 남도 죄를 벗길 수 있음이요, 8은 잘 간병하였고 남도 병을 잘 간호하게 할 수 있음이요, 9는 제자에게 재난이 있으면 가서 재난을 벗길 수 있고 남도 가게 할 수 있음이요, 10은 십납이 찼음이니, 이것을 사람을 출가시키고 구족계를 일러줄 수 있는 열 가지 일이라 한다"고 했다.

최하로 십납이 차면 이부율도 알고 또한 얻게도 되나니, 의지를 받는 이도 역시 그러하다.

『살바다율섭薩婆多律攝』에서 이르길, "십하十夏가 다 차야 스승으로서의 자리에 머무르며, 다시 오법을 성취해야 되나니, 1은 범죄 있음을 알고, 2는 범죄 없음을 알며, 3은 경함을 알고, 4는 중함을 알며, 5는 별해탈경別解脫經을 널리 잘 아는 것이다"고 했다.

모든 학처學處로서 처음 제정한 뒤에 그에 따라 용인되는 것에서, 만일 어려운 일을 만나면 그 트임과 막음을 잘 알고 언제나 계본戒本을 외워 다른 이의 의심을 결단할 수 있으며 계와 견見과 다문으로 자타가 다함께 이익 되고 위의와 행법에 이지러지거나 범함이 없는 이러한 덕을 갖춘 이를 친교사親敎師라고 하나니, 그 친교사로 말미암아 벗어나는 법을 가르침 받기 때문이다.

비록 근원近圓이라 하더라도 모든 학처에서 경과 중을 모른다면, 설령 육십하六十夏가 되었다 해도 모름지기 명덕明德한 이에게 의탁하여 의지하면서 머물러야 한다.

만일 스승이 연소한 이라면 발에 예배하는 것만을 제외하고는 모두 다 할 일을 해야 하며, 이를 곧 노소비구老小比丘라고 이름하거니와 타인을 출가시키어 근원近圓을 일러주지는 못한다.

지욱智旭이 이르길, "법을 전하고 중생을 제도해야 부처님의 은덕을 갚는 이라 한다"고 했나니, 이 계는 남의 스승 되는 것을 금한 것이 아니고 이는 사람으로서 아는 것이 없음을 탓할 뿐이다.

탄식을 감내하고 사는 말세라 뒤바뀜이 하도 많아서, 혹은 중생을 제도한답시고 잘못 사범이 되어서는 아는 것이 없으면서도 거짓으로 문정門庭을 잘 안다면서 아상을 높이 지어 뽐내기도 하고 혹은 율법 배우기에 게을러서 물러나 스승이 되지 못하기도 하고 혹은 자기 종宗의 교敎를 자부하면서 율문을 멸시하고 아만의 당기를 세워 계학을 헐뜯으며 도중徒衆을 마구 거두어들여 계명戒名을 일러주기도 하나니, 마음을 어둡게 하고 두꺼운 낯가죽은 이보다 더 심한 이가 없다.

또 어떤 이는 잘못 "대승은 융통한지라 소승율은 필요치 않다"고 말하거니와, 어찌 소승은 대승을 겸하지는 못하되 대승은 반드시 소승을 겸하는 줄을 알겠는가. 마치 하천은 바다를 용납하지 못하되 바다는 반드시 하천을 용납하는 것과 같다. 만일 대승·소승을 아울러 배우지 않는다면 어찌 보살의 비구라 하겠는가.

그러므로 이제 성문의 사덕師德을 인용하여 대사大士의 꽃다운 규칙을 돕나니 ,보는 이는 부디 번거롭고 잗달라고 싫어하지 말라.

〔註二〕

서역의 모든 절에서는 대승과 소승이 따로 살고 있거니와, 진단국震旦國 안에는 대승·소승이 뒤섞여 살고 있다. 그렇다면, 포살하는 의식 또한 간략하게나마 설명해야겠다.

이제 공통으로 여섯 가지 뜻이 나온다. 1은 통틀어 구중九衆을 열거한다. 2는 따로따로 계차戒次를 논한다. 3은 계 외우는 사람을 밝힌다. 4는 외우게 되는 법을 밝힌다. 5는 소용되는 계界를 밝힌다. 6은 광廣과 약略의 의식을 밝힌다.

1의 통열구중通列九衆이라 함은 만일 보름마다 계를 외울 제 공통되는 길의 궤식을 논한다면 남녀가 각각 따로 하여야 한다.

남은 비구를 주로 하여 사미와 우바새의 순으로 따라 들으며, 비구니를 주로 하여 식차마나와 사미니와 우바이의 순으로 따라 듣게 된다.

이는 곧 승니는 각각 한계가 있으므로 뒤섞이는 것이 용납되지 아니한다. 만일 다른 일이 있어 우연히 모였을 때, 즉 비구니들이 와서 가르침을 청하거나 우바이들이 와서 공양을 차릴 적에 때마침 보살계를 외우게 된다면, 그들이 이미 수계한 이들이라면 역시 따라 들을 수 있다.

곧 모든 비구들이 앉고 나면 다음에는 비구니가 앉고, 비구니들이 앉고 나면 그 다음에 식차마나가 앉으며, 그 다음에는 사미, 그 다음에는 사미니, 그 다음에는 출가한 우바새와 우바이, 그 다음에는 재가한 우바새와 우바이 순으로 앉게 되나니, 출가한 이를 근주近住라 하고, 재가한 이를 근사近事라 한다.

이것이 구중의 위차이니, 단연코 문란이 용납되지 아니한다. 또 남녀에는 구별이 있으므로 헐뜯거나 싫어하지 말아야 한다.

2의 별론계차別論戒次라 함은 곧 구중에서도 저희끼리 모여 앉되 다시 수계의 선과 후에 의하여 차례대로 앉는다.

서역에서는 대승과 소승이 따로따로 살므로 대승은 곧 보살계의 차례에 의하여 앉고, 소승은 비구계의 차례에 의하여 앉게 된다.

여기서는 대승과 소승이 섞어 살고 있으므로 보살계를 외울 적에는 대승의 계차에 의하고 비구계를 외울 적에는 승납에 의하게 되나니, 대승으로써 소승을 박탈할 수 없기 때문이다.

그러므로 『석첨釋籤』에서 이르기를 "보살이 소승의 대중에 있을 제는 도리어 소승의 계차에 의하여 앉으며, 대승의 대중에 있을 제는 대승의 계차에 의하여 앉는다"고 했다.

또 그 사람이 먼저 비구계를 받았고 뒤에 보살계를 받았다면 곧 비구의 계납戒臘으로써 보살의 계납으로 삼나니, 보살계를 받는 때에 비구계는 모두 무진계체無盡戒體로 바꿔지기 때문이다.

또 그 사람이 먼저 보살계를 받고 뒤에 비구계를 받았다면 대승 중에서는 보살계의 서차序次에 의하되 소승 중에서는 그대로 비구계의 서차에 의한다. 보살의 계납으로써 비구의 계납이 될 수 없나니, 주지승보住持僧寶의 수와는 관계가 없기 때문이다.

그러므로 『보행輔行』에서 이르기를 "만일 소승계를 먼저 받고 대승계를 뒤에 받았으면 소하小夏가 열리어 대하大夏를 이룰 것이요, 만일 먼저 대승계를 받고 뒤에 율의를 받았다면 소승 중衆에 있을 제는 소승에 의하고 대승 중衆에 있을 제는 대승에 의한다"고 했다.

비구니 중衆도 역시 그와 같다. 만일 사미·사미니 등이라면, 소승에서는 생년만을 논하거니와 대승에서는 보살계의 서차를 논하여야 한다. 근주와 근사 또한 그와 같다.

3의 명송계인明誦戒人이라 함은 만일 구중이 다 같이 그 앞에 있으면 반드시 보살비구가 높은 자리에 앉아 외워야 하며, 그 밖의 모두는 묵묵히 들어야 한다.

만일 비구가 없고 팔중만이 있으면 반드시 보살 비구니 1인이 외워야 하고, 만일 비구·비구니가 없고 아래 칠중뿐이라면 반드시 보살 식차마나 1인이 외워야 하며, 만일 식차마나까지도 없으면 반드시 보살 사미 1인이 외워야 하고, 만일 사미조차도 없으면 반드시 보살 사미니 1인이 외워야 하며, 만일 사미니까지도 없으면 반드시 보살 근주남近住男이 외워야 하고, 만일 근주남도 없다면 보살 近住女近住女가 외워야 하며, 만일 근주녀도 없다면 보살 근사남近事男이 외워야 하고, 만일 근사남도 없으면 보살 근사녀近事女

1인이 높은 자리에 앉아서 외워야 하나니, 그 밖의 보살 근사녀는 아랫자리에 앉아서 잠자코 듣는다.

(문) 설령 비구가 있다 해도 외울 수가 없고 비구니가 도리어 외울 수 있거나, 내지 근사남이 있다 해도 외울 수 없고 근사녀가 도리어 외울 수 있다면 어떻게 되는가.

(답) 경에서 이르기를 "만일 보살계를 받고서도 이 계를 외우지 못한 이면, 보살이 아니고 불종자가 아니다"고 하였거늘, 어찌하여 계를 받고서도 외울 수 없다는 일이 있을 수 있겠는가.

(문) 처음 계를 받은 사람은 어떻게 할 것인가.

(답) 처음 계를 받고서 아직은 계를 외울 수 없으면, 이내 사우師友로부터 멀리 떠나지 말아야 한다.

(문) 만일 인연이 있어서 사우와는 서로 가까이할 수 없으면 어떻게 하는가.

(답) 평상시에 그곳에서 차츰차츰 하중下衆으로부터 배워 익히다가 계를 외울 수 있는 때가 되면, 반드시 상중上衆으로서의 윗자리로 올라가야 한다.

(문) 평상시에 차츰차츰 하중으로부터 배움을 받는 때에, 그를 스승이라고 부를 수 있는가.

(답) 계를 먼저 받은 비구라도 뒤에 계를 받은 그를 아사리로 부를 수 있으며, 또한 온갖 일에 스승의 예로 섬길 것이나 발에 예배하는 것만은 제외된다. 사미로부터 배워도 역시 그렇게 해야 되며, 만일 셋의 여중女衆으로부터 배울 때는 다시금 오고가고 하되 남의 비방이 일지 않게 해야 한다. 만일 근주와 근사로부터 배운다면 그를 스승이라고는 일컬을 수 없나니, 마치 부처님이 세상에 계실 때 급고독장자가 항상 신학新學의 비구를 위하여 법을 일러주면서도 도리어 비구의 발에 예배한 것과 같은 것이 그 예이다.

(문) 비구는 속인에게 예배하지 못한다면, 무엇 때문에 『유마경』 중에서

신학의 비구가 거사의 발에다 예배하였는가.

(답) 이 분은 고불古佛의 화현이라 대교大敎를 깊이 발생케 하기 위해 마침 탄척彈斥을 보인 것이요, 또한 삼매에 들어가 숙명을 알게 하자 환히 트이어 본심을 도로 얻었기 때문에 격식을 깨뜨리면서 발에 예배하지 않을 수 없었던 것이니, 이것을 상례로 원용할 수는 없다.

또 소양蕭梁 때에 부대사傅大士는 바로 미륵의 현신이라, 역시 그 밖의 범부·성인들로서는 구실을 삼을 수 있는 바가 아니다. 여기서는 급고독장자의 격식만을 본받아야 하리라.

그러므로 속인의 설법은 이는 진실로 허물이 없고 불법이 쇠한 징조도 아니나 만일 속인을 스승이라고 일컫는다면 이야말로 비법非法이요 참으로 쇠한 징조가 크게 성립된다.

4의 명소송법明所誦法이라 함은 서역에서는 대승과 소승이 따로따로 사는지라 소승은 비구계만을 외우고 대승은 비구계와 보살계의 두 계법을 겸하여 외고 있다. 먼저 비구계를 외울 때는 보살의 사미와 보살의 우바새 등은 다함께 듣지 못하게 하며, 뒤에 보살계를 외울 적에는 칠중이 다함께 따라 들어야 한다.

여기서는 대승과 소승이 섞여 사는지라 세 가지로 분별되어야 한다.

1은, 이 중에 만일 소승들뿐이라면 자신들의 율법에 의할 것이므로 다시 논할 필요가 없다.

2는, 만일 대승뿐일 때 혹은 비구·사미·정인淨人들이 함께 살고 있다면, 비구로서 4인 또는 4인 더 되는 이들이 먼저 백白을 짓고 나서 비구계를 다 외우고는 그 다음에 사미와 정인들을 불러서 보살계를 같이 들으며 외운다.

비구가 3인 또는 2인이면 먼저 서로가 세 분을 향하여 포살을 설하고 난 그 다음에 사미와 정인들을 불러 보살계를 같이 들으며 외운다.

비구가 한 사람뿐이면 먼저 자기 마음속에서 포살을 생각하고 난 그 다음에 사미와 정인들을 불러서 보살계를 듣는다.

만일 비구는 없고 사미와 정인들만이 같이 살고 있다면, 곧 자기들이 보살계를 외운다. 이는 역시 서역에서 통상 하는 법식과 같다.

3은, 만일 대승·소승의 비구·사미·정인들이 섞어 살고 있다면, 먼저 사미 등을 나가게 하고서 소승 비구들만이 모여서 포살하되, 만일 4인 이상이면 백白을 짓고, 만일 3인 또는 2인이면 서로가 향하여 설戒하고 난 그 다음에 소승 비구는 나가게 하고서 보살의 사미와 보살의 정인을 불러 들여 보살계를 같이 들으며 외운다.

그 다음에 소승의 사미를 불러서 그에게 십계를 설하고, 그 다음에 소승의 정인을 불러서 그에게 오계를 설한다.

그러나 사미십계와 우바새오계는 율에 외우는 법이 없으나 운서(雲棲, 袾宏)의 「송계식誦戒式」 중에는 먼저 외우게 하였으니, 이理에서도 어긋남이 없고 사事에서도 이익이 있다.

지금 율 가운데 자자自恣하는 법에 준하건대, "비구와 비구니들의 자자가 끝나야 그 밖의 소중小衆들을 불러 자자한다"고 하였으니, 이로 예를 삼는다면, 구족계를 다 외워 마친 연후라야 사미와 정인들을 불러서 십계와 오계를 설한다고 함이 타당한 것 같다.

또 계법을 외움에서 만일 이 경에 의한다면 먼저 십중을 외고 사십팔경계를 외울 것이다.

『지지경』 중에서는 따로 "『보살계본경』 1권"이 나와 있는데, 이것이 보름마다 계를 외울 때의 책이다. 다 같이 사중四重과 사십일경계四十一輕戒의 상相이 열거되어 있는데, 그 근본의 사중과 음주 등은 자연히 구계와 십계와 오계 중에 포함되어 있기 때문에 거듭하여 나와 있지 아니하다.

다만 보살의 증상율의增上律儀만이 나와 있는데, 실로 이 경과는 서로서로 표리가 되나니, 저 사중은 이 경에서의 후의 사중이기 때문이요, 저 사십일경계은 이 경과는 개합의 차례만이 조금 다르면서 개·차·지·범의 치밀함은 다시금 분명하게 나뉘었기 때문이다.

장藏 중에는 앞뒤 합하여 6역譯이 있거니와 참사讖師가 번역한 것만이 가장 좋으므로 후집後集에 모아 놓았다.

초하루 보름마다 이 계본을 외워야 할 것 같거니와, 반드시 먼저 비구만의 포살을 짓고 그 다음에 사미를 불러서 십계를 설하며, 그 다음에 정인을 불러서 오계를 설한 연후에 아직 보살계를 받지 못한 이들은 내보내고서 비구와 사미와 정인의 순으로 차례로 앉아 듣는 것이 더욱 확실하고 마땅하리니, 고명한 이는 부디 짐작하여 행할 것이다.

5의 명소용계明所用界라 함은 보살 비구는 그대로 비구법 중에서 제한하는 대계大界를 이용할 것이요, 비구니 역시 그와 같다.

사미는 비구에 속해 있으므로 따로 제한되는 경계의 법이 없으며, 비구가 외는 것을 듣고 따로 외우지 말 것이다. 그 밖의 2여중女衆도 비구니에 속해 있으므로 역시 그와 같다.

재가의 2중衆은 만일 사연이 없으면 승가 안에 가서 듣고 외워야 하며, 만일 사연이 있으면 저마다 자기 집 안에서 스스로가 외워도 된다. 만일 승가람 중에 가게 되면 승을 따라 듣고 외워야 하며, 역시 따로 외워서는 안 된다.

설령 스승이 소승인 비구요 사미인 제자는 보살이라 해도, 스승 자신은 비구로서의 할 일을 할 것이요 제자 역시 사미로서의 직분을 스스로 다해야 하며, 계를 외울 때가 되면 먼저 그 스승이 그에게 설하는 십계를 듣고 그 다음에 스승이 보이거나 들리는 처소에서 떨어져서 스스로가 보살계법을 외울 것이다. 혹은 근처에 보살계법을 외우는 이가 있으면 스승에게 아뢰고 가서 들을 것이다.

6의 명광략의明廣略儀라 함은 비구계의 광략의 자세한 것은 율 가운데에서와 같으므로 여기서는 다시 논하지 않겠다.

다만 대승의 대중들에게 어려운 일이 없으면 이내 비구와 보살의 두 가지 계본을 전부 외울 것이요, 만일 어려운 일이 있으면 비구계는 간략하게 설하고 보살계만 자세히 설하며, 어려운 일이 닥쳤으면 두 가지 다 간략하게 설한다.

만일 대승·소승이 뒤섞여 살 때, 어려운 일이 있게 되면 비구계를 자세히 설해야 하고 보살계는 간략하게 설하며, 어려운 일이 닥쳐 있으면 역시 두 가지 다 간략하게 설한다.

만일 보살의 사미와 정인이 있을 뿐이면 보살계법만을 외우고, 만일 어려운 일이 닥쳐 있으면 혹은 중계重戒만을 설하기도 하고, 혹은 "오늘 15일의 설계說戒는 각각 몸·입·뜻 등을 바르게 하면서 때를 따라 짐작하며 해도 모두 좋습니다"고 하기도 하며, 만일 어려운 일이 없으면 모두 간략하게 설해서는 안 된다.

〔註三〕

마치 앞 문장에서 이르기를 "어느 때라도 모두는 이 경과 율을 강講해야 한다"고 했고, 뒤 문장에서는 "일체중생들을 보면 마땅히 삼귀三歸와 십계十戒 등을 받도록 권해야 한다"고 했다. 그러므로 비니장毘尼藏과는 같지 않은 줄 알 것이다.

또 보살 비구·비구니는 언제라도 역시 오편五篇의 죄명을 아직 구계具戒

받지 않은 이에게는 설해서는 안 되며, 그리고 보살의 사미 등도 마리 오편의 명의名義를 알지 말지니, 중난重難을 이루게 되면 영원히 이생에서는 구계 받는 것에 장애를 받는다.

〔註四〕

『계본경』에서 이르기를 "하루 낮 하룻밤 동안이라도, 부처님이 세상에 계실 때나 불탑에나 법에나 경에나 보살의 수다라장과 마득륵가장(摩得勒伽藏, 律母)에나 비구승에게나 시방세계의 대보살중에게, 만일 적건 많건 간에 공양하지 아니하고 한 번의 예배도 하지 아니하며 한 게송으로나마 삼보의 공덕을 찬탄하지 아니하고 한 생각이나마 마음을 청정하게 하지 아니하며 공경하지도 않고 게으름을 피우면 이는 염오범染汚犯이니라.

만약 잊고 잘못하면 비염오범非染汚犯이며, 범하지 않은 것은 입정심지보살入淨心地菩薩이 마치 청정한 비구를 파괴하지 않고 상법常法으로 일 겁 동안 삼보에 공양을 하게 됨과 같다"고 했다.

『선생경』에서 이르기를 "만일 새로 나온 곡식·과일·채소를 얻고서 먼저 삼보에 바치지 않고 자신들이 먼저 먹으면, 이는 우바새로서 실의죄失意罪를 얻는다.

만일 남은 음식을 비구·비구니·우바새·우바이에게 주면, 이는 우바새로서 失意罪가 된다"고 했다.

◎ **마음을 관하며 이치로 이해한다.**

「합주연기合註緣起」에서 이르기를 "일찍이 조그마한 인이 있어서 이제 또 오래오래 외우고 있고, 반생 동안 젖어들면 많은 생각 가운데서 좋은 생각이 없지도 않으리니, 그러므로 이관理觀과 사상事相에서 낱낱이 지적하며 진술한다"고 했다.

위에서와 같아서 계율의 사상事相은 이미 널리 진술(事相의 문에 여섯이 있었으니, 곧 重罪와 輕罪의 성립, 性業과 遮業, 七衆의 구분, 대승과 소승의 같음과 다름, 開遮를 잘 알음, 異熟의 과보 등)했으며, 다음에는 관심이해觀心理解를 설명하겠고, 그로부터 이하는 참회의 행법으로서 있는 이참理懺과 사참事懺이며 수증차별修證差別과 성악법문性惡法門의 견見으로 이理와 사事를 겸하여 부연하였나니, 널리 융화하고 하나가 되어서 관觀과 지止를 찬탄할 지어다.

〔십중계十重戒〕

제1 살계殺戒: 범부와 외도는 상常에 집착하고 단斷에 집착하여 진제眞諦를 파해破害하고, 장교藏教는 석색관공析色觀空으로 속제俗諦를 파해하며, 통교通教는 비록 무생無生을 통달했다고는 하나 마지막에는 회단灰斷에 돌아가서 상주하는 참마음이 상殺 중의 진리임을 모르고, 별교別教는 중도中道를 우러러 믿되 이는 이변二邊을 멀리 벗어났다 하면서 중관中觀을 닦는 때에 다시 이제二諦를 죽이거니와 원교인圓教人만이 일심삼관一心三觀으로 전체가 법계요 부동의 법계로서 명자위名字位로부터 시작하여 구경위究竟位에서 마침을 요달한지라 모두가 이理의 살殺을 범하지 아니한다.

제2 도계盜戒: 성구性具의 법문을 통달하지 못하여 마음 밖에서 법을 취하면서 그의 소유가 아님을 취하기 때문에 도盜라고 한다. 범부는 유有를 훔치고 외도는 공空을 훔치며, 이승은 진眞을 훔치고 보살은 속俗을 훔치며, 별교는 중도를 훔치거니와, 오직 원교인만이 성편性編이요 성구性具라 심외心外에서는 한 법도 취하지 않음을 요달한지라 이理의 도盜를 범하지 아니한다.

제3 음계婬戒: 색계의 범부와 외도는 미선味禪에 탐착하고, 무색계의 범부와 외도는 공정空定에 탐착하며, 이승은 열반과 적멸에 탐착하고, 보살은 유희하는 신통에 탐착하거니와, 오직 원교인만이 일심삼관으로 성性·수修가 둘이 아니요 이理·지智가 한결같음을 요달하여 능소能所가 없고 대대待對가 끊어졌는지라 이理의 음婬을 범하지 아니한다.

제4 망어계妄語戒: 여실如實한 이理를 어기면서 말한 바가 있음을 모두 망어라 한다. 범부는 유를 설하여 본공本空을 어기고 외도는 무를 설하여 연기緣起를 어기며, 이승은 진을 설하여 속을 어기고, 보살은 속을 설하여 중中을 어기며 별교는 중을 설하여 이제를 다 같이 어기거니와, 오직 원교인만은 법계를 요달하여 여리如理로 설하는지라 망어가 아니라고 하며 의義 없는 말이 아니라고도 한다.

제5 고주계酤酒戒: 삼독의 술과 산란의 술과 선정의 술과 무지의 술과 무명의 술이 있다. 삼독과 산란의 술은 욕계 안 사람들을 취하게 하고, 선정의 술은 색계와 무색계 안 사람들을 취하게 하며, 무지의 술은 이승을 취하게 하고, 무명의 술은 보살을 취하게 하나니, 자신이 취하면 경죄가 성립되고 같은 벗들까지 부르면 중죄가 성립된다.

제6 설사중과계說四衆過戒: 마치 『대열반경』에서 이르기를 "부처님은 무상無常을 금했거니 너희들이 아직도 말한다면 곧 부처님의 금禁을 깨뜨리는 것이니라"고 했고, 또 이르길 "우리들은 모두가 무상은 잘 가리우고 상주常住를 말해야 하느니라"고 하셨다. 이로써 예한다면, 바로 이것은 악을 숨기고 선을 들날린다는 이치이다. 만일 상주를 가려 숨기고 무상을 말한다면 이야말로 부처님의 허물을 말하는 것이니, 역시 사부중의 죄과를 말하는 것이리라.

제7 자찬훼타계自讚毁他戒: 보리가 자自가 되고 번뇌가 타他가 되며 열반이 자가 되고 생사가 타가 된다. 보리는 도제道諦요, 번뇌는 집제集諦며, 열반은 멸제滅諦요, 생사는 고제苦諦이다. 만일 생멸하는 사제四諦면 칭찬과 비방이 갖추 있거니와 생멸 없는 사제면 칭찬과 비방이 없고, 만일 무량無量의 사제면 칭찬과 비방이 갖추 있거니와 무작無作의 사제면 칭찬과 비방이 없다. 또 이승은 진眞으로 자를 삼고 속俗으로 타를 삼으며 보살은 속으로 자를 삼고 진으로 타를 삼으며 별교別教는 중中으로 자를 삼고 이제二諦로 타를 삼는지라 모두 칭찬과 비방이 갖추 있거니와, 원교圓教인만은 자와 타가 없기 때문에 칭찬과 비방이 없다. 또 대대對待의 묘妙에는 곧 칭찬과 비방이 갖추 있거니와, 대대가 끊어진 묘에는 곧 칭찬과 비방이 없다.

제8 간석가훼계慳惜加毁戒: 참되고 미묘한 법을 숨김을 간慳이라 하고, 더러운 과果를 얻게 함을 훼毁라 한다. 『법화경』에서 이르기를 "소승으로 한 사람이라도 교화하게 되면 나는 곧 간탐慳貪에 떨어지리니, 이 일이야말로 옳지 못하다"고 했다.

제9 진심불수회계瞋心不受悔戒: 범부와 외도는 진眞을 막고 이승은 속俗을 막으며 출가出假는 중中을 막고 단중但中은 이제二諦를 막는다.

제10 방삼보계謗三寶戒: 범부와 외도는 진을 비방하고 이승은 속을 비방하며 출가는 중을 비방하고 단중은 이제를 비방한다.

〔사십팔경계四十八輕戒〕

제1 불경사우계不敬師友戒: 외도는 진제眞諦를 공경하지 않고, 이승은 속제俗諦를 공경하지 아니하며 장교藏教·통교通教는 중제中諦를 공경하지 않고 별교別教는 이제二諦의 벗을 공경하지 아니한다.

제2 음주계飮酒戒: 고주계酤酒戒 중의 설명과 같다.

제3 식육계食肉戒: 범부와 외도는 단斷과 상常인 군살의 고기를 먹고, 이승은 진眞에 치우친 마른 고기를 먹으며, 보살은 출가出假의 기름진 고기를 먹고, 별교는 단중但中의 완고한 고기를 먹는다.

제4 식오신계食五辛戒: 견사見思의 신채辛菜요, 진사塵沙의 신채며, 무명의 신채이다.

제5 불교회죄계不教悔罪戒: 그 사람이 이계理戒를 깨뜨리면 이참理懺하게 하여야 한다. 또 관심觀心으로 해석한다면, 앞생각이 악을 일으켜 죄가 되는 것을 뒷생각의 각의覺意로 자세히 살핌을 참회하게 함이라 한다.

제6 불공급청법계不供給請法戒: 관혜觀慧가 앞에 나타나지 아니함을 법사에게 공양을 올리지도 않고 법을 청하지도 아니함이라 한다.

제7 불왕청법계不往請法戒: 법을 빠뜨리고 마음을 관하지 아니한 바로 이것이 법문하는 곳에 가서 듣지 않는 일이다.

제8 심배대승계心背大乘戒: 일승의 원융한 진리를 제외하고는 그 밖의 모두가 사도요 소승이라고 한다.

제9 불간병계不看病戒: 중생은 견사·진사·무명 등의 병을 갖추고 있으므로 사교四教의 법약法藥으로써 다스리지 아니하면 병든 이를 잘 간호하지 않는다고 한다.

제10 축살구계畜殺具戒: 앞의 삼교(藏·通·別)의 관행은 모두 이는 이理를 죽이는 기구이다.

제11 국사계國使戒: 무명의 나라와는 서로 통하지 말며, 번뇌의 군사가 오고가고 하면 죄가 된다.

제12 판매계販賣戒: 과果를 취하고 인因을 행함을 판매販賣라고 하며, 진眞에 치우친 열반을 시체 담는 기구라고 한다. 또 성구性具의 이치를 요달하지 못하고서 따로 공을 쌓고 덕을 쌓으려 하며 따로 중도를 구함을 모두 물건을 판다고 한다.

제13 방훼계謗毁戒: 역시 중계重戒 중에서 설명한 것과 같다.

제14 방화분소계放火焚燒戒: 견사의 불을 놓아 진제眞諦의 이지理智를 불사르고, 무명의 불을 놓아 중도의 이지를 불사른다.

제15 벽교계僻敎戒: 일승의 묘법을 제하고는 모두 사도 또는 소승이라 한다. 그러므로 "이로부터 이전의 우리들은 모두 사견 지닌 사람이라고 한다"고 한다.

제16 위이도설계爲利倒說戒: 사실단四悉檀의 인연을 모르면 모두 뒤바뀐 설명이라 한다.

제17 시세걸구계恃勢乞求戒: 이승은 방자하게 진을 취하고, 장교·통교·보살은 방자하게 속을 취하며, 별교는 방자하게 중도를 취한다.

제18 무해작사계無解作師戒: 아직 참으로 진리를 보지 못하면, 통틀어서 아는 것이 없다고 한다.

제19 양설계兩舌戒: 유를 설하고 무를 설하면 양설이 되고, 진을 설하고 속을 설하면 양설이 되며, 변邊을 설하고 중中을 설하면 양설이 된다.

제20 불행방구계不行放救戒: 외도와 범부가 진제를 죽이고 이승이 속제를 죽이며 권교權教가 중도를 죽이는 것을 보면서도 놓아 주거나 구제하지 아니한다.

제21 진타보수계瞋打報讐戒: 견사와 진사와 무명이 원수가 되고, 공·가·중관으로 성내면서 원수 갚는 것을 깨뜨린다. 만일 번뇌 그대로가 보리인 줄 요달하면 성을 내며 원수 갚는 것도 없고 또한 곧장 원수를 갚는 것이라고도 한다.

제22 교만불청법계憍慢不請法戒: 온갖 법 중에는 다 안락한 성품이 있거늘 관을 잘 쓰지 않으면서 멋대로 그 중에서 하나를 취하고 하나를 버리며, 소所에 나아가고 처處를 버리면서 그 중에서 사실대로 그 법성을 관할 수 없음을, 교만한 생각으로 법문을 청하지 아니한다고 한다.

제23 교만벽설계憍慢僻說戒: 수修가 있고 증證이 있음을 모두 교만이라고 하며, 사실단의 인연을 모름을 편벽되게 설한다고 한다.

제24 불습학불계不習學不戒: 제8계와 같다.

제25 불선지중계不善知衆戒: 사事와 이理를 능히 융화시키지 못하고, 법法과 재財를 잘 수호할 줄 모른다.

제26 독수이양계獨受利養戒: 대승의 법으로 일체중생을 널리 교화하지 아니함을 혼자만 이양을 받는다고 한다.

제27 수별청계受別請戒: 입공入空의 청을 받으면 이는 속제를 따로 받는 것이요, 출가出假의 청을 받으면 이는 진제를 따로 받는 것이며, 단중但中의 청을 받으면 이는 이제를 따로 받는 것이다.

제28 별청승계別請僧戒: 대대對待의 미묘함은 알고 대待가 끊어진

묘妙는 모르며, 장·통·별교의 법은 업신여기면서 따로 원교를 숭상하면, 이것이 별청하는 뜻이다.

제29 사명계邪命戒: 성구性具를 모르면서 과를 취하고 인을 행하며 공을 쌓고 덕을 쌓으면 판매라고 하며, 무작無作의 도와 멸을 요달하지 못하면 음식을 만든다고 하고, 자기 마음의 현량을 증득하지 아니하면 점을 치고 상을 본다고 하며, 방편을 치우고 진실을 드러낼 줄 모르면 주문과 술법이라고 하고, 무공용의 도를 통달하지 못하면 교묘한 재주라고 하며, 움켜잡는 바가 있으면 매를 길들인다고 하고, 진에 치우치고 속에 치우치고 중도만의 법문이면 독약이라고 한다.

제30 경리백의계經理白衣戒: 진제 밖에서 따로 속제를 반연함을 속인들과 세속 일을 도모한다고 하고, 인명이 호흡 사이에 있음을 모름을 호시好時를 공경하지 않는다고 한다. 또 십세十世와 고금이 바로 그 생각이라 함을 모르고서 한 찰나의 마음에서 이렇게도 두루 하고 저렇게도 다함을, 좋은 때를 공경하지 않는다고 한다.

제31 불행구속계不行救贖戒: 성구性具를 알지 못함을 삼보를 팔음이라 하고, 방편으로 열어 보이어 성구를 알게 함을 값을 치루고 구해낸다고 한다.

제32 손해중생계損害衆生戒: 범부와 외도는 진을 해롭게 하고, 이승은 속을 해롭게 하며, 장교·통교는 중을 해롭게 하고, 별교는 이제를 해롭게 한다.

제33 사업각관계邪業覺觀戒: 불사의하고 묘한 관을 제외하고는 모두 삿된 생각이라 한다.

제34 잠리보리심계暫離菩提心戒: 일승을 제외하고는 모두 사도요 소승이라 함은 앞의 설명에서와 같다.

제35 불발원계不發願戒: 아직 행行을 얻지 못하여 물러나지 않은 것은 끊이는 때가 있을 수 있다.

제36 불발서계不發誓戒: 아직 위位를 증득하지 못하여 물러나지 않은 것은 앞의 네 가지 서원에 혹은 끊이는 때가 있기도 하고, 아직 행을 증득하지 못하여 물러나지 않은 것은 다섯 번째 서원에 혹은 끊이는 때가 있기도 하다.

제37 모난유행계冒難遊行戒: 견사와 진사와 무명은 나쁜 나라가 되고, 또한 도둑이라고도 하고 물이라고도 하고 불이라고도 하고 또한 사자·독사·범·이리라고도 한다.

제38 괴존비차제계乖尊卑次第戒: 십승의 관법이 차례대로 앞에 나타나지 아니함을, 법의 차례를 어긴 것이라 한다.

제39 불수복혜계不修福慧戒: 성구의 연인緣因을 알지 못함을 복을 닦지 않는다고 하고, 성구의 요인了因을 알지 못함을 혜를 닦지 않는다고 한다.

제40 간택수계계揀擇受戒戒: 삼성三性을 빠뜨리지 아니하고 각의삼매覺意三昧를 두루 닦는 그것이 가린다는 이치이다.

제41 위이작사계爲利作師戒: 이승은 진제의 이양을 위하고, 기假로 나온 보살은 속제의 이양을 위하며, 별교는 중만으로 이양을 위하거니와, 오직 원교인만은 법계를 요달한지라 위할 만한 이양이 없다.

제42 위악인설계계爲惡人說戒戒: 상주하는 불성을 참 계라 하고, 아직 원종圓宗을 깨치지 못하면 모두 나쁜 사람이라 하며, 딴 법으로 보여 주고 가르쳐주고 이익 되게 하고 기쁘게 해야 할지언정 일승만을 찬탄하여 도리어 중생으로 하여금 고에 빠져 있게 하지 말아야 한다.

제43 고기범계심계故起犯戒心戒: 이理 밖의 마음을 일으키면 곧 계를 범한 것이라 한다.

제44 불공양경전계不供養經典戒: 한 생각이 참되고 청정한 대법大法과 상응하지 아니하면 공양하지 아니함이라 한다.

제45 불화중생계不化衆生戒: 한마음으로 굴러서 다른 마음을 가르침을 중생을 교화함이라 하고, 한 생각이 묘한 관과 상응하지 아니함을 중생을 교화하지 아니함이라 한다.

제46 설법불여법계說法不如法戒: 법공法空의 자리에 앉아야 법답다고 한다.

제47 비법제한계非法制限戒: 온갖 법 중에서 삼보의 체성을 드러내지 아니함을 옳지 못한 법으로 제재를 가한다고 한다.

제48 파법계破法戒: 말씀대로 수행하지 아니하는 그것이 곧 법을 깨뜨리는 인연이요, 또 사실단의 인연을 알지 못하는 그것이 곧 법을 파괴하는 인연이다.

◎참회하는 법

- 作法懺
  - 한 사람 앞에서 참회한다.
    非染汚犯과 방편의 輕垢罪는 한 사람 앞에서만 참회해도 죄가 소멸된다.
  - 세 사람 앞에서 참회한다.
    染汚犯과 방편의 重垢罪는 3인의 앞에서 참회해야 한다. 혹 대중 스님네가 없거나 하면 3인 또는 2인의 앞에서도 된다. 만일 그 앞에서 참회할 만한 청정한 대승 또는 소승의 대중이 온통 없을 때는, 은근하고 정중하게 자기 혼자서 "다

懺悔法 (앞의 것은 뒤의 것을 겸하지 않되, 뒤의 것은 반드시 앞의 것을 갖춘다)

- 事懺
  - 시는 범하지 않겠습니다"고 하는 서원만으로 죄는 소멸된다. 만일 향해서 참회할 만한 사람이 있으면 자기 혼자의 서원으로 소멸시킬 수 없다.
  - 대중 스님네 앞에서 참회한다.
  - 失戒의 중죄로서 다시 받을 수 있는 것이면 대승 스님 앞에서 참회하고 다시 받아야 하며, 실계의 중죄로서 다시 받을 수 없는 죄면 곧 取相懺의 법을 써야 한다.
  - 取相懺

    밤낮 여섯 때에 重戒와 輕戒를 외우면서 삼세의 천 부처님네에게 간절히 예배하며 참회하되 14일·21일·1년이라도 좋은 징조가 보일 때까지 한다. 이것은 十科의 行道로서 지극한 정성을 갖추어야 하며, 또 안으로는 理觀을 돕고 밖으로는 壇의 儀式을 빌리는 것이니, 무릇 法華·方等·大悲·占察 등의 온갖 행법은 모두 取相懺에 속한다. 근본의 중죄가 소멸되어 淨戒가 다시 생하게 할 수 있고, 또한 七逆罪가 소멸되어 중한 과보를 경하게 받게 할 수 있다. 다만 "得戒하게 한다"고는 말하지 않았다.

- 理懺 — 無生懺 (理로 범한 죄를 소멸하며, 七逆의 중죄도 소멸한다)
  - 析觀의 無生懺

    이 몸은 이른바 地·水·火·風·空·識의 여섯 갈래로 이룩된 바라 미세하게 추구한다 해도 진실로 我와 我所는 없다고 관했다.
  - 體觀의 無生懺

    이 몸은 마치 幻과 같고 化와 같고 거울 속의 형상과 같고 꿈에서 본 물건 등과 같으므로 그 몸은 진실하지 아니하며, 저 여섯 갈래의 법도 스스로 있지 않거니 어떻게 다시 '나'와 내 것이 있겠는가고 관한다.
  - 次第의 無生懺

    비록 중도의 불성이 含靈에게 본래부터 갖추어져 있음을 안다손 치더라도 迷惑이 강하기 때문에 단번에 관하지는 못한다. 먼저 온갖 假名의 모든 법은 인연으로부터 생기는지라 진실한 성품이 없는 줄을 관하고서 假로부터 空으로 들어가 眞諦를 보게 된다. 眞空을 보고 나면 空에서 머무르지 않고 空으로부터 假로 나와 俗諦를 두루 觀하며, 二諦가 분명하게 되면 遮와 照로 융화해야 비로소 中道로 돌아간다.

一心의 無生懺

중도의 불성이 온갖 법에 두루 함을 분명히 안다 하더라도 마음과 같이 佛 또한 그러하고 佛과 같이 衆生도 그러하여 心·佛·衆生의 이 셋이 차별이 없다. 이 마음 그대로가 空·假·中이라 三諦는 벌써 천연의 性德이요 三觀도 수행을 지어서 되는 것 아니어서 한 마음의 속에 저절로 두루 갖추어져 있다. 이와 같은 觀智는 온전히 그대로가 진리여서 죄와 복의 相을 깊이 통달하여 시방에 두루 비추나니, 이것을 實相의 참회라고 한다. 미혹하면 전혀 實相인데도 罪의 相이 되고, 깨치면 전혀 罪相인데도 그대로가 실상이기 때문이다.

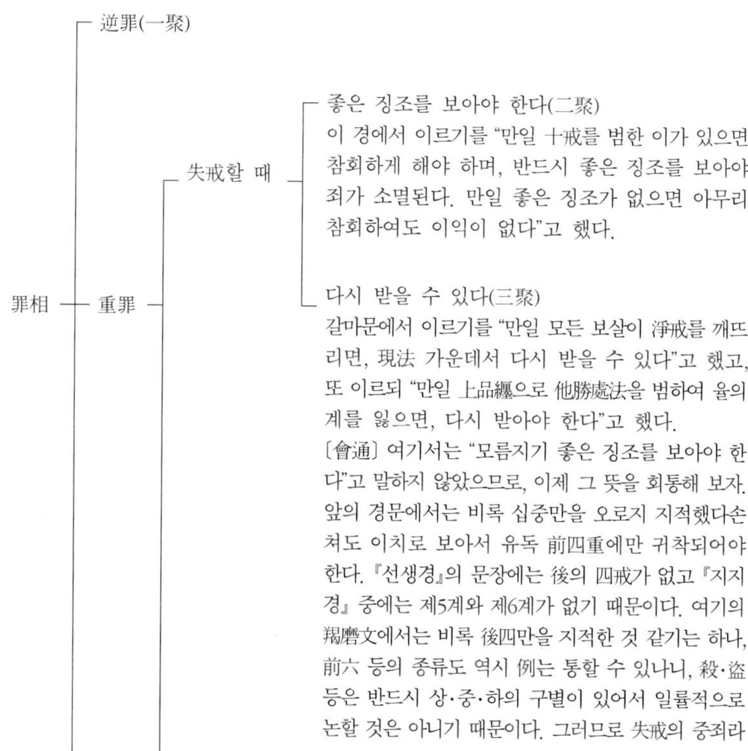

罪相

逆罪(一聚)

重罪

失戒할 때

좋은 징조를 보아야 한다(二聚)

이 경에서 이르기를 "만일 十戒를 범한 이가 있으면 참회하게 해야 하며, 반드시 좋은 징조를 보아야 죄가 소멸된다. 만일 좋은 징조가 없으면 아무리 참회하여도 이익이 없다"고 했다.

다시 받을 수 있다(三聚)

갈마문에서 이르기를 "만일 모든 보살이 淨戒를 깨뜨리면, 現法 가운데서 다시 받을 수 있다"고 했고, 또 이르되 "만일 上品纏으로 他勝處法을 범하여 율의계를 잃으면, 다시 받아야 한다"고 했다.

〔會通〕 여기서는 "모름지기 좋은 징조를 보아야 한다"고 말하지 않았으므로, 이제 그 뜻을 회통해 보자. 앞의 경문에서는 비록 십중만을 오로지 지적했다손쳐도 이치로 보아서 유독 前四重에만 귀착되어야 한다. 『선생경』의 문장에는 後의 四戒가 없고 『지지경』 중에는 제5계와 제6계가 없기 때문이다. 여기의 羯磨文에서는 비록 後四만을 지적한 것 같기는 하나, 前六 등의 종류도 역시 例는 통할 수 있나니, 殺·盜 등은 반드시 상·중·하의 구별이 있어서 일률적으로 논할 것은 아니기 때문이다. 그러므로 失戒의 중죄라

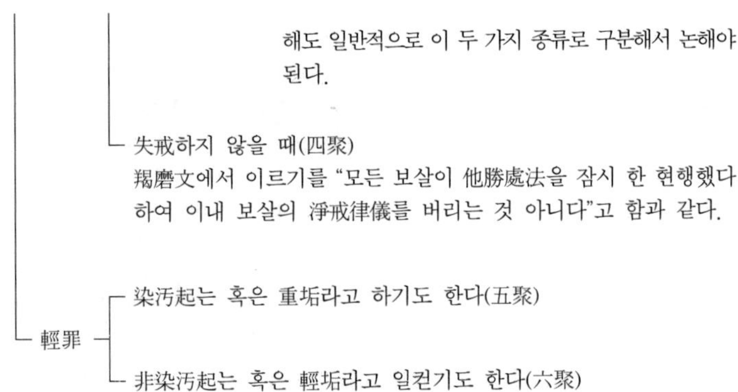

이 경에서는 전부 輕垢罪라 하였음은 바로 十重罪에 대하여 그렇게 말한 것이나, 실인즉 輕戒 중에서도 다시 重과 輕의 차별이 있고, 또 方便罪 등의 類에서도 동일하지 아니함이 있다.

우익대사蕅益大師께서 이르시길

"죄를 말하면서도 마음을 관하지 아니하면 오히려 죄의 갈래를 결단할 수 있지마는, 만일 이理만을 말하면서 들추어내지 않으면 결코 죄의 근원을 밝히기는 어렵다. 만일 꼭 작법作法을 부끄러워하면서 봉행하려 않는다면 이는 체면을 자중自重하면서 숨기고 감추려는 것이라, 전혀 죄의 성품이 본래 공한 줄을 분명히 모르거늘 어찌 혜일慧日이라 하겠느냐"라고 했다.

또 이르기를 "세상 사람이 정작 죄를 짓는 때는 실로 이것은 큰 악이거늘 부끄럽게 여기지 아니하고, 남을 향해 들추어내는 때는 선 중에서도 선이거늘 도리어 부끄럽게 여긴다. 악을 달게 여기면서 선을 괴롭게 여긴다면 마침내는 악 중에서도 악이 이룩되어 영원히 벗어날 기약이 없으리니, 뒤바뀌고 어리석음이란 이보다 더 심한 것이 없다"라고 했다.

이에 준하여 살펴보건대, 의당 율제律制에 의하여 승가 대중 앞에서 들추어내는 죄라야 소멸될 수 있거늘, 어찌 망령되이 실상을 논하면서 작법을 경시할 수 있겠는가.

작법참作法懺이라면 현장삼장이 번역한 유가의 『보살계본』의 뒤에 상세히 기록되었고, 취상참取相懺이라면 『합주合註』에 부간附刊한 이 범망의 참회행법에 의하여야 할 것이다.

대사가 이르길 "경에서 이르되, '만일 십계를 범한 이가 있으면 참회하게 하되, 불보살의 형상 앞에서 밤낮 여섯때를 십중과 사십팔경계를 외우면서 삼세의 천 부처님에게 간절히 예배하며, 7일이나 14일·21일·1년까지라도 참회하여 반드시 좋은 징조를 보아야 죄가 소멸될 수 있다'"고 하셨으니, 이것은 금구金口의 명훈明訓이시다.

그러므로 법화·방등·대비·점찰 등의 갖가지 행법에서 비록 각기 죄를 소멸하고 계를 얻는 공능이 있다손 치더라도 십계를 범한 이면 모름지기 별도로 이 범망의 행법에 의하여야 마음이 드러나서 가려지지 않게 되는 줄 알 것이니, 이른바 땅에서 넘어지면 도로 땅에서 일어나는 것과 같다.

〔小合〕 또 이 경에서 설명한, "천리 안에 법사가 없으면 불보살 형상 앞에서 스스로가 받는다"고 했고, "7일 동안 불상 앞에서 참회하여 좋은 징조가 보이면 계를 얻는 것이 되며, 만일 좋은 징조를 얻지 못하면 14일·21일·1년이라도 좋은 징조를 보아야 한다(第二十三戒의 憍慢僻說戒를 보라)"고 하면서도 "삼세의 천 부처님들께 간절히 예배한다"고는 하지 않았다. 아마 대의大意는 『영락경』과 『지지경』에서의 "자기 혼자 서원을 세우고 계를 받는다"는

것과 같을 뿐이다.

그러므로 지난해에는 일찍이 계 배우는 법을 기술했고, 이번에는 특히 보살계를 받은 후에 십중을 범한 이를 위하여 별도로 참회하는 의식을 밝히어 그들로 하여금 삼세의 제불에 의하여 죄를 벗어나게 한다.

이미 좋은 징조를 보면 계체戒體는 완전히 회복되며, 비록 비구의 법 중에서 승으로 임용되지는 않는다 하더라도 혹은 보살의 사미가 되고 혹은 보살의 우바새가 되면 참慚의 덕은 없을 수 있으나 비밀히 묵묵하게 도에 나아가다가 곧장 무생無生을 증득하기도 하나니, 역시 분외分外의 일은 아니다.

혹은 팔계·오계와 사미계의 근본을 깨뜨린 이는 이 참회법에 의하여 좋은 징조를 보고 나면 벌써 보살의 대계를 얻은 것이요, 또한 그대로 비구계를 받는 것도 허락될 수 있다.

만일 소승의 비구로서 근본을 깨뜨린 이가 이 참회법에 의하여 좋은 징조를 보고 나서 은밀하게 무생을 통달한다면, 혹은 그대로 학처學處의 과科로써 부여될 수도 있다.

비록 장애가 깊어서 아직은 감응을 이루지 못했다 하더라도 영원히 상속相續을 끊고 간절히 구한다면, 반드시 악취의 문이 닫히고 세간 벗어나는 종자를 심게 되리라.

다음에는 참회하는 행법을 밝힌다.

重戒	事犯의 참회법	理犯의 참회법
一. 殺戒	上品을 殺하면 逆罪이다 ── 無生懺이다. 中品을 殺하면 失戒의 重罪로서 모름지기 좋은 징조를 보아야 한다 ── 取相참이다. 下品을 殺하면 失戒의 중죄로서 다시 받을 수 있다(혹 이는 不失戒의 중죄이기도 하다) ── 衆僧을 向해 참회한다. 三品을 죽이는 方法은 重垢罪다(혹은 上品을 죽이는 方法을 지으면 不失戒의 重罪와 같아야 한다) ── 三人을 향해 참회한다.	범부와 외도가 眞諦를 죽인 罪는 ── 析觀의 無生懺 藏教가 俗諦를 죽인 죄는 ── 體觀의 무생참 通教가 中諦를 죽인 죄는 ── 次第의 무생참 別教가 二諦를 다 죽인 죄는 ── 一心의 무생참
二. 盜戒	삼보와 부모와 스승의 물건을 훔치면 失戒되며, 먼저 반환해야 한다. 사람의 물건을 훔치면 배상하고 아니하고는 때에 따라 요량하여 처리한다. ── 取相懺으로 하늘과 귀신과 짐승의 물건을 훔치면. 上品과 中品을 훔치는 방법을 지었으면 ── 三人 또는 衆僧의 앞에서 참회한다. 下品을 훔치는 방법을 지었으면 ── 一人 또는 三人 앞에서 참회한다. 三品을 훔치는 因과 훔치는 緣을 지었으면 ── 一人 앞에서 참회한다.	有를 훔치고 空을 훔치면 ── 析觀의 無生참 眞을 훔치고 俗을 훔치고 中을 훔치면 ── 一心의 무생참 (一心三觀의 妙로 無生懺을 하면 온갖 事盜와 理盜가 다 소멸된다)
三. 婬戒	음행하는 因을 지으면 ── 一人 앞에서 참회한다. 음행하는 緣을 지으면 ── 三人 또는 一人 앞에서 참회한다. 음행하는 방법을 지으면 ── 衆僧 또는 三人 앞에서 참회한다. 음행하는 업을 지으면 失戒한다 ── 取相懺을 죄를 없앤다. 陰器를 희롱하여 精水를 내거나 여인을 접촉하거나 여인에게 추잡한 말을 하거나 혹	色定과 無色定을 탐착하면 ── 析觀의 無生懺으로(뒤의 세 가지 무생참을 다 쓸 수 있다) 열반을 탐착하면 ── 體觀의 무생참으로(역시 뒤의 두 가지 무생참을 이용할 수 있다) 遊戲神通을 탐착하면 ── 次第의 無生참에서 中觀으로(역시 뒤의 두 가지 무생참을 이용할 수 있다) 中諦를 탐착하면 ── 一心의 無生懺으로

<table>
<tr>
<td></td>
<td>은 그의 몸이 예쁘다고 칭찬해주어 供養을 받거나 혹은 중매하는 일을 하거나 하면 — 비구는 스스로가 僧法에 依하여 죄를 벗길 것이요, 그 밖의 대중은 衆僧을 향하여 참회한다.

陰器를 희롱하다가 아직 精水는 내지 않고 중지시켰거나 고자와 남녀추니의 몸을 접촉했거나 혹은 그들에게 추잡한 말을 했거나 그들의 몸을 칭찬해주며 공양을 요구했거나 중매하는 일을 하다가 아직 성사되지 못하거나 했으면 — 三人 또는 一人을 향해 참회한다.

律論에서 이르기를 "만일 長老로서 이 不淨한 行을 듣게 되더라도 부디 놀라거나 괴이하게 여기지 말라. 왜냐하면 여래께서도 우리들을 가엾이 여기시어 계율을 정하시며 이런 악한 말씀을 하셨기 때문이다. 만일 말씀하지 않으셨다면 어떻게 죄의 重·輕을 알 수 있었겠는가. 만일 법사가 사람들에 講을 할 때, 듣는 이는 부디 이를 드러내며 웃지 말라. 만일 웃는 이 있으면 쫓아내라. 왜냐하면 佛도 중생들을 가엾이 여기셔서 금구로 말씀을 하셨다. 그대들도 慚愧心을 내며 들어야 하겠거늘, 어떻게 웃겠는가"고 했다.</td>
<td>죄障을 없앤다.</td>
</tr>
<tr>
<td>四.
妄語戒</td>
<td>大妄語가 성립하면 실계한다 — 取相懺으로

小妄語와 綺語 등을 빈번하게 범하면 失戒되므로 다시 받아야 한다 — 衆僧 앞에서 참회한다.

그 밖의 온갖 종류와 方便罪는 — 그 輕重에 따라 三종의 作法懺을 이용하여 없앤다.</td>
<td>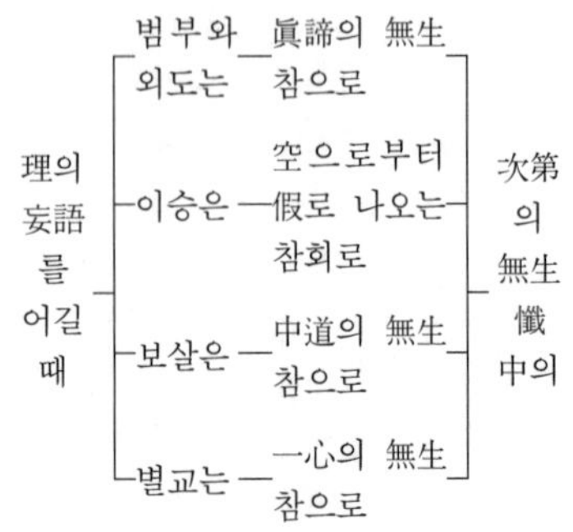

一心의 無生懺은, 一劫의 事와 理의 妄語罪를 제외하고는 모두 다 행하여 罪障을</td>
</tr>
</table>

	法을 非法이라 말하는 등의 온갖 妄語와 破法輪僧과 破羯摩僧은 ┌ 결과가 완성되면 逆罪인지라 참회할 수는 없되, 無生懺을 이용하면 重罪가 바뀌어 輕하게는 된다. └ 결과가 완성되지 않으면 方便重垢罪가 되며, 모든 僧 앞에서 참회한다.	없앤다.
五. 酤酒戒	酤酒의 業이 성립되면 ┌ 이 경에서 보면 실계라 좋은 징조를 보아야 한다. ─ 取相懺으로 └ 地持經에서 보면 遮業이기 때문에, 失戒되므로 다시 받을 수 있다. ─ 衆僧들 앞에서 참회한다. 酤業은 성립되지 않았으나 淨肉을 팔거나 婬坊 등을 경영했다면 ── 衆僧의 앞이거나 혹은 三人 또는 一人의 앞에서 참회한다.	三毒酒와 散亂酒와 禪定酒는 ── 四종의 無生懺으로 죄상을 없앤다. 無知酒는 ── 次第와 一心의 두 가지 無生懺을 이용한다. 無明酒는 ── 一心의 無生참으로 죄장을 없앤다.
六. 說四衆過戒	중죄를 범하면 失戒되므로 다시 받을 수 있다 ── 衆僧 앞에서 참회한다. 혹은 取相懺을 쓰면 더욱 좋다. 輕罪를 범하면 ── 作法懺을 일에 따라 요량하여 처리한다.	理의 說을 범하면 一心의 無生懺만으로 죄장을 없앤다.
七. 自讚毁他戒	상품이면 失戒라 다시 받을 수 있다 ── 衆僧 앞에서 참회한다. 중품이면 失戒하지는 아니하나 중죄이다 ── 三人 또는 衆僧 앞에서 참회한다. 하품은 輕罪가 성립된다 ── 一人 앞에서 참회한다.	理 中의 讚과 毁는 곧 體觀·一心의 두 가지 無生懺으로 죄장을 없앤다.
八. 慳惜加毁戒	作法懺으로 罪障을 없앤다.(前第七重의 例와 같다)	理의 인색은 一心의 無生懺을 이용한다. 法華에서 이르기를 "여래의 滅度로써만 滅度하게 한다"고 했다.
九. 瞋心不受悔戒	右와 같다.	眞을 막으면 ── 四種의 無生懺 중 어느 하나로도 된다. 俗을 막으면 ── 體觀 등의 셋 중 어느 하나로 해도 좋다.

		中을 막으면 — 次第와 一心 중 어느 하나면 된다. 二諦를 막으면 — 一心의 無生懺으로 죄장을 없앤다.
十. 謗三寶戒	右와 같다.	眞을 비방하고 俗을 비방하고 中을 비방하고 二諦를 비방하면, 참회법은 右와 같다.

이상은 十重戒며, 이하는 四十八輕戒이다.

一. 不敬師友戒	作法懺으로	無生懺으로(四種이 다 포함되며, 다음의 例도 같다)
二. 飮酒戒	右와 같다.	右와 같다.
三. 食肉戒	右와 같다.	右와 같다.
四. 食五辛戒	右와 같다.	右와 같다.
五. 不教悔罪戒	右와 같다.	右와 같다.
六. 不供給請法戒	右와 같다.	右와 같다.
七. 不往請法戒	右와 같다.	右와 같다.
八. 心背大乘戒	右와 같다.	一心의 無生懺으로
九. 不看病戒	作法懺으로	無生懺으로(네 가지의 무생참을 잘 통달하고 나야 法藥으로써 남을 치료할 수 있다)
一〇. 畜殺具戒	右와 같다.	一心의 무생참으로
一一. 國使戒	右와 같다.	무생참으로
一二. 販賣戒	右와 같다.	一心 무생참으로
一三.	右와 같다.	무생참으로

謗毁戒		
一四. 放火焚燒戒	右와 같다.	見思가 타면 ── 四종의 무생참으로 無明이 타면 ── 次第·一心의 두 가지 무생참으로
一五. 僻敎戒	右와 같다.	一心의 무생참으로(一心의 무생법을 깨치고 나면 진실을 위하여, 방편을 베풀고 방편을 치우고는 진실을 나타내며, 正으로써 邪에 들어가고 邪를 이끌어서 正으로 돌아가는 등, 쓰는 법마다 可하지 않는 것이 없다.
一六. 爲利倒說戒	作法懺으로	無生懺으로
一七. 恃勢乞求戒	右와 같다.	一心의 無生참으로
一八. 無解作師戒	右와 같다.(아울러 잘 배운다)	무생참으로
一九. 兩舌戒	右와 같다.	有와 無의 兩舌이면 ── 四종의 무생참 眞과 俗의 兩舌이면 ── 後의 二종의 무생참 邊과 中의 兩舌이면 ── 一心의 무생참
二〇. 不行放救戒	作法懺으로	무생참으로
二一. 瞋打報讐戒	右와 같다.	일심무생참으로
二二. 憍慢不請法戒	右와 같다.	右와 같다.
二三. 憍慢僻說戒	右와 같다.	右와 같다.
二四. 不習學不戒	右와 같다.	右와 같다.
二五. 不善知衆戒	右와 같다.	右와 같다.
二六. 獨受利養戒	方便輕垢罪만을 범하면 ── 作法참으로 벌써 五錢을 손에 받게 되면 중죄가 성립되며, 失戒한다── 取相참으로	一心의 무생참으로
二七.	作法懺으로	一心의 무생참으로

受別請戒		
二八. 別請僧戒	右와 같다.	一心으로 四종의 무생참을 융화시킨다.
二九. 邪命戒	右와 같다.	一心의 무생참으로
三〇. 經理白衣戒	右와 같다.	右와 같다.
三一. 不行救贖戒	右와 같다.	右와 같다.
三二. 損害衆生戒	右와 같다.	무생참으로
三三. 邪業覺觀戒	右와 같다.	一心의 무생참으로
三四. 暫離菩提心戒	右와 같다.	右와 같다.
三五. 不發願戒	자주자주 원을 내어서 菩提心을 끊어지지 않게 함을 곧 참회라 한다.	
三六. 不發誓戒	자주자주 서원을 세워서 바른 원에서 물러나지 않게 함을, 곧 참회라 한다.	
三七. 冒難遊行戒	作法懺으로	무생참으로
三八. 乖尊卑次第戒	右와 같다.	右와 같다.
三九. 不修福慧戒	닦으면 곧 이것이 참회이다.	
四〇. 揀擇受戒戒	작법참으로	一心의 무생참으로
四一. 爲利作師戒	右와 같다.	右와 같다.
四二. 爲惡人說戒戒	右와 같다.	一心의 무생참 중에서 四悉檀 인연을 잘 통달한다.
四三. 故	右와 같다.	一心의 무생참으로

起犯戒心戒		
四四. 不供養經典戒	작법참으로	무생참으로
四五. 不化衆生戒	右와 같다.	右와 같다.
四六. 說法不如法戒	右와 같다.	右와 같다.
四七. 非法制限戒	은근하게 삼보를 건립한다.	一心三觀을 잘 닦는다.
四八. 破法戒	작법참으로	수행과 了解에 쌍으로 정진한다.

◎수증의 차별과 성악의 법문을 합하여 표기한다.

『합주』에서 성악性惡의 법문을 해석하며 이르되, "선악의 법이란 모두가 이는 성구性具이다. 그 성품을 요달하면 악을 능히 이용하고 잘 이용하면서 선과 악에 이용당하지 않거니와, 그 성품을 요달하지 못하면 선과 악에 이용당해서 성품에 칭합한 공능을 모르게 된다.

그 선악에 이용당하기 때문에 성덕性德이 온전한데도 역수逆修와 순수順修를 이루고 고보苦報와 낙보藥報를 이루거니와, 선악을 교묘히 잘 이용하기 때문에 곧 두 가지 수행이 모두 평등한 한 성품에 합치하고 절복折伏·섭취攝取의 두 문을 이룬다"고 했다.

〔小合〕 성악의 법문을 살피건대, 십문으로 뜻을 밝히는 것의 열째 번이다. 뜻을 밝힘이 여기까지 이르면 극極을 짓고 봉우리를 오르는 것이라 견지見地가 심히 높고 경계가 심히 깊을 터이므로, 초학보살로서는 구실을 삼을 거리조차 못된다.

영지율주가 이르기를 "요사이 어리석은 이들이 불승佛乘을 잘못 이해하여 모두가 '이관理觀은 고요하여서 생각이 없고 텅 비어서 경계가 없으며 취사도 얻지 못하고 능소能所도 다 같이 없으며 완연하게 고요히 머무름이 바로 진여眞如요 방탕하며 멋대로 굶이 묘용妙用이다' 하면서, 이로 말미암아 불상에 예배하지도 않고 참 경도 읽지 아니하며 계를 깨뜨리고 재齋를 파괴하며 술을 즐기고 고기를 먹으면서도 대도라 자랑하고 남들에게 전하면서 악업으로 서로를 받아들여 많은 이들을 거느리고 받아 익히게 하고 있다.

이야말로 허망한 억측으로 뒤바뀐 윤회감이거늘 어찌 법을 통달하면 모두가 眞이어서 무엇이 청정함을 방해한 것인 줄 알겠으며, 진여를 요달하면 그대로가 묘용이거니 어찌 수행을 장애하겠는가.

그러므로 이理를 깨치면 만행이 가지런히 닦아지고, 사事에 간섭하면 한 터럭만큼도 존립하지 아니한다. 스스로가 꿰뚫어 비춰봄이 아니거늘, 그 밖에 또 무엇을 말하겠는가"고 했다.

또 남산율주가 이르기를 "『지론智論』에서 묻되 '어떤 사람이 말하기를 〈죄가 죄가 되지 않고 얻을 수도 없음을 계라고 한다〉고 했는데, 무슨 말인가.' 대답하되 '삿된 소견과 거친 마음을 말한 것 아니요, 죄가 없음을 말한 것이다'고 했다. 만일 모든 법상法相의 행공삼매行空三昧에 들어가면 혜안으로 관찰하기 때문에 '죄는 얻을 수도 없다'고 말하겠거니와, 만일 육안으로 보게 된다면 소와 양과 다를 것이 없으리라. 이제 대승의 말을 외우는 이가 자기 힘이 미약하여 이 계를 감당해 내지 못하자 스스로가 더러운 행위들을 부끄러워하면서 거개가 받아 익히지 않고는, 이런 근거를 인용하면서 본래의 문의文意를 알지 못하고는 짐짓 완곡하게 끄집어내고 있다"라고 했다.

소견이 방자하고 게으르고 오만하면서 닦을 것이 없다고 하고 비루한 짓을 하면서 묘용이라 한다면, 이는 도무지 계점階漸에 미혹되어 일단 성인과 범인을 흐려 놓는 일이다. 법을 멸망시키고 사람을 파괴함은 이보다 더 심한 것이 없나니, 초심初心의 선비는 조심하고 두려워할지어다.

戒名	修證의 차별	性惡의 법문
一. 殺戒	別圓의 觀行位인 사람은 번뇌를 잘 조복하여 고의의 살생을 능히 방지하고, 相似의 初心은 먼저 見惑을 끊은지라 藏·通敎의 初果와 같다. 道共의 힘을 얻으면 고의의 살생과 과실의 살생을 능히 끊나니, 마치 석가 종족들이 마치 "차라리 죽을지언정 싸우지는 않겠다"고 함과 같은 것이 바로 고의의 살생을 끊는 것이요, 催科가 밭을 갈 적에 벌레에서 4촌쯤 떨어져 가는 이것이 과실의 살생을 끊는 일이다. 華嚴二地에서 이르기를 "性의 불살생이란, 이것을 敎道에서 보면 二地의 계바라밀 增上이요, 혹은 理殺에서 보면 二地 바로 그것이 果外의 須陀洹果이기 때문이다"라고 했다. 藏敎의 外凡·內凡은 眞諦 죽이는 죄를 능히 막고, 初果以上은 眞諦 죽이는 죄를 영원히 끊으며, 通敎의 乾慧性地는 俗諦 죽이는 罪를 능히 막고, 8人의 이후도 역시 영원히 끊으며, 別敎의 初心은 中道를 우러러 믿는지라 中諦 죽이는 죄를 능히 막고, 십주와 십행은 아직 영원히 조복하지 못하며, 십향은 영원히 조복한다. 초지는 영원히 끊고 겸하여 二諦 죽이는 죄도 쌍으로 끊나니, 도를 증득하여 圓人과 같기 때문이다. 원교의 初心은 법계를 분명히 알아 하나의 法도 파괴하지 않으면서 二諦를 쌍으로 죽이는 罪를 능히 막는다. 그러므로 제일의 청정이	이제 性惡을 밝히자면, 다시 두 가지 뜻으로 요약된다. 一은 事殺을 행함이다. 마치 옛날 성왕이 仙豫바라문 등 500人을 죽였으나 그는 한량없는 수명을 누렸던 것과 같나니, 이것 또한 開遮를 잘 알았다고 일컬을 수 있다. 또 마치 無厭足王이 요술로 악인을 만들어서 벌을 다스렸고, 사미가 외도를 삼켜버린 뒤에 그를 제도하여 출가시키고 果를 증득하게 한 따위와 같나니, 모두가 교묘히 事殺을 행한 것이다. 二는 理殺을 행함이다. 이른바 無明인 아버지를 죽이고 貪愛인 어머니를 살해함으로써 중생을 보호하나니, 모름지기 이 살생은 해야 하고 살생을 다해야 비로소 편안히 살게 된다. 앞에서 밝힌 불살생은 반드시 佛果에 이르러야 마침내 청정할 수 있으며, 여기서 밝힌 살생도 역시 불과에 이르러야 마지막의 살생이 다하게 된다.

	라 하며, 또한 名字의 청정과 觀行의 청정과 내지 究意의 청정이라고도 논한다.	
二. 盜戒	別圓의 觀行位 사람은 고의의 盜를 능히 막고, 相似의 初心은 위가 初果와 같은지라 영원히 고의의 盜를 끊는다. 華嚴二地 중의 이치는 殺戒에서 설명된 것과 같다. 藏教의 內凡과 外凡은 공과 유의 二盜를 조복하고, 初果는 공 훔치는 것을 영원히 끊으며, 四果는 유 훔치는 것을 영원히 끊고, 圓教의 觀行은 진을 훔치고 속을 훔치고 중을 훔치는 죄를 원만하게 끊으며, 初住는 나누어서 끊고 妙覺은 마지막까지 다 끊으며, 別教가 十地에 오르면 도를 증득하여 圓人과 같으므로 역시 理盜를 나누어서 능히 끊는다.	事盜는 마치 開遮에서 밝힌 바와 같거니와, 理盜라 한다면 菩提는 주는 이가 없다. 그러나 나는 보리를 취하나니, 삼세의 모든 부처님이라야 구경의 大盜라 일컬을 뿐이다.
三. 婬戒	初果는 영원히 邪婬을 끊고, 三果는 正婬까지 영영 끊나니, 꿈속에서라도 다시는 失精하지 아니한다. 別教의 初住는 初果와 같고, 五住는 三果와 같으며, 圓教의 初信은 初果와 같고, 五信은 三果와 같다. 理婬으로써는, 藏教의 四果는 증통으로 이미 밝혔고, 別教의 七住와 圓教의 七信은 色界·無色界의 愛를 영원히 끊는다. 通教의 菩薩은 三根으로 나누나니, 上根은 三地와 四地의 出假요, 中根은 五地와 六地의 出假며, 下根은 七地·八地의 出假이니, 涅槃의 法愛를 영원히 끊는다. 別教의 十向으로서 中觀을 익힌 이는 神通의 法愛를 영원히 끊고, 圓教의 五品은 法界를 잘 아는지라 中道의 愛를 조복하며, 初住는 나누어서 끊고 妙覺은 마지막까지 모두 끊는다.	事婬으로써는, 마치 석가가 다른 사람으로 변화하여 婬女를 제도하고, 보살이 分身으로 魔女가 되어서 보리심을 내게 했으며, 婆須蜜多가 음녀의 몸으로 사람으로 하여금 해탈문을 증득하게 한 따위와 같다. 理婬으로써는, 곧 法喜를 아내로 삼는다. 부처님은 제일의 위없는 법희의 낙을 얻으므로, 마지막까지 五欲을 받는 사람이라고 한다.
四. 妄語戒	藏교·通교의 初果와 別교의 住와 圓教의 信은 영원히 事의 妄語를 끊고,	事의 妄語로써는 開遮에서 설명한 바와 같다. 理의 妄語로써는, 곧 生과

	장교·통교의 初果는 空을 어기고 緣起를 어기는 妄語를 끊으며, 出假菩薩은 俗을 어기는 망어를 끊고, 別教의 十回向은 中道를 어기는 망어를 조복하다가 地에 오르면 영원히 끊으며, 圓교의 五品位는 二諦를 어기는 망어를 조복하다가 初住에서 영원히 끊는다.	生은 말로 할 수 없는데 生과 生을 말로 하고, 生과 不生은 말로 할 수 없는데 生과 不生을 말로 하며, 不生과 生은 말로 할 수 없는데 不生과 生을 말로 하고, 不生과 不生은 말로 할 수 없는데 不生과 不生을 말로 한다. 法은 언설이 아니므로 언설하면 모두가 망어요, 法은 默然이 아니므로 묵연하면 역시 망어이다. 四悉檀의 인연을 거짓말로써 말을 하고 거짓말로써 잠잠하다. 교묘하게 중생을 유도하여 악마에서 벗어나 佛에 들게 함을 大妄語라 하며, 역시 으뜸가는 綺語이다.
五. 酤酒戒	初果는 道共力을 얻은지라 영원히 事의 酤酒를 끊고 凡夫와 外道는 三毒酒와 散亂酒와 禪定酒 등을 팔며, 初果 역시 영원히 팔지는 않되 스스로가 마시는 것만은 면치 못하고, 四果는 영원히 마시지도 아니한다. 無知酒는 이승이 마시기만 하고 팔지는 아니하며, 出假位 중의 人은 다시는 마시지 아니한다. 無明酒는 地前菩薩이 팔기도 하고 마시기도 하다가 地에 오르면 마시기만 할 뿐 팔지는 아니하며, 妙覺은 영원히 마시지도 아니한다.	事의 酤酒는 마시기만 하고 팔지는 않나니, 마신 것은 마치 末利夫人의 일과 같다. 理의 酤酒는 팔기도 하고 마시기도 한다. 法性의 理의 水를 마시고 취하여 이는 참 즐거움이므로 참 술이라고 하나니, 제불·보살은 한껏 먹고 취하면서 널리 사람들에게도 마시게 한다. 또 中諦酒와 俗諦酒와 眞諦酒와 三昧酒와 十善酒가 있다. 中諦酒는 별교·원교의 보살에게 팔고, 俗諦酒는 장교·통교의 보살들에게 팔며, 眞諦酒는 장교·통교의 이승에게 팔고, 三昧酒는 색계·무색계에 팔며, 十善酒는 인·천에게 팔아서 각각 취하도록 먹게 한다. 또 中諦의 약주로는 보살의 병을 다스리고, 俗諦의 약주로는 이승의 병을 다스리며, 眞諦의 약주로는 범부의 병을 다스리고 三昧의 약주로는 산란의 병을 다스리며, 十善의 약주로는 십악의 병을 다스리나니, 이미 그들에게 팔았는지라 자신도 마시는 것을 보인다. 또 일체중생은 三毒酒에 취해 있으므로 그들과 일을 같이하면서 역시 마시는 것을 보이나니, 마치 婆藪仙人

		이 삼독주를 팔면서 대중들에게 경계함을 보이는 것과 같이 한다.
六. 說四衆過戒	初果 이후에는 事의 說過가 없고, 圓人의 初心에서는 理의 說過가 없다.	불·보살의 죄과를 말하면 구경의 五逆이요 구경의 六盜이며 구경의 五欲이요 구경의 大妄語人이다.
七. 自讚毁他戒	初果 이상은 事의 讚毁를 영원히 끊고, 八人見地는 界內의 理의 讚毁를 영원히 끊으며, 별교의 地와 원교의 住는 界外의 理의 讚毁를 영원히 끊는다.	事의 讚과 毁로써는, 곧 邪를 꺾고 正을 드러내며 편벽을 튀기고 소승을 물리치며 대승을 환영하고 圓人을 포賞한다. 理의 讚과 毁로써는, 곧 法性이 自가 되고 無明이 他가 되나 無明의 성품 그대로가 法性이므로 칭찬하거나 비방할 만한 것이 없는데도 버썩 칭찬하고 비방을 한다.
八. 慳惜加毁戒	初果는 事의 인색함을 끊고 眞諦의 인색함도 끊으며, 보살은 俗諦에 인색하지 않고, 별교인은 中諦에 인색하지 아니하며, 원교人은 法性에 인색하지 않고 名字位에도 인색하지 아니하며, 내지 究竟位에도 인색하지 아니하다.	하나의 법도 버리지 아니함을 인색함이라 하고, 相을 깨뜨리고 性에 돌아감을 욕설이라 한다.
九. 瞋心不受悔戒	三果는 事의 瞋心을 모두 다 끊고, 初果는 眞을 막지 아니하며, 出假는 俗을 막지 아니하고, 별교의 向은 中을 막지 아니하며, 별교의 地와 원교의 住는 二諦를 막지 아니한다. 또 원교의 信位와 원교의 觀行位는 모두가 온갖 理의 瞋心을 조복한다.	忿怒를 나타내는 大明王의 相이 바로 事의 瞋心이며, 하나의 법도 취하지 아니함을 理의 진심이라고 한다.
十. 謗三寶戒	장교는 眞을 비방하지 아니하고, 통교는 俗을 비방하지 아니하며, 별교는 中을 비방하지 아니하고, 원교는 二諦를 비방하지 아니하며, 각각 外凡·內凡에서는 영원히 조복하다가 分證位에서 영원히 끊는다.	事의 비방으로써는 마치 婆藪仙人과 가고, 理의 비방으로써는 四句가 곧 四門이 되나니, 문과 문마다 모두 道에 들어간다.
이상은 十重戒며, 이하는 四十八輕戒이다.		
戒名	修證의 差別	性惡의 法門
一. 不敬師友戒	初果로서 不壞淨과 淨을 얻은 心地菩薩은 영원히 事의 慢을 끊고, 四教의 分證人은 차례대로 네 가지의 理의	瑜伽法 중에 관음의 慢을 짓는 이것이 觀行位의 慢이요, 十地品에서 이르기를 "나는 당연히 일체중생 중에서 우

	慢을 끊는다.	두머리가 되고 으뜸가는 이가 되어야 한다"고 하는 등이 이는 分證位의 慢이며, "천상천하에 나만이 홀로 높다"고 한 이것이 究竟位의 慢이다.
二. 飮酒戒	법을 얻어 자재한 사람이면 마셔도 헷갈리거나 어지러움이 없다.	事의 음주로써는 마치 濟顚 등과 같고, 理의 음주로써는 곧 法性이 진짜 술이라 실컷 빠져도 만족해함이 없다.
三. 食肉戒	별교의 初住와 원교의 初信은 영원히 事의 식육을 끊고, 四教의 分證人은 네 가지 理의 식육을 끊는다.	事의 식육으로써는 마치 석가가 本生에 흉악한 나찰의 형상을 나타내어 사람들을 두렵게 하여서 歸依戒를 받게 했음과 같으며, 理의 식육으로써는 바로 中道의 法性이 첫째가는 맛있는 고기인지라 멋대로 배부르게 먹는 일이다.
四. 食五辛戒	事의 辛菜는 수행을 위한 첫 번째의 漸次이므로 맨 처음에 끊어야 하며, 初果는 見의 신채를 끊고, 四果는 思의 신채를 끊으며, 出假는 塵沙의 신채를 끊고, 별교의 地와 원교의 住는 무명의 신채를 나누어서 끊는다.	신채는 냄새가 배다는 데에 뜻이 있나니, 법계의 신채가 법계에 자오록함은 마치 塗毒鼓를 치고는 독이 든 우유 속에다 둔다는 등의 비유와 같다. 이미 독으로 圓理를 비유한지라, 역시 신채로써 비유될 수 있다.
五. 不教悔罪戒	타인이 계를 범하면 四諍 중에서 이것은 곧 犯諍이요, 만일 죄를 들추어내도 承服하지 아니하면 이것은 곧 覓諍이며, 또 어떤 사람이 戒相을 모르는지라 重·輕을 결단하지 못하면 이것은 곧 言諍이요, 만일 三諍에서 일이 발생하면 그것은 또 事諍이다. 이 四諍은 十法을 갖춘 이라야 滅하게 할 수 있나니, 一은 계를 지닌 이요, 二는 많이 들은 이요, 三은 비니의 극히 이익된 것을 외운 이요, 四는 그 뜻을 자세히 이해한 이요, 五는 말씨가 똑똑하고 문답해 낼 수 있는 이요, 六은 諍이 일어나면 소멸할 수 있는 이요, 七은 사랑하지 않는 이요, 八은 성을 내지 않는 이요, 九는 두려워하지 않는 이요, 十은 어리석지 않은 이이다. 또 僧祇에서는 밝히되, "14종의 법을 성취하면, 第五의 持律이라고 한다"고 했나니, 이른바 다툼을 잘 없앨 수	유마경에서 이르기를 "외도의 六師가 그대들의 스승이라면, 그대들의 스승이 타락한 바라 그대들도 따라 타락했느니라"고 했다. 참회하게 하지 않은 것만이 아니라 그를 따르면서 同和하게 되나니, 이것 또한 事와 理의 두 가지의 타락이 갖추 있게 된다.

	있는 이로서 無疑(礙)解脫의 阿羅漢이다. 理의 罪를 참회하게 한 이의 位는 원교의 住에 있으며, 통교의 見地도 界內의 理의 諍을 소멸시킨다.	
六. 不供給請法戒	入淨한 心地菩薩은 항상 하는 법으로 一劫의 삼보에게 공양하면 事의 청함과 理의 청함에 다 같이 범함이 없다.	事로서 나쁜 것은, 마치 아사세왕의 딸이 大聲聞을 보고서도 일어나 영접하지도 않고 예배 공경하지 아니한 것과 같다. 理로서 나쁜 것은, 待가 끊인 法性에서 보면 能供·所供과 能請·所請은 있을 수가 없다.
七. 不往請法戒	事의 가서 듣는 것은, 마치 언제나 善財를 울리듯 해야 한다. 理로 가서 듣는 것은 마치 石室에서 空을 觀하는 것과 같다. 또 보살이 유희하는 신통을 성취하면 시방에 두루 가서 법을 들으며, 念不退의 법을 성취하면 생각 생각마다 영원히 法을 여의지 아니한다.	법으로써 다시 법을 듣지 말아야 한다.
八. 心背大乘戒	位不退의 人은 영원히 외도를 픽하지 않고, 行不退의 人은 영원히 小승을 픽하지 아니하며, 念不退의 人은 영원히 理를 저버리지 아니한다.	외도와 소승의 자격으로 외도와 소승의 機根들을 접하되, 그와 픽함이 같음을 보인다.
九. 不看病戒	生緣慈로는 몸의 병을 잘 간호하고, 法緣慈로는 見思의 병을 잘 간호하며, 無緣慈로는 無明의 병을 잘 간호한다.	항상 捨의 心과 상응함을 병든 사람을 잘 간호하지 못한다 하며, 또 다시 病行을 시현한다.
一○. 畜殺具戒	初果 이상은 영원히 事의 죽이는 기구를 버리며, 원교의 住는 영원히 理의 기구를 버린다.	圓頓止觀으로써 구경의 살생 기구를 버린다.
一一. 國使戒	初果 이상은 事의 사신이 되지 아니하고, 四敎의 分證人은 理의 使臣이 되지 아니한다.	혹은 事의 사신이 되기도 하나니, 마치 佛圖澄과 같다. 혹은 理의 사신이 되기도 하나니, 곧 방편으로 무명의 나라를 깨뜨리고 번뇌의 군사를 교묘하게 쳐부순다. 또 무명의 나라 속을 드나들고 번뇌의 軍中을 왕래하면서 중생들을 제도한다.
一二. 販賣戒	초과 이상은 事의 販賣가 없으며, 圓人은 理의 販賣가 없다.	무명의 권속을 分離하고 12의 生因을 단절하면서 온 법계의 중생에게 꿰맨

		자리가 없는 棺材를 파나니, 이른바 모두 여래의 滅道로써만 멸도하게 한다.
一三. 謗毁戒	초과는 실로 비방하지 아니함이 없고, 三果는 나쁜 마음으로 진실을 설함이 없으며, 圓人은 理의 비방이 없다.	방편으로 이 性惡의 법문을 설하거니와, 부처님이야말로 이는 大貪의 무리이다.
一四. 放火焚燒戒	초과는 事의 불태움을 끊고, 四果는 見思의 불태움을 끊으며, 부처님은 無明의 불태움을 끊는다.	三智의 불을 놓아서, 온 법계의 三惑의 窟宅을 태워버린다.
一五. 僻教戒	초과에는 邪敎가 없고, 出假에는 小敎가 없으며, 圓人은 理 안의 邪敎·小敎가 없다.	온갖 邪敎와 小敎의 법문을 두루 써서 온갖 根機들을 포섭한다. 또 구경의 사교·소교가 곧 구경의 일승이다.
一六. 爲利倒說戒	초과는 이양을 위하는 마음이 없고, 出假와 具知根智과 원교의 觀行位는 四悉檀을 똑똑히 안다.	온갖 법의 뒤바뀜은 온갖 법의 바름이니, 正相으로써 倒相에 들어가며 도상으로써 정상에 들어간다.
一七. 恃勢乞求戒	초과는 事의 略取를 끊고, 원교의 觀行位는 理의 略取를 조복하며, 원교의 住는 理의 약취를 끊는다.	방자하게도 九界에서 佛界의 善根을 협박하며 빼앗고, 방자하게도 25有에서 참되고 항상한 我의 성품을 핍박하며 빼앗는다.
一八. 無解作師戒	觀行位와 相似位의 人은 教門을 바르게 이해하고, 分證位의 人은 理에 들어가 참으로 이해한다.	온갖 법은 본래 이해할 수도 없고 情을 잊고 알음알이를 끊어야 法界의 스승이 된다.
一九. 兩舌戒	初果는 事의 양설이 없고, 圓人은 理의 양설이 없다.	妄情을 따르고 지혜를 따름이 양舌이 되고, 온갖 진실과 진실하지 아니함 등도 역시 양설이다.
二〇. 不行放救戒	慈心三昧가 이룩되면 언제나 事와 理의 放救를 행한다.	혹은 事의 살생을 구제 않기도 하나니, 마치 고인이 돼지에 관해 이르되, "두 다리였을 적엔 찌르지 않더니, 이제 네 다리가 되고서는 어디를 향해 찌르는가"고 함과 같다. 혹은 理의 살생을 구제하지 않기도 하나니, 다 죽이고 나면 편안히 살게 될 것이므로 자기도 행하고 남도 시키라. 어찌 구제하지 않는 것뿐이리요. 또 따르면서 돕게까지 되리라.
二一. 瞋打報讐戒	초과는 事의 원수 갚음이 없으며, 원교의 住는 理의 원수 갚음이 없다.	번뇌의 원수를 깨뜨리고 무명의 도둑을 죽인다.
二二. 憍慢	초과는 事의 교만이 없으며, 원교의	천상천하에 나만이 홀로 높다. 세간에

不請法戒	住는 理의 교만이 없다.	모든 天과 人들이 보이지 아니하면, 그제야 여래의 영접과 예배를 받을 만하다. 가령, 부처님이 일어나 영접한다 해도, 그는 즉시 머리가 일곱 조각으로 깨지리라.
二三. 憍慢僻說戒	초과는 事 중의 교만과 僻說을 끊으며, 원교의 住는 理 中의 교만과 벽설을 끊는다.	나는 法王이 되어 법에서 自在한지라 智를 따르고 情을 따르면서 갖가지로 편벽되게 설한다.
二四. 不習學不戒	位不退의 人은 영원히 외도를 꾀하지 아니하고, 行不退의 人은 영원히 소승을 꾀하지 아니하며, 念不退의 人은 영원히 理를 저버리지 아니한다.	邪教와 소승이 마지막에는 그대로가 대승이다.
二五. 不善知衆戒	無疑解脫 아라한은 事의 다툼을 잘 화해시키고 事의 財物을 잘 수호하며, 圓教의 初住는 理의 다툼을 잘 화해시키고 理의 재물을 잘 수호한다.	般若의 병사를 일으켜 온갖 법과 싸우는 이것을 문란한 대중들의 다툼이라 하며, 여러 아들에게 白牛의 큰 수레를 주는 이것은 三寶를 멋대로 사용하는 것이다.
二六. 獨受利養戒	초과는 혼자만 事의 이양을 받지 아니하며, 원교의 住는 혼자만 理의 이양을 받지 아니한다.	온 시방이 자기거늘, 어찌 공양을 같이 받을 第二人이 있겠는가.
二七. 受別請戒	별교의 初住와 원교의 初信은 事의 별청을 받지 아니하며, 별교의 初地와 원교의 초주는 理의 별청을 받지 아니한다.	법계의 미묘한 공양을 생각 생각마다 스스로 받나니, 마치 사람이 물을 마실 제 차고 더움을 자기만이 아는 것과 같거늘 그 누구와 함께할 수 있겠는가.
二八. 別請僧戒	初果는 事의 別請이 없으며, 圓교의 信은 理의 別請이 없다.	十法界 안에서 따로따로 각기 佛界의 이양을 얻게 한다.
二九. 邪命戒	초과는 事의 나쁜 직업이 없고, 원교의 住는 理의 나쁜 직업이 없다.	마치 維摩經 중에서, "三墮受食이 바로 구경의 나쁜 직업이니라"고 함과 같다. 또 독이 든 우유 속에 놓아두는 따위이다.
三○. 經理白衣戒	초과는 事의 범함이 없고, 원교의 住는 理의 犯함이 없다.	같이 九界에 유전함을 속인들과 세속의 일을 같이 한다고 하며, 앉아서 삼세를 끊음을 好時를 공경하지 않는다고 한다.
三一. 不行救贖	원교의 初信과 별교의 初住와 통교의 견지보살과 장교의 思度菩薩은 모두	법계의 삼보를 억지로 법계 안의 사람에게 팔려고 한다.

戒	가 힘을 다해 事의 구제를 하고, 원교의 初住와 別교의 初地는 모두가 힘을 다해 理의 구제를 한다.	
三二. 損害衆生戒	초과는 事의 해침이 없고 眞을 해치지도 아니하며, 出假는 俗을 해치지 아니하고, 별교의 向은 中을 해치지 아니하며, 별교의 地와 원교의 住는 二諦를 해치지 아니한다.	九界를 해치어 佛界를 이룩하고, 불계 또한 성립되지 않으면 십계가 갖추 해롭게 된다.
三三. 邪業覺觀戒	三果는 事의 삿된 일을 봄이 없고, 별교의 地와 원교의 住는 理의 삿된 일을 봄이 없다.	三性을 차례로 관찰하여 온갖 邪業 중의 實相을 두루 깨닫는다.
三四. 暫離菩提心戒	원교의 初信과 별교의 初住와 통교의 見地와 장교의 初果는 영원히 외도의 마음을 일으키지 아니하고, 行不退位는 영원히 이승의 마음을 일으키지 아니하며, 별교의 地와 원교의 住는 영원히 理 중의 邪教·소승의 心을 내지 아니한다.	생각 생각마다 외도와 이승의 경계를 관하는 이것이 곧 불사의한 경계이니, 구경의 외도와 구경의 이승을 성취한다.
三五. 不發願戒	行不退人은 大願을 여의지 아니함으로써 스스로를 장엄한다.	佛에 집착하여 구하지도 않고, 法에 집착하여 구하지도 않고, 僧에 집착하여 구하지도 않나니, 법계에서 다시 법계를 구해서는 안 된다.
三六. 不發誓戒	位不退의 人은 앞의 四誓가 청정하고, 行不退의 人은 第五誓가 청정하다.	움쭉도 않는 법계거늘 무슨 서원을 세울 수 있겠는가. 또 서원은 法喜의 妻를 사랑하고, 서원은 忍辱의 옷을 입으며, 서원은 禪悅의 法喜食을 먹고, 서원은 法空의 자리에 앉으며, 서원은 四教의 藥을 먹고, 서원은 해탈의 동산에서 노닐며, 서원은 自性의 예배를 받고, 서원은 법계의 묘한 빛깔을 보며, 서원은 圓頓의 좋은 음성을 듣고, 서원은 法身의 妙香을 맡으며, 서원은 法食의 묘한 맛을 맛보고, 서원은 여덟 가지 자재한 藥의 접촉을 받으며, 서원은 일체중생으로 하여금 열반하지 않는 즈음의 해탈문을 얻게 한다.
三七. 冒難遊行戒	五通을 얻은 사람은 事의 두려움에 어려움이 없고, 三智를 얻은 이는 三	事의 위험한 데와 理의 위험한 곳에 두루 들어가서 중생을 제도한다.

	惑의 두려움이 없다.	
三八. 乖尊卑次第戒	대소의 비니를 잘 지니면 事 중의 차례를 알게 되며, 四敎의 觀慧를 잘 닦으면 理 中의 차례를 알게 된다.	중생과 부처님은 평등하거늘 무슨 차례가 있겠는가. 그러므로 문수는 燃燈佛의 스승이었었는데 거푸 석가를 모시었다. 一心이 一劫心이요 一觀이 一劫의 觀이거늘 다시 무슨 차례가 있겠는가. 그러므로 佛頂에서 이르기를 "거룩한 성품은 통하지 아니함이 없어서 順·逆 모두가 방편이니라"고 했다.
三九. 不修福慧戒	行不退의 人은 事의 닦음이 만족하고, 念不退의 人은 理의 닦음이 만족하다.	福과 慧로서 닦을 만한 법도 없고, 福과 慧를 닦는 사람도 없다.
四○. 揀擇受戒戒	별교의 住 이후는 事의 간택이 없고, 원교의 信 이상은 理의 간택이 없다.	법마다 모두 간택하면 전부가 아니거늘, 다시 받을 만한 한 가지 법도 없다.
四一. 爲利作師戒	초과 이상은 事의 이양을 위하지 아니하고, 별교의 地와 원교의 住는 理의 이양을 위하지 아니한다.	널리 법계를 이익 되게 함이 바로 자기만을 유독 이롭게 함이니, 名字에서부터 이양을 위하고 究竟까지 이양을 위하라.
四二. 爲惡人說戒戒	초과와 별교의 住는 事의 說戒를 犯하지 아니하고, 具知根智의 人은 理의 說戒를 범하지 아니한다.	마치 喜의 뿌리가 너무도 강해서 授記를 가벼이 여기지 않는 것과 같은 그것이 곧 나쁜 사람에게 說戒하는 것이다.
四三. 故起犯戒心戒	位不退의 사람은 事의 마음을 범함이 없고, 念不退의 사람은 理의 마음을 범함이 없다.	모든 佛을 비방하고 法을 헐뜯으면서 衆의 數에 들지 아니하면 뭇 악마에게 한 손을 같이 잡혀 여러 가지로 시달리는 벗이 되리라.
四四. 不供養經典戒	초과와 淨心地人은 事의 교만이 없고, 念不退의 人은 理의 교만이 없다.	자기 마음이 곧 법이요 곧 삼보이니, 마음으로써 다시 마음에 공양해서는 안 된다.
四五. 不化衆生戒	行不退는 事의 교화를 항상 行하고, 念不退는 理의 교화를 항상 行한다.	삼세의 모든 부처님이 한 입에 다 삼켜 버렸거늘, 어디에 제도할 만한 중생이 있겠는가.
四六. 說法不如法戒	초과 이상은 事에 항상 법답고, 별교의 地와 원교의 住는 理에 항상 법답다.	依報와 正報와 세계의 티끌이 다함께 말하고 다 같이 듣거늘, 다시 어디가 높고 어디가 낮은가.
四七. 非法制限戒	초과 이상은 事의 制限이 없고, 별교의 地와 원교의 住는 理의 制限이 없다.	九界 밖에서는 따로따로 佛界 施設하는 것을 허락하지 아니한다.
四八. 破法戒	초과 이상은 事의 파괴가 없고, 별교의 地와 원교의 住는 理의 파괴가 없다.	온갖 법을 파괴하되 두루하지 아니함이 없다.

이원정李圓淨(1894?~1950?) 중국 절강浙江 출신으로, 상해 복단대학複旦大學 문과를 졸업하였다. 인광법사의 법문편지 중 핵심을 뽑아 『인광대사가언록』을 편집하였으며, 『법화경』, 『화엄경』, 『능엄경』 등 다양한 경전 주석서를 편집하였다. 특히 자신의 불교공부를 바탕으로 저술한 『불법도론佛法導論』(1931)은 불교 전체를 광대하고도 세밀하게 설명하여 당시 중국 불교계에 큰 영향을 끼쳤다.

미천 목정배睦楨培(1937~2014) 경남 밀양에서 태어났다. 통도사 극락암 경봉 스님께 사사하였으며, 동국대학교 불교학과를 졸업하였다. 동국대 불교학과 교수로 재직하면서 사)한국불교대원회 이사장, 성철선사상연구원장, 한국불교학회 회장, 제1회 한국불교학결집대회 대회장, 서울불교대학원대학교 총장 등을 역임하였으며, 동국대 명예교수와 사)대한불교법사회 이사장으로 후학 양성과 불교 전법의 일선에서 열정적으로 활동하였다. 주요 저서 및 논문으로 「초기불교교단의 형성에 대하여」, 『계율론』, 『대승보살계사상』, 『삼국시대의 불교』, 『범망경술기』, 『한국문화와 불교』, 『불교와 예술』, 『한국불교학의 현대적 모색』, 『계율학』, 『세제불교의 이론과 역사』 등 다수가 있다.

범망경보살계본휘해

초판 1쇄 인쇄 2015년 2월 2일 | **초판 1쇄 발행** 2015년 2월 7일
이원정 **편** | 목정배 **역** | **펴낸이** 김시열
펴낸곳 도서출판 운주사
(136-034) 서울시 성북구 동소문로 67-1 성심빌딩 3층
전화 (02) 926-8361 | **팩스** 0505-115-8361
ISBN 978-89-5746-414-4 93220 값 28,000원
http://cafe.daum.net/unjubooks 〈다음카페: 도서출판 운주사〉